COBLYN O SIOE

Coblyn o Sioe

Myfanwy Alexander

Argraffiad cyntaf: 2023
ⓗ testun: Myfanwy Alexander 2023

Cedwir pob hawl.
Ni chaniateir atgynhyrchu unrhyw ran o'r cyhoeddiad hwn,
na'i gadw mewn cyfundrefn adferadwy, na'i drosglwyddo
mewn unrhyw ddull na thrwy unrhyw gyfrwng, electronig, electrostatig,
tâp magnetig, mecanyddol, ffotogopïo, recordio, nac fel arall,
heb ganiatâd ymlaen llaw gan y cyhoeddwyr, Gwasg Carreg Gwalch,
12 Iard yr Orsaf, Llanrwst, Dyffryn Conwy, Cymru LL26 0EH.

ISBN clawr meddal: 978-1-84527-906-6

ISBN elyfr: 978-1-84524-555-4

CYNGOR LLYFRAU CYMRU

Cyhoeddwyd gyda chymorth Cyngor Llyfrau Cymru

Cynllun y clawr: Olwen Fowler / Tanwen Haf

Cyhoeddwyd gan Wasg Carreg Gwalch,
12 Iard yr Orsaf, Llanrwst, Dyffryn Conwy, Cymru LL26 0EH.
Ffôn: 01492 642031
Ffacs: 01492 642502
e-bost: llyfrau@carreg-gwalch.com
lle ar y we: www.carreg-gwalch.com

Argraffwyd a chyhoeddwyd yng Nghymru

I giang bridfa Rhoswen:
llinell waed ragorol
a phob un yn bencampwr!

Ffrwyth dychymyg yr awdur yw pob cymeriad,
sefyllfa a cheffyl yn y nofel hon.

Cymeriadau

Daf Dafis	Arolygydd yn Heddlu Dyfed Powys
Gaenor	partner Daf
Mali Haf	eu merch saith oed
Rhodri	mab deunaw oed Daf a'i wraig gyntaf, Falmai
Padraig Wyn Toscano	Cwnstabl yn yr heddlu o deulu Eidalaidd
Sheila Francis	Sarjant yn yr heddlu
Tom Francis	gŵr Sheila; ffermwr a Llywydd y Sioe Fawr
Margaret Hamer	bridiwr ceffylau o stŷd Tanyrallt
Gruff	mab mabwysiedig Margaret
Cai	cyfreithiwr dan hyfforddiant a brawd maeth Gruff
Rhys Bowen	cigydd llwyddiannus ac Aelod o'r Senedd
Daisy Bowen	gwraig Rhys
John Neuadd	cyn-ŵr Gaenor
Doris	gwraig John
Netta	merch Doris
Grug Arthur	merch stad fawr Glanrhedyn
Mel Puw	cyn-ŵr Grug
Rhydian	mab Grug a Mel
Pow	perchennog presennol Glanrhedyn
Eben	ffrind Grug
Wil Walters	cyn-gneifiwr sydd wedi cael anaf i'w ddwylo

Kieran Jones	cefnder Wil
Nel Bound	ffermwraig gefnog a chyn-wraig Wil Walters
Tal Siapus a Hapus	Llysgennad y Sioe
Janet Hilman	nain Tal
Nicci	un o bobol y ceffylau
John Kell	Teithiwr a bridiwr ceffylau
JJ a Jaxxon	meibion John Kell

Pennod 1

Nos Sul

Edrychodd Daf Dafis o'i gwmpas. Roedd bron â marw o ddiflastod yn eglwys Fictoraidd Llanelwedd. Llifai haul cryf Gorffennaf drwy'r ffenestri lliw oedd yn portreadu'r Dioddefaint, gan daflu gwawr goch dros ysgwydd noeth Gaenor. Rhedodd meddwl Daf i gyfeiriad anffodus, o ystyried ei fod o a'i gariad ar fin treulio pedair noson ar wahân, felly ceisiodd chwalu'r delweddau melys o'i ben a chanolbwyntio ar yr wythnos i ddod.

Fel Arolygydd yn Heddlu Dyfed Powys roedd Daf yn ceisio cadw draw o'r Sioe Fawr fel arfer, ond fel tad i ferch ifanc oedd â merlen Adran A benigamp, doedd ganddo ddim dewis eleni ond bod yno. Ei ddyletswydd o oedd gwersylla am yr wythnos ar Fryn y Ceffylau, i ofalu am Tanyrallt Tinciwinci. Pan glywodd gyntaf fod Mali Haf, a hithau ond yn saith oed, yn bwriadu cystadlu yn y Sioe roedd yn edrych ymlaen at wyliau teuluol braf, ond buan y cafodd siom. Roedd Gaenor wedi cael cynnig llety moethus, cyfleus i faes y Sioe iddi hi a Mali gyda'i ffrind, Daisy Bowen... ond roedd yn rhaid i rywun aros ar Fryn y Ceffylau. Gwenodd Daf wrth feddwl am y blynyddoedd dreuliodd o mewn eisteddfodau yn cefnogi ei blant hŷn, Carys a Rhodri, wrth iddyn nhw gystadlu – bellach, yn hytrach na'r delyn a'r sgôr, byddai'n rhaid iddo fod yn gyfrifol am blancedi *numnah* a clenciau o wair.

Chlywodd Daf ddim o'r hyn ddywedodd y ficer yng ngwasanaeth agoriadol y Sioe Fawr. Yn hytrach nag elwa o'r Gair, dechreuodd edrych o'i gwmpas. Ar ochr arall yr eglwys eisteddai'r Aelod Senedd Cymru, Rhys Bowen. Gan ei fod yn gigydd yn ogystal â gwleidydd roedd yn bwysig i Bowen gefnogi sioe fwyaf y byd amaeth, a gwisgai fathodyn oedd yn datgan ei statws fel Is-lywydd Oes, oedd yn golygu ei fod yn cael ei drin fel hanner duw yn Llanelwedd. Roedd bathodyn pwysicach fyth ar labed côt liain hufen hoff gyd-weithiwr Daf, Sarjant Sheila Francis. Pan briododd Sheila un o ffermwyr cyfoethoca'r ardal, Tom Francis, roedd Daf wedi dechrau poeni – beth petai bywyd prysur a pharchus fferm Glantanat yn llyncu ei ffrind yn fyw? Ond di-sail fu ei bryderon. Roedd Sheila'n ddigon call i gadw cydbwysedd rhwng ei statws fel ffermwraig a'i swydd fel plismones. Synnodd Daf pa mor fyr fu ei chyfnod mamolaeth diweddar – dim ond chwe mis oed oedd Tomos bach pan ddaeth ei fam yn ôl i'r gwaith. Ymhen ychydig ddyddiau roedd Sheila yn rhedeg ar draws y cae rygbi ar ôl llanc oedd wedi dwyn pwrs hen ddynes tu allan i Morrisons – daliodd y lleidr a dychwelyd i'r orsaf mewn pryd i ddiflannu i Ystafell Gyfweld 2 efo'i phwmp bach.

Lodes ddiffwdan fu Sheila erioed, ond heddiw, yn eistedd yn y rhes flaen mewn ffrog sidan liwgar a het yr un maint ag olwyn trol, roedd hi'n wraig i Lywydd y Sioe. Yr wythnos hon, felly, nid plismones oedd hi ond brenhines ei theyrnas fach wledig.

'Mae ganddi hi *stylist* am yr wythnos, yn ôl y sôn,' sibrydodd Gaenor yn ei glust. 'I wneud ei gwallt a'i cholur, smwddio'i dillad ac ati.'

'Am lol!'

'Lol i ti, yr hen sinig, ond drycha di ar wyneb Tom!'

Trodd Daf ei ben i edrych ar wyneb y dyn tal a safai wrth ochr Sheila. Roedd ganddo drwyn mawr, gwefus gam a thalcen a ymestynnai hanner modfedd yn uwch bob blwyddyn, ond roedd y balchder yn ei wyneb wedi trawsnewid golwg Llywydd y Sioe. Doedd o ddim hyd yn oed yn smalio gwrando ar y ficer – roedd llygaid Tom wedi'u hoelio ar ei wraig fel petai hi'n un o Saith Rhyfeddod y Byd.

'Ti byth yn edrych arna i fel'na y dyddie yma,' cwynodd Gaenor, gan fwytho clun Daf drwy boced ei siaced.

'Dwi erioed wedi gweld neb yn syllu ar neb arall fel'na. Ydi o'n cael strôc, tybed?'

'Hisht, rhaid i ti o leia esgus dy fod ti'n gwrando.'

Ond wnaeth Daf ddim gwrando, dim ond dal i edrych o'i gwmpas gan chwilio am wynebau cyfarwydd yn y gynulleidfa. Roedd nifer fawr o Sir Drefaldwyn yno, wrth gwrs, ac am y tro cyntaf yn ei fywyd teimlai Daf fel un o'r hoelion wyth – nid oherwydd unrhyw newid yn ei feddylfryd, ond oherwydd ei gyfeillgarwch â sawl unigolyn. Rhys Bowen: Tori rhonc, ond dyn hael, gonest a chariadus oedd yn addoli ei wraig ifanc fel petai hi'n dduwies. Yn hytrach na cholli'r bloneg babi roedd Daisy Bowen wedi cael babi arall, ac roedd si o gwmpas y Cylch Meithrin bod y trydydd ar ei ffordd, er nad oedd datganiad wedi'i wneud eto. Roedd Rhys Bowen wedi gwthio'i fraich o dan *pashmina* Daisy ac yn cydio ynddi'n dynn, fel petai ofn i rywun ei dwyn.

'Mae bronnau Daisy'n mynd yn fwy bob tro dwi'n ei gweld hi,' sylwodd Gaenor, ac roedd yn rhaid i Daf gyfaddef fod bodis ffrog Mrs Bowen braidd yn isel. 'Er, yn amlwg, tydi RB ddim yn cwyno.'

Eisteddai cwpwl hapus arall ddwy res o flaen Daf: cyn-ŵr Gaenor a'i wraig. Nid oedd John yn fodlon tynnu ei siaced frethyn waeth pa mor dwym oedd y tywydd, felly roedd yn rhaid i Doris roi hances iddo i sychu ei dalcen chwyslyd. O'i chymharu â rhai o'r leidis eraill roedd Doris wedi'i gwisgo braidd yn geidwadol mewn siwt lwyd, ac yn dibynnu ar y rhes o berlau o gwmpas ei gwddf i ddatgan ei statws. Doedd dim dwywaith, meddyliodd Daf, doedd yr hen Sir ddim yn ddi-raen... er nad oedd 'run o'r gwragedd eraill yn ddim o'u cymharu â Gaenor.

Yn sydyn, surodd ei hwyl. Câi'r gwŷr eraill i gyd dreulio wythnos yn y sioe efo'u partneriaid, gan rannu gwely mewn gwesty cyfforddus, tra oedd o mewn pabell ar Fryn y Ceffylau. Heno fyddai'r noson gyntaf iddo'i threulio ar wahân i Gaenor ers iddyn nhw benderfynu cyd-fyw. Gafaelodd Daf yn ei llaw gynnes ac ochneidio.

Tu allan i'r eglwys roedd rhes o geir 4x4 swanc – Range Rovers, BMWs a sawl Jaguar – ond dechreuodd y rhan fwyaf o'r gynulleidfa gerdded fyny i Faes y Sioe ar gyfer Moliant y Maes. Yn anffodus, meddyliodd Daf, roedd yn rhaid iddo yntau eu dilyn gan fod Gaenor yn aelod blaenllaw o Bwyllgor y Sir Nawdd. Roedden nhw wedi cychwyn cerdded pan arafodd Jaguar mawr du wrth eu hochrau. Taflwyd drws ochr y teithiwr ar agor a tharanodd llais Rhys Bowen o'r tu mewn iddo.

'Paid straffaglu yn y gwres 'ma. Mae 'na le yn y cefn.'

Ond dim llawer. Er mai car Bowen oedd o nid fo oedd yn gyrru – cofiodd Daf glywed bod un o'r gweithwyr o'i ffatri yn y Trallwng wedi dod lawr i Lanelwedd fel *chauffeur* iddo am yr wythnos, felly rhwng RB, ei wraig a gwraig Aelod Seneddol yr ardal yn San Steffan, roedd sedd i Gaenor, ond nid i Daf. Dechreuodd Gaenor wrthod ond mynnodd Daf – er mai dim ond hanner milltir oedd y daith, roedd y gwres yn llethol.

Heb Gaenor wrth ei ochr, dechreuodd Daf sylwi llawer mwy ar ei amgylchedd. Roedd y strydoedd yn fwrlwm o bobol, y rhan fwyaf ohonyn nhw o dan ddeg ar hugain oed a rhai eisoes yn feddw gaib ac yn chwilio am gymorth Gweinidogion y Stryd o'u caban ar faes parcio'r Gro. Roedd rhai o'r Gweinidogion yn wynebau cyfarwydd i Daf; pobol glên oedd yn arfer darparu fflip-fflops i gwsmeriaid clwb nos y Drenewydd, ac er ei fod wedi syrffedu ar grefydd roedd yn rhaid i Daf eu hedmygu. Digon anodd oedd ymdopi â dy blant meddw dy hun, ystyriodd, heb sôn am ddelio â chwd a lol pobol ifanc ddieithr. Yr eiliad y camodd Daf ar y bont lydan daeth swnami o bobol ifanc i'w gyfarfod, yn llifo i lawr i'r dref. Er nad oedd yn olygfa i godi calon unrhyw heddwas, roedd Daf yn falch o glywed bod nifer o'r sgyrsiau yn y Gymraeg.

Gwthiodd drwy'r dorf i'r dafarn. Roedd yr ardd yn orlawn a'r gwydrau o gwrw oer yn edrych yn hyfryd, ond doedd gan Daf ddim amser i aros am awr mewn ciw. Daeth tri o lanciau mewn crysau un o glybiau Ffermwyr Ifanc Sir Ddinbych tuag ato o'r bar yn cario hambwrdd â naw peint o lager arno. Baglodd y talaf o'r tri, bachgen pengoch, a tharo dyn oedd yn sefyll gerllaw â'i benelin.

'Ffyc off!' gwaeddodd y dyn.

'Sori,' mwmialodd y llanc pengoch, gan ategu: 'hei, ai Wil Walters oeddet ti?'

'A pwy ddiawl ydw i rŵan 'te?'

'Sori, o'n i jyst yn trio deud... wel, dwi ddim wedi dy weld di'n cneifio ers dipyn rŵan...'

Cododd Wil Walters ei law dde ond camodd Daf rhyngddyn nhw gan afael yng ngarddwrn y dyn.

'Meindia dy fusnes, wnei di?' grymialodd y dyn.

Roedd yn rhaid i Daf gamu'n ôl – nid i osgoi ergyd ond i osgoi'r cwrw oedd tasgu i bobman. Nid dwrn anelodd Wil Walters at y bachgen pengoch ond gwydr peint hanner llawn, ac nid bysedd oedd yn dal y gwydr ond ffrâm o weiers oedd wedi'u clymu o gwmpas bawd cryf Walters. Hongiai ei fysedd o'i law yn llipa.

'Heddwas ydw i. Damwain oedd hyn, dim byd mwy.'

Cytunodd y bechgyn yn uchel.

'Ewch i yfed y rheina cyn i chi golli mwy o gwrw, ie, gogie?'

Ar ôl iddyn nhw adael, trodd Daf at Walters.

'Ti bron yn ddigon hen i fod yn dad iddyn nhw. Os wyt ti'n gwylltio bob tro mae chydig o gwrw'n cael ei golli drostat ti, mi fyddi di mewn dipyn o helynt cyn diwedd y Sioe.'

Syllodd Walters yn herfeiddiol i lygaid Daf.

'Fel ddwedais i gynne, meindia dy fusnes.'

'Mae pawb wedi dod yma i fwynhau. Does dim rhaid i ti ddal dig oherwydd geiriau gwag còg anystyriol.'

'Maen nhw'n meddwl fod ganddyn nhw hawl i fy sarhau i oherwydd y ffycin dwylo 'ma. Hen bryd iddyn nhw ddysgu – falle na alla i gau fy nyrnau ond dwi ddim yn darged hawdd i neb.'

'Hen bryd i bwy ddysgu?' gofynnodd Daf, gan ddechrau cydymdeimlo â Walters. Roedd creithiau dwfn ar gefn ei ddwylo, fel petai rhywun wedi ymosod arno efo cyllell finiog.

'Pawb,' mwmialodd, gan wthio'i gorff drwy'r dorf i gysgodion y dafarn.

Sylwodd Daf fod dyn mawr a oedd yn sefyll ar ei ben ei hun

wrth y sietin wedi rhuthro draw pan ddiflannodd Walters, a'i ddilyn i'r dafarn. Roedd gan Daf ddigon o brofiad i wybod, o sylwi ar ei wallt seimllyd a'i ddillad rhad, budr, bod gan y dyn hwn anabledd deallusol, a'i fod yn cael ei esgeuluso. Ystyriodd geisio mynd ar ôl y ddau, ond roedd ganddo amserlen go dynn – roedd o angen cyrraedd y sied gneifio cyn i Foliant y Maes ddechrau. Ar ôl hynny, byddai'n rhaid iddo fynd i fyny i Fryn y Ceffylau, i ofalu am Tinciwinci.

Doedd o ddim yn edrych ymlaen at ei amser ar y Bryn. Hyd yn oed a hithau mor braf, doedd cysgu mewn trelar neu babell pop-yp ddim yn apelio. Ei fai o ei hun oedd y sefyllfa i ryw raddau – ar ôl clywed am drefniadau moethus Gaenor, roedd o'n rhy bwdlyd i feddwl am sortio ei lety ei hun.

'Dadi, ti mor ffeind yn aros efo Tinc,' meddai Mali Haf wrtho'r noson gynt. 'Fysen i'n aros yno hefyd petai Mam yn gadael i mi, ond rhaid i mi aros yn y tŷ swanc efo hi a'r Bowens.' Oedodd am eiliad ac, er ei bod hi'n hollol ddiffuant yn ei chynnig i aros efo'i thad, roedd ei chyffro'n amlwg. 'Mae 'na sgubor chwarae yno, a *hot tub* hefyd!'

Rywsut, roedd Gaenor wedi anghofio sôn wrth Daf am y twba poeth, ac yn ddiweddarach, pan oedden nhw yn y gwely, meddai wrthi,

'Os glywa i unrhyw straeon amdanat ti'n jolihoetian yn yr *hot tub* efo Rhys Bowen, lodes, fydda i ddim yn hapus.'

Chwerthin wnaeth Gae, wrth gwrs.

'O Daf Dafis, wyt ti wedi anghofio dy wersi ffiseg yn yr ysgol? Petai RB yn neidio i mewn i'r twb, go brin y bydde digon o ddŵr ynddo fo wedyn i neb arall!'

Wrth iddo oedi i groesi'r briffordd ger y garej Suzuki, roedd yn rhaid i Daf ymdrechu'n galed i beidio meddwl am y nosweithiau nesaf, fo yn y gwair a hithe mewn gwely mawr ar ei phen ei hun. Prynodd chwe toesen fach o'r stondin ger y Prif Gylch, ac ar ôl bwyta'r drydedd, cododd ei hwyliau. Doedd neb erioed wedi marw o sgileffeithiau cwpl o nosweithiau anghyfforddus mewn trelar stoc, ystyriodd, a heb Gaenor, câi wledd ddiddiwedd o fyrgyrs heb neb yn cwyno am ei ddeiet afiach. Cig eidion i frecwast, cig carw i ginio a chig oen i swper – nefoedd!

Tu allan i'r sied gneifio, lle roedd Moliant y Maes yn cael ei gynnal, cafodd Daf bleser mawr yn egluro i sawl un nad oedd ei ferch, Carys, yn gallu cyfrannu i'r perfformiad gan ei bod hi'n rhan o opera yn Glyndebourne, ond bod ei fab, Rhodri, yn canu y noson honno fel rhan o bedwarawd. Wnaeth o ddim sylwi fod Gaenor wedi cyrraedd nes iddo glywed tenor o Fachynlleth yn gofyn,

'P'run yw gwraig y bwtsiwr, dwêd? Yr un ifanc ta'r un secsi?'

Felly, â gwên fawr ar ei wyneb, cerddodd Daf i mewn i'r sied efo Gaenor ar ei fraich.

Gwnaeth Moliant y Maes argraff lawer gwell ar Daf na'r gwasanaeth agoriadol ffurfiol. Nid oedd gair o Saesneg i'w glywed, ac roedd yr awel braf yn cadw'r sied yn gymharol ffres. Rhoddodd Rhodri berfformiad da... ond dim digon da, efallai, i gyfiawnhau agwedd ei ewythr balch. Ar ddiwedd y Moliant roedd John Neuadd wedi gosod ei hun reit yng nghanol y llif o bobol oedd yn gadael er mwyn cael derbyn y clod am ei deulu talentog. Ymffrostiodd yn llwyddiant Carys ac esbonio fod gan Siôn, ei fab ei hun, lais cystal â'i gefnder, ond bod yn rhaid iddo aros adre i odro tra oedd ei dad yn y Sioe. Nid gwasanaeth i addoli Duw oedd hwn ond i addoli teulu Neuadd, ac er bod y cyfan yn adloniant pur, roedd Daf wedi hen ddiflasu. Trodd at Gaenor.

'Rhaid i mi fynd i roi swper i Tinciwinci rŵan. Ty'd efo fi i nôl Mali Haf.'

Roedd eu merch fach wedi gwrthod treulio amser yn 'gwrando ar bobol yn malu awyr', felly arhosodd hi ar Fryn y Ceffylau dan ofal Margaret Tanyrallt, y ddynes a fridiodd Tinciwinci. Gafaelodd Gaenor yn llaw Daf wrth iddyn nhw gerdded heibio stondinau yn gwerthu cyfrwyau o bob math. Stopiodd yn stond gyferbyn â'r fynedfa i adeilad Cymdeithas y

Cobiau Cymreig, y WPCS, a rhoi cusan fawr annisgwyl iddo. Daeth sawl chwiban o gyntedd yr adeilad.

'Oes siawns i ni ddod o hyd i rywle chydig mwy preifat am sws?' gofynnodd Daf.

'Dim jest sws oedd honna ond seriad – dwi isie i bawb yma gofio pwy wyt ti, ac nad wyt ti ar gael am ffling.'

'Sdim rhaid i ti boeni, Gae, ti'n gwybod hynny.'

'Ond dyden ni erioed wedi bod ar wahân cyn hyn, a dwi'n dy adael di mewn lle sy'n debycach i Sodom efo ffariar ar alwad na'r Steddfod. Dwi ddim isie i ti dod o hyd i 'wraig sioe' fel mae sawl un yn gwneud.'

'Mae 'na groeso i ti aros yn y trelar efo fi. Nid fi sydd wedi cael gwahoddiad i aros mewn plasty moethus efo fy hen ffansi.'

'Achos does gen ti 'run hen ffansi, y twpsyn trist.'

'Digon gwir. Ond mae'n amlwg dy fod di isie'r gorau o ddau fyd – cael fflyrtian efo Bowen a chymdeithasu efo'r crachach – a finne ddim yn cael dweud "bore da" wrth ryw ferch fyse'n digwydd cynnig benthyg berfa i mi tra dwi'n carthu'r stabl.'

'Gwna'n siŵr mai dim ond berfa ti'n ei benthyg...' Erbyn hyn, roedden nhw wedi cyrraedd y rhesi o stablau. 'Dwi jyst am ddweud helo wrth Tinc,' mynnodd Gaenor, 'wedyn, gawn ni chwilio am Mals.'

'Mwy na thebyg na fydd hi'n bell o'r stabl.'

Er ei bod yn hanner awr wedi wyth y nos roedd digon o bobol o gwmpas, rhai yn y stablau'n dosbarthu dŵr neu'n clymu rhwydi llawn gwair persawrus ar gyfer eu ceffylau, rhai tu allan yn llenwi bwcedi, yn gwthio berfâu neu'n sgwrsio. Ceffylau oedd y pwnc i'r rhan fwyaf ond roedd eraill yn brysur yn cynllunio gweddill y noson. Roedd awyrgylch gymdeithasol, braf yno, ond pan oedden nhw ryw ugain llath o stabl Tinc, clywsant sŵn ffrae. Roedd dyn tal, blin yn ymestyn dros hanner drws, yn syllu i mewn i'r stabl. O'r tywyllwch, deuai sŵn gweryru a charnau mawr yn symud yn y gwair.

'Be ti'n ceisio'i wneud?' bloeddiodd y dyn. 'Twyllo pobol?'

'Dyden ni ddim yn twyllo neb. Jest wedi dod yma i ddangos

stalwyn yden ni, yn union fel ti,' atebodd dynes fain, ei llais blinedig yn arwydd i Daf fod hon yn hen ffrae.

'Ond sut? Dwi'n gweld yn iawn be sy gen ti fan hyn: stalwyn o'r hen deip, hen deip Glanrhedyn, a fi sy biau'r fridfa rŵan.'

'Ond nid ti sy biau pob tropyn o waed Glanrhedyn, Mel. Dim o bell ffordd.'

'Sut, dwêd? A tithe heb geiniog goch i dy enw?'

'Does gen ti ddim hawl i 'nghwestiynu i bellach, Mel. Gollest ti'r hawl honno pan wnest ti fy ngwahardd o Glanrhedyn.'

'Ond ti 'di dwyn y llinell gen i rywsut. Un o'r hen deip go iawn sy gen ti fan hyn.'

Erbyn hyn, roedd hanner cylch o bobol yn gwrando ar y ffrae, a wynebau sawl un yn awgrymu eu bod nhw wedi clywed rhywbeth tebyg o'r blaen. Tynnodd y dyn gyllell torri carnau o'i boced a rhoi ei law arall ar follt y drws.

'Mae o'n rhy bert o lawer. Hen bryd i mi ei altro.'

'Paid, Mel.'

'Wyt ti'n mynd i fy rhwystro i, Grug? Ty'd, os wyt ti'n ffansïo dy jansys.'

Camodd Daf ymlaen ond cyn iddo gael cyfle i ddweud unrhyw beth, daeth mynydd o ddyn drwy'r dorf a chodi Mel fel petai'n degan, a'i luchio i lawr ar y concrit efo'i holl nerth.

'Ffyc off, Mel Puw,' taranodd. 'Ac os wyt ti'n dod o fewn hanner milltir i'r stabl hon eto, fe fyddi di'n canu soprano, ti'n deall?'

Dechreuodd rhai o'r dorf guro'u dwylo. Roedd y dyn blin yn dal ar y llawr, a gwelodd Daf staen bach o waed o dan ei law.

'Rŵan 'te, ffrindie,' meddai, 'dwi yma ar fy ngwylie ond heddwas ydw i – a does dim byd i'w ennill drwy ymddwyn fel hyn. Ti, coda ar dy draed a challia, plis, a tithe, os oes rhwbeth tebyg yn digwydd eto, tyrd ata i. Mae gwell ffordd o ddatrys dadl na lluchio pobol o gwmpas fel ffrisbis.'

'Mae o'n iawn, Eben,' cytunodd y ddynes, gan roi ei bysedd budron ar lawes crys y dyn mawr. Roedd hwnnw'n mwmial i mewn i'w farf wen drwchus fel rhyw Siôn Corn anniddig.

Yn y cyfamser, ceisiodd Mel Puw godi ar ei draed. Roedd effaith glanio'n galed ar y concrit yn amlwg arno, ac roedd gwaed ar drydydd bys ei law chwith ac ar lafn ei gyllell – roedd yn amlwg ei fod o wedi brifo'i hun wrth ddisgyn. Estynnodd ei law allan am gymorth ond camodd y bobol agosaf ato'n ôl, felly roedd yn rhaid iddo godi'n simsan ar ei ben ei hun.

'Wel, am bobol glên!' ebychodd rhwng ei ddannedd. 'Faint ohonoch chi sydd wedi bod yn crefu arna i am dipyn o waed da ceffylau Glanrhedyn dros y blynyddoedd? Ac mi fyddwch chi'n dod ar fy ngofyn i eto, mae hynny'n sicr.'

'Falle ddim, Mel Puw,' atebodd Margaret Tanyrallt, gan wneud ymdrech i godi'i llais er ei bod yn fyr ei gwynt. 'Ers pum mlynedd bellach, dim ond asynnod hyll sydd wedi dod allan o'r hyn ti'n dal i'w galw yn geffylau Glanrhedyn... ac yn y cyfamser, mae gan Grug draw fan'cw un o'r hen deip go iawn.'

'Oes gan rywun focs Cymorth Cyntaf?' gofynnodd Daf.

Cymerodd y dorf y cwestiwn hwn fel esgus i gilio, gan adael Daf efo Mel, Grug ac Eben, y dyn barfog.

'Mae'n amlwg i bawb bod dy safonau di wedi gostwng, Grug, ond allet ti ddim ffeindio rhwbeth gwell na'r peth blewog 'ma?'

'Dydi o'n ddim i'w wneud efo ti, Mel. Jyst taw.'

'Gwrandewch,' torrodd Daf ar eu traws. 'Does gen i ddim smic o ddiddordeb yn yr un ohonoch chi, ond rhaid i chi gallio, a dysgu cyd-fyw rywsut tan ddiwedd y Sioe. Pawb i gadw at ei fusnes ei hun, ie?'

Safodd Daf yn stond wrth ddrws y stabl fel gwarchodwr, a'r olwg 'dim lol', fel roedd Gaenor yn ei ddisgrifio, ar ei wyneb. Cododd Mel ei war a stelcio i ffwrdd.

'Sori am yr helynt,' ymddiheurodd Grug. 'Fy nghyn-ŵr ydi Mel. Pan wnaethon ni wahanu, fo gafodd y ceffylau i gyd.'

'Er mai ei hetifeddiaeth hi oedd y cyfan,' mwmialodd Eben.

'Ssh, Eb, plis... ti'n gwybod nad ydw i'n hoffi cribo dros hen hanes.'

Mwythodd Grug lawes y dyn mawr eto a chaeodd Eben ei lygaid am eiliad – rhag iddyn nhw fradychu ei deimladau, dyfalodd Daf. Yn amlwg, doedd y ddau ddim yn gariadon, er gwaethaf sylw digywilydd Mel, ond rhywsut, doedd Daf ddim yn credu mai dim ond ffrindiau oedden nhw chwaith.

Dynes fain, dal oedd Grug, a doedd y llwyd a frithai ei gwallt ddim yn cyd-fynd â'i symudiadau llyfn, penderfynol. Roedd hi rywle yn ei phedwardegau, a'r tywydd wedi gadael ei ôl ar ei bochau. Ond anhapusrwydd yn hytrach nag amser, tybiodd Daf, oedd wedi cerfio'r llinellau dros ei thalcen. Doedd hi ddim yn gwneud unrhyw ymdrech efo'i hymddangosiad ond roedd rhywbeth apelgar yn ei hwyneb, a doedd Daf ddim yn synnu fod Eben wedi colli ei galon iddi hi.

'Sori i fod yn niwsans,' meddai hi wrth Daf â gwên swil, fel merch bedair ar ddeg oed yn siarad ag athro.

Tu ôl iddo, yng nghysgodion y stabl, clywodd Daf symudiad. Camodd yn ôl i weld pen mawr yn ymestyn dros yr hanner drws. Y ddelwedd gyntaf ddaeth i'w feddwl oedd ceffylau arfog y Canol Oesoedd – roedd nerth ym mhob cyhyr yng ngwddf pwerus yr anifail, a golwg beryglus yn ei lygaid. Roedd yn gyferbyniad llwyr i Tinciwinci, y ferlen gain ysgafndroed, ac er na fyddai Daf yn cyfaddef hynny, roedd y stalwyn wedi codi ofn arno. Gallai un o'i garnau chwalu penglog dyn. Wrth i Daf gamu oddi wrtho daeth Grug at ddrws y stabl, ei llygaid yn sgleinio fel mam falch yn gwylio'i hunig blentyn yn serennu yn sioe yr ysgol.

'Wit-a-woo,' dywedodd Margaret Tanyrallt, oedd y tu ôl iddi. ''Na ti Adran D gwerth ei weld.'

Roedd Margaret yn syllu ar y stalwyn â chymysgedd o edmygedd a chenfigen. O'i chwmpas fel morgrug roedd pedwar o blant bach a thri Jack Russell, ond chymerai Margaret ddim smic o sylw ohonynt. Ymhlith y plant roedd Mali Haf, yr hynaf ac, yn amlwg, y bòs. Roedd ganddi duedd i geisio bod yn geffyl blaen ers iddi ddechrau yn yr ysgol. Weithiau, byddai Daf yn poeni am y peth gan nad oedd am i neb feddwl fod ei blentyn yn fadam benuchel, ond roedd Gaenor wastad yn ei atgoffa am sefyllfa deuluol Mali Haf – efo brodyr a chwaer llawer hŷn na hi roedd yn naturiol iddi fod yn aeddfed o'i chymharu â gweddill plant Blwyddyn Un.

'Dadi! Oes rhaid i fi fynd efo Mam? Dwi 'di newid fy meddwl – dwi isie aros efo ti yn y trelar. Yn ôl y sôn roedd dipyn o ffeit yma ryw bum munud yn ôl a welais i ddim byd. Dwi'm isie colli'r ffeit nesa.'

'Na, rhaid i ti fod yn smart bore fory, Miss.'

'Ond fyddi *di*'n flêr ofnadwy, Dadi.'

'Dwi ddim yn cystadlu.'

Gwthiodd Mali Haf ei gwefus isaf ymlaen a sefyll yn benderfynol.

'Waw, sbia Miss Pwdlyd!' ebychodd bachgen o'r un oed â Mali – bachgen egnïol, tenau oedd â gwallt coch wedi'i dorri'n fyr iawn. Roedd ei lais yn rhyfeddol, gyda thipyn o Lerpwl yn gymysg ag acen y gogledd.

'Meindia dy fusnes, wnei di?' Syllodd Mali Haf arno, ei llygaid yn fflachio, ond nid oedd y bachgen yn poeni dim.

'Mi alla i gael cawod efo Margaret a'i theulu.' Rhoddodd Mali un cynnig arall ar berswadio'i thad. 'Mae ganddyn nhw un yn eu *horsebox* smart.'

'Mae chwech ohonon ni'n rhannu'r gawod fel mae hi, Mali Haf. Mae dy dad yn iawn.' Roedd Margaret yn siarad â'r ferch ond roedd ei llygaid wedi'u hoelio ar y stalwyn. 'Gen ti rwbeth go sbesial fan hyn, Grug.'

'Wel, 'den ni 'di bod yn lwcus,' atebodd Grug, gan fwytho'r stalwyn o dan ei fwng. 'Rywsut, mae o wedi dod yn ei flaen jyst mewn pryd.'

Chwarddodd Margaret, ac anghofiodd Mali Haf am ei stranciau wrth weld dannedd gosod Margaret yn clecian yn ei cheg. Fel y seithfed marchoglu, camodd Gaenor ymlaen i gasglu Mali yn ei breichiau.

'Ty'd, cariad siwgr,' meddai, 'rhaid i ni fynd rŵan.' Caeodd Mali ei llygaid yn dynn mewn embaras. Arhosodd Gaenor wrth ochr Margaret i sibrwd yn ei chlust, yn ddigon uchel i Daf glywed, 'Cadwa lygad barcud arno fo, wnei di, Margaret? Mae'r lle 'ma'n llawn temtasiynau, ac mae o wedi cyrraedd rhyw oedran od.'

Ni chafodd Daf gyfle i ymateb: diflannodd Gaenor i lawr y rhiw tuag at brif safle'r Sioe.

'Cariad siwgr?' gwaeddodd y bachgen pengoch ar eu holau. 'Am enw i oen swci!'

'Ti ydi'r oen swci, Jaxxon Kell!' atebodd Mali gan droelli'n wyllt ym mreichiau Gaenor, yn ysu i ffraeo efo'r bachgen, ond daliodd ei mam yn dynn ynddi. Chwarddodd Jaxx am eiliad nes i lanc yn ei arddegau basio heibio â brws yn ei law a rhwyd llawn gwair dros ei ysgwydd.

'Fan hyn wyt ti'n cuddio, Jaxx, a chymaint o waith angen ei wneud! Fydd dim byrgyr i ti heno, dim ond bara menyn, os fydd Dad yn cael gwybod pa mor ddiog wyt ti.'

'Dwi ddim wedi bod yn ddiog! Dwi 'di bod yn helpu Margaret Hamer!'

Ynganodd y bachgen enw Margaret fel petai'n rhyw fath o seléb – mae'n siŵr ei bod hi'n seléb ym myd y cobiau, ystyriodd Daf. Oedodd y brawd hŷn am eiliad, gan edrych draw at Margaret am gadarnhad. Nodiodd hi ei phen a rhoi sigarét yn ei cheg, gan dynnu'r fatsien ar hyd arwyneb garw'r wal brisbloc i'w thanio, fodfedd yn unig o dan yr arwydd 'Dim Ysmygu'.

'Gad lonydd iddo fo, JJ. Dwi'n mynd yn hen, wyddost ti, a 'den ni wedi gwagio'r stablau i gyd efo'n gilydd.'

'Debyg iawn. Ddwedodd Dad neithiwr mai Sioe Margaret Hamer fydd hi tro 'ma. "Mae ganddi safon, yn cynnwys yr Adran A hyfryd mae hi wedi'i gwerthu i ryw ffycin *gavver*." Dyna'n union be ddwedodd o.'

Roedd Daf wedi clywed y gair hwn o'r blaen – y gair Romani am heddwas.

'A finne ydi'r *gavver*,' mentrodd Daf â gwên fawr ar ei wyneb, ac estyn ei law i'r bachgen ei hysgwyd. 'Daf Dafis.'

Cochodd y llanc o dan ei frychni haul a cheisiodd lanhau cledr ei law ar ei jîns cyn cyffwrdd â llaw Daf.

'Mae'n wir ddrwg gen i, syr,' atebodd yn gwrtais, ei lais yn fersiwn aeddfed o acen hynod ei frawd bach. 'O'n i ddim am sarhau neb. Fel'na mae fy nhad yn siarad, ti'n gwybod.'

'Un di-flewyn ar dafod ydi John Kell,' cytunodd Margaret. 'A dwi'n siŵr iddo gael sawl rheswm i felltithio'r heddlu dros y blynyddoedd.'

'Paid poeni dim, còg,' ymatebodd Daf. 'Dwi ddim wedi dod yma fel heddwas, jyst fel aelod newydd o giang Bryn y Ceffylau.'

Ond brysiodd y brodyr Kell i ffwrdd, fel petaen nhw wedi gweld bwgan.

'Rhaid i ti ddisgwyl ymateb tebyg i hynna gan rai, Deifi Siop. Go brin ydi plismyn fan hyn ac mae 'na bobol, yn enwedig rhai o'r Teithwyr, sy ddim yn hoff iawn o'r Glas.'

'Does gan bobol ddieuog dim rheswm i osgoi'r heddlu, Margaret.'

'Paid â bod yn hunanbwysig, Daf, dydi o ddim yn dy siwtio di. Ac os wyt ti'n chwilio am bobol ddieuog, well i ti chwilio am rywle arall i aros achos maen nhw'n bethe prin ar Horse Hill.'

Myfyriodd Daf dros ei geiriau wrth iddo fynd i nôl chydig o wair i Tinciwinci. Y peth olaf roedd o ei angen oedd trafferth. Cadw ei ben lawr oedd y bwriad – dyna pam roedd y trelar wedi'i barcio mewn cornel dawel, ymhell o'r bloc cawodydd, o dan goeden gastan fawr. Doedd neb arall ar gyfyl y lle pan gyrhaeddon nhw, ond erbyn hyn roedd rhes o drelars a bocsys ceffylau yn ymestyn o gwmpas tri chwarter y cae mewn siâp pedol. Tu ôl i drelar Daf roedd bocs ceffyl hen ffasiwn, a deuai sŵn symud o'i grombil, fel petai rhywun yn cerdded ynddo.

Agorodd Daf y drws ar ochr ei drelar o, yn falch o gysgod y goeden fawr, a phlygu i gamu i mewn iddo. Am eiliad roedd o'n ddall yn y tywyllwch, ond gwyddai'n iawn ble roedd y gwair. Llwyddodd i dynnu clenc go dda o'r bêl heb dorri'r cortyn, ond byddai'n rhaid iddo brynu cyllell boced drannoeth, sylweddolodd. Gwgodd wrth feddwl am ei wely gwair – roedd y syniad o roi ei sach gysgu dros y bêls yn swnio mor syml ac ymarferol i ddechrau, ond yn y gwyll llychlyd gallai Daf feddwl am sawl rheswm pam nad oedd yn syniad doeth. Daeth y ddelwedd o wely mawr Gaenor ym mhlasty Bowen i'w ben – efallai y gallai, ar ôl sicrhau fod Tinciwinci'n hollol fodlon, gerdded draw yno a gofyn am lety.

Roedd y sŵn symud yn dal i ddod o'r bocs ceffylau agosaf ato, a rhyfeddodd Daf nad oedd o'n clywed sŵn gweryru – petai'n mentro ceisio perswadio Tinc i symud modfedd pan oedd hi'n anfodlon gwneud, byddai sŵn ei phrotest yn ddigon i ddeffro'r meirw. Yn sydyn, daeth sŵn annisgwyl: sgrech dyn. Neidiodd Daf allan i'r heulwen jest mewn pryd i weld dyn yn baglu i lawr drws cefn y bocs ceffylau a'i ddwylo dros ei wyneb. Ar dop y bocs safai dynes tua phump ar hugain oed, lodes ddel iawn yn gwisgo clos pen-glin tyn oedd i fod yn lliw hufen ond a oedd bellach yn stremp o olew carnau, llwch gwair a baw, a thop cwta, dim llawer mwy na bra, oedd yn dangos ei bol llyfn brown. Os mai lliw haul o botel oedd o, sylwodd Daf, roedd yn botel ddrud iawn. Roedd ei gwallt hir melyn wedi cael ei liwio'n chwaethus hefyd. Wyneb hir a braidd yn fain oedd ganddi, ei gwefusau wedi'u tynnu'n llinell dynn i ddangos ei dannedd gwyn, ac nid dim ond yn ei llygaid llydan llwydlas roedd y perygl – yn ei llaw chwith roedd ysgrafell oedd â gwaed yn disgleirio ar ei ddannedd.

'Bitsh!' gwaeddodd y dyn. Tynnodd ei law oddi ar ei wyneb i ddatgelu olion amlwg yr ysgrafell ar ei foch fel rhychau gwaedlyd. Sylwodd Daf ar ddau beth ar unwaith: roedd copis y dyn ar agor a chraith ffres ar drydydd bys ei law chwith. Mel Puw oedd o.

'Be ddiawl sy'n digwydd fan hyn?' gofynnodd Daf yn awdurdodol. 'Heddwas ydw i.'

'Ffycin hel,' mwmialodd Puw drwy ei wefus chwyddedig. 'Wyt ti'n fy nilyn i, 'ta be?'

'Cau dy gopis, wnei di? Does neb isie gweld dy *crown jewels* di.'

'Dydi hynna ddim yn wir, o bell ffordd,' atebodd Puw wrth ufuddhau.

Doedd y ferch ddim wedi dweud gair. Safai fel cerflun, ei

llygaid yn syllu i'r pellter fel petai ganddi ddim diddordeb na chysylltiad efo'r dyn roedd hi newydd ei anafu.

'Gwranda, lodes, rhaid i ti ddweud wrtha i be ddigwyddodd.'

'Paid dweud "gwranda" wrtha i, byth!' atebodd, â dicter yn ei hwyneb. Roedd ei llais yn rhyfedd, ei hacen ddeheuol yn ddidôn ac aneglur, fel petai ei cheg yn llawn cerrig mân. Sylwodd Daf ar rywbeth anarferol – gan fod ei gwallt wedi'i dynnu'n ôl mewn cynffon roedd y croen y tu ôl i'w chlustiau i'w weld. Tu ôl i'w chlust dde roedd y croen yn binc yn hytrach na brown, fel petai craith yno.

'Oedd o'n ymosod arnat ti?' gofynnodd Daf. 'Dwi ddim yn busnesa – heddwas ydw i, er nad ydw i yma ar ddyletswydd.'

Roedd y ferch yn astudio wyneb Daf mewn modd a oedd yn gwneud iddo deimlo braidd yn anesmwyth, ac yn syllu ar ei geg yn arbennig. Cofiodd yn sydyn am y gusan roddodd Gaenor iddo tu allan i'r WPCS.

'Ymosod?' chwarddodd Puw. 'Ti ddim yn dwyn Big Mac os wyt ti'n mynd i'r Drive Thru, nagwyt?'

'Am be wyt ti'n sôn?' gofynnodd Daf, yn casáu Puw chydig mwy bob eiliad.

'Trefniant busnes oedd o, peth sydd wedi digwydd sawl gwaith o'r blaen, efo fi a pwy a ŵyr faint o ddynion eraill. Os wyt ti'n chwilio am drosedd, Mr Plismon, beth am ddechrau efo puteindra?'

'Ai ti yw'r boi sy wedi prynu'r Adran A smart 'na gan Margaret Hamer?' gofynnodd y ferch, fel petai cyfathrebu efo Daf ond yn werth chweil petai hi'n gallu rhoi'r sgwrs yng nghyddestun ceffylau.

'Fy merch sydd biau Tinciwinci, ie,' atebodd Daf, yn ymwybodol o'r ffaith ei fod o'n ennill parch hollol anhaeddiannol ymhlith y bobol o'i gwmpas. Nid dyn efo llygad craff am geffyl o safon oedd o ond tad i ferch oedd wedi derbyn anifail anwes drud iawn gan ei Hwncwl John.

'Wnes i ddim byd ond gofyn i Nicci am yr hyn mae hi wedi'i gynnig i mi sawl tro o'r blaen, PC Tinciwinci. Doedd hi ddim yn ffansïo'r job heno ond yn hytrach na dweud "dim diolch" yn gwrtais wrth ddyn sydd wedi bod yn gwsmer reit dda iddi dros y blynyddoedd, aeth hi'n wyllt, fel arth o'r coed, neu fel lodes *sbesial* o'r ysgol arbennig.'

'Cau dy ben, Mel Puw.' Roedd oerni sylweddol yn ei llais hynod.

'Mr Puw, ti'n dweud wrtha i nad ymosod ar Nicci fan hyn wnest ti?'

'Ydw. 'Den ni'n deall ein gilydd yn reit dda, Nics a finne... mae gan y ddau ohonon ni rywbeth mae'r llall awydd ei gael.'

'Does gen i ddim byd i'w gynnig i ti, Puw,' ymatebodd hi, gan grychu ei thalcen llyfn. 'Well i mi siarad yn neis 'da Grug – ganddi hi mae hen deip go iawn Glanrhedyn os dwi angen had.'

'Twyllo pobol mae Grug. Does ganddi hi ddim diferyn o waed Glanrhedyn yn y ffycin... rhinoseros 'na sy ganddi.'

'A sut wyt ti'n gwybod hynny? Ry'ch chi wedi gwahanu ers degawd. Does gen ti ddim clem be mae hi'n wneud.'

'Ond dwi'n gwybod yn union pwy sy wedi bridio o hen stoc Glanrhedyn. Mae'r llyfr sy gen i...'

Chwarddodd y ferch yn uwch, sŵn deniadol fel petai cronfa ddwfn o hiwmor y tu mewn iddi.

'Efallai fod sawl tudalen goll yn dy lyfr di, Puw. Neu sawl brigyn wedi disgyn o'r goeden deulu, o bosib.'

Ni wyddai Daf pam y cafodd y geiriau ysgafn y fath effaith ar Puw, ond fel petai rhywun wedi gwasgu clicied, carlamodd i fyny'r ramp i'r trelar, ei wyneb yn fwgwd o chwant a dicter.

'Cau dy ben, yr hwren,' hisiodd.

Neidiodd Daf i sefyll rhyngddyn nhw ond gwthiodd Puw ymlaen, fel petai ei ddicter wedi ei ddallu.

Safodd Daf yn gadarn. 'Mr Puw, fel y dwedais i lawr wrth y stablau, dwi ddim wedi dod yma i blismona, ond tydi ymddygiad fel hyn ddim yn dderbyniol o gwbl.' Gafaelodd yn ysgwydd Puw wrth droi at y ferch. 'Ti isie i mi ei arestio fo, Miss? Bydd noson yn y celloedd yn Aberhonddu yn ei dawelu.'

'Fi ddim isie ffwdan, jest isie iddo fe gadw draw.'

'A be am fy wyneb i? Nicci ydi'r un ddylet ti ei harestio.'

'Dwi'n sicr mai amddiffyn ei hun oedd y lodes, Mr Puw. Be am i ti fynd i rywle i dawelu? Canolbwyntio ar y ceffylau, hei?'

'Sôn am geffyle,' meddai'r ferch, 'rhwbeth o'r syrcas sy gen ti, Mel. Mae'r *topline* yn iawn ond mae'r pen y peth hyllaf fi wedi'i weld erioed. O ble daeth y llinell waed yna, *Jurassic Park*?'

Ochneidiodd Daf. Nid oedd y lodes yn helpu'r sefyllfa o gwbl.

'Plis, gawn ni gadw pethau'n dawel, ie?'

Nid atebodd Puw ond camodd yn ôl. Gollyngodd Daf ei ysgwydd, ac oedodd Puw wrth waelod y ramp. Rhoddodd ei law yn ei boced a thynnu rhywbeth allan yn ei ddwrn tyn. Taflodd beth bynnag oedd yn ei law ar y llawr a stampio arno'n drwm, a chlywodd Daf sŵn plastig yn torri. Roedd o'n sefyll yn ddigon agos i Nicci i'w chlywed yn dal ei gwynt.

'Sioe dawel fydd hi i ti, Nicci fach,' datganodd Puw wrth droi ar ei sawdl a stelcio i ffwrdd. Gwthiodd y ferch heibio i Daf a phlygu i godi'r gwrthrych oddi ar y tir caled. Disgynnodd un deigryn i lawr ei boch gan greu llwybr bach yn y llwch oedd dros ei hwyneb. Yn sydyn, sylwodd Daf pam roedd ei llais yn rhyfedd a'r croen yn wyn y tu ôl i'w chlust, a pham ei bod yn edrych mor graff ar ei wyneb. Yng nghledr llaw Nicci roedd teclyn clywed. Cododd Daf ei law chwith a phwyntio'i fynegfys ati, wedyn cododd ei fawd i wneud siâp cylch.

'Paid â fflapan dy ddwylo arna i fel morlo sy'n gofyn am bysgod, plis. Fi ddim yn defnyddio BSL, ocê?'

'Sori. Roedd hynna'n beth cas i'w wneud – malu rwbeth sydd mor bwysig i ti, jest i fod yn sbeitlyd.'

'Mel Puw yw'r boi mwya sbeitlyd yn y byd. Fi'n methu deall pam briododd Grug e yn y lle cynta, a hithe'n aeres...'

'Oes gen ti declyn clywed sbâr?'

'Nagoes.'

'A... fyddi di'n iawn heb un?'

'Wrth gwrs na fydda i. Fi byth yn iawn. Erioed wedi bod yn iawn. Ond dim ots am hynny.'

'Gwranda, lodes, 'den ni'n mynd i fod yn gymdogion am yr wythnos, felly os alla i dy helpu di, drws nesa fydda i.'

'Plis paid â dechre pob brawddeg 'da "gwranda". Dyna'r unig beth fi'n methu'i wneud o gwbl, iawn? A phaid â meddwl ddwywaith amdana i – fi'n gallu gofalu amdanaf fy hun. Does neb arall yn gwneud.'

Dweud y gwir oedd hi, nid bod yn hunandosturiol. Rhoddodd deilchion y teclyn clywed yn ei phoced a chamu i fyny'r ramp i dwyllwch y bocs ceffylau. Rywsut, nid oedd Daf yn rhag-weld wythnos dawel efo Nicci yn gymydog iddo.

Ar ôl rhoi swper i Tinciwinci roedd Daf ar lwgu, a chofiodd am yr holl fyrgyrs oedd ar gael gerllaw. Golchodd ei ddwylo o dan y tap a ddefnyddiodd i lenwi bwced Tinc a chychwyn i lawr tuag at faes y sioe.

'Hei, Daf, ble wyt ti'n mynd? Mae 'na beint fan hyn efo dy enw arno fo.'

Rai blynyddoedd yn ôl, tra oedd Daf yn ymchwilio i farwolaeth dynes leol o'r enw Heulwen Breeze-Evans, daeth i adnabod ei hail fab, Gruff, yn eitha da. Ond er mai mab Heulwen oedd o, roedd yn byw fel petai'n fab i Margaret Tanyrallt, a hithau wedi'i gymryd dan ei hadain. Heno, roedd Gruff yn pwyso dros reilen cyntedd adeilad y WPCS fel petai'n berchen ar y lle. Syllodd Daf ar y dorf o bobol yn gwasgu drwy'r drws – doedd ganddo ddim llawer o awydd ymuno efo nhw, ond ar y llaw arall, doedd mynd i'w wely gwair yn y trelar ddim yn apelio chwaith.

'Dwi ar fy ffordd i nôl byrgyr, Gruff. Cadwa'r peint i mi.'

'Fydd o'n hollol fflat erbyn hynny. Gyrra Jaxx i nôl y byrgyr.'

Doedd Daf ddim wedi sylwi ar y bachgen ymhlith yr holl bobol. Swagrodd Jaxx at y dynion diogelwch a chwifio darn o blastig o dan eu trwynau.

'Here's my membership card,' dywedodd, yn hyderus er gwaethaf ei oed a'i daldra.

'Strictly over eighteens, lad,' atebodd un o'r dynion mawr.
'Date of birth's on my card,' protestiodd y bachgen.
'But it's not your fuckin card, sunshine,' ymatebodd y dyn diogelwch arall. 'You're not in Secondary School yet.'
'I haven't grown very tall, right enough, but that's a disability and you're discriminating against me.'
Erbyn hyn, roedd criw o bobol yn aros i fynd i mewn.
'Cer di i nôl byrgyr i'r Arolygydd Dafis, Jaxx,' gorchymynnodd Gruff. 'Fydd o'n rhoi punt i ti am fynd.'
'Dwi ddim yn nôl negeseuon ar gyfer unrhyw ffycin *gavver.*'
'Cadwa di dafod cwrtais yn dy ben, Jaxxon Kell!' taranodd Margaret Tanyrallt, gan roi ei phen allan drwy'r ffenest fach yn y wal fel cwningen yn dod allan o'i thwll. 'Mae Mr Dafis yn ffrind i mi.'
Cafodd llais Margaret effaith syfrdanol ar y bachgen.
'Sori, Margaret Hamer,' mwmialodd, gan gamu draw at Daf. 'Cig oen neu bîff? Nionod? Saws?'
'Cig oen, efo nionod a digonedd o saws mintys, còg,' atebodd Daf, gan roi papur deg iddo. 'Cadwa'r newid am fynd.'
'Ocê.'
Rhedodd Jaxx lawr y lôn lychlyd a chofiodd Daf mai dim ond yr un oed â Mali Haf oedd o. Dros y blynyddoedd roedd Daf wedi dysgu tipyn am gymuned y Teithwyr, ond roedd o wastad yn synnu pa mor gyflym roedden nhw'n aeddfedu. Byddai'r bachgen yn priodi yn ei arddegau a dod yn daid cyn iddo fod yn dri deg pump, felly efallai ei fod yn naturiol i Jaxx geisio ymddwyn fel dyn ifanc yn saith mlwydd oed.

Yn sydyn teimlodd Daf syched mawr, felly camodd draw at ddrws yr adeilad. Tynnodd gerdyn o'i boced ond prin y gwnaeth y dynion diogelwch edrych arno. Roedd Gruff wrth ei ochr a chamodd yntau heibio i'r gwarchodwyr heb hyd yn oed estyn am ei gerdyn aelodaeth, fel petai'n dywysog y cobiau. Gwenodd Daf wrth sylweddoli pa mor ddylanwadol oedd teulu Tanyrallt ym myd y ceffylau.

Roedd y bar bach siabi'n llawn dop a bu'n rhaid iddo wasgu ei hun rhwng y cyrff, ond agorodd y dorf o flaen Gruff fel dyfroedd y Môr Coch o flaen Moses. Gwaeddodd dyn dieithr yng nghlust Daf,

'Neis iawn, y Section A. Ac wrth gwrs, ti'n lwcus efo'r beirniad – mae hi'n hoffi rhai main.'

Cafodd ei dywys gan Gruff tuag at y drws cefn cyn medru ateb.

'Llethol o boeth,' sylwodd hwnnw, gan ddal penelin Daf yn ei fysedd cryf. 'Mae Mam wastad yn setlo tu allan yn y cefn ar dywydd fel hyn.'

'Call iawn,' gwaeddodd Daf dros y miri.

'Mae hi wastad yn gall. Heblaw am y blydi smygu.'

Eisteddai Margaret wrth fwrdd plastig fel brenhines yn teyrnasu dros wledd yn ei phalas. Roedd rhes hir o wydrau bach o'i blaen, a phob dau funud byddai rhywun yn rhoi un arall ar y bwrdd iddi, efo cyfarchiad bach.

'Just a little Scotch for you from Mr Devons.'

'Ro'n i'n meddwl, gan 'mod i wrth y bar, y byse'n well i mi brynu un bach i ti, Margaret Hamer.'

'Let's drink to a good Show, hey?'

Rhoddai wên fach nawddoglyd i bob un, ond pan welodd Daf, cododd ei llaw fudr i'w gyfarch.

'Joch bach i mi, Gruff a dyn wisgi ydi Daf Dafis hefyd.'

'Well gen i gwrw yn y gwres 'ma.'

Ond rywsut, i 'helpu' Margaret, llyncodd Daf sawl wisgi cyn i Gruff ddychwelyd efo darn mawr o bren a sawl diod arno – doedd 'run ohonyn nhw'n gwrw.

'Roedd yn rhaid iddyn nhw newid y gasgen,' esboniodd Gruff, 'felly dyma chwech Jagerbomb i ti yn lle'r peint.'

Agorodd Daf ei geg i ddweud yn union faint roedd o'n casáu Jagerbombs, ond methodd. O ganlyniad roedd gweddill y noson braidd yn aneglur iddo. Cofiai yfed amrywiaeth o ddiodydd a bwyta'i fyrgyr, a chael ei gyflwyno i nifer helaeth o bobol, ond allai o ddim cofio 'run ohonyn nhw.

Dim ond unwaith y surodd yr awyrgylch – roedd Daf yn ceisio ymlwybro i'r tŷ bach pan welodd ffrae rhwng Mel Puw ac Eben, y dyn mawr oedd wedi ei daflu i'r llawr ger y stablau.

'Gad lonydd iddi hi, ie?' chwyrnodd y dyn mawr.

'Rhag ofn be, Hulk?'

'Dim ond dy rybuddio i ydw i. Gad lonydd i Grug, rhag ofn y bydd angen rhywun arall i redeg dy stalwyn di ddydd Mercher.'

'Wyt ti, y ffŵl tew, yn ceisio fy mygwth i?'

'Mae Grug yn haeddu llonydd, dyna'r cyfan.'

'Dyna mae hi'n ddweud wrthat ti yn y gwely?'

'Dyw beth sydd rhwng Grug a finne'n ddim o dy fusnes di.'

Cododd gwrychyn Puw. 'Os ydi hi'n cario mlaen i ddisgrifio be sy ganddi hi fel stoc Glanrhedyn, fydd raid i mi ddweud y gwir.'

'Gwaed Glanrhedyn sydd ynddo fe.'

'Ffyc off. Ti isie gweld llyfr y fridfa? Does 'run o stalwyni Glanrhedyn wedi bod o fewn hanner milltir i gesig Grug.'

''So ti'n gwybod y cyfan, Puw, ddim o bell ffordd. Ar ôl dydd Mercher, bydd pawb yn gwybod yn union lle i ffeindio gwaed Glanrhedyn.'

'Ti'n gwybod ffyc ôl am 'ffyle, mae hynny'n amlwg. Na merched chwaith – os nad wyt ti wedi cael Grug ar ei chefn, sut mae hi'n feichiog?'

Gafaelodd y dyn mawr ym mlaen crys Puw.

'Well i ti beidio 'mychanu fi, y crinc,' dywedodd mewn llais isel ond clir. 'Wnaeth rhywun arall y camgymeriad hwnnw un tro, ac mae e'n cysgu ym mynwent Eglwys Sant Aidan yn Solfach.'

Cododd Puw ei ddwrn, ond gafaelodd Daf yn ei fraich.

'Dwi wedi siarad efo chi'ch dau o'r blaen,' dechreuodd, gan ddechrau difaru yfed y Jagerbombs. 'Beth bynnag ydi'r hanes rhyngddoch chi, jest bihafiwch ar gyfer y Sioe, hei?'

Gwthiodd Eben tuag at y drws ond oedodd am eiliad i syllu ar Puw, ei lygaid ar dân. Er bod ei farf fawr wen yn cuddio'r rhan fwyaf o'i wyneb, sylwodd Daf ar farc bach du ar ei foch chwith, fel petai tatŵ yn cuddio o dan y blew trwchus.

'Mae'r lle 'ma ar fin cau,' meddai Gruff wrtho ar ôl iddo ddychwelyd at y bwrdd. 'Ti am ymuno efo ni yn y trelar am un bach sydyn?'

'Rhaid i mi godi'n gynnar,' atebodd Daf, yn baglu dros ei eiriau.

'Call iawn. Ty'd.'

'Noson braf?' gofynnodd Gruff iddo wrth ei dywys yn ôl at ei drelar. 'Dwi'n gwybod ein bod ni'n tueddu i siarad siop ond 'den ni'n giang dda fel arall.'

'Noswaith grêt. Rhaid i mi gadw draw oddi wrth y stwff cryf nos fory.'

'Paid â phoeni, Mr Dafis, mi fyddi di wedi dod i arfer erbyn diwedd yr wsnos.'

'Dyma fi,' dywedodd Daf wrth faglu tuag at ei drelar.

'Wrth ymyl Nicci? Sobor o ferch dda. Paid gwrando ar be mae pobol yn ddwued amdani, dim ond gwneud be sy'n rhaid mae hi, cofia. Dim yn aml iawn mae merch mor ifanc yn 'morol amdani ei hun.'

'Pa mor ifanc ydi hi?'

'Rhyw saith ar hugain, ond mae hi wedi bod ar ei phen ei hun ers i'w thaid farw tua phymtheg mlynedd yn ôl. Ac wrth gwrs, mae hi'n hollol fyddar, yn dibynnu ar declyn clyw.'

'Felly petai rhywun yn malu'r teclyn, byddai hynny'n broblem fawr iddi hi?'

'Seriws. Ond fyddai neb mor gas â'i falu'n fwriadol.'

Ar ôl ffarwelio â Gruff, gwasgodd Daf ei hun i'r trelar, ac er mor anghyffordus oedd y gwair, syrthiodd i drwmgwsg.

Er ei fod o wedi meddwi, cafodd ei ddeffro pan agorodd drws bach y trelar. Ymbalfalodd am ei ffôn ac yng ngolau'r dortsh wan gwelodd olygfa hollol annisgwyl. Roedd Nicci'n sefyll o'i flaen yn gwisgo dim ond dillad isaf moethus iawn, yn les a sidan i gyd, a sanau du. Am eiliad meddyliodd Daf ei fod yn breuddwydio a theimlodd frath o euogrwydd, ond yna daeth chwa o'i phersawr i'w ffroenau. Camodd yn nes ato.

'Sori lodes,' llwyddodd Daf i ddweud o'r diwedd, 'ti'n hyfryd, ond dwi ddim ar gael. Boi teulu, wedi hen setlo.'

'A phwy sy'n mynd i gael gwybod beth sy'n digwydd fan hyn yng nghanol y nos? Mae'r hyn sy'n digwydd yn y Sioe yn aros yn y Sioe, fel Vegas.'

'Sori, lodes. Ti'n hynod o ddel, ond does gen i ddim diddordeb.'

'Nonsens. Wnest ti fy helpu fi yn gynharach heddiw, a dyw dynion byth yn cynnig help i fi heb ddisgwyl rhywbeth yn ôl. Felly paid â chwarae gemau. Does gen i ddim amser i smalio 'mod i ar dân am dy gorff – mae dosbarth cynta'r bore'n dechre toc ar ôl wyth.'

'Mi alla i arbed mwy o dy amser prin i ti, lodes: cer o 'ma rŵan.'

Erbyn hyn roedd Daf wedi sgrialu ar ei draed, a chan fod Nicci'n gwisgo sgidiau sodlau uchel, roedd yn edrych yn syth i'w llygaid.

'Sai'n meindio. Well gen i dy ffwcio di nawr, rhag ofn y bydda i angen dy gymorth yn nes ymlaen yn yr wythnos. Mae hwylie rhyfedd Mel Puw yn gallu para am ddyddie.'

'Mi wna i dy helpu heb y lol yma, lodes.'

'Nid fel'na mae'r byd yn gweithio – fy myd i, beth bynnag.' Roedd rhywbeth chwerw yn ei chwerthiniad isel. 'Ers pan o'n i'n dair ar ddeg oed, ers mi ddechre llenwi fy mra cyntaf, fi 'di dysgu sut mae'n rhaid i ferch ymddwyn os yw hi'n ddiolchgar.'

'Efallai fod dynion wedi cymryd mantais ohonat ti o'r blaen, Nicci, ond tydw i byth yn chwarae gemau tebyg. Dwi'n helpu pobol os alla i, yn rhinwedd fy swydd ac fel arall, ac mae gen i ddynes heb ei hail sy'n ddigon ffôl i fy ngharu. Diwedd y stori.'

'Dyn od wyt ti.'

'Achos 'mod i ddim isie cymryd mantais? Mae 'na lawer iawn o ddynion tebyg i mi, lodes – mwy na fyset ti'n feddwl.'

'Hmm.'

A heb air arall diflannodd i'r nos gan adael Daf i geisio mynd yn ôl i gysgu, yn anghyfforddus ei gorff a'i feddwl.

Pennod 2

Bore Llun

Arogl coffi ddeffrodd Daf, ond yr eiliad yr agorodd ei lygaid sylweddolodd pa mor ddolurus oedd ei gyhyrau, fel petai wedi cael curfa go iawn. Ceisiodd godi ond yr eiliad y symudodd ei ben, dechreuodd y boen y tu ôl i'w dalcen. Griddfanodd yn uchel, ac yn syth, fel petai rhywun wedi bod yn aros y tu allan am arwydd ei fod o wedi deffro, agorodd y drws. Roedd yr heulwen yn boenus a chododd Daf ei law i warchod ei lygaid bregus, felly ni welodd Nicci yn sefyll y tu allan.

'Coffi i ti, Mr Dafis,' dywedodd.

'Dwi'm... dwi ddim yn sicr 'mod i'n barod am goffi eto, lodes.'

'Does gen ti ddim llawer o amser...' Camodd Nicci i mewn i'r trelar a chydio yn ei law. Gyda nerth annisgwyl, tynnodd Daf ar ei draed. 'Mae hi wedi saith. A ti'n gwynto fel sgync.'

'Na, lodes. Dyn o'r canolbarth ydw i, felly fel ffwlbart dwi'n drewi.'

'Mae 'na fwced o ddŵr tu allan ar dy gyfer di, a gan i ti gael dy arwain ar gyfeiliorn neithiwr, fi wedi rhoi dŵr poeth ynddo fe. Paid ceisio eillio – does dim amser 'da ti. Fi'n cymryd bod y cyfrwy i gyd yn hollol lân?'

'Dwi'n cymryd...'

'Well, tsiecia. Y'ch chi'n defnyddio cadache?'

'Dwi'm yn sicr. Heblaw yn Nrama'r Geni, wrth gwrs.'

Ysgydwodd Nicci ei phen yn nawddoglyd.

'Ddwedodd Margaret Hamer dy fod di'n ddibrofiad, ond ro'n i'n disgwyl gwell na hyn.'

'Nid fi sy'n gwneud y gwaith paratoi fel arfer. Gyrru a chodi'r pethau trwm, dyna fy rôl i.'

'Ta beth, fi'n eitha siŵr bod dy rôl di'n cynnwys ymolchi dy hunan rywfaint.'

'O'n i'n bwriadu mynd i'r gawod...'

'Mae'r ciw i'r gawod yn ymestyn i fyny i'r Pentre Ieuenctid, bron â bod. Y cyfan alla i ei gynnig yw bwced o ddŵr a chydig o gyngor: mae'r dŵr yn oeri.'

Trodd Nicci a cherdded ymaith yn gyflym, yn edrych fel cymeriad o ffantasi sawl dyn yn ei llodrau tyn lliw hufen a'i bŵts uchel sgleiniog. Galwodd Daf eiriau o ddiolch ar ei hôl ond wnaeth Nicci ddim troi ei phen. Cofiodd Daf yn sydyn pa mor fyddar oedd hi – heb weld ei wefusau doedd ei eiriau'n golygu dim iddi.

Roedd arogl y coffi'n hyfryd ond ceisiodd ymolchi'n gyntaf, gan deimlo'r ias wrth sefyll yn awel y bore heb ei grys. Wrth iddo wisgo, gwelodd Gruff yn brasgamu i fyny'r cae fel crëyr glas. Gobeithiodd Daf ei fod o'n anelu at rywun arall ond cafodd siom pan gododd Gruff ei law i'w gyfarch.

'Roedden ni i gyd yn poeni amdanat ti, Mr Dafis... roeddet ti'n taro'r Jagers yn go galed neithiwr ac mae dosbarth cyntaf Tinc yn dechrau cyn naw.'

'Dwi'n iawn. Wel, dim yn iawn, ond dwi ar fy nhraed, diolch i fy nghymydog dros dro.'

Anelodd ei fawd i gyfeiriad bocs ceffylau Nicci, a disgynnodd golwg bryderus dros wyneb Gruff.

'Cymer di ofal efo Nicci, Mr Dafis.'

'Am be ti'n sôn?'

'Os wyt ti awydd tro bech arni hi, paid â marchogaeth heb gyfrwy. Does wybod efo pwy mae hi wedi bod.'

'Wyt ti'n dweud ei bod hi'n butain?'

'Ddim yn swyddogol. Mae ganddi hi siop fach yn gwerthu dillad isa, ond mae mwy o'i helw'n dod o'r stafell fach yn y cefn lle mae hi'n "modelu" y dillad ar gyfer ei chwsmeriaid, sy'n digwydd bod yn ddynion i gyd.'

'Dwi'n gweld.'

'Rŵan 'te, os wyt ti ar dy draed, rhaid i mi fynd. Digon i wneud.'

'Mi gerdda i efo ti, Gruff.'

Wrth gerdded heibio bocs ceffylau Nicci, cofiodd Daf ddigwyddiadau'r diwrnod cynt.

'Gwranda, Gruff,' meddai, 'dwi ddim yma fel heddwas ond alla i ddim anwybyddu trafferth o dan fy nhrwyn, fel petai. Pwy ydi Mel Puw a be ydi'r sefyllfa rhyngddo fo a'i gyn-wraig, dwêd?'

'Hi oedd etifedd bridfa Glanrhedyn, ac yn ôl yn nyddie tad Grug, roedd hi'n un o'r bridfeydd mwya llewyrchus yng Nghymru gyfan. Adran Ds mawr, braidd yn hen ffasiwn oedd ganddyn nhw, cryn dipyn o asgwrn. Doedden nhw ddim yn bert ond roedd rhwbeth golygus am y ceffyle, rhyw gryfder. Mae 'na rai sy'n dweud mai'r Adran Ds dynnodd sylw Mel, nid Grug, ond roedd ganddi siâr go dda o'r 3T...'

'Y tri be?'

'Dyna be mae pobol yn feddwl sy'n denu dynion Sir Drefaldwyn: tits, tir a TGAUs.'

'Dwi erioed wedi clywed hynna o'r blaen.'

Chwarddodd Gruff. 'Mae pobol ofn dweud pethau fel'na o dy flaen di, o bosib, Mr Dafis. Ond, yn ôl at y Puws... unig blentyn oedd Grug. Doedd hi a Mel ddim llawer mwy na phlant pan briodon nhw – a phriodas glec oedd hi. Bu farw'r hen foi yn fuan wedyn, a dyna fo, Mel Puw, yn bump ar hugain oed efo gwraig, mab, clamp o fferm yn Nyffryn Dyfi a bridfa Glanrhedyn. Sôn am gael bob dim ar blât.'

'Pam mae dyn a gafodd bob dim ar blât mor chwerw, dwêd?'

'Aeth rwbeth mawr o'i le rhwng Mel a Grug. Roedd 'na sôn bod rhaid iddo fo gael gorchymyn llys i'w gwahardd hi o'r fferm.'

'Be? Fo yn cael gorchymyn yn ei herbyn hi? Nid y ffordd arall rownd?'

'Yn ôl y sôn, roedd CCTV yn ei dangos hi'n rhoi crasfa go iawn iddo fo, a'i gicio fel y diawl ar ôl iddo fo gwympo i'r llawr. Torrodd ddwy asen.'

'Waw. Tydi hi ddim yn ymddangos fel y math o ferch fyse'n gwneud peth fel'na.'

'Hmm, ond cofia, does ganddon ni ddim clem be oedd hi wedi'i ddiodde ganddo fo.'

'Faint o blant sy ganddyn nhw?'

'Dim ond un mab, Rhydian. Creadur bach rhyfedd.'

Erbyn hyn, roedd Gruff a Daf wedi cyrraedd y stablau.

'Diolch i ti, Gruff, am ddod i fy nôl i ac am yr wybodaeth. Dwi'n mawr obeithio y galla i osgoi Mel Puw ac unrhyw un tebyg iddo am weddill yr wythnos, i mi allu canolbwyntio ar Tinc.'

'Wel, pob lwc i ti, Mr Dafis.'

Wrth i'w ben mawr ddiflannu, dechreuodd Daf fwynhau awyrgylch brysur a chymdeithasol y stablau. Roedd sawl un yn codi llaw i'w gyfarch, fel petai eisoes wedi ymgartrefu yng nghymdeithas ecsentrig Bryn y Ceffylau, ond roedd o'n andros o falch o weld Gaenor a Mali Haf yn brysio draw ato.

'Rŵan 'den ni'n dechrau go iawn,' datganodd Gaenor â golwg benderfynol ar ei hwyneb. Roedden nhw'n cystadlu yn y dosbarth llinyn arweiniol, felly roedd Gaenor wedi'i gwisgo fel cymeriad o nofel Fictoraidd, oedd yn ei siwtio hi'n berffaith. Roedd rhuban melfed glas tywyll o amgylch godre ei siaced frethyn, ac ildiodd Daf i'r demtasiwn a byseddu ei llabed.

'Wel, fydd 'run ceffyl arall yn cael ei dywys gan ddynes mor hardd â tithe,' meddai.

Pesychodd Mali'n uchel. Yn ei bŵts sgleiniog, llodrau, crys gwyn perffaith a chadach gwddf uchel, nid ei fabi o oedd hi mwyach ond aelod o dîm cystadlu.

'A tithe mor smart hefyd, Mals. Rhaid i mi wneud y gwaith budr tra dech chi'ch dwy yn rhoi'r ordors i mi.'

Wrth gerdded i lawr yr allt yn siarad efo Mali Haf, gwelodd Daf sawl teulu tebyg, efo un aelod o'r tîm yn fudr a'r lleill fel pìn mewn papur. Cyn cyrraedd y lloc ymgynnull roedd Daf yn bendant: petai Mali Haf a Tinciwinci ddim yn ennill, dyna fyddai'r cam mwyaf yn hanes y Sioe.

A dyma nhw yn y cylch o'r diwedd. Roedd yn ddosbarth mawr, a'r beirniad yn benderfynol yr olwg. Roedd gwên stiff ar ei hwyneb, bron fel mwgwd i guddio'i hymateb, wrth iddi syllu ar bob merlen yn ei thro.

'Chwarae teg, Deifi, ti 'di gwneud dy waith yn iawn,' meddai llais dwfn Margaret Tanyrallt o'r tu ôl iddo. '*Turn-out* go smart.

Mae gan Mals fech gefn syth – dyna ydi hanner y gêm efo rhai mor ifanc â hithe. Drycha ar y lodes ar y gaseg frith. Mae hi 'di rhewi yn y cyfrwy ond mae ei sgwyddau'n llac fel cwd o datws.'

'Dwi'n gweld.'

'*All the gear and no idea*, fel mae'r Sais yn ddweud.'

Roedd y beirniad wedi dechrau gwneud ei detholiad cyntaf, ac ar ôl sgwrs fach dawel efo'r stiward, safodd yn stond. Cafodd pump eu dewis i aros yn y gystadleuaeth, a daethant i sefyll mewn rhes daclus. Roedd Tinciwinci'n dal i drotian o gwmpas y cylch, gyda Gaenor yn ei thywys yn llyfn a gosgeiddig.

'Mae Tinc yn lot delach na'r rhai sydd wedi'u dewis,' sylwodd Daf yn bwdlyd.

'Chwarae efo ni mae'r beirniad,' esboniodd Margaret. 'Mae hon yn hen gêm – ein cadw ni ar bigau'r drain, creu chydig o ddrama.'

'Sut alli di fod mor hyderus?' gofynnodd Daf.

'Defnyddia dy lygaid, Deifi. Pa un o'r mulod yma sy'n mynd i'w churo hi?'

Roedd hi'n hollol gywir, wrth gwrs. Hyd yn oed i lygad dibrofiad Daf, roedd Tinciwinci ben ac ysgwydd uwchben y lleill. Cafodd ei atgoffa am gêm rygbi gyntaf Rhodri, a pha mor bwysig oedd gweld ei fab yn ennill, er ei fod wedi pwysleisio cyn y gêm mai cymryd rhan oedd yn bwysig.

Canodd ei ffôn: fel petai'n darllen ei feddwl, enw Rhodri fflachiodd ar y sgrin.

'Do'n i ddim yn disgwyl clywed gen ti am oriau, còg. Noson fawr neithiwr?'

'Oedd, i rai, ond roedd RB wedi gofyn i mi fod ar y stondin am wyth.'

Roedd Rhys Bowen wedi cynnig swydd am yr wythnos i Rhodri, yn gwerthu cig a pheis ar ei stondin yn y Neuadd Fwyd. Derbyniodd Rhodri'n awyddus – byddai'r cyflog yn talu am ei wythnos yn y Pentref Ieuenctid – ac roedd Daf yn falch hefyd gan y byddai'r swydd yn atal ei fab rhag yfed drwy'r dydd.

'Dad, rhaid i ti ddod yma rŵan.'

'Dwi'n gwylio Mali'n cystadlu. Mi bicia i draw wedyn.'

'Na, mae hyn yn argyfwng. Dwi newydd agor bocs o selsig ac roedd rwbeth erchyll ynddo fo.'

'Be? Llygoden fawr?'

'Na. Mi godais ddolen fawr o'r selsig i'w rhoi yn y *chiller* ac roedd rwbeth hynod am un o'r rhai oddi tanyn nhw.'

'Gwranda, Rhodri, mae bois glendid y Cyngor Sir yna i ddelio efo bob math o selsig rhyfedd.'

'Hyd yn oed rhai efo gewin arnyn nhw?'

Ers iddo ymuno â Heddlu Dyfed Powys yn syth o'r coleg roedd Daf wedi rhoi ei gerdyn gwarant yn ei boced bob dydd, petai ar ddyletswydd neu beidio. Felly, pan gyrhaeddodd y Neuadd Fwyd ar ôl rhedeg nerth ei draed heibio Canolfan y Ffermwyr Ifanc, chwifiodd y cerdyn dan drwyn y stiward wrth y drws.

'Food Hall's closed due to an incident...' dechreuodd hwnnw.

'Heddlu Dyfed Powys,' galwodd Daf ar ei draws, yn awchus i gyrraedd ei fab. Roedd Rhodri'n fachgen aeddfed deunaw oed, ond bachgen oedd o o hyd. Dros y blynyddoedd roedd Daf wedi gweld ei siâr o ddarnau o gyrff, yn enwedig ar ôl damweiniau car, ond darganfod bys mewn bocs o selsig? Roedd hynny'n ddigon i ddychryn unrhyw un.

Stondin Rhys Bowen oedd yr orau a'r amlycaf yn y Neuadd Fwyd, gyferbyn â'r brif fynedfa. Roedd yn rhaid ei fod wedi gwario cryn dipyn i sicrhau'r lleoliad... ac efallai fod ei statws fel AS wedi cael peth dylanwad hefyd, tybiodd Daf. Roedd y dyn ei hun wedi cyrraedd – a hynny ar frys o ystyried y chwys ar ei dalcen coch, llydan – ac roedd ei fraich drom dros ysgwyddau Rhodri. Fel y disgwyliodd Daf, roedd wyneb ei fab yn wyn fel y galchen.

'Blydi hel, Daf, dyma i ti beth cas i ddigwydd,' bloeddiodd Bowen.

'Dwi'n teimlo braidd yn sâl, Dadi.' Doedd Rhodri ddim wedi defnyddio'r enw hwnnw ers dipyn.

Estynnodd Bowen gan o Coca-Cola o boced ei siaced ddrud.

'Yfa di hwn, Rhods,' gorchmynnodd, gan roi'r ddiod iddo. 'Ac nid damwain oedd hi, Daf, dwi wedi holi'n barod. Does neb wedi colli bys yn ein ffatri ni ers pedair blynedd. Hen bethe drud yw damweiniau fel'na: 'den ni'n *shit hot* am Iechyd a Diogelwch.'

Gan geisio anwybyddu'r ias oer lithrodd i lawr ei asgwrn cefn, anadlodd Daf yn ddwfn.

'Well i ni glirio'r lle felly – mae'r stondin yn safle trosedd rŵan.'

'Be? Rhaid i ni agor y drysau i'r *punters.*'

'Callia, Rhys. Os nad damwain yn y ffatri oedd hi, sut yn union aeth bys dynol i mewn i focs o selsig? Ble mae o, gyda llaw?'

'Fanna,' atebodd Rhodri, yn edrych ychydig yn well ar ôl y siwgr. Chwifiodd ei law i gyfeiriad bocs llydan brown oedd ar y bwrdd yng nghefn y stondin. Camodd Daf draw, a'i agor. Roedd yr haen uchaf o selsig wedi cael ei ddadlwytho ac yn yr ail haen, o dan y gorchudd o blastig glas, roedd y bys yn gorwedd yn daclus ymysg y cig. Bys dyn oedd o, a'r cnawd yn llwyd – lliw corff celain.

'Mae'n bosib,' datganodd, 'mai tric cas, sbeitlyd ydi hwn. Ond dwi'n amau bod rwbeth anfad wedi digwydd.'

'Rwbeth anfad wedi digwydd ar fy stondin i ar ddiwrnod cynta'r Royal Welsh?' gwichiodd Bowen. 'Uffern dân!'

Sylwodd Daf fod aelod arall o staff wedi cyrraedd y stondin, yn gwisgo'r un iwnifform â Rhodri sef côt stoc wen, lachar, efo logo'r cwmni wedi'i frodio ar y boced. Dynes yn ei phedwardegau hwyr, a golwg go flin ar ei hwyneb.

'Do'n i ddim yn hwyr, Mistar Bowen,' mwmialodd. 'Y còg oedd yn gynnar.'

'Dwi'm yn amau, lodes,' atebodd Bowen.

Tynnodd Daf ei ffôn o'i boced. Roedd o'n amharod iawn i wneud yr alwad, ond roedd rhaid. Doedd dim amheuaeth pwy oedd yr heddwas mwya trafferthus yn Heddlu Dyfed Powys:

dyn o'r enw Granville Saunders. Roedd Daf wrth ei fodd pan benderfynodd Saunders ymddeol yn gynnar dair blynedd yn ôl, a manteisio ar y cyfle i ychwanegu at ei bensiwn hael drwy gael ei benodi'n Swyddog Diogelwch y Sioe. Swydd ran amser oedd hi, ond un go heriol rhwng meddwon y Pentre Ieuenctid a'r enwogion fyddai'n cyrraedd mewn hofrenyddion. Roedd digon ar blât Saunders felly. Oherwydd ei brofiad blaenorol yn Heddlu Thames Valley, roedd Saunders wastad yn bychanu'r bois lleol, a doedd o erioed wedi maddau i Daf am sylw wnaeth o yn ystod diwrnod hyfforddiant rai blynyddoedd ynghynt. Fel arfer, roedd Saunders yn brolio'i hun a'i brofiad eang, a sibrydodd Daf, '*Mean streets* Chipping Norton, ie?' fymryn yn rhy uchel. O hynny allan, ni chollodd y Sais unrhyw gyfle i fychanu Daf. Ond heddiw, nid oedd modd osgoi'r ffaith mai Saunders oedd yn gyfrifol am y safle, a byddai'n rhaid iddo gael gwybod bod bys wedi'i ddarganfod mewn bocs o selsig ar ei batsh.

Tra oedd Daf yn ceisio perswadio Saunders fod y digwyddiad yn un difrifol, trodd ei gefn ar y stondin. O ganlyniad, welodd o ddim beth oedd Bowen yn ei wneud nes iddo glywed yr ebychiad:

'Daf!'

Roedd y cigydd wedi tynnu mwy o selsig o'r bocs, a darganfod rhywbeth arall yn eu plith.

'Go daria ti, Rhys Bowen. Mae'r bocs 'na'n dystiolaeth bwysig!'

'Fi sy biau'r selsig,' mwmialodd yn bwdlyd, 'ond pwy sy biau hwn, dwêd?'

Roedd Bowen wedi codi rhaff o selsig o ochr arall y bocs, ac yn union fel y bys, roedd darn arall o gnawd dynol wedi cael ei osod yn ofalus yn eu mysg. Ond nid oedd ewin ar y darn hwn, nac asgwrn y tu mewn iddo chwaith.

'Mae hon yn drosedd erchyll, yn bendant,' dywedodd Daf. 'Rhaid i ni gadw'r stondin yn hollol saff.'

'Ai... ydi hwnna?' hisiodd Bowen, gan amneidio at ei gopis.

'Mae'n edrych yn debyg.'

Trodd Bowen ar ei sawdl a chwydu yn y basn golchi dwylo.

'Rhys, cer o'ma rŵan! Mae'r stondin yn safle trosedd a ti'n bwnglera o gwmpas fel eliffant.'

Gwthiodd y dyn mawr heibio'r cownter.

'Be arall sydd yn y bocs, Mr Bowen?' gofynnodd Rhodri iddo.

'Peth anfad.'

'Ym mha ffordd?'

'Petai'n rhaid i mi golli unrhyw ddarn o 'nghorff, hwnna fyddwn i fwya anfodlon ei golli, còg. Paid â gofyn mwy.'

Llifodd pob tamaid o liw o wyneb Rhodri.

'Oes unrhyw fath o dâp yma?' gofynnodd Daf.

'Oes, i gau'r bocsys. Draw fan acw.'

Y ddynes atebodd. Roedd ei hagwedd yn od, ym marn Daf, fel petai wedi diflasu'n llwyr â'r argyfwng. Cododd Daf y rholyn a chamu allan o'r stondin er mwyn lapio'r tâp brown o gwmpas yr holl ardal.

'Does neb i roi troed y tu mewn i'r tâp, deall?'

'Ti'n edrych fel petaet ti 'di gweld ysbryd,' meddai'r ddynes wrth roi darn o gwm cnoi nicotin rhwng ei gwefusau main. 'Sut all y sefyllfa waethygu ar ôl darganfod bys yn y selsig? Ti 'di dod o hyd i'r bawd?'

'Nac'dw, ond petai dyn yn colli'r hyn dwi newydd ei ganfod, does dim llawer o siawns iddo oroesi.'

'O, dwi'n deall rŵan. Pidyn ydi o,' atebodd, gan gnoi fel buwch sbeitlyd.

Nodiodd Daf. Roedd o'n falch o weld rhywun arall yn cyrraedd, er gwaetha'r ffaith mai Saunders oedd hwnnw.

'What the hell is going on, Davies?' bloeddiodd. 'Some of us have a Show to run.'

'And some of us have a nation to run,' taranodd Bowen, ei sioc wedi troi'n ddicter. 'Keep a civil tongue in your head when you speak to Inspector Dafis or I'll break you like a twig.'

Tawelodd Saunders yn syth. Tynnodd *walkie-talkie* o boced

ei siaced a, gydag ochenaid, galwodd am fwy o stiwardiaid.

'This is a police matter, Davies. Over to you, and try to keep calm. I've got to go. Back-to-back VIPs today and God knows what we'll do about the second sky dive.'

A brasgamodd yn ôl i olau dydd, gan siarad ar ei ffôn a'i *walkie-talkie* ar yr un pryd, a gadael Daf heb gefnogaeth o fath yn y byd. Gydag ochenaid, ffoniodd yr orsaf heddlu leol i wneud cais am gymorth swyddogol er mwyn iddo gael trosglwyddo'r achos iddyn nhw a pharhau â'i wyliau. Ar ôl gorffen yr alwad trodd at Rhys Bowen.

'Sut ddaeth y selsig yma? Yn syth o'r ffatri?' gofynnodd, yn anfodlon dechrau'r ymchwiliad ond yn teimlo dyletswydd i wneud rhywbeth.

'Dyna'r peth rhyfedd,' atebodd Bowen, ei fochau wedi dychwelyd i'w coch llachar arferol. 'Daeth llond y fan i lawr nos Sadwrn, a dim ond am chwe awr roedd y stondin ar agor ddoe ond mi werthon ni ddeg bocs cyfan o selsig Gwynt y Ddraig... rhai newydd, efo tsili ynddyn nhw. Mae'r llwyth nesa'n dod i lawr fore Mawrth, ond mae Nick Nocker o gwmpas heddiw felly roedd yn rhaid i mi gael mwy ar frys.'

'Pwy ddiawl ydi Nick Nocker?'

'Dad! Mae pawb yn gwybod pwy ydi Nick Nocker. Mae o wastad ar y teledu efo'i raglen *Don't Nock It*. Ti wedi'i wylio fo sawl tro.'

Dyna brawf ei fod yn cysgu o flaen y teledu, meddyliodd Daf.

'Nick Nocker ydi fy hoff *celebrity chef*,' esboniodd Bowen. 'Dwi isie'i berswadio fo i brynu fy selsig ar gyfer ei fwyty smart yn y Cotswolds, felly pan ges i alwad ffôn neithiwr i ddweud nad oedd yr un Gwynt y Ddraig ar ôl, mi ofynnais i siop fferm leol oedd ganddyn nhw focs sbâr.'

'A ti'n siŵr mai'r bocs yma oedd hwnnw?'

'Bendant. Chwarae teg i ti, Daf, mae'r còg 'ma'n go siarp gen ti. Pen busnes go iawn. Rhodri sylwodd pa mor brin oedd y selsig gorau, a fo ffoniodd ddoe, tua hanner awr 'di pedwar.'

'A wnest ti lwyddo i drefnu'r dosbarthiad mewn pryd?'

'Dosbarthiad?' gofynnodd Bowen, gan grafu ei dalcen llydan. 'Am ddilifri wyt ti'n sôn?'

'Ie.'

'Dyna i ti'r rheswm mae'r leidis i gyd yn hoffi dy dad, còg. Cymraeg graenus. Fydd o'n cynganeddu o flaen ein llygaid ni mewn eiliad, watsia di.'

Edmygodd Daf ddawn Bowen efo pobol: roedd ei jôcs arwynebol yn help i ysgafnhau'r awyrgylch. Wedi'r cyfan, doedd aros o gwmpas bocs yn llawn darnau corff ddim yn brofiad pleserus.

'Dwi jyst isie gweld be sy'n digwydd tu allan,' cyhoeddodd Daf. 'Neb i groesi'r tâp yma, am unrhyw reswm, dech chi'n dallt?'

Nodiodd Bowen ei ben trwm.

Drwy'r gwydr yn y drws, gallai Daf weld cefn dyn mewn crys gwyn: swyddog diogelwch. Aeth allan i siarad efo fo, yn falch o weld y bathodyn bach ar ei grys oedd yn datgan ei fod yn siarad Cymraeg.

'Oes rhywun o'r heddlu wedi cyrraedd, lanc?'

'Nagoes, sori, ond mi ffonia i'r brif fynedfa i weld pwy sy o gwmpas.'

Camodd y dyn i un ochr i siarad ar ei *walkie-talkie* ac yn syth, rhuthrodd tua dwsin o bobol at y drws a cheisio'i agor.

'*No entry*, dim mynediad,' galwodd Daf dros eu pennau.

'Pwy wyt ti i ddweud na cha' i fynd at stondin fy hunan?' cwynodd dynes fer, fywiog.

Chwifiodd Daf ei gerdyn gwarant yn yr awyr.

'Mae 'na ddigwyddiad wedi bod, ac am y tro, mae'r Neuadd Fwyd ar gau.'

'No way, Plod. I've got five thousand pounds' worth of artisanal soft cheese to sell today, and in this heat I'll be chucking what's left over at close of play.'

'We have reason to believe that a serious crime has taken place and for that reason, the Food Hall must remain closed for the investigations to take place.'

Cyrhaeddodd dau o bobol ar unwaith: dynes yn ei

phedwardegau a dyn ifanc wedi'i wisgo fel Eidalwr o gartŵn, mewn crys gwyn tebyg i flows merch, trowsus streipiog tyn a het wellt. Roedd mwstásh mawr ffug ar ei wyneb. Doedd Daf erioed wedi bod mor falch o weld Ditectif Gwnstabl Padraig Wyn Toscano.

'Bore da, bòs. Dwi ar fy ngwyliau wsnos yma fel ti, ond mae'n bwysicach i mi dy helpu di na gwerthu hufen iâ!'

Swyddog ifanc o'i dîm yn y Trallwng oedd Toscano, ac wrth edrych arno cofiodd Daf un o ddywediadau ei ffrind, y Tad Joe Hogan: 'mae Duw wastad yn rhoi ateb i ti, ond nid yr ateb ti'n ei ddisgwyl.'

Doedd o ddim yn nabod y ddynes oedd yn sefyll wrth ochr Toscano, ond roedd hi'n amlwg yn gwybod pwy oedd o. Roedd hi'n gwisgo dillad ddoe a gallai Daf arogli surni ar ei hanadl: cafodd noson fawr neithiwr, yn amlwg.

'Arolygydd Dafis? DS Eifiona Williams, fi sydd ar ddyletswydd bore 'ma. Be sy'n digwydd?'

Ymhen hanner awr roedd pethau'n siapio. Ar ôl clywed o ble ddaeth y bocs selsig, a chadarnhau'r ffaith nad oedd y weithred o wahanu'r bys a'r bidlen oddi wrth eu perchennog wedi digwydd ar stondin Rhys Bowen, roedd modd agor y rhan fwyaf o'r Neuadd Fwyd. Dim ond o gwmpas stondin Bowen, ac am y llwybr rhwng y stondin a'r drws cefn, roedd angen y tâp bellach. Darparodd Toscano goffi rhagorol iddyn nhw, wnaeth fyd o les i bawb, yn enwedig Eifiona a Daf, ac roedd o ar fin cynnig hufen iâ pan gyrhaeddodd y SOCOs.

'Gyda phob parch,' meddai'r prif swyddog lleoliad trosedd, 'does dim byd wedi digwydd fan hyn heblaw agor y bocs. Ryden ni angen mynd i ble bynnag gafodd y bocs yma'i bacio.'

'Pwynt dilys,' mwmialodd Eifiona.

'Fel ddwedes i,' atebodd Bowen yn swta, 'o'r siop fferm leol ddaeth y selsig. Well i chi fynd yno a gadael lonydd i ni.'

'Rhaid i'r Swyddogion Lleoliad Trosedd wneud eu gwaith,

fy ffrind,' esboniodd Daf, 'ond mi fyddan nhw wedi gorffen ymhen yr awr, dwi'n sicr.'

'Ond,' torrodd Rhodri ar ei draws, 'hyd yn oed os allwn ni ailagor y stondin, mi fydd Nick Nocker yma amser cinio a fydd ganddon ni 'run selsig Gwynt y Ddraig iddo.'

'Reit, rhaid i ti fynd fyny i'r ffatri i nôl rhai, còg,' gorchmynnodd Bowen. 'Cer at y brif fynedfa – bydd car yno i fynd â ti i'r *helipad*, a bydd rhywun ym Maes Awyr y Trallwng i roi lifft i ti i'r ffatri. Tyrd â phum bocs yn ôl efo ti.'

'Ar fy ffordd, bòs!' galwodd Rhodri dros ei ysgwydd wrth iddo garlamu at ddrws y Neuadd.

'Wyt ti wir yn anfon hofrenydd i nôl selsig?' gofynnodd Eifiona.

'Mae 'na selsig a selsig, cofia,' atebodd Bowen yn ddifrifol.

'Fetia i dy fod ti'n dweud hynny wrth bob merch,' atebodd Eifiona efo gwên. Methodd Bowen y jôc yn llwyr.

'Gwranda, lodes,' meddai Daf mewn llais isel. 'Be os awn ni'n dau draw i'r siop fferm 'na? Dwi ddim i fod ar ddyletswydd, wrth gwrs, ond dwi angen chydig o awyr iach, fel tithe, dwi'n tybio.'

'Dwi'm yn sicr ydw i'n iawn i yrru. Ges i dipyn o sesh neithiwr... parti yn y Cattle Lines.'

'Ges i rwbeth tebyg ym mar y merlod a'r cobiau. Be am alw am gar sgwad?'

'Maen nhw i gyd allan heddiw. Bydd raid i ni aros i rywun ddod draw o'r Fenni, mae'n debyg.'

'Mi alla i roi lifft i chi, os nad ydi'r fferm yn rhy bell,' cynigiodd Toscano, gan foesymgrymu'n theatrig a thynnu ei het wellt.

Cododd Eifiona ei haeliau ac yn sydyn, teimlodd Daf yn amddiffynnol o Toscano. Efallai mai twmffat oedd o, ond roedd o wastad yn gwneud ei orau glas.

'Cynnig hael iawn còg. I ffwrdd â ni.'

Roedd golwg o sioc ar wyneb Eifiona. Synnai Daf nad oedd o wedi dod ar ei thraws o'r blaen – llu bach oedd Heddlu Dyfed Powys a lleiafrif bychan oedd yr Adran Ymchwiliadau

Troseddol. Roedd natur oer i'w hymddygiad oedd ddim yn apelio at Daf, a doedd o'n sicr ddim yn hoff o'r ffordd nawddoglyd roedd hi'n edrych ar Toscano.

Roedd o'n falch o adael y Neuadd Fwyd, ac wrth iddo gyrraedd yr heulwen gref, cofiodd am ddigwyddiadau eraill y bore. Edrychodd ar ei ffôn a gweld neges gan Gaenor: 'Gorau yn ein Dosbarth. Paid poeni, Rhodri wedi esbonio. Ydi o wir yn hedfan i'r Trallwng i nôl selsig?' Gwenodd Daf wrth feddwl amdani hi, Mali Haf a Tinciwinci'n gorymdeithio'n fuddugoliaethus yn ôl i'r stablau.

Roedd neges arall ar ei ffôn hefyd: llun gan rif anhysbys yn dangos y beirniad yn rhoi'r rosét coch ar gledr llaw Gaenor, a Tinciwinci'n sefyll yn llonydd wrth ei hochr.

Cerddodd Daf ac Eifiona ar ôl Toscano i faes carafanau'r stondinwyr. Tynnodd Toscano allwedd o'i boced: roedd tlws metel siâp côn hufen iâ yn hongian ohono.

'Dwi erioed wedi gweld y fath lipryn,' sibrydodd Eifiona.

'Os nad wyt ti angen fy help i a fy llipryn, mae hynny'n iawn gen i. Ond os wyt ti am i ni dreulio mwy o'n hamser rhydd yn rhoi cymorth i ti, bydda'n gwrtais, wnei di?'

'Dwi wedi clywed llawer iawn amdanat ti, DI Dafis: dy fod di'n bishyn a hanner, ac yn foi iawn 'fyd. Rhaid bod safonau merched Maldwyn yn uffernol o isel!' gwgodd Eifiona.

Roedd effaith yr Jagerbombs wedi setlo yn boen barhaol tu ôl i lygad chwith Daf, ac roedd o'n meddwl am Mali Haf a Gaenor. Roedd o'n colli amser prin efo'i deulu i helpu'r ast ddieithr yma: pam? Wedyn, cofiodd sawl gwaith roedd Rhys Bowen wedi rhoi cymorth iddyn nhw dros y blynyddoedd, a'r wythnos hon yn unig roedd o wedi rhoi swydd i Rhod a lletty moethus am ddim i Gaenor a Mali. Nid er mwyn Eifiona, ond er mwyn Bowen roedd o'n aberthu ei wyliau, felly byddai'n rhaid iddo ddiodde'r blismones am y tro.

Nid nepell o fynedfa maes parcio'r stondinwyr roedd fan fawr wen efo 'Toscanos' wedi'i sgwennu mewn llawysgrifen gyrliog ar ei hochr. O dan yr enw roedd rhes o faneri bach

Cymru a'r Eidal bob yn ail. Wedyn, mewn llythrennau coch a gwyrdd, 'Gelato Hufen Iâ Ice Cream.'

'Paid â dweud ein bod ni'n dechrau'r ymchwiliad mewn fan hufen iâ!' cwynodd Eifiona.

'Mae croeso i ti gerdded,' atebodd Toscano'n syth, a chafodd Daf ei synnu gan y min yn ei lais. 'Mae Mr Dafis ar ei wyliau efo'r ceffylau a dwi 'di dod lawr i'r Sioe i helpu fy nheulu i werthu hufen iâ. Ti sydd ar ddyletswydd, nid ni, er nad wyt ti mewn cyflwr i gyflawni dy ddyletswyddau o gwbl. Cau dy geg a neidia i'r fan, neu cer o 'ma.'

Teimlodd Daf falchder yn chwyddo yn ei frest. Roedd Toscano wedi cael ei fagu i fod yn gwrtais, yn enwedig â merched, felly mae'n rhaid ei fod o wedi gwylltio go iawn i ymateb yn y fath fodd. Eisteddodd y tri mewn distawrwydd anghyfforddus yn y fan, nes i Toscano droi'r system sain ymlaen. Yn amlwg, roedd y gerddoriaeth yn y cab yn codi ei galon o – trac sain y ffilm *Moana* – ond cawsai effaith tra gwahanol ar Daf a'i ben mawr. Drwy drugaredd doedd y daith ddim yn un hir.

Dair milltir o Lanfair-ym-Muallt roedd bwrlwm y Sioe yn atgof pell a'r tirlun hyfryd yn llonydd. Llifai afon Gwy drwy'r dyffryn llydan llawn coed aeddfed a blodau gwyllt. Roedd y llethrau yn eithin aur i gyd, a phan agorodd Daf ddrws y fan, daeth arogl y blodau mêl oedd fel ewyn dros bob sietin i'w ffroenau. Roedd golwg lewyrchus ar y fferm o'u blaenau: tŷ mawr gwyn â rhes o hen ysguboriau brics yr ochr arall i'r buarth. Rhyw dri chan llath i ffwrdd safai dwy sied fawr a chwrt o stablau cyfoes ag arwydd bach ger pob un o'r drysau yn nodi enwau'r bythynnod gwyliau: Clychau'r Gog, Briallu a Gwyddfid. Nid bwthyn oedd y bedwaredd uned ond siop, gyda bwrdd du y tu allan yn hysbysebu cynnyrch y dydd. Roedd Daf ar fin camu i mewn pan ddaeth dynes yn ei thridegau allan i'w gyfarch, er nad oedd llawer o groeso ar ei hwyneb.

'We're good for ice cream, thank you,' datganodd. 'We've been with the guys at Honddu since we opened and they're just right for our trade.'

Acen y Gororau go iawn oedd ganddi, y grwndi swydd Henffordd yn gyferbyniad i'r arwyddion uniaith Gymraeg ar y bythynnod. Roedd golwg benderfynol yn ei llygaid brown, a'r lliw yn ei bochau'n dyst i fywyd yn yr awyr agored. Gan dynnu ar ei brofiad diweddar, sylwodd Daf fod ei bŵts wedi gwisgo lle roedd gwartholion wedi'u rhwbio. Gwisgai iwnifform ffermwraig gefnog – crys gwyn a gwasgod – ond roedd nifer o fotymau'r crys ar agor, a doedd dim modrwy ar ei llaw chwith. Teimlodd Daf fod rhyw egni rhwystredig ynddi, fel petai pobol wedi bod yn trethu ei hamynedd drwy'r bore, ond roedd rhyw her rywiol yno hefyd, awgrym ei bod hi'n rhy brysur i botsian efo dynion fel arfer ond ei bod yn ystyried gwneud eithriad.

'We're not selling ice cream. We're police officers.'

Yn anffodus, ar y gair, neidiodd Toscano i lawr o'r fan. Roedd o wedi gadael ei fwstásh ffug a'i het wellt ar y dashbord ond roedd gweddill ei wisg yn croesddweud geiriau Daf.

'Ie, mae RB 'di ffonio.'

Roedd Cymraeg y ferch yn annisgwyl ac yn gyfoethog. Doedd Daf erioed wedi clywed tafodiaith Gymraeg debyg – roedd hi'n frodorol ac yn ecsotig ar yr un pryd. Ac, fel sawl dynes arall, daeth gwên i'w llygaid wrth feddwl am Bowen, fel petai'n hen gyfaill, neu'n rhywbeth mwy.

'Ydi Mr Bowen wedi esbonio be ddigwyddodd?'

'Do. Tyrd i mewn i'r tŷ. Tydi trafod hyn yn gyhoeddus ddim yn mynd i wneud lles i 'musnes i.' Trodd ei phen a galwodd yn ôl i'r siop, 'Hold the fort, Kaylie, and don't give any more tick to the kids in Briallu – their mum's going mental about it. I'll be up at the house, right?'

'Ti isie i mi gael sbrwt fech rownd y siop, bòs?' cynigiodd Toscano. 'Fetia i fod ganddon ni fwy o flasau na'r hwntws Honddu 'na,' ategodd o dan ei wynt.

'Ddylen ni gau'r siop?' gofynnodd Eifiona.

'Cau fy siop i yn ystod wythnos brysura'r flwyddyn? No ffycin we.'

'Rydan ni'n ymchwilio i achos difrifol.'

'Goelia i. Dyna pam dech chi 'di cyrraedd fy muarth i mewn fan hufen iâ.'

'Roedd... diffyg cludiant,' dechreuodd Daf, ond roedd llygaid y ffermwraig wedi'u hoelio ar goesau streipiog Toscano.

'Beth bynnag, nid o'r fan hyn ddaeth y selsig. Dwi'm yn gwneud selsig ddim mwy – gormod o *hassle*.'

'A chystadleuaeth i Rhys Bowen, hefyd?'

Dechreuodd chwerthin, a meddalodd ei hwyneb.

'Does dim rhaid i RB boeni os ydw i'n cadw cwpl o Gloucester Old Spots. Na, doedd y busnes selsig a'r bythynnod ddim yn cyd-fynd. Gall moch fod yn ddrewllyd iawn yn yr haf.'

'Wnaiff o ddim drwg i dy fusnes os ydi Cwnstabl Toscano'n cael cip i mewn i'r siop. Mae'n rhaid i ni weld ble oedd y selsig cyn iddyn nhw gyrraedd y Neuadd Fwyd.'

'Digon teg.' Chwarddodd y ferch eto. 'Ac mae 'na fantais i'r ffaith eich bod chi'n edrych yn debycach i berfformwyr syrcas na heddweision – fydd neb yn dyfalu fod *police raid* yn digwydd.'

Camodd Toscano yn benderfynol draw at y siop, fel petai eisiau dangos y gallai heddwas gyflawni ei ddyletswyddau'n effeithiol hyd yn oed os oedd o'n gwisgo fel clown. Dilynodd Daf ac Eifiona y ffermwraig ar draws y buarth a drwy lidiart bach gwyn oedd yn gwahanu'r buarth a'r ardd daclus ond diflas.

Aethant drwy'r drws cefn i'r gegin gefn oedd yn llawn o fŵts, cotiau glaw a sawl pibell drensh. Roedd y waliau gwyn wedi'u cuddio bron yn gyfan gwbl â lluniau o geffylau, yn cynnwys un o ddyn yn dal penffrwyn ac un o'r un dyn yn rhedeg wrth ochr ceffyl mewn cylch sioe. Roedd rhai mewn fframiau drud yr olwg ac eraill wedi'u sticio i'r wal efo tâp. Dilynodd y ffermwraig lygaid Daf.

'Blaengwy Bonanza,' esboniodd. 'Trydydd mewn dosbarth cryf iawn.'

'Symud yn wych,' sylwodd Daf, gan ddefnyddio'r eirfa newydd roedd o wedi'i dysgu yn ei gyfnod byr ym myd y ceffylau. 'Coesau wedi'u gosod yn reit sgwâr.'

Newidiodd agwedd y ffermwraig yn syth. 'Ti'n foi 'ffyle, felly?'

'Mae gan fy merch Adran A lyfli. Newydd ddechrau ei dangos hi yden ni.'

'Rhosa di am eiliad. Ti yw'r plismon sy 'di prynu caseg orau Margaret Hamer?'

'Anrheg i fy merch oedd hi, ond ie, o fridfa Tanyrallt ddaeth hi.'

'Pam na ddwedest ti hynny'n gynt? Tyrd i mewn am baned. Dwi'n synnu dy fod ti yma, ar ôl beth ddigwyddodd yn yr *in hand* bore 'ma.'

'Be ddigwyddodd? Ges i fy ngalw i ddelio efo'r bocs selsig.'

'Yn ôl y sôn, cafodd dy gaseg di farciau uchel iawn. Mae Gruff Hamer wedi rhoi dipyn am y peth ar y *socials*. Y sgôr ucha erioed, dyna ddwedodd o.'

'Mae ennill yn ddigon i ni, a ninnau megis dechrau.'

Pesychodd Eifiona. 'Dwi'n falch eich bod chi'n mwynhau trafod ceffylau, ond rhaid i ni ddarganfod yn union sut yr aeth darnau o gorff i mewn i focs o selsig ddaeth o'r fferm yma.'

Wrth sylweddoli ei bod yn ceisio bod yn ffraeth, dechreuodd Daf deimlo dros y blismones. Fel dyn busneslyd a oedd hefyd yn llawn cydymdeimlad, roedd Daf wrth ei fodd yn cwrdd â phobol, yn gwrando ar eu hanesion a cheisio datrys eu problemau ond, yn amlwg, doedd Eifiona ddim o'r un anian. Roedd fel petai pawb a phopeth yn ddiflastod iddi. Er gwaetha'i holl rinweddau hynod, roedd Toscano'n llawer gwell heddwas na hi.

'Fel y dwedais wrth RB,' atebodd y ffermwraig: 'o'i ffatri o yn y Trallwng ges i'r bocs, felly dyna lle ddylech chi chwilio am yr ateb.'

'Gawn ni eistedd i lawr i gael sgwrs?' gofynnodd Daf, gan geisio cofio o ble roedd o'n adnabod wyneb y dyn oedd yn rhedeg y stalwyn yn y llun mawr ar y wal.

'Dwi ddim wedi gwneud unrhyw beth o'i le. Ges i alwad ffôn neithiwr gan Rhys Bowen, yn gofyn allwn i roi bocs o selsig tsili iddo fo. Mi gytunais, wrth gwrs, a daeth y fan draw i'w nôl nhw tua saith y bore 'ma.'

'Pwy oedd yn gyrru'r fan?'

'Does gen i ddim syniad. Rhyw foi dieithr, yn gwisgo crys polo efo logo Mid Wales Meats ar ei frest. O Ddwyrain Ewrop, dwi'n meddwl. O, ac mi oedd sticer ar y ffenest flaen, yn dangos ei fod o'n stondinwr.'

'Pwy roddodd y selsig yng nghefn y fan?' gofynnodd Eifiona. 'Ti neu'r *Pole*?'

Ochneidiodd Daf o dan ei wynt. Er nad oedd y gair yn hiliol roedd y tinc sarhaus yn ei lais yn awgrymu bod gweithwyr Dwyrain Ewrop yn rhyw fath o broblem.

'Fi. A chyn i ti ofyn, doedd dim byd arall yno. Un bocs adawodd fan hyn, ac un bocs gyrhaeddodd y Neuadd Fwyd, ocê?'

'Ers faint oedd y selsig wedi bod yn fan hyn, dwêd?' Roedd Daf yn ceisio ysgafnhau tôn y sgwrs. 'A gwranda, lodes, ges i dipyn o sesh neithiwr a dwi'n ysu am baned.'

Roedd Gaenor wedi dweud wrtho sawl tro pa mor ddeniadol oedd ei onestrwydd ac roedd yr hen swyn yn gweithio: cododd y ffermwraig a mynd at y drws i'r gegin go iawn. Yn anffodus, cyn iddi ei gyrraedd, canodd cloch rywle yn y tŷ, sŵn tebyg i'r hen gloch yn ysgol gynradd Daf.

'Coming, Dad!' galwodd y ferch, a diflannu i grombil y tŷ gan folltio'r drws ar ei hôl.

'Wel, Mr Personoliaeth, wnest ti lanast llwyr o hynna,' sylwodd Eifiona, gan agor y drws i'r ardd.

'Fi? Tyst ydi hi, ac roeddet ti'n siarad efo hi fel petaet ti ar fin ei *waterboardio* hi!'

'Efallai nad o'n i cweit mor addfwyn â ti, Dafis, ond efallai fod hynny achos nad ydw i'n ceisio edrych i lawr ei blows hi.'

'Well i ti newid dy agwedd yn go sydyn, lodes,' brathodd Daf, gan frasgamu i gyfeiriad y siop.

Oherwydd bod yr haul mor gryf, ni allai weld dim y tu mewn i'r siop am eiliad neu ddwy, ond clywodd sŵn annisgwyl: wylo. Pan ddaeth ei lygaid i arfer â'r tywyllwch, gwelodd fod y ferch y tu ôl i'r cownter yn ei dagrau. Roedd Toscano'n eistedd ar ei sodlau o flaen stof fach ddu; roedd y drws ar agor ac roedd o'n tynnu lluniau o'r tu mewn. Pan welodd fod Daf y tu ôl iddo, cododd ar ei draed.

'Wel, bòs, dwi wedi dod o hyd i weddill y llaw.'

Pennod 3

Penliniodd Daf o flaen y stof. Roedd yn rhaid iddo ddefnyddio'r dortsh ar ei ffôn i weld i mewn iddi: roedd y waliau llwyd yn lân, fel petaent newydd gael eu glanhau, ond ar ei llawr roedd gwely llwyd o ludw coed. Ac yn ei ganol, wedi llosgi ond wedi dal ei siâp, roedd llaw. Cyfrodd Daf: dim ond bawd a dau fys oedd arni.

'Hog roast. He asked if we'd had a hog roast...' mwmialodd y ferch o'r tu ôl i'r cownter.

'Gwaith da, còg,' dywedodd Daf, gan godi'n araf ar ei draed. 'Pam wnest ti feddwl am agor y stof?'

'Mi wyntais ddau beth hynod, bòs. Arogl paraffin, neu daniwr arall, a chig yn rhostio. Pwy sy'n cynnau tân yr adeg yma o'r flwyddyn, dwêd? Mi feddyliais am farbeciw, neu hyd yn oed mochyn rhost. Ond ar ôl siarad â Kaylie, mi sylwais ar y stof.'

Llanwodd Daf ei ffroenau. Yr unig beth roedd o'n ei ogleuo oedd caws ac afftershêf Toscano. Ciledrychodd ar y plismon ifanc fel petai'n ei weld am y tro cyntaf.

'Rwbeth yn y teulu, yn ôl Dad,' esboniodd hwnnw. ''Den ni i gyd yn hynod o sensitif, yn gallu gwynto a blasu pethau'n well na phobol eraill. Dyna gyfrinach ein llwyddiant yn y byd hufen iâ: mi allwn ni wynto un tropyn o surop mafon mewn galwyn o hufen.'

'Ta waeth,' meddai Daf, gan ddewis peidio â holi mwy, 'mae'r fan hyn yn safle trosedd rŵan. Ffeindiest ti rwbeth arall?'

'Yn y cefn mae 'na weithdy efo bwrdd mawr, sinc ac ati. Yn fanno roedd arogl gwaed.'

Agorodd Toscano ddrws bach gwyrdd. Tu ôl iddo gwelodd Daf yn union beth roedd o'n disgwyl ei weld: sawl bocs cardfwrdd mawr, papur lapio, rholyn mawr o seloffen, siswrn bach – y stwff y byddai rhywun ei angen mewn ystafell gefn siop. Wedyn gwelodd rywbeth arall, rhywbeth hollol arferol, ond...

Erbyn hyn, roedd y ffermwraig wedi dod i ddrws y siop.

'Chei di ddim dod i mewn, yn anffodus,' datganodd Daf. ''Den ni wedi darganfod rhywbeth yma sy'n golygu bod y siop yn lleoliad trosedd.'

'It's... it's in the stove,' wylodd Kaylie, ond cyn iddi ddweud mwy, torrodd Toscano ar ei thraws.

'Chewch chi ddim siarad efo'ch gilydd, yn anffodus. 'Dech chi'n dystion erbyn hyn.'

'I'm so sorry, Mrs Bound, I didn't do anything...'

Yn amlwg, roedd ei chyflogwr yn codi mwy o ofn arni na Toscano.

'DS Williams!' gwaeddodd Daf, 'gofala di am y leidis 'ma, wnei di? A gofynna i'r SOCOs frysio draw.'

Roedd golwg hynod o sur ar wyneb Eifiona wrth iddi dywys Kaylie a Mrs Bound allan i'r heulwen.

'Ti 'di'r bòs, Mr SIO,' hisiodd yng nghlust Daf.

'Nid fi ydi'r Prif Swyddog Ymchwil – dwi ar fy ngwylie.'

'Ddim yn ôl y pencadlys. Dwi newydd gael galwad ffôn gan y *lady boss* newydd.' Melltithiodd Daf o dan ei wynt, a chlywodd Eifiona hynny. 'Paid ti â rhegi arna i.'

'Gwranda di, DC Williams, rhaid i ti newid dy agwedd. Dwi'n dallt dy fod yn diodde ar ôl neithiwr, ond tydi hynny ddim yn esgus i fod yn anghwrtais. Siapia di, neu...'

'Neu be?'

Roedd Daf eisoes wedi cael hen ddigon ar Eifiona, ond ceisiodd beidio â dangos hynny. Brathodd ei wefus cyn ymateb.

'Jyst cer i ofalu am y tystion, plis.'

'Iawn. Gyda llaw, paid â rhoi gormod o ffydd yn nhrwyn y gondolîwr – mae'n amlwg ei fod yn byw mewn byd ffantasi.'

A chyda hynny, stelciodd Eifiona ar draws y buarth.

Tynnodd Daf ei ffôn o'i boced, ond cyn iddo gael cyfle i ffonio Gaenor, cafodd alwad gan y Dirprwy Brif Gwnstabl. Nid oedd Daf yn hoff iawn ohoni – gallai weithio â phob math o bobol heblaw rhai dan din, a dyna oedd rhinwedd fwyaf y DBG, Florence Harris. Roedd hi wastad yn dweud y stori roedd rhywun eisiau ei chlywed yn hytrach na'r gwir. Sawl tro ers iddi ymuno â Heddlu Dyfed Powys roedd hi wedi dweud un peth wrth swyddogion mewn cyfarfod preifat a pheth hollol wahanol yn syth wedyn mewn datganiad i'r wasg. Roedd yn bosib mai dyna sut y bu iddi ennill ei sedd wrth y bwrdd mawr.

'Haia, Daf,' cyfarchodd, yn llawer rhy anffurfiol, fel petaen nhw'n ffrindiau gorau. 'Dwi mor falch o glywed dy fod ti ar y cês, fel petai.'

'Ond dwi ddim, DBG Harris. Ar fy ngwyliau ydw i.'

'Dwi'n deall hynny'n iawn ond fel mae hi, does neb arall ar gael i weithio ar yr achos hwn.'

'O, cỳm on, bòs, mae gen ti lond trol o fois fel fi.'

'Does neb yn debyg i ti, Daf – ti'n gwybod yn iawn faint dwi'n gwerthfawrogi dy waith. Does neb ond ti yn gallu gwneud i job mor anodd edrych yn hawdd. A dyna'r rheswm na allwn ni ddewis neb ond ti. Mae'r llu dan y chwyddwydr yn ystod y Sioe, yn fwy nag erioed eleni. Faint wyt ti'n wybod am Marionna Morris?'

'Yr actores Hollywood? Dim llawer, er 'mod i wedi gweld sawl un o'i ffilmiau.'

'Wyt ti'n gwybod pwy yw ei gŵr?'

'Rhyw ddyn cyfoethog o Ddyffryn Silicon?'

'William Yi. Mae rhai yn ei ddisgrifio fel y dyn cyfoethocaf yn y byd.'

'Gyda phob parch, Ms Harris, os dwi awydd newyddion am selébs, mi ddarllena i y *Daily Mail*.'

'Dynes ceffylau ydi Marionna, ac mae'n digwydd bod yn ffilmio yn ardal y Bannau ar hyn o bryd. Mae hi awydd dod i'r Sioe i weld y cobiau'n cael eu rhedeg ond mae ei gŵr wedi derbyn sawl bygythiad i'w fywyd, ambell un yn ddifrifol a chredadwy. Mae 'na beryg mawr iddi hi gael ei herwgipio. Mae'r cynlluniau diogelwch ar gyfer dydd Mercher yn hunllef fel mae hi, a rŵan mae ganddon ni fysedd mewn bocs selsig. Mae hwn yn achos hynod o sensitif, Dafydd.'

'Swnio fel problem i Saunders, nid i mi...'

'Ond mae Saunders mor brysur, mae o angen pob help bosib.'

Roedd hi'n seboni bellach, ac ochneidiodd Daf. Roedd hi'n ei adnabod o'n ddigon da i wybod na fyddai'n gwrthod unrhyw gais am help.

'Fydd raid i mi drefnu pethe efo 'mhartner,' mwmialodd, bron o dan ei wynt.

'Wrth gwrs.'

'Ond bydd yn rhaid i mi aros ar Fryn y Ceffylau, i ofalu am y ferlen...'

'Dim ots gen i os wyt ti'n cysgu mewn coeden fel orang utang, Dafydd, dwi dy angen di ar yr achos 'ma.' Ar ôl eiliad o seibiant, ategodd mewn llais isel, 'Ti isie i mi symud Eifiona at y bois traffig dros dro? Mae hi'n gallu bod yn waith caled y dyddie yma, er ein bod ni i gyd yn cydymdeimlo efo hi...'

'Pam felly?'

'Collodd hi ferch fach, ddwy flynedd yn ôl. Canser. Ar ôl hynny gofynnodd am drosglwyddiad o'r gogledd, i ardal newydd. Mi adawodd ei gŵr yn y gogs.'

'Dwi'n gweld. Na, paid â phoeni, fydd Eifiona'n help mawr i mi.'

'Ti'n siŵr? Dwi'n gofyn ffafr fawr i ti, Dafydd, a dwi ddim isie i ti orfod delio efo hwren sur ar ben popeth arall.'

Synnodd Daf ar y min yn llais y Dirprwy Brif Gwnstabl. 'Fydda i'n iawn, ma'am, os ga' i siarad efo 'mhartner gynta...'

Wrth gwrs, derbyniodd Gaenor y newyddion heb gŵyn.

'Dwi 'di bod yn disgwyl hyn ers i ti ddiflannu o'r Cylch cyn y canlyniad,' meddai â thinc o syrffed yn ei llais. 'Be am y ciniawau? A'r derbyniad heno?'

'Rhaid i ti fynd ar dy ben dy hun.'

'Dim ffiars o beryg. Mi a' i ar fraich RB.'

'Dwi'n gwybod faint oeddet ti'n edrych ymlaen at yr wythnos yma, Gae, ar ôl dy holl waith yn codi pres ar gyfer y...'

Torrodd Gaenor ar ei draws â chwerthiniad uchel.

'Nid Falmai ydw i, Daf. Dwi 'di dod yma am sbri, nid i ddangos fy hun i'r bobol fawr. Ac er na alla i feddwl am unrhyw beth gwell na sbri efo ti, dwi ddim am golli allan. Falle y byddi di'n rhydd weithie i ddod i weld y cystadlu...'

'Wrth gwrs. Ac mi fydda i'n dal i ofalu am Tinciwinci yn y nos a'r peth cyntaf yn y bore, ond...'

'Mi esbonia i'r sefyllfa i Mali Haf.' Oedodd am ennyd, cyn dweud yn ddiffuant, 'Mae Mals yn prowd iawn o'i thad, fel finne, er bod dy swydd yn blydi niwsans.'

'Dwi mor sori... yn ôl y sôn, mae siawns y bydd trosedd arall yn...'

'Dwi'n fodlon ymdopi efo dy swydd boncyrs, ond does dim rhaid i mi wastraffu amser yn gwrando ar dy lol di,' torrodd Gaenor ar ei draws. 'Gyda llaw, mae Mals yn aros efo nani Daisy heno tra dwi'n mynd i'r derbyniad, iawn?'

'Wrth gwrs.'

'Mae Daisy a finne'n mynd draw i le Tom a Sheila am *pre's* ac mae ei *stylist* hi am wneud ein colur ni'n tair.'

'Dwi'n dal i fethu coelio bod gan Sheila steilydd, hyd yn oed un dros dro. Mae hi'n berson mor ymarferol a diffwdan fel arfer.'

'Dyna pam mae hi angen help yr wythnos yma. A ti'n gwybod faint mae Tom isie'i sbwylio hi ers iddi gael y babi.'

Yn sydyn, wrth wrando arni'n siarad, roedd Daf yn ysu i fod efo hi, i gael gweld ei hwyneb tlws, arogli ei phersawr a mwynhau'r Sioe efo'i deulu yn hytrach na sefyll ar fuarth yn aros i SOCOs ddod i archwilio llaw wedi hanner ei llosgi mewn stof goed.

Ffarweliodd â hi pan welodd fan Transit yn dod i'r golwg – roedd y SOCOs wedi gorffen eu gwaith ar y stondin ac wedi rhuthro draw i weld beth roedd Toscano wedi'i ddarganfod.

'W, 'den ni ddim wedi cael datgymaliad ers oes pys,' sylwodd aelod o'r tîm yn gyffrous, gan gynnig siwt wen i Daf.

Ysgydwodd Daf ei ben i'w gwrthod. 'Na, fydda i ddim yn eich styrbio chi am dipyn, bois. Rhaid i mi siarad efo'r tystion.'

Cnociodd Daf ar ddrws cefn y ffermdy'n gwrtais.

'Tyrd i mewn!' daeth llais Mrs Bound o grombil y tŷ.

Agorodd Daf y drws, ac ar ôl gweld y rhes o esgidiau a bŵts, tynnodd ei esgidiau ei hun. Roedd y teils coch yn hyfryd o oer dan ei draed. Gan daro golwg unwaith eto ar y lluniau ceffylau ar y waliau, camodd i mewn i gegin fawr.

Cegin dynes brysur ddi-blant oedd hon. Roedd popeth yn lân ond doedd dim byd wedi cael llawer o ofal. Eisteddai Kaylie, y ferch o'r siop, yn agos at ei bòs wrth y bwrdd mawr, fel hwyaden fach yn ceisio cuddio dan adain ei mam. Ar y lliain bwrdd plastig roedd dau iPhone: o leia roedd Eifiona wedi ceisio bod yn broffesiynol, meddyliodd.

'Reit,' dechreuodd Daf, gan sylwi pa mor aml roedd Mrs Bound yn ciledrych at y drws gyferbyn â fo oedd yn arwain i weddill y tŷ. 'Mae'r Swyddogion Safle Trosedd yn gwneud eu gwaith yn y siop ar hyn o bryd, ond o ystyried yr hyn oedd yn y stof, dwi ddim yn meddwl y byddan nhw wedi gorffen am oriau. Mae'n bosib y bydd raid iddyn nhw archwilio ardal ehangach, yn cynnwys y beudy.' Disgwyliodd ryw brotest, ond eisteddai Mrs Bound mor llonydd â cherflun. 'Oes ystafell arall allwn ni ei defnyddio, er mwyn i mi gael siarad efo ti, Mrs Bound, ac i DC Williams gael siarad efo Kaylie?'

'What's he saying, Mrs Bound?' gofynnodd y ferch.

'He's going to talk to us separately.'

'No, no. I want to stay with you.'

'Dim ond sgwrs fach anffurfiol fydd hi,' esboniodd Daf, gan wenu'n gynnes.

Tra oedd Daf yn siarad, roedd Eifiona'n sefyll wrth y ffenest yn anfon a derbyn negeseuon ar ei ffôn. O'r olwg ar ei hwyneb, doedd y negeseuon yn ddim i'w wneud â'r ymchwiliad: roedd lliw yn ei bochau a fflach yn ei llygaid. Roedd y dicter a deimlodd Daf tuag ati wedi cilio – nid niwsans oedd hi ond cyd-weithiwr oedd yn galaru.

'Wyt ti'n iawn i sgwrsio efo Kaylie, lodes?' gofynnodd iddi.

Cododd ei phen, a gwelodd Daf ryw flinder dwfn yn ei hwyneb. Nodiodd, a rhoi'r ffôn yn ei phoced.

'Gawn ni sgwrsio yn yr ardd?' cynigiodd Mrs Bound wrth godi ar ei thraed. 'Mae 'na gadeiriau yno, a chydig o gysgod 'fyd.'

'Iawn.'

Roedd yr ardd yn berffaith am sgwrs. Setlodd hi ar gadair siglo, gan blygu ei choesau o dan ei phen ôl fel merch saith oed.

'Dwi ddim isie poeni Dad,' esboniodd. 'Dydi o ddim yn dda efo pobol ddierth.'

'Nid bod yn fusneslyd ydw i, ond byddai'n help mawr i mi petawn i'n gwybod dipyn bach mwy am y lle 'ma, yn cynnwys pawb sy'n byw yma.'

'Ga' i jest ddweud nad oes gen i syniad sut ddaeth y... y peth 'na i fod yn y stof yn fy siop.' Oedodd Mrs Bound am eiliad a syllu i lygaid Daf. 'Mae hyn wedi bygro dy Sioe di, yn tydi?'

'Rywfaint.'

'Siom. Dwi ddim yn mynd yno bellach – hon ydi ein hwythnos brysuraf fan hyn – ond dwi'n colli'r Sioe yn ofnadwy.'

'Alli di ddim cael help fan hyn? Mae'n drueni i ti golli'r holl firi, a tithe mor agos.'

'Yn agos yn ddaearyddol, ond... wel, mae'r Sioe'n rhan o 'ngorffennol i erbyn hyn. A gyda llaw, Nel ydi f'enw i.'

'Daf.'

'A cyn i ti ofyn, do, mi wnaeth fy nhad fy enwi ar ôl ei hoff ast. Cymeriad a hanner oedd yr hen Nel: rhy benstiff i dreialon cŵn defaid ond yn nabod pob modfedd o'r fferm 'ma.'

'Felly nid sarhad oedd cael ei henw?'

'Na. Neges oedd hi, gan Dad. Bod Nel yr ast a Nel y ferch yn perthyn i'r tir. Nid bod Dad yn hiraethu am fab, ddim o bell ffordd...'

'Unig blentyn wyt ti felly?'

'Ie, neu efallai y byddai gen i frodyr o'r enw Moss a Fly.'

Ar ôl iddyn nhw rannu'r jôc dechreuodd Nel ymlacio, gan ymestyn fel cath yng ngwres yr haul.

'Aeres ydw i, ti'n deall. Gwerth fy machu.'

'Os ga' i ddweud, does dim angen fferm arnat ti i dynnu sylw'r dynion, lodes.'

'Dwi'n deall y gêm yn iawn, Mr Plismon. Tyst ydw i, a ti'n ceisio fy seboni yn y gobaith o dynnu mwy o wybodaeth ohona i.'

'Dim ond dweud y gwir o'n i. Dwi'n sicr nad oedd dy ŵr yn meddwl am dy etifeddiaeth pan wnaethoch chi gwrdd am y tro cyntaf.'

'Dwi'm yn siŵr am hynny... ond mae o wedi hel ei bac ers talwm, beth bynnag.'

'Sori.'

'Dwi ddim. Camgymeriad llwyr oedd y briodas, ac mae o wedi hen adael y lle 'ma, diolch byth.'

'Dim plant?'

Syllodd Nel i'r pellter, dros ei dolydd ffrwythlon.

'Roedd o'n un am y merched... efallai ei fod o'n dal i chwarae'r un gêm, ond nid ar yr un llwyfan. Cneifiwr oedd o, ac roedd merched wrth eu boddau'n ei wylio yn ei fest tyn, gyda'i gyhyrau chwyslyd a'i ddwylo'n sgleinio efo saim. Roedden nhw'n ysglyfaeth hawdd i walch fel fo. Fetia i nad wyt ti erioed wedi cael dy anwesu gan rywun sy wedi bod yn cneifio drwy'r dydd... bysedd fel sidan oherwydd y lanolin.'

Gwenodd Daf. 'Lodes fferm oedd fy nghyn-wraig, a dwi'n cofio dwylo mis Mehefin yn iawn, er mai cnufio yn hytrach na chneifio oedd hi.'

Ysgydwodd Nel ei phen fel petai'n dihuno. 'Dwyt ti ddim wedi dod yma i drafod fy mywyd carwriaethol i.'

'Tydi hynny ddim yn hollol wir, lodes. Felly, ti'n byw fan hyn efo dy dad?'

'Ydw. Mi wnaeth o gynnig symud i fyw yn un o'r bythynnod, ond cafodd strôc. Yn fuan ar ôl hynny, gadawodd Wil. Na, tydi hynny ddim yn hollol wir. Byse'n fwy cywir dweud ei fod o heb ddod adre. Roedd o wastad yn gwneud tymor yn Seland Newydd, tymor fyny yn Norwy a thymor yn teithio o gwmpas Prydain – fyny i'r Alban, lawr i Ddyfnaint, dros y lle i gyd.'

'Doedd dim llawer o gyfle i gael bywyd teuluol felly?'

'Sbot on, a doedd 'run awr o waith i'w gael allan ohono fo pan oedd o adre. Ar ei wyliau oedd o yma, yn codi am hanner awr wedi naw yn y bore a gofyn am ffrei tra oedd pawb arall wedi bod wrthi ers chwech. Doedd y 'ffyle ddim yn ei nabod o, na'r cŵn…' Roedd Nel yn syllu ar ei dwylo wrth siarad, a chymerodd anadl ddofn cyn parhau. 'A dyna pam gafodd o'i gnoi. Dieithryn oedd o, hyd yn oed ar ôl byw yma am flynyddoedd.'

Roedd sawl cwestiwn ar flaen tafod Daf ond penderfynodd gadw'n dawel. Plygodd Nel ei bysedd brown yn ddwrn, wedyn eu sythu.

'Cyn hynny doeddwn i ddim wedi sylweddoli pa mor bwysig ydi gewynnau. Hebddyn nhw, jest darnau o gnawd ydi bysedd, yn chwifio fel baneri bach.'

Rhedodd ias oer i lawr cefn Daf wrth iddo gofio am fysedd llac y dyn oedd yng nghanol y ffrae tu allan i'r dafarn yn Llanelwedd.

'Nel, ai Wil Walters ydi dy gyn-ŵr?'

'Ie.'

Gallai Daf gofio'r creithiau sych ar ddwylo Walters. Nid cŵn oedd yn gyfrifol am eu malu, oni bai bod y cŵn hynny'n cario cyllyll, felly roedd hi'n amlwg fod Nel Bound yn rhaffu celwyddau.

Roedd gweddill y sgwrs yn llai personol o lawer wrth iddyn nhw drafod y busnes a'r fferm. Hiraethai Nel am ddangos ei cheffylau ond roedd hi'n parhau i'w bridio.

'Mae ganddon ni linach go sownd fan hyn, Daf,' esboniodd. 'Dim byd *flashy*, ond sownd. Ar ôl cael gwared ar Wil, a thalu iddo am fynd, roedd pres braidd yn brin. Hefyd, alla i ddim gadael Dad.'

'Mae 'na gymorth i'w gael, dwi'n siŵr.'

Ochneidiodd Nel. 'Bu farw Taid yn go ifanc felly mae Dad wedi rhedeg y fferm ers pan oedd o'n ugain oed. Tydi o erioed wedi dysgu sut i ufuddhau i neb arall ac erbyn hyn mae'n rhy hwyr iddo ddysgu. Tydi gofalwyr na therapyddion ddim yn gwybod sut i drin dyn fel Dad. Tan yn eitha diweddar roedd o'n dal yn siarp ei feddwl ond gafodd o *episode* arall ryw ddeunaw mis yn ôl, ac erbyn hyn does neb yn gallu rhesymu efo fo.'

'Anodd i ti, Nel.'

'Efallai, ond dwi ddim yn un i ildio. Mae'r hen foi wedi fy magu i, wedi gofalu amdana i gydol fy oes. Rhaid i mi wneud be fedra i iddo fo.'

'Chwarae teg.'

'Yr unig beth dwi'n ei ddifaru ydi 'mod i wedi colli ffenest siop i'r fridfa drwy fethu arddangos y stalwyni yn y sioeau. Hei, be amdani? Ti awydd rhedeg stalwyn?'

''Sen i'n cael harten, dwi'n siŵr. A chofia, dwi ddim yn ddyn 'ffyle o gwbl.'

'Meddai'r dyn sy biau Tanyrallt Tinciwinci.'

'Fy merch sy biau Tinc. Dim ond talu'r biliau gwair ydw i, a charthu. Dwi'n giamstar efo'r rhaw a'r ferfa.' Ceisiodd droi'r sgwrs yn ôl at yr achos. 'Ble oeddet ti neithiwr, Nel?'

'Fan hyn, fel arfer, yn sownd yn y tŷ fel hen leidi ddiflas.'

'Oedd rhywun arall o gwmpas?'

'Dad, wrth gwrs, a'r gwesteion yn y bythynnod. Neb arall, ar ôl i Kaylie fynd adre tua hanner awr wedi chwech.'

'Glywaist ti sŵn cerbyd annisgwyl yn y buarth?'

'Mae'n wythnos y Sioe, mae dipyn o fynd a dod.'

'Oes CCTV yma?'

'Oes, ond dim ond draw wrth y beudy – ryden ni wedi cael achosion o ddwyn yna dros y blynyddoedd.'

'Ga' i ofyn, pan fyddi di'n cau bocs yn y siop, pa fath o dâp wyt ti'n ei ddefnyddio?'

Chwarddodd Nel.

'Rydyn ni'n gorfod neidio drwy sawl cylch i blesio'n cwsmeriaid. Ddechreuodd rhai ohonyn nhw gwyno am y tâp plastig roedden ni'n arfer ei ddefnyddio i bacio'r ordors – yn ôl David Attenborough roedd y tâp hwnnw'n tagu crwbanod y môr neu rywbeth tebyg, a newidion ni i'r stwff papur sy'n pydru. Darn bach o dâp ydi o, ond mae rhai pobol yn ddigon parod i'n hatgoffa ni mai'r cwsmer sydd â'r grym. Mae'r tâp pydradwy'n costio tair gwaith yn fwy, ac yn uffern o boen i'w dorri.'

Bellach roedd Daf yn hollol sicr mai yng nghefn siop Nel roedd y bocs selsig wedi cael ei gau – roedd gweddill y bocsys ar stondin Rhys Bowen wedi dod yn syth o'r ffatri ac wedi'u cau â thâp plastig. Cododd ar ei draed, braidd yn anystwyth ar ôl eistedd mor hir ar fainc galed.

'Dyna ni 'te, lodes. Mi yrra i rywun draw i nôl y tâp o'r CCTV maes o law.'

'Tâp? Ym mha ganrif wyt ti'n byw? Ffeil ar fy nghyfrifiadur sy'n cadw'r delweddau o'r camera. Alla i anfon y cyfan draw yn ddigon rhwydd.'

'Diolch yn fawr, lodes. Dwi'n meddwl y bydd raid i mi siarad efo dy dad hefyd.'

'Dim rŵan. Mae o wastad braidd yn niwlog yn y bore, oherwydd y tabledi. Ty'd rownd am dy swper.'

'Mi alla i bicio draw nes ymlaen ond mae swper Tanyrallt Tinciwinci yn fy nghadw'n brysur fin nos.' Bu saib lletchwith, a ysgogodd Daf i egluro mwy. 'Tydi fy nghariad ddim yn aros ar Fryn y Ceffylau, ti'n gweld.'

'O, na. Doeddwn i ddim yn gwneud *move* arnat ti, Daf! Ceisio bod yn ymarferol o'n i. Mae Dad wastad yn mynd am dro bach cyn swper ac mae ei feddwl o'n gliriach ar ôl dod yn ôl i'r tŷ. Dyna'r cyfan.'

Mwmialodd Daf rywbeth ac addo dod yn ôl i'r fferm ar ôl sortio'r ferlen. Erbyn hynny byddai'r SOCOs wedi gorffen eu gwaith yn y siop, a byddai tipyn mwy i'w drafod efo Nel, gobeithio.

Ni fu llawer o sgwrs rhwng y tri aelod o'r heddlu ar eu taith yn ôl i faes y Sioe. Dim ond un teulu oedd yn y bythynnod gwyliau, a doedd ganddyn nhw ddim llawer i'w ddweud. Teulu o Berkshire oedden nhw, wedi dod i ardal Llanfair-ym-Muallt am hoe fach dawel. Roedden nhw'n cwyno am y traffig a sŵn y gerddoriaeth yn y nos.

'Mae hen ddynes yn aros yn y bwthyn o'r enw Gwyddfid wrth y siop, yn ôl y sôn,' adroddodd Toscano. 'Aeth hi i Faes y Sioe yn gynnar.'

'Dyna dasg i ti, felly, Eifiona – dod o hyd i'r ddynes sy'n aros yn Gwyddfid.'

'A mynd â hi i ble wedyn, bòs? Allwn ni ddim rhedeg yr ymchwiliad o gefn fy fan hufen iâ i,' datganodd Toscano.

Roedd y cwestiwn hwnnw wedi bod yn troi o gwmpas pen Daf ers ei sgwrs efo'r Dirprwy Brif Gwnstabl. Daeth yr ateb gan Eifiona, ac er gwaetha'r min yn ei llais roedd hi'n gwenu.

'Mae'r Sioe wedi cynnig lle gwych i ni, wrth y Prif Gylch. Roedd o wedi'i osod i gwmni o ymgynghorwyr ariannol yn wreiddiol ond dynnon nhw'n ôl. Rhwng y fynedfa a'r Principality, uwchben y stondinau crefft.'

'Grêt!' ebychodd Toscano. 'Dwi wrth fy modd efo stondinau crefft. Wnes i addo prynu rwbeth i Mam, i ddiolch iddi am wneud brechdanau i mi bob bore, ac mae hi'n hoff iawn o nwyddau gwahanol, cwyrci.'

Daeth golwg o ffieidd-dod pur dros wyneb Eifiona, a suddodd calon Daf. Sut allai o weithio efo dau mor wahanol... a datrys yr achos?

Pennod 4

Hanner awr yn ddiweddarach roedd Daf a Toscano'n cyrraedd yr ystafell ymchwiliad newydd. Tu ôl i ddrws bach gwyn ger prif fynedfa'r Neuadd Grefftau roedd grisiau serth, cul yn arwain at ystafell fawr, lawn golau dydd. Roedd ffenestri ar hyd un wal, a drws gwydr yn agor ar falconi.

'Golygfa. Orau'r. Sioe!' datganodd Toscano, wedi cyffroi'n lân.

Ceisiodd Daf ddychmygu cyfweld â thyst mewn lle mor agored.

'Mae 'na stafell arall yn y cefn yn ôl Eifiona,' ychwanegodd Toscano, fel petai'n darllen ei feddwl, 'a pheiriant tâp yno'n barod.'

Roedd Daf yn falch o weld chwe gliniadur ar y byrddau, bwrdd gwyn a digon o binnau ffelt – ac yn well na dim, tegell.

'Hen bryd i ni gael paned, còg,' dywedodd wrth Toscano, 'rŵan ein bod ni'n dechrau o ddifri.'

Eu hymwelydd cyntaf oedd Rhys Bowen, yn chwys a phryder i gyd.

'Sut hwyl gest ti lawr ym Mlaengwy, Daf?' gofynnodd, gan ddisgyn ar gadair fel sach o datws. Sylwodd Daf fod Toscano'n llygadu coesau'r gadair yn bryderus.

'Ti'n gwybod y drefn bellach, Rhys. Alla i ddim trafod yr achos efo tyst.'

'Ond ti'n gofalu am y busnes?'

'Mae'n edrych yn debyg. Yn ôl y sôn, mae pawb arall yn fflat owt yn sortio trefniadau diogelwch rhyw seléb o Hollywood sy'n dod yma'n nes mlaen yn yr wythnos.'

'Mae'n wir, felly? Marionna Morris? Welest ti hi yn y peth efo'r boi oedd yn y peth arall? Yr un efo'r *aliens*?'

'Dwi ddim yn cofio'i gweld hi mewn unrhyw ffilm yn y gofod.'

'Nage, nage, Daf. Hi oedd yn y ffilm efo'r boi oedd yn y ffilm arall, a'r ffilm honno oedd yr un efo *aliens*. Hi oedd yn y ffilm lle oedd rhaid iddi fynd ar ffo rhag y Maffia heb ddim dillad sbâr a gyrru tryc drwy Arizona yn gwisgo dim byd ond hen grys dyn, a doedd dim llawer o fotymau ar hwnnw chwaith. Siŵr dy fod ti'n cofio.'

'O, ie, dwi'n gwybod pa un ti'n feddwl.'

'A be am yr un wnaeth hi efo'r ddynes dal oedd yn arfer bod yn y peth efo draig. Ai draig oedd hi? Falle mai rhyw fwystfil arall oedd o, ond roedd o'n gallu hedfan.' Rhwbiodd Bowen ei ên lydan, wedi drysu'n lân. 'Na, dwi'n rong. Y ddynes dal oedd yn y ffilm Bond. Un bengoch oedd yn y peth efo'r ddraig. Os mai draig oedd hi.'

Roedd yn rhaid i Daf chwerthin.

'Petai Daisy yn codi'r remôt ryw ddiwrnod a'i wthio fo i lawr dy gorn gwddw, Rhys, fyddai 'run llys dan haul yn barnu'n ei herbyn hi, os mai fel hyn ti'n siarad wrth wylio ffilm. Ta waeth, oes, mae'n rhaid i ni ddiogelu Marionna Morris tra mae hi yn y Sioe. Felly, does neb ar gael ond fi i weithio ar dy achos di.'

'Fysen i ddim yn meindio gofalu am Marionna am gwpl o oriau,' meddai Bowen. 'Ti'n meddwl mai Duw neu *plastic surgeon* sy'n gyfrifol am ei bronnau, dwêd?'

'Rhys, er bod hwn yn bwnc difyr, does dim llawer o amser...'

'Ie, ie, sori.'

'Ti awydd paned?'

'Fyse hynny'n grêt. Mae hi'n grasboeth heddiw.'

Wrth i Toscano lenwi'r tegell, tynnodd Bowen amlen frown o boced fewnol ei siaced liain. Roedd hi wedi plygu ac roedd marciau aneglur ar un ochr, fel petai chwys Bowen wedi gollwng drwy ei grys a leinin ei siaced i adael olion ar y papur.

'Ddaeth y còg â hwn i mi pan aeth o i nôl y selsig,' esboniodd. 'Mi benderfynais eu cadw nhw yn y swyddfa yn y ffatri rhag ofn i Daisy eu ffeindio nhw. Dwi ddim isie'i hypsetio hi, yn enwedig a hithe'n gofalu am deithiwr bech arall.'

Sut allai dyn oedd yn fodlon siarad am bob agwedd o gorff

actores fod yn rhy swil i ddweud yn blwmp ac yn blaen bod ei wraig yn feichiog?

Tynnodd Bowen ddarnau o bapur o'r amlen. Roedd Daf yn disgwyl gweld lluniau yn dangos yr Aelod Senedd mewn cyd-destun amheus, fel rhan o gynllwyn blacmel, ond nid lluniau oedden nhw ond rhywbeth mwy anfad o lawer. Chwe darn o bapur maint A4, a llythrennau wedi'u torri o bapur newydd neu gylchgrawn wedi'u gludo arnynt.

'Dwi wedi bod yn derbyn y rhain ers tua blwyddyn, Daf,' esboniodd Bowen, gan ddal ei wefus isaf yn ei ddannedd.

'Drwy'r post?'

'Na. Jest ar fy nesg, wyneb i waered.'

Chwifiodd ei law fawr i gyfeiriad y darn cyntaf o bapur a osododd ar y bwrdd. Un gair yn unig oedd arno, mewn llythrennau bras: 'MOCHYN.'

'Pryd gest ti hwn?'

'Jyst ar ôl y Sioe llynedd. Aethon ni draw i Lydaw am wsnos, ti'n cofio?'

Cofiai Daf yn iawn. Ceisiodd Daisy berswadio Gaenor a Daf i fynd efo nhw ond roedd yn rhaid i Mali fynychu Sioe Minsterley, i gystadlu yn nosbarth y Trinwyr Ifanc.

'Roedd hwn yn aros amdana i pan ddychwelais i'r swyddfa.'

'Pam na ddwedest ti ddim byd wrtha i, Rhys?'

'Achos y dyddie yma, mae bron pawb yn y diwydiant cig yn derbyn pethe tebyg. Cafodd paent coch ei ollwng dros fy nghar i yng Nghaerdydd un tro, a chwalodd rhywun ffenest siop cigydd Glantwymyn. A heb amarch i ti, Daf, mae'r heddlu yn rhy *woke* i erlyn achosion fel hyn.'

'Does gen i ddim diddordeb yn y rwtsh *Daily Mail* 'na, Rhys Bowen. 'Den ni'n ffrindie – ddylet ti fod wedi dangos hwn i mi ar y pryd.'

'Falle. Ond dwi 'di hen arfer anwybyddu pethe tebyg. A ches i ddim un arall tan toc cyn y Dolig.'

Estynnodd Bowen ei fraich dros y bwrdd i godi un arall o'r darnau.

'Rho hwnna lawr os gweli di'n dda, Rhys,' gorchmynnodd Daf. 'Dwi'n sicr fod dy olion bysedd dros y rhain i gyd ond paid gwaethygu'r sefyllfa.'

'Sori,' mwmialodd y dyn mawr. 'Wnes i ddim meddwl...'

'Paid â phoeni, ond gall y dystiolaeth yma fod yn bwysig, dyna'r peth.'

'Wrth gwrs.'

'Mae 'na fenig plastig fan hyn,' meddai Toscano, gan osod bocs ohonyn nhw, a dwy baned o de, ar y bwrdd.

'Tynna luniau o'r rhain, plis, còg. Ym mha drefn ddaethon nhw, Rhys?'

Roedd neges hirach ar yr ail bapur: 'Nid Mochyn wyt ti ond Baedd.'

'Pryd ddaeth y trydydd?' gofynnodd Daf.

'Ar ôl y Dolig daeth tri mewn llai na phythefnos.'

'Baedd efo HWCH,' oedd y drydedd neges.

'Dyna pryd wnes i ddechre poeni,' esboniodd Bowen. 'Cyfeirio at Daisy oedd y rhain, a finne i ffwrdd o adre mor aml.'

'HWCH DRWY'R SIOP' gwaeddodd y neges nesaf ac, yn wahanol i'r negeseuon eraill, roedd darn bach o bapur wedi'i sticio arno: llungopi o dderbynneb oedd yn dangos gwariant go sylweddol, dros dri chan punt.

'Pa siop ydi hon?' gofynnodd Daf.

'Frills yng Nghaer. Dillad isa.'

'Ac wyt ti'n gyfarwydd â'r manylion arni?'

'Wrth gwrs 'mod i, cyfarwydd iawn. A cyn i ti ofyn, dwi'n gyfarwydd efo'r dillad isa hefyd.'

'Daisy?'

'Wrth gwrs, Daisy. Dwi ddim yn gweld nics neb arall bellach, ti'n gwybod hynny'n iawn. Mae Daisy'n hen ddigon i mi a dwi mor falch o fod yn ŵr iddi.'

'Felly mae rhywun wedi dod o hyd i'r dderbynneb yma rywsut?'

'Oes.'

'Lle wyt ti'n cadw gwaith papur fel hyn fel arfer?'

'Mae dau focs mewn drôr yn y stydi yn y tŷ acw, un ar gyfer pethe busnes a'r llall ar gyfer pethe personol. Bob mis, dwi'n mynd drwyddyn nhw a'u sortio, rhag ofn bod rhai derbynebau wedi'u gosod yn y bocs anghywir. 'Den ni'n cael rhoi rhywfaint o gostau'r tŷ yn erbyn treth, achos faint o waith dwi'n wneud adre.'

'Debyg iawn,' atebodd Daf, yn ceisio peidio meddwl am y gwasanaethau cyhoeddus fyddai'n elwa petai Bowen a rhai tebyg iddo'n talu pob ceiniog ddyledus.

'Wedyn, mae rhai yn mynd at y cyfrifydd, a'r lleill i'r peiriant rhwygo.'

'Heblaw hon.'

'Heblaw hon. Efallai ei bod wedi cwympo o bwrs Daisy… tydi hi ddim yn lodes flêr o gwbl ond yn aml iawn mae hi'n jyglo Rheinallt ar ei glin a'r boi mawr yn dringo i bob man fel mwnci digywilydd…' Oedodd Bowen i flasu ei de. 'Ond mae hyn yn gyrru ias oer i lawr fy nghefn, Daf. Be os ydi pwy bynnag anfonodd y negeseuon yn dilyn Daisy ar hyd y lle? Fel stelciwr?'

'Dyna'n union pam ddylet ti fod wedi dod ata i'n syth, Rhys.'

'Dwi'n dallt rŵan. Dyma'r un nesa.'

Dechreuai'r neges hon â rhigwm: 'Hen hwch goch a chwe mochyn bychan.' Roedd sawl gair wedi'u croesi allan a'u newid nes y darllenai'r neges, 'Hwch fach felyn a ?? mochyn bychan'.

'Cyfeirio at Daisy a'r plant mae o, ti'n meddwl, Daf?'

'Edrych yn debyg.'

'Hon yw'r gwaetha oll.'

Doedd y neges nesaf ddim wedi'i chreu â llythrennau o gylchgronau, ond yn hytrach â phin ffelt. Roedd bob yn ail lythyren yn wyrdd, a'r lleill yn biws: 'I'r lladd-dy â nhw i gyd, baedd, hwch a moch bychain.' O dan y frawddeg hon roedd un gair wedi'i sgwennu dro ar ôl tro mewn inc coch: 'Gwaed.'

'Rargian, Rhys, mae'r rhain yn ddifrifol sobor! Ddylet ti fod wedi dod â nhw i mi yn syth bìn.'

'Mi wn i. Ond cofia, dwi'n derbyn pethe tebyg yn go aml gan y figans, a do'n i ddim isie dychryn Daisy.'

'Amddiffyn Daisy ydi'r flaenoriaeth, Rhys.'

'Wyt ti'n amau bod cysylltiad rhwng y rwtsh yma a... be welodd Rhodri yn y bocs heddiw?'

'Anodd dweud, ond rhaid i mi ymchwilio i'r negeseuon rhag ofn. A beth bynnag, mae'n anghyfreithlon anfon negeseuon fel hyn i rywun.'

'Fi roddodd fy mhen uwchben y parapet, fel petai, wrth sefyll am y Senedd. Dwi'n disgwyl i bobol fod yn gas efo fi.'

'Mae 'na fyd o wahaniaeth rhwng barnu syniadau gwleidyddol rhywun a bygwth lladd eu teulu nhw, Rhys. Os gei di lythyr arall, rhaid i ti ddod â fo i mi'n syth, iawn?'

'Ocê.'

'Addo? Achos mae'n llawer anoddach i mi ymchwilio i rwbeth fel hyn ar ôl i'r trywydd oeri.'

'Dwi'n addo. Ond ddyle'r heddlu ddechre drwy arestio'r nytars hawlie anifeiliaid, yn fy marn i. Arestio pob un feji yng Nghymru – mi fyddwch chi'n siŵr o'u dal nhw felly.'

'Cer o 'ma, y twmffat. Mae gan rai ohonon ni waith i'w wneud.'

'Ac mae gen inne ddyletswydd braf, sef tywys y ddwy lodes harddaf ar Faes y Sioe i ginio.'

Ar ôl i Bowen fynd, cododd Toscano ei ben o'i sgrin am eiliad.

'Peth hynod oedd derbyn y ffasiwn negeseuon a pheidio dod at yr heddlu, yn enwedig i rywun sy'n digwydd bod yn ffrindiau mawr efo uwch-swyddog,' sylwodd, ac er ei fod yn amlwg yn ceisio aros yn ddiduedd, roedd tôn ei lais yn datgelu nad oedd yn tybio fod Bowen yn ffrind addas i Daf.

'Dyn hynod ydi Rhys. Mi fyddwn ni angen adroddiad fforensig llawn ar y rhain cyn gynted â phosib.' Chwifiodd Daf ei law dros y llythyrau ar y bwrdd, ond roedd ei feddwl ar Gaenor a Mali Haf, a'r ffaith fod Rhys Bowen yn cael y pleser o'u cwmni tra oedd yntau'n gaeth yn ei waith.

'Wel bòs, ti'n edrych fel iâr yn y glaw, wir.'

'Dipyn ar fy meddwl i, lanc. Reit, yden ni wedi darganfod

bys pwy oedd ymhlith y selsig? Oes DNA sy'n cyd-fynd ar ein system ni'n barod?'

'Dim canlyniadau eto, bòs. Ac maen nhw'n pori drwy'r MisPers hefyd.'

'Hyd yn hyn, be 'den ni'n wybod am y person yma?'

Darllenodd Toscano oddi ar y sgrin.

'Dyn gwyn oedd y dioddefwr.'

'Wel, roedden ni'n amau mai dyn oedd o ystyried presenoldeb y darn arall o gnawd. A dwi'n meddwl y byse'n well i ni osgoi'r gair "dioddefwr" nes y byddwn ni'n deall mwy am y sefyllfa.'

'Ond mae'n amlwg bod rhywun wedi cael ei ladd, bòs. Does neb yn torri ei hun yn ddarnau a chuddio mewn bocs o selsig.'

'Digon teg, ond efallai fod rhywun wedi datgymalu corff oedd eisoes yn farw. Well i ni holi'r ysbytai lleol a phob ymgymerwr yn yr ardal – efallai mai corff, nid person, sydd ar goll.'

'Dwi ddim yn deall.'

'Mae'n ddigon posib bod pwy bynnag ddatgymalodd y corff wedi gwneud hynny heb frifo person byw... sy'n hunllef yn gyfreithiol. Does dim trosedd yn benodol sy'n atal difwyno corff. Mae 'na drosedd "atal claddu'n gyfreithlon", wrth gwrs...'

'Ond be am y boi 'na o Dywyn, y gweinidog? Be oedd y cyhuddiad yn ei achos o?'

'Paid â sôn. Wnaethon nhw ddechrau efo cyhuddiad o ddifrodi corff ond wedyn, newidiwyd y cyhuddiad i "amharchu gwedduster y cyhoedd". Lwcus ei fod o wedi pledio'n euog achos doedd y cyhuddiad cyntaf ddim yn bodoli.'

'Roedd llythyrau dienw yn yr achos hwnnw hefyd, yn doedd?'

Nodiodd Daf ei ben, ac agorodd llygaid Toscano led y pen.

'Ai trosedd *copycat* ydi hon, bòs? Achos mae 'na hen ddigon o'r hanes ar y we, wyddost ti.'

'Cau hi, plis. Cyd-ddigwyddiad oedd hyn, a dim byd mwy. Dwi isie cael gwybod yr eiliad 'den ni'n clywed unrhyw beth gan y lab. Hefyd, dwi angen pob tamaid o wybodaeth am fferm Blaengwy. Pawb sydd wedi byw yno, unrhyw beth rhyfedd sydd wedi digwydd yno dros y degawd diwetha. Cysyllta efo'r gwasanaeth ambiwlans hefyd – mae stori am gi yn brathu dyn, a dwi angen y manylion.'

'Mae'r orsaf leol wedi addo cwpwl o'u tîm nhw i'n helpu ni, bòs. Falle y gallen nhw helpu efo stwff sydd ddim ar y system.'

'Os ydi Eifiona'n esiampl o gwrteisi'r heddlu lleol, well gen i gydweithio efo llond bocs o nadroedd blin,' ochneidiodd Daf. 'Ble mae hi, gyda llaw?'

''Den ni angen adroddiad o'r sefyllfa yn y Neuadd Fwyd, yn dydyn? Yno mae hi... feddyliais i y byse'n rhwyddach i ni osod popeth yn fan hyn hebddi hi.'

'Call iawn, còg.'

Dechreuodd Daf sgwennu geiriau ar y bwrdd gwyn. 'Cynnwys y bocs selsig.' 'Llythyrau dienw.' 'Datgymaliad.' 'Cymhelliad rhywiol.' 'Pwy?' Camodd yn ôl i feddwl am eiliad. Wedyn sgwennodd 'Pwy?' dair gwaith yn rhagor. Am y tro cyntaf meddyliodd am y darnau o gnawd ddaeth i'r fei fel dyn, person oedd â theulu, ffrindiau, cyd-weithwyr. Pa obennydd oedd heb ben yn cysgu arni, pa gar oedd heb gyrraedd ei le arferol, pa gyfarchion oedd heb gael eu dweud? Oedd ci yn rhywle yn udo am ei feistr, plant yn gofyn am eu tad? Hoff ddull Daf o weithio oedd siarad efo pobol, dod i nabod y cymeriadau o gwmpas y drosedd, ond heb wybod pwy oedd wedi cael ei ladd, roedd yn anodd adeiladu patrwm. Sgwennodd ddau enw, Rhys Bowen a Nel Bound. Beth oedd y cysylltiad rhyngddyn nhw? O ystyried hanes Rhys, efallai ei fod o wedi darparu selsig iddi hi mewn mwy nag un ystyr. Os oedden nhw wedi cael perthynas o ryw fath, efallai fod Nel yn flin fod Rhys bellach yn ffyddlon i un ddynes. Roedd rhywun yn bendant yn casáu Daisy, roedd hynny'n glir o'r negeseuon.

'Ble mae gweddill y tîm, dwêd?' gofynnodd Daf.

'I fod yma cyn dau, bòs,' atebodd Toscano.

'Dwi ddim wedi cael cinio: dwi'n picio allan am hanner awr.'

Gwenodd y dyn ifanc a throi'n ôl at ei sgrin. Roedd Daf yn cerdded heibio cefn y Prif Eisteddle cyn cofio nad oedd Toscano druan wedi bwyta chwaith. Ond nid am ei fol ei hun roedd Daf yn meddwl, ond Tinciwinci. Brysiodd o gwmpas y Cylch ac i fyny i Fryn y Ceffylau; er gwaetha'r gwres llethol, roedd y lle'n fwrlwm o brysurdeb. Wrth droi i'r llwybr heibio'r stablau, clywodd Daf lais cyfarwydd yn cwyno.

'Ddylet ti ddim boddran 'da'r creadur hyll 'na,' dywedodd llais araf, dwfn. 'Ei gyfrifoldeb *e* yw e, dim byd i'w wneud 'da ti.'

'Dwi ddim am i unrhyw geffyl ddiodde, waeth faint o fastard ydi'r perchennog,' oedd yr ateb. 'Dim ond angen dŵr mae o.'

'Ble mae'r pwrsyn wedi mynd?'

'Does gen i ddim syniad, ond tydi o ddim wedi gwneud trefniadau cyn mynd. Rhoi rhyw hwren ar ei chefn mae o, mwy na thebyg.'

'Alla i ddim deall sut y gwnest ti dreulio awr yn ei gwmni, a fynte'n gyment o ddiawl, heb sôn am ei briodi.'

'Ifanc oeddwn i, cofia, ac mor ddiniwed.'

Clywodd Daf sŵn dŵr, a chamodd ymlaen i weld Eben yn llenwi bwced a Grug yn ei wylio.

'Dyna fo, y dyn mawr,' meddai Grug wrth Daf, efo gwên lydan. 'Am ddechrau da!'

'Margaret Hamer sy'n haeddu'r llongyfarchiadau,' atebodd Daf. 'Dim ond gwneud yn siŵr fod Tinc yn cyrraedd y cylch mewn un darn oeddwn i.'

'Mae pawb yn ei thrafod am y Cuddy,' atebodd Grug, gan roi'r bwced o ddŵr i stalwyn Mel.

'Rhaid i mi gadw llygad barcud arni hi, felly,' meddai Daf, heb syniad beth yn union oedd Cuddy.

Lluchiodd Eben lond ei freichiau o wair dros ddrws y stabl.

'Hei!' galwodd dyn ifanc arno. 'Well i ti beidio. Fydd Dad yn colli'r plot os ydi o'n dy weld ti'n bwydo'r stalwyn.'

'Rhaid i rywun wneud,' atebodd Eben.

Roedd yn anodd dyfalu oedran y dyn ifanc, ond roedd yn amlwg ei fod o ac Eben yn adnabod ei gilydd. Un byr a main oedd o, a'i ddwylo'n dangos creithiau gwaith llaw. Doedd Daf ddim yn sicr faint o waith allai o ei wneud bellach chwaith, gan fod ei fysedd yn amlwg yn dioddef o rywbeth fel cryd y cymalau. Roedd pob un o gymalau ei ddwylo wedi chwyddo a rhai o'i fysedd wedi camu, fel dwylo dyn yn ei wythdegau. Nid oedd ei goesau'n syth chwaith a dyfalodd Daf ei fod yn byw â phoen parhaus – gwelodd yr un pellter yn llygaid sawl un – ond doedd dim arwyddion o'r meddwdod a ddeuai gyda phoenladdwyr cryf. Wrth ei ochr roedd dyn ifanc arall, yn gyferbyniad llwyr o ran pryd a gwedd. Dyn tal, llydan heb fod yn dew, efo gwallt hir melyn a golwg fel syrffiwr arno. A rhywsut, roedd Daf yn bendant mai cyw o nyth go foethus oedd o. O'r olwg gynnes ar wyneb Grug, roedd hi'n amlwg yn hoff iawn ohonyn nhw.

'Does neb wedi clywed na siw na miw gan dy dad ers neithiwr,' meddai Grug wrth y dyn bach.

Hwn oedd mab Grug a Mel felly, sylweddolodd Daf.

'Ac roedd digon o stŵr i'w gael ganddo bryd hynny, fel arfer,' mwmialodd Eben.

'Felly,' parhaodd Grug, 'mae'n rhaid i ni ofalu am ei stalwyn, yn enwedig ar ddiwrnod mor grasboeth.'

'Paid â chodi bys i'w helpu, Mam,' atebodd y dyn bach.

'Nid ei helpu fo ydw i, Rhyds, ond gofalu am anifail diniwed.' Gwenodd wrth fwytho gwddf llydan y stalwyn. 'Mae 'na ddiferyn neu ddau o'r hen waed da yn dal i fod ynddo fo, cofia.'

'Er ei fod o mor hyll?' oedd sylw'r syrffiwr, gan ddangos ei ddannedd perffaith wrth wenu. 'Ti wastad yn dweud pa mor urddasol a smart oedd hen stoc Glanrhedyn, Grug, felly sut hynny?'

Winciodd Grug cyn ateb. 'Mae 'na rai sy'n gwybod am stoc da, ac mae 'na rai yn meddwl eu bod nhw'n gwybod,' atebodd.

Syllodd Daf ar y ddau stalwyn – erbyn hyn, roedd ceffyl Grug wedi dangos ei ben dros ddrws ei stabl. Roedd tebygrwydd rhwng y ddau, ond hyd yn oed i ddyn mor ddibrofiad â Daf, roedd gwahaniaeth mawr hefyd. Roedd y ddau yn daclus ac yn hollol ddi-fai, ac o ran nerth roedden nhw'n debyg iawn. Ond rhywsut, roedd symudiadau stalwyn Grug yn osgeiddig a llawn egni. Roedd fflach o ddicter wastad yn llygaid ceffyl Mel, fel petai ei groen esmwyth yn cuddio natur beryglus. Petai Daf yn gaseg, ystyriodd, fyddai o ddim am gael ei anfon at stalwyn Mel, ond roedd rhywbeth rhamantus am stalwyn Grug. Ystyriodd Daf y gallai wneud cymhariaeth debyg rhwng Grug a'r dyn ifanc: fersiwn hardd o gyfanswm genynnol y teulu oedd hi, ac yntau wedi cael y nodweddion anffodus. Roedd ei thrwyn hir yn rhoi strwythur hardd i wyneb Grug ond wedi mynd yn rhy bell yn ei achos o, gan gysgodi ei geg. Un fain oedd hi, un gwan oedd o. Gallai rhywun ddarllen cyfrolau yn ei llygaid hi, ond poen a gwacter oedd yn wyneb Rhydian, heblaw pan oedd o'n syllu ar y dyn tal, golygus. Beth oedd ei hanes o, tybed?

'Dwi'n synnu bod Mel wedi esgeuluso'r stalwyn,' meddai Daf. 'Ro'n i'n cymryd mai hwn oedd cannwyll llygad Mel.'

'Mae wastad yn ddigon hawdd tynnu sylw Mel,' atebodd Grug, yn methu atal ochenaid fach. 'Ti ddim wedi cwrdd â Rhydian eto, naddo, Mr Dafis? Ein mab ni, Mel a finne. A dyma'i bartner, Pow. Dyma Mr Dafis, perchennog Tanyrallt Tinciwinci.'

Estynnodd Daf ei law ond wnaeth 'run o'r dynion ifanc ei hysgwyd. Tynnodd Daf ei fraich yn ôl pan gofiodd am ddwylo Rhydian.

Nid oedd Daf yn hoffi'r gair 'partner' – roedd yn rhy niwlog o lawer. Sut fath o bartneriaid oedd Rhydian a Pow? Busnes? Cydberchnogion ceffyl? Aelodau o'r un cwmni o gyfreithwyr? Diystyriodd Daf bartneriaeth rywiol: er iddo gael ei sarhau gan Rhodri a Carys am ei ddiffyg *gaydar*, roedd o'n sicr nad oedd perthynas felly rhwng y dynion ifanc. Roedd y cyferbyniad corfforol rhyngddyn nhw'n rhy sylweddol.

'Wel wir!' ebychodd Pow. 'Un ddel ydi hi. Mae pawb yn ei chanmol.'

'Be ddwedais i am ferlod Cymreig?' atebodd Rhydian, a synnodd Daf fod nodyn ysgafn, bron yn chwareus yn ei lais. 'Dyna'n union be 'den ni angen ar y Waun, dau ddwsin o Dinciwincis.'

'Dim ond un Tinc sydd, cofia,' datganodd Daf.

'Rhy ddrud i'w cadw, angen gormod o sylw,' meddai Pow yn bendant.

'Meddai'r boi mwya *high maintenance* yn Nyffryn Dyfi!' pryfociodd Rhydian a rhedeg ei law trwy wallt Pow. Roedd yn amlwg i Daf fod ei *gaydar* wedi methu unwaith yn rhagor. Pan roddodd Rhydian ei law gnotiog ar ben Pow, aeth cryndod gweladwy drwy gorff Pow a chaeodd ei lygaid am eiliad, ac anadlu'n ddwfn. *Dyna* sut fath o bartneriaid oedden nhw.

'Dwi 'di dweud wrthoch chi, cobiau go iawn dech chi angen, achos yn Glanrhedyn maen nhw i fod,' dwrdiodd Grug, fel mam yn atgoffa'i phlant am eu gwaith cartref.

'Dwi'n cytuno, Grugsi,' atebodd Pow efo gwên lydan a oleuodd ei wyneb golygus. 'Y bygar bach penstiff yma ydi'r broblem.'

Edrychodd Rhydian i lawr ar y concrit wrth ei draed.

'Dwi ddim isie gwneud unrhyw beth i gorddi'r dyfroedd,' meddai.

'Faint o weithie dwi 'di dweud wrthat ti? Anghofia am y bastard. Os wnes i lwyddo i wneud, mi alli dithe hefyd,' datganodd Grug.

'Methu trystio fy hun ydw i... petai Dad yn troi fyny ar y buarth, mi fysen i'n torri ei gorn gwddw celwyddog.'

'Ssh, Rhyds,' dwrdiodd ei fam, 'heddwas ydi Mr Dafis, cofia: dim lol.'

Teulu rhyfedd oedd yn sefyll ger y stablau, myfyriodd Daf wrth lenwi rhwyd wair Tinciwinci. Cofiodd y ffrae y noson gynt pan ddywedodd Mel fod Grug yn disgwyl babi, a datganiad Eben nad oedd yn gariad iddi. Sylwodd Daf ei bod hi wedi ymlacio ar ôl i Rhydian a Pow adael – pam hynny, tybed? A beth oedd cysylltiad y ddau ddyn ifanc â Glanrhedyn, os mai Mel oedd yn berchen ar y fridfa?

Cychwynnodd Daf yn ôl i ystafell yr ymchwiliad, ac er ei fod wedi bwriadu galw yn yr archfarchnad ar y ffordd i nôl bwyd, penderfynodd beidio pan welodd hyd y ciw. Bu bron iddo faglu ar draws dyn ifanc a groesodd ei lwybr yn gwthio troli a thri bocs cardfwrdd arno. O'r cysgodion y tu mewn i babell grand, daeth llais esmwyth, diacen.

'Is that the champagne? Do hurry along, twmffat.'

Camodd rhywun o'r tywyllwch ac am eiliad gwelodd Daf wyneb cyfarwydd; er gwaethaf ei siwt frethyn ffurfiol roedd Daf yn sicr mai yng ngorsaf yr heddlu roedd o wedi'i weld o'r blaen, ac fel troseddwr yn hytrach na dioddefwr. Ond brysiodd yn ei flaen tuag at ystafell yr ymchwiliad, y llais hanner cyfarwydd yn atseinio yn ei glustiau.

'We *had* said eleven for the delivery. And before you start, English is not my first language either.'

Nid oedd neb yn yr ystafell ymchwil fawr, ond drwy'r ffenest fach yn y drws mewnol gwelodd Daf broffil Toscano yn siarad efo rhywun a chymryd nodiadau ar ei ffôn. Ar y bwrdd mawr o'i flaen, roedd bin a'i ben i lawr. Oddi tano roedd plataid o salad, tatws bach a sawl sleisen o ham. Am eiliad roedd Daf wedi drysu, ond wedyn sylweddolodd: roedd o wedi prynu dau docyn cinio, ac roedd Gaenor wedi dod â'r pryd o'r Members iddo. Chwarae teg iddi, meddyliodd, wrth ymosod ar y letus fel dyn ar ei gythlwng.

Agorodd y drws mewnol a daeth dyn main, moel drwyddo. Roedd Toscano ar ei sodlau, yn dal i botsian efo'i ffôn.

'Dyma Arolygydd Dafis, Sarjant Roderick.'

Llyncodd Daf y darn mawr o fetys oedd yn ei geg a llwyddodd, rywsut, i beidio â thagu arno. Cododd ar ei draed i gyfarch Roderick.

'Dwi'n falch iawn mai ti sy'n arwain yr ymchwiliad,' meddai Roderick. 'Mae angen rhywun di-lol yn ystod wsnos y Sioe, yn enwedig gan fod y Saunders 'na wastad yn osgoi unrhyw fath o waith.'

'Ti'n aelod o'r tîm lleol, felly?' gofynnodd Daf, gan ysgwyd ei law.

'Rhywbeth fel'na.'

'Byw yn lleol?'

'Ydw. 'Den ni wedi bod yn Llanfair-ym-Muallt ers canrif bron, ers iddyn nhw glirio Epynt.'

'Felly ti'n nabod teulu'r Bounds?'

'O, ydw! Mae pob dyn yn yr ardal wedi dilyn helyntion Nel, yn y gobaith o gael siawns efo hi.'

'Mae hi'n lodes smart.'

'Ym mhob ystyr y gair. Ac mae hi'n glamp o fferm, cofia, a'r 'ffyle a'r bythynnod a'r siop. Er gwaetha'i thad, mae Nel yn werth ei bachu.'

'Er gwaetha'i thad?'

'Hen fastard yn meddwl ei fod o'n ddyn mawr oedd o, cyn ei strôc. Nel sy'n ei nyrsio fo.'

'Ble mae ei mam?'

'Wedi hel ei phac ers blynyddoedd. Athrawes oedd hi, wedi cymryd ffansi at y fferm yn hytrach na'r ffermwr.'

'Hen, hen stori.'

'Yn ôl y sôn, Jack Bound wnaeth ei gorfodi hi i adael yn go fuan ar ôl i Nel gael ei geni. Roedd o'n gwybod y byddai hi'n cael mwy o setliad am bob blwyddyn roedd hi'n aros yno, felly aeth hi'n ôl i'r *Wild West* efo siec go fechan ac un ffoto o Nel.'

'Ac ydi Nel yn agos i'w mam y dyddie yma?'

Chwarddodd Roderick yn isel. 'Tydi Jack Bound ddim yn fodlon rhannu Nel efo neb! Lodes Dadi ydi hi, wastad wedi bod.'

'Ond priododd...?'

'Do, am sbel. Y cneifiwr 'na, Wil Walters. Wnaeth hynny ddim para'n hir.'

'Pam hynny?'

'Roedd o'n ei chwarae hi'n ffals, medden nhw, y twmffat. Ond mae rhai yn dweud nad oedd Wil yn hoffi'r *pre-nup*.'

'Wyt ti'n gwybod lle mae Wil Walters? Mi welais i o ddoe, mewn hwyliau rhyfedd.'

'Mae o wastad yn flin y dyddie yma, ers... beth ddigwyddodd i'w ddwylo.'

'A be yn union oedd hynny?'

'Mi gafodd ei frathu gan gi, yn ôl y sôn.'

'A be ydi dy farn di?'

'Welais i erioed greithiau mor daclus ar ôl brathiad gan gi.'

'Mae gen ti theori felly?'

Pesychodd Roderick cyn siarad mewn llais isel. 'Hi wnaeth, Nel. Mae hi'n dipyn o giamstar efo cyllell, wastad wedi bod. Roedd hi'n gallu paratoi ffowlyn mewn pum munud yn y Ffermwyr Ifanc.'

'Pam na chafodd hi ei chyhuddo, felly?'

'Doedd dim tystiolaeth. Ddwedodd hi mai ymosodiad gan gi oedd o, a ddwedodd Wil ddim gair. Wnaethon ni ddim llwyddo i'w pherswadio i ladd y ci, hyd yn oed.'

'Be?'

'Dwi o ddifri. Cafodd Nel ddatganiad gan ryw fet yn dweud bod Wil wastad wedi plagio'r cŵn a'i fod o, y fet, wedi'i rybuddio fo sawl tro i beidio.'

'Ti'n dweud wrtha i bod Nel Bound wedi dinistrio dwylo ei chyn-ŵr, a wnaeth yr heddlu ddim byd am y peth?'

'Ti ddim yn nabod y Bounds.'

Cododd Daf ei aeliau ond roedd yn rhaid i Toscano gael dweud ei ddweud.

'Mi ddwedais wrth Sarjant Roderick, bòs, does neb uwchben y gyfraith ganddon ni yn Sir Drefaldwyn.'

'Ond allwn ninne ddim arestio pobol heb dystiolaeth chwaith,' ymatebodd Daf. 'Ar Faes y Sioe fydd Wil Walters, Sarjant?'

'Mwy na thebyg. 'Den ni wastad yn cael chydig o drafferth efo fo yn ystod y Sioe. Druan o Nel, mae hi'n aros gartref y dyddie yma a hithe wastad wedi bod fel brenhines yma, heb sôn am ddangos y cobie.'

'Ocê. Dwi isie siarad efo fo cyn gynted â phosib, ac os wyt ti'n methu ei ffeindio fo, rhaid i ni feddwl am wirio ei DNA.'

'Wyt ti'n meddwl mai... mai darnau o Wil oedd...?'

'Gwranda, ffrind, daeth y bocs o siop dynes dreisgar. Dwi am ffeindio ei chyn-ŵr cyn gynted â phosib.'

'Tydi Nel Bound ddim yn ddynes dreisgar!' protestiodd Roderick.

'Ti ddwedodd ei bod hi wedi brifo Wil.'

'Efallai mai amddiffyn ei hun oedd hi.'

'O be welais i ddoe, mae rhywun wedi torri ei *ligaments* a gwneud job dda o ddinistrio'i yrfa. All neb gneifio efo dwylo fel'na. Ac mae'n digwydd weithiau... cyn-wraig yn torri darnau pwysig oddi ar gorff gŵr anffyddlon.'

'Hen hanes ydi hynny, Mr Dafis. Mae hi 'di symud ymlaen.'

'Ydi hi mewn perthynas newydd?'

'Na, ond mae hi'n go brysur, wyddost ti.'

'Rhaid i mi ofyn, Sarjant, faint o ffrind ydi hi i ti? Ti'n gwybod cryn dipyn amdani...'

Cochodd Roderick. 'Dwi 'di... wel, 'den ni 'di bod yn *pals* ers yr ysgol, Nel a finne. Dwi 'di gofyn... wel, tydi hi ddim yn cymryd unrhyw sylw.'

'Dwyt ti ddim yn ei chanlyn, felly?'

'Na.'

Roedd llygaid gleision y plismon yn disgleirio fel petaen nhw'n llawn dagrau. Mygodd Daf ochenaid.

'Gwranda, còg, does gen i ddim smic o ddiddordeb yn dy hanes rhamantus di, ond tyst ydi Nel Bound, felly cadw draw, ocê?'

'Does dim rhaid i ti boeni, Mr Dafis: dwi 'di bod yn *friend zone* Nel mor hir, dwi 'di tyfu gwreiddiau.'

Curodd Daf ei gyd-weithiwr newydd ar ei gefn wrth iddo adael yr ystafell.

'Jyst chwarae bob dim yn syth, ac mi fyddwn ni'n iawn, ocê?'

'Iawn, Mr Dafis.'

Safodd Daf ar y balconi i wylio Roderick yn cerdded yn bwrpasol o gwmpas y Prif Gylch, gan oedi i brynu rhaglen.

'Un da ydi'r sarjant, dwi'n meddwl,' barnodd Toscano. 'Dipyn o laff, ond yn cymryd ei waith o ddifri. Mae yntau wedi cael trafferth efo'r Eifiona 'na... yn ei ddisgrifio fel hen ast.'

'Dwi 'di dysgu dipyn o'i hanes hithe hefyd, còg; rhaid i ni wneud ymdrech efo hi.'

'Yn ôl y sôn mi wnaeth hi ddiddanu tad a'i dri mab neithiwr, pobol fawr y Charolais.'

'Paid â hel clecs. Unrhyw ymateb gan *forensics* eto?'

'Dim ond cadarnhad bod y ddau... ddarn... yn y bocs wedi dod o'r un corff. Dyn rhwng tri deg a hanner cant oed, o dras gwyn, a dim cofnod o'i DNA ar y chwiliad cyntaf o'r system. Dyna'r cyfan hyd yn hyn.'

'Ddwedon nhw rwbeth am y llaw yn y stof?'

'Dim, heblaw bod y DNA yr un fath â chynnwys y bocs.'

'Ddwedon nhw ddim byd am y gewynnau ar gefn y llaw?'

'Na, ond mi alla i ofyn.'

'Ti 'di gweld Eifiona o gwbl?'

'Mae hi 'di llwytho datganiadau'r tystion o'r Neuadd Fwyd i'r system, yn cynnwys un Rhodri. Tydi hi ddim yn meddwl llawer o'r ddynes sy'n gweithio efo dy fab – mae hi'n awgrymu ei bod yn werth i ti ei chyfweld hi. Mae hi wedi mynd ar ôl y CCTV o ddrysau'r Neuadd, sy'n dangos y bocs yn dod i mewn.'

'Chwarae teg iddi.'

'Ydi hi'n iawn i mi bicio'n ôl i'r garafán i newid fy nhrowsus, bòs? Alla i ddim ymdopi efo mwy o'i sylwadau personol hi. Mi wisgais amdanaf heddiw bore ar gyfer diwrnod o werthu hufen iâ, nid ymchwilio i drosedd.'

'Rhaid i ti daro'n ôl yn ei herbyn, còg. Chei di ddim llonydd ganddi tan hynny.'

Cochodd Toscano. 'Fedra i ddim, bòs,' mwmialodd. 'Dwi 'di cael fy magu i barchu'r leidis, ti'n gwybod, waeth pa mor ffiaidd yden nhw.'

Ers iddo ddod i nabod Padraig Wyn Toscano, roedd Daf wedi datblygu parch mawr tuag ato, ond roedd o'n dal i fod yn ddyn ifanc od, ac yn destun sbort i sawl un. Oedd, roedd rhywbeth chwerthinllyd amdano, ond i Daf roedd ei rinweddau positif yn goroesi. Ond i rywun fel Eifiona, gallai Daf weld ei fod yn darged amlwg.

'Ie, wrth gwrs, cer i newid.'

Roedd Daf yn falch o gael seibiant i orffen ei ginio. Aeth

allan ar y balconi a gwelodd Mali Haf o bell, yn rhedeg i mewn i'r Prif Gylch i helpu dyn y Cwac-Pac. Dechreuodd deimlo'n unig, a chofiodd mai'r unig ffordd o wella'r sefyllfa honno oedd datrys yr achos.

Ar ôl siarad efo Roderick roedd Daf bron yn sicr fod Wil Walters wedi cael ei ladd, a bod ganddo gryn dipyn o elynion. Efallai fod Nel Bound yn cadw draw o Faes y Sioe ond a oedd ei chyn-ŵr wedi dod yn rhy agos ati hi, tybed? Neu a oedd o wedi pigo ffeit efo'r person anghywir mewn tafarn? Ond os felly, sut oedd ei law wedi cael ei llosgi ar fferm Nel, Blaengwy?

Penderfynodd gŵglo Nel Bound. Ddaeth fawr ddim i'r golwg heblaw'r wybodaeth gafodd o gan Roderick: ei chyfnod llwyddiannus yn y Ffermwyr Ifanc, lluniau o'i cheffylau ac eitem yn y *Brecon & Radnor Express* dan y pennawd 'Autumn Wedding for Prominent Wyeside Farmer'. Yn y llun roedd Nel a Wil yn cerdded o'r eglwys drwy fwa o bicweirch eu cyfeillion, ac o ddarllen y stori daeth yn amlwg mai Nel, y ffermwr blaengar, oedd yn cael ei chlodfori ac nad oedd ennill Pencampwriaeth Byd Cneifio'n Gyflym yn cyfrif dim o safbwynt y papur. Chwyddodd y llun ar y sgrin er mwyn ceisio dysgu mwy am y pâr priod. Roedd yr haul yn eu llygaid, braidd, ond gwelodd Daf ryw ryddhad ar wyneb Nel. Anodd oedd darllen wyneb Wil, ond roedd yn hanner gwenu, fel rhyw seléb yn cyfarch torf o gefnogwyr. Yng nghysgodion cyntedd yr eglwys roedd dyn digon tebyg i Nel i fod yn dad iddi. Chwiliodd enw arall: Jack Bound. Fel yn achos ei ferch, cafodd Daf hanes dyn ei filltir sgwâr. Roedd ei enw yn dod i fyny'n llawer amlach na'i wyneb, yn enwedig yn adroddiadau'r farchnad. Synnodd Daf, o ystyried cyflwr iechyd y dyn, fod ei enw mewn adroddiad wedi'i ddyddio dri mis ynghynt. 'A well-meated pen of 46kg from Jack Bound topped the trade at £151.50.' Doedd Nel, yn amlwg, ddim wedi newid enw'r busnes, gan barhau i fyw yng nghysgod enw'i thad.

Agorodd drws y balconi, a chamodd Eifiona allan, yn cnoi gwm.

'Mae gen ti hogyn da, bòs,' meddai. Nid oedd Daf yn sicr ai canmoliaeth ynteu coegni oedd ei bwriad, nes iddi ymhelaethu. 'Tydi hi ddim yn hawdd ateb cwestiynau di-ri am rywbeth mor erchyll.'

'Siaradest ti efo Rhodri, felly?'

'Mae bob dim yn y ffeiliau ar y cyfrifiadur. Ges i gyfle i siarad â'r ddynes 'na sy'n gweithio ar y stondin hefyd.'

'Ti'n amheus ohoni?'

'Mae hi wedi hen arfer dweud celwydd, yn fy marn i. Fyswn i'n hoffi gweld be sydd ganddi ar ei *hard drive*.'

'Be? Porn, ti'n feddwl?'

'Wn i ddim. Ond dwi wedi bod yn yr heddlu am bymtheng mlynedd, ac erbyn hyn, dwi'n gwybod sut i adnabod pobl od.' Oedodd am ennyd. 'Sori am fod mor gas heddiw,' meddai mewn llais ysgafn.

'O'n i ddim ar *top form* fy hun, lodes.'

'Ti'n meddwl 'mod i'n boen tin, ond dwi'n blismones effeithiol hefyd, wyddost ti.'

'Debyg iawn.'

'Jyst...' ychwanegodd, ei llais yn gwanhau wrth iddi droi ei phen oddi wrth Daf: '... dwi'n stryglo pan dwi o gwmpas pobol efo plant. Ers i mi golli Lleucu.'

'Does dim rhaid i ti siarad amdani os nad wyt ti isie, lodes,' atebodd Daf, ei wddf yn sych â chydymdeimlad.

'Jyst gofyn am siawns arall ydw i. Yr ymchwiliad, wel, er ei fod mor erchyll, mae'n ddifyr, yn rhywbeth i mi ymgolli ynddo. Ond dwi'n dallt os wyt ti am roi'r sac i mi.'

'Gwranda, Eifiona, tîm bach yden ni fel mae hi, ac mae'n rhaid i ni gyd-dynnu. Tithe, finne a Toscano, a'r boi lleol, wrth gwrs.'

'Efan Roderick?'

'Ie. Wyt ti'n ei nabod o?'

'Rhyw dipyn. Swyddog da, ond... wel, mae ganddo fo dipyn o *soft spot* am Nel Bound.'

'Mi fydd digon iddo fo 'w wneud heb fynd i Flaengwy.'

'Ond ti'n ei hamau hi, debyg? O'i siop hi ddaeth y selsig ac yn y stof yn ei siop hi...'

'Digon teg, ond cofia di sut roedd hi'n ymddwyn, yn hollol agored.'

'Doedd hi ddim yn awyddus i ni edrych o gwmpas.'

'Wrth gwrs nad oedd hi'n hapus i'n gweld ni'n ymyrryd yn ei busnes, ond ges i'r argraff mai niwsans oedden ni, yn hytrach na bygythiad. Wedi dweud hynny, tydi hi'n sicr ddim yn ddiniwed.'

'Yn hollol. Roedd ganddi reswm – a chryn dipyn o gyfle – i orffen yr hyn ddechreuodd hi.'

'Oedd, ond pam rŵan? Maen nhw wedi gwahanu ers blynyddoedd,' rhesymodd Daf. Cododd Eifiona ei hysgwyddau. 'Dwi am ddysgu popeth am faterion ariannol y fferm 'na: faint o ddyled sydd ganddyn nhw, be ydi gwerth yr eiddo i gyd, unrhyw ffynhonnell arall o bres sy'n dod i mewn. Ocê lodes?'

Atebodd Eifiona drwy nodio'i phen.

Roedd Daf yn anfodlon gadael y balconi. Roedd y cyferbyniad rhwng llawenydd y dorf islaw a natur anfad yr ymchwiliad yn drawiadol. Rhedodd ias oer i lawr ei gefn. Tybed oedd gan un o'r gynulleidfa roedd o'n eu gwylio waed ar ei ddwylo? Y gwir oedd, sylweddolodd yn sydyn, na fyddai Gaenor na Mali Haf, na Rhodri hyd yn oed, yn saff nes y byddai Daf wedi datrys yr achos. Ffoniodd Gaenor i'w rybuddio, ac i awgrymu y byddai'n syniad da iddi hi, Mali a Tinciwinci adael y Sioe a mynd adre i ddiogelwch Sir Drefaldwyn. Wrth gwrs, gan ei bod yng nghanol cinio llawn hwyl, nid atebodd Gaenor. Gosododd Daf ei ffôn ar y bwrdd bach ar y balconi a syllu arno. Os oedd Maes y Sioe yn rhy beryglus i deulu Daf, a fyddai'n rhaid ystyried canslo'r digwyddiad cyfan? Ond eto, ystyriodd, nid ar y Maes prysur y rhoddwyd y cnawd yn y bocs selsig. Cododd ei ben i edrych ar y Cylch Gwartheg, yn llawn da ysblennydd yn cael eu tywys gan y bobol oedd wedi llafurio ddydd a nos am fisoedd ar gyfer yr eiliad honno.

Ysgydwodd ei ben. Roedd o'n gorymateb. Ond wedyn, cofiodd am y llythyrau bygythiol dderbyniodd Rhys Bowen. Os oedd Bowen yn darged, efallai y dylai Gaenor a Mali Haf chwilio am le arall i aros, neu brynu pabell fawr er mwyn ymuno efo fo ar Fryn y Ceffylau. Wedyn cofiodd, nid oedd neb ar wyneb y ddaear yn fwy gofalus o'i deulu na Bowen. Dan ei adain o, byddai'r merched yn ddiogel heb golli hwyl y Sioe.

Pennod 5

Chwalwyd theori Daf ynglŷn â pherchennog y bys a'r bidlen pan gerddodd cyn-ŵr Nel Bound yn hamddenol heibio i gornel y Prif Eisteddle. Roedd Roderick wrth ei ochr – yn ddigon agos i Daf feddwl eu bod nhw'n gwisgo cyffion – ond pan stopiodd Walters wrth y stondin doesenni, roedd yn amlwg mai dim ond cadw'r cneifiwr o fewn gafael roedd yr heddwas. Trodd y ddau at ddrws y Neuadd Grefftau.

Symudodd Daf gadair arall i'r ystafell fach yn barod am y cyfweliad, ond safodd Walters yn sgwâr wrth y drws i'r balconi.

'Dewch i mewn i'r ystafell yma, Mr Walters,' ceisiodd Daf ei annog. 'Does dim llawer o breifatrwydd i'w gael uwchben y Prif Gylch.'

'Mi gollais fy mhreifatrwydd pan lusgodd Ploderick fi o'r NSA. Mae'n ddigon drwg colli peint, ond i orfod dilyn ordors un sy 'di bod yn sniffian o gwmpas fy ngwraig ers roedden nhw yn yr ysgol Feithrin...'

'Pan dech chi'n sôn am eich gwraig, Mr Walters, dech chi'n golygu Nel Bound?'

'Wel, mi fyse hi'n hynod anffodus petai Ploderick yn glafoerio dros fwy nag un ddynes dwi wedi'i phriodi.'

Erbyn hyn roedd Walters wedi setlo ar un o'r cadeiriau ar y balconi, ar ôl cicio'r drws i'w agor. Cododd ei draed ar ganllaw'r balconi er mwyn rhwystro Daf rhag cyrraedd y gadair arall. Tynnodd Daf drydedd cadair allan ar yr balconi, gan geisio cuddio'i dymer.

'Tyrd i gymryd nodiadau plis, Eifiona.'

Synnodd Daf ei gweld hi'n ufuddhau heb gŵyn – er ei bod hi'n brysur yn hel tystiolaeth am statws ariannol y teulu Bound, roedd yn well gan Daf iddi hi fod ar y balconi na Roderick gan ei bod yn amlwg fod Walters yn ei gasáu o. Wrth weld Eifiona, llithrodd Walters ei fraich drwy gefn y gadair oedd wrth ei ochr, a chan ddefnyddio'i arddwrn yn hytrach na'r bysedd oedd yn hongian yn llipa o'i law, llwyddodd i'w chodi dros y bwrdd. Roedd y cyferbyniad rhwng y weithred o sifalri a'i ymddygiad trahaus yn sylweddol.

'Diolch,' atebodd Eifiona yn swta.

'Wel, 'set ti'n gallu dod i eistedd yn fy nghôl, del, ond dwi ddim isie tynnu dy sylw oddi ar dy *shorthand*.'

Gwgodd Eifiona arno a symud ei chadair i gornel bellaf y balconi y tu ôl i Daf, ac roedd Daf yn falch o hynny – roedd o'n cael digon o drafferth efo Roderick a'i grysh ar Nel Bound heb gael Eifiona a Wil Walters yn gwneud llygaid llo bach ar ei gilydd.

'Ti'n edrych braidd yn welw, Mr Bòs Plismon,' meddai Walters wrth Daf, 'fel petaet ti 'di gweld ysbryd. Wyt ti'n sicr nad fy mhidlen i oedd yn y bocs selsig 'na? Mae croeso i'r ferch ifanc draw fan'cw roi ei llaw ym mhoced fy jîns, i wneud yn siŵr 'mod i'n gyfan.'

'Dim diolch, Mr Walters,' ymatebodd Eifiona yn yr un llais oer ag a ddefnyddiodd i sarhau Toscano y bore hwnnw, 'ond diolch am eich cynnig hael.'

Roedd ei hoerni wedi synnu Walters a chollodd fymryn o'i hyder, a diolchodd Daf fod Eifiona'n gallu bod yn broffesiynol pan fo rhaid.

'Rhaid i ti fentro beth bynnag,' atebodd Walters, gan syllu'n awgrymog ar Eifiona. 'Dwi angen smôc fach, a dwi'n methu tynnu'r ffags o 'mhoced.'

Roedd lwmp hirsgwar ym mhoced chwith jîns tyn Walters, ac roedd ei wên slei yn awgrymu ei fod o wedi chwarae'r un gêm sawl tro. Rhoddodd Daf ei ffôn i lawr ar y bwrdd, ac wrth symud yn gyflym fel rhiant profiadol yn trin plentyn, tynnodd y bocs a'r taniwr o bocedi Walters, tanio sigarét iddo a'i rhoi rhwng ei wefusau.

'Gawn ni dechrau, Mr Walters?' gofynnodd.

Gan afael yn ei sigarét â'i fawd ac ochr ei law, sugnodd Walters arni a nodio'i ben yn ara deg.

'Lle oeddech chi neithiwr, Mr Walters?'
'Yn yr NSA dan tua un ar ddeg y nos.'
'Ac wedyn?'
'Mi grwydrais fyny i Fryn y Ceffylau.'
'Pam?'
'Mae gen i ffrind sy'n aros yno.'
'Gawsoch chi groeso?' gofynnodd Daf, oedd wedi dyfalu pwy oedd y ffrind.
'Dim rhyw lawer.'
'Aethoch chi i mewn i'r WPCS?'
'Do. Mi ffeindiais giang ifanc go ddymunol, ac es i fyny i'r Pentre Ieuenctid efo nhw.'
'Ar eich pen eich hun?'
'Ie.'
'Gawsoch chi fynd i mewn heb fand braich?'
'Wil Walters ydw i – mae drysau'n dal i agor i mi.'
'Be wnaethoch chi yno?'
'Chydig o ddawnsio – roedd DJ da yno – wedyn 'nôl i'r garafán am sesh. Ges i be mae'r Sais yn ei alw'n *knee trembler* efo merch o Ddyffryn Conwy, er mai corgimwch oedd hi.'
'Corgimwch?'
'Corff blasus ond pen hyll. Ond wnaeth hi'r tro.'
'Faint oedd oedran y ferch?' gofynnodd Daf.
'Mi anghofiais ofyn am ei thystysgrif geni, ond roedd hi wedi gadael yr ysgol felly paid â phoeni.'
'Gysgoch chi yno?'
'Na. Mi gerddais adre i'r fan.'
'Beth oedd enwau'r criw ifanc?'
'Does gen i ddim syniad.' Plygodd dros y bwrdd a phoeri bôn ei sigarét dros ganllaw'r balconi. 'Gen i frith gof mai Tiffany oedd enw'r corgimwch.'
Teimlodd Daf chwd yn codi i'w geg. 'Ond fyddech chi'n ei hadnabod petaech chi'n ei gweld eto?'
'Dwi'm yn siŵr. Roedd hi'n dywyll. Dwi'n cofio'r garafán – un streipiog oedd hi, fel sebra.'

Pa fath o ddyn oedd yn cofio'r garafán yn hytrach na'r ferch roedd o wedi caru efo hi? Roedd Walters yn haeddu clec yn sobor. Ond yn bwysicach na hynny, os oedd Walters yn fyw, doedd gan Daf ddim clem i ba gyfeiriad i arwain yr ymchwiliad.

'Wyt ti am fy arestio fi am rwbeth, Mr Bòs Plismon?' gofynnodd Walters, gan ddylyfu gên. 'Achos mae giang reit dda yn aros amdana i yn yr NSA.'

'Ble gawsoch chi frecwast heddiw, Mr Walters, a phryd oedd hynny?'

'Rhyw hanner awr 'di saith, wyth-ish. Bap bacwn ges i, o'r stondin ger y sied gneifio.'

'Welsoch chi rywun oeddech chi'n ei nabod yno?'

Chwarddodd Walters. 'Roedd sawl un yn fy nabod i. Wastad 'run fath. Bechgyn eiddgar isie dysgu gan y meistr, isie *top tips* am ddim... ond nid fel'na mae pethe'n gweithio. Os ydyn nhw o ddifri maen nhw'n cael prynu diod i mi. Dwi ddim yn fodlon rhannu fy holl brofiad â phob un wan jac sy'n gofyn.'

'Felly mae digon o bobol a all gadarnhau'ch amserlen chi?'

Chwarddodd eto, yn fwy oeraidd y tro hwn.

'Cneifiwr ydw i, ffrind, nid *psychic*. Sut ddiawl alla i ddweud pwy welodd fi a phryd? Dwi'n cofio bod un o'r bois oedd yn fy mhlagio i yn gwisgo crys polo porffor o glwb CFfI yn Sir Benfro. Ydi hynny'n helpu?'

'Welsoch chi fan yn mynd at ddrws cefn y Neuadd Fwyd?'

'Mi welais ryw ddwsin ohonyn nhw. Dyna be sy'n digwydd yn gynnar yn y bore – mae pawb yn llenwi eu stondinau. Ac mae gen i gliw bach arall i ti, jyst i dy helpu di: mae'r Cwac Pac yn gwneud eu stwff yn y Prif Gylch yn ystod y pnawn, mae'r stalwyni'n cael eu rhedeg ddydd Mercher, ac os wyt ti isie prynu rhwbeth yn rhad, arhosa tan bnawn dydd Iau. Ti angen mwy o awgrymiadau i dy helpu di drwy'r wythnos? Neu ga' i fynd 'nôl i'r NSA?'

'Jyst cyn i chi fynd, Mr Walters, beth ddigwyddodd i'ch dwylo chi?'

'Ges i fy mrathu gan un o'r bastard cŵn 'na sy gan Nel.

Mae'r cŵn a'r Bounds, y cwbwl lot, angen eu saethu, er lles pawb.'

'Gyda phob parch, Mr Walters, dydi'ch creithiau chi ddim yn dweud yr un stori. Dwi erioed wedi gweld ci efo cyllell.'

'Mae 'na gŵn efo *machine guns* draw ym Mlaengwy, dwi'n dweud wrthat ti.'

'Dwi'n amau bod rhywun wedi'ch brifo chi ond, am ryw reswm, dech chi'n anfodlon dweud y gwir.'

Cododd Walters ar ei draed.

'Theori ddifyr, Mr Plismon. Ond rŵan, dwi'n mynd.'

'Un cwestiwn arall, os gwelwch yn dda. Dech chi'n nabod Rhys Bowen?'

'Pawb yn nabod Rhys Bowen.'

'A be ydi'ch barn chi amdano fo?'

'Dim llawer. Mae gan y pwlffyn sawl ffan, ond dwi ddim yn un.'

'Pam hynny?'

'Dwi 'di arfer bod ar ben y domen. Dydyn ni, yr *alpha males*, ddim yn gyrru mlaen yn dda fel rheol.'

'Be am Nel? Ydi hi'n agos at Bowen?'

'Tydi o ddim wedi'i chael hi ar ei chefn, os mai dyna ti'n ofyn. Mae gan Nel digon o ddewis – does dim rhaid iddi fynd efo'r ffasiwn horwth.'

'Ond ers i chi wahanu?'

'Dynes stoc ydi Nel: does dim rhaid iddi hi ddewis unrhyw greadur sydd ddim yn berffaith. Dyna pam mae'r llo Ploderick 'na'n gwastraffu'i amser yn llwyr.'

'Ond mae Bowen yn ddyn sy'n ddigon parod i sbwylio unrhyw ferch.'

'Ha! Os oes 'na unrhyw ferch dan haul sy ddim angen ei sbwylio, Nel Bound ydi honno. Mae hi wedi'i sbwylio'n rhacs yn barod, gan ei thad.'

Llwyddodd, gyda chryn ymdrech, i godi'r bocs sigaréts oddi ar y bwrdd, ond yn hytrach na cheisio'i wthio yn ôl i'w boced, stwffiodd y pecyn i fyny llawes ei grys glas. Roedd y taniwr yn llai o sialens, ac ar ôl casglu ei bethau, swagrodd i ffwrdd heb air, fel petai'n berchen ar y Sioe i gyd. Gwyliodd Daf o'r balconi wrth i Walters blethu drwy'r dorf. Bob ugain llath roedd rhywun yn ei gyfarch, ac ar gornel y Prif Eisteddle, daeth dyn tal ato. Yn hytrach na chodi llaw a cherdded heibio, cyfarchodd Walters ef, a chafodd Daf y teimlad bod y dyn wedi bod yn aros am Walters, fel ci ffyddlon.

'Am foi neis!' ebychodd Eifiona'n goeglyd. 'Be oedd yn mynd drwy ben Nel pan briododd hi rywun mor atgas?'

''Den ni ddim wedi gweld Wil Walters yn ei ogoniant, cofia. Roedd o'n Bencampwr y Byd ar un adeg.'

'Mmm. Mi fyse'n ddifyr gwybod beth ddigwyddodd i'w ddwylo.'

'Mae si yn lleol mai Nel oedd yn gyfrifol, er mwyn ei gosbi. Ond mae'n rhyfedd ei fod o'n dal i'w hamddiffyn hi, o ystyried faint mae o wedi'i golli.'

'Efallai ei fod o'n ei chael yn anodd cyfadde, fel dyn go *macho*, fod ei gyn-wraig wedi ei frifo?'

Yn sydyn daeth gwaedd hynod o'r ystafell fawr, fel petai rhywun wedi sathru ar gi, a sŵn coesau cadair yn crafu'r llawr pren. Neidiodd Toscano ar ei draed.

'Mae 'na fatsh i'r DNA, bòs,' gwichiodd, gan chwifio'i law i gyfeiriad y gliniadur. Roedd ei wyneb wedi'i oleuo â chyffro, a sylweddolodd Daf faint roedd o wedi dod i hoffi'r swyddog ifanc.

'Ty'd i ni weld.'

Nid oedd cynnwys y neges yn ddigon positif, ym marn Daf, i gyfiawnhau ymateb Toscano, ond heb os, roedd yn gam ymlaen. Roedd chwiliad o gofnodion troseddwyr ar system ganolog yr heddlu wedi bod yn aflwyddiannus, ond daethpwyd o hyd i batrwm DNA go debyg i'r sampl gafodd ei gymryd o'r cnawd yn y bocs selsig.

'Dyn pump ar hugain oed o ardal Machynlleth.'

'A be ydi'i hanes o, dwêd?'

'Bòs?'

'Dyden ni ddim yn casglu DNA pobol ar hap, còg. Pam ofynnodd bois Mach am y sampl yn y lle cyntaf?'

'O, ie!' atebodd Toscano yn eiddgar. 'Gafodd o'i arestio am ymosod ar rywun mewn cartref henoed yn y dre. Ond chafodd o ddim ei erlyn.'

Dechreuodd Daf feddwl. Roedd o wedi clywed am sawl aelod o staff cartrefi gofal yn cyrraedd pen eu tennyn a cholli amynedd gydag un o'r preswylwyr. Dyna ddigwyddodd yn yr achos hwn, mwy na thebyg, a phawb wedi cyd-weld nad oedd dim byd i'w ennill drwy fynd â'r achos i'r llys. Byddai'r troseddwr yn fwy tebygol o fod wedi cael P45 na record droseddol.

'Eifiona, ffonia di griw Mach. 'Den ni angen cefndir y digwyddiad.'

'Iawn.'

'Oes ganddon ni enw iddo fo?'

'Oes, bòs,' atebodd Toscano, yn gwenu fel giât: 'Rhydian Hedyn Arthur Puw.'

Rhydian Puw – mab Grug a Mel Puw, y dyn ifanc oedd â chryd y cymalau yn ei ddwylo a chariad golygus ar ei fraich. Fyddai o wedi gallu ymosod ar rywun?

'Oes 'na lun ohono?' gofynnodd Daf.

'Na, bòs.'

'Wel, blydi gŵgla fo, wnei di!'

Gwingodd Toscano fel petai Daf wedi ei daro, a dechrau teipio'n araf. Llanwyd y sgrin â sawl rhes o luniau. Bachgen main yn ei arddegau yn rhedeg stalwyn cob, ond nid yng nghylch y Sioe Fawr. Yr un llanc yn tywys caseg mewn ffrwyn. Wedyn, llun o wefan y *Sporting Telegraph* efo'r pennawd 'Firm going at Kelso favoured Mr Giles Willoughby's Fortunata, giving Rhydian Puw his second winner of the day.'

'Gwna fo'n fwy!' cyfarthodd Daf, yn hollol ymwybodol y byddai'n rhaid iddo ymddiheuro i Toscano am y tinc diamynedd yn ei lais.

Yn sefyll wrth ochr ceffyl tal, brown roedd dyn ifanc mewn

gwisg joci. Roedd cylch mawr du ar ei grys pinc ac roedd sidan ei het yn yr un lliwiau. Gwisgai lodrau lliw hufen a bŵts du uchel, ac yn ei law roedd chwip. Er gwaetha'r cysgod a daflai pig ei het dros ei wyneb, gallai Daf ddweud mai'r dyn ifanc roedd o wedi'i gyfarfod yn gynharach y diwrnod hwnnw oedd yn y llun.

'Mwy eto, plis – dwi angen gweld ei law.' Roedd y bysedd afaelai am gorn y chwip yn gryf a syth, heb arwydd eu bod wedi chwyddo. 'Wel, nid darnau ohono fo oedd yn y bocs,' datganodd.

'Sut alli di fod mor bendant, Arolygydd Dafis?' gofynnodd Roderick.

'Achos mi siaradais i efo fo amser cinio, ar Fryn y Ceffylau. Go drapia, còg, 'den ni wedi colli dau ddioddefwr posib mewn dwy awr.'

'Ond...'

'Ond dim byd, Toscano. Cer i'w ffeindio fo. Dwi ddim yn meddwl y bydd o'n bell o'r Cylch Ceffylau. Dyn byr ydi o, a mwy na thebyg y bydd o efo'i gariad, sy'n dal a golygus, efo gwallt hir melyn fel syrffiwr...'

'Oes ffasiwn air â "syrffwraig"?' cywirodd Toscano ef.

'Does gen i ddim clem, ond dyn ydi cariad Rhydian Puw. Maen nhw'n gwpwl reit drawiadol.'

'Does dim llawer o *gays* yn y Sioe,' cytunodd Toscano.

'Nid oherwydd eu rhywioldeb, y twmffat. Mae 'na ddigon o bobol hoyw yma, fel ym mhob man arall dan haul. Maen nhw'n drawiadol oherwydd eu bod nhw'n edrych yn hollol wahanol i'w gilydd, dyna dwi'n feddwl. Mae un yn fyr ac yn dywyll ac yn welw a'r llall yn edrych fel un o sêr *Love Island*. Rŵan cer, a cher â Roderick efo ti.'

Camodd Daf yn ôl allan ar y balconi gan adael Eifiona yn siarad â rhywun yng ngorsaf heddlu Machynlleth. Wrth syllu dros Faes swnllyd y Sioe teimlodd awydd sydyn am rywbeth melys, felly piciodd lawr i'r stondin toesenni. Wrth iddo groesi'r llif o bobol roedd yn rhaid iddo stopio'n sydyn i osgoi dyn tal oedd ar goll yn ei feddyliau, ac o'r olwg ar ei wyneb hir, nid meddyliau siriol oedden nhw.

'John!'

O ystyried bod Daf wedi gadael ei wraig, Falmai, oedd yn digwydd bod yn chwaer i John, i gyd-fyw efo Gaenor, oedd yn digwydd bod yn wraig i John, roedd y berthynas rhwng y ddau ddyn yn dipyn o wyrth. Tra oedd Daf yn byw fel rhan o deulu Neuadd roedd obsesiwn John â'i fferm a'i arfer o fychanu Daf wedi bod yn dân ar ei groen. Ond ers y newid mawr, roedd John wedi dechrau trin Daf yn fwy parchus, ac yntau wedi dod i werthfawrogi haelioni a dyfalbarhad y ffermwr cefnog. Bellach, roedd John wedi ailbriodi ar ôl dod o hyd i'r wraig berffaith iddo – roedd Daf yn dal i synnu sut roedd dyn mor blwyfol a thraddodiadol wedi disgyn mewn cariad â Doris, dynes o Sierra Leone – a chyfeillgarwch go iawn wedi datblygu rhwng y cyn-frodyr yng nghyfraith.

'Wyt ti'n iawn, John?'

'Daf! Sut mae'r ymchwiliad newydd? Mor sori dy fod ti'n colli dy Sioe.'

'Fi benderfynodd wneud y ffasiwn swydd, cofia.'

'Ond mae Tinc yn gwneud mor dda! Hyd yn oed dros frecwast yn y Welsh Blacks, roedd pobol yn trafod ei lwyddiant.'

'A be oeddet ti'n wneud yn y Welsh Blacks, John, a tithe mor driw i dy Holsteins?'

'Ha ha ha.'

'Dwi ar fin cael toesen fach sydyn – ti isie paned?'

'Pam lai?' Tynnodd John ei watsh fawr bres o boced ei wasgod i wirio'r amser. 'Mae Doris wedi picio draw i'r Neuadd Fwyd i nôl rhwbeth i swper,' esboniodd, gan roi ateb i gwestiwn nad oedd Daf wedi'i ofyn.

'Dech chi ddim yn mynd i ryw ddigwyddiad crand heno, felly?'

'Nid fi ydi Llywydd y Sioe, cofia,' atebodd John, a synnodd Daf o glywed y min yn ei lais.

'Wel, nage, wrth gwrs, ond ti reit yng nghanol y giang, tithe a Doris...'

'Dwi ddim yn sicr am ba giang rwyt ti'n sôn, Dafydd. Pobol breifat ydi Doris a finne, wastad wedi bod.'

Cododd hwyliau John ar ôl casglu'r cacennau poeth a dringo i bencadlys dros-dro Daf.

'Wel, am leoliad perffaith!' ebychodd, gan setlo yn un o gadeiriau'r balconi fel petai'n bwriadu magu gwreiddiau. Roedd yn dawel wrth gnoi ei doesen yn araf, fel un o'i wartheg, ond y mwyaf sydyn, datganodd;

'Does neb yn well ffrind i mi na Tom Francis ond dydi o ddim yn ffit i fod yn Llywydd, ti'n gwybod hynny. Oherwydd ei ddiffyg trefn o mae'r busnes datgymalu 'ma wedi digwydd.'

'Does gan Tom ddim cysylltiad efo'r achos, siŵr.'

'Mae Llywydd go iawn yn ymgysylltu efo bob dim sy'n digwydd ar Faes y Sioe.'

'Does gan Tom, na Sheila chwaith, ddim cyfrifoldeb am y troseddau,' pwysleisiodd Daf eto.

'Wel, gawn ni weld. Trefn, dyna sy angen, dim jest bod yn foi neis. Does gan Tom ddim gafael ar y Sioe, ac mae hynny'n cael ei adlewyrchu yn yr holl helynt. Rŵan, dwi 'di clywed rhyw si fod sêr o Hollywood yn dod yma ddydd Mercher. Does neb yn hoffi Llywydd sy'n gwneud sioe ohono'i hun, yn joliheitian efo *film stars* a ballu.'

'O be dwi'n ddallt, dod i weld y cobiau mae Marionna Morris, a tydi'r ymweliad yn ddim byd i'w wneud efo Tom.'

'Gawn ni weld. Gyda llaw, dwi wedi bod yn dysgu stwff ar y we... be ydi *micro-agressions*, Daf?'

'Wel, dwi ddim yn arbenigwr yn y maes, ond fysen i'n diffinio *micro-agressions* fel pethe bach ond pwysig mae pobol yn eu gwneud sy'n adeiladu i greu patrwm o ragfarn, hiliaeth yn aml iawn. John, wyt ti'n bryderus ynglŷn â sut mae rhywun yn trin Doris?'

'Dydi hi byth yn cwyno, Daf, ond dwi'n gweld pethe weithie, dim ond pethe bach ond maen nhw'n fy ngwylltio i.'

'Wyt ti 'di trafod hyn efo Doris?'

'Do, tad, ac efo Netta – maen nhw'n chwerthin ar fy mhen. Ond meddylia di, Dafydd: wyt ti wir yn meddwl y bysen nhw wedi dewis Tom Francis yn Llywydd petai gen i wraig wyn?'

Cyn i Daf gael cyfle i feddwl sut i ymateb, bwriodd John ymlaen.

'A phwy all feddwl am Lady Ambassador well na Netta? Mae hi'n lodes mor alluog, mor urddasol ac yn weithgar, paid â sôn.'

Roedd John yn sbwylio'i lysferch yn rhacs. Dros y misoedd diwethaf roedd Daf wedi gweld cryn dipyn o Netta – merch llawn hwyl ac yn hollol wyllt – oherwydd ei pherthynas bob yn ail â pheidio efo Rob Humphries, ffrind gorau Rhodri. Sawl tro, roedd Daf wedi bod yn dacsi iddyn nhw yn ôl o ryw ddawns sgubor neu noson fawr yn y Drenewydd, ac er ei bod yn amhosib peidio â chymryd at lodes mor ffraeth â Netta, roedd yn amlwg iawn i bawb ei bod hi'n meddwl gormod ohoni'i hun. Fel y dywedodd Gaenor, 'Mae hi'n dywysoges ar y sir fel mae hi – mi fyse swydd y Lady Ambassador yn gam i lawr iddi.'

'Braidd yn ifanc ydi Netta y tro yma,' cynigiodd Daf yn gysurlon.

'Fydd ei chroen yn dal yr un lliw tro nesa, beryg,' grymialodd John, gan godi ar ei draed. 'Jyst dweud ydw i ei fod o'n siom, dyna'r cwbwl, nad ydi'n teulu ni yn cael chwarae teg oherwydd rhagfarn. A phaid dechrau ar sut y llwyddodd y creadur 'na o Ddyffryn Dyfi... mae 'na bethe allwn i eu dweud wrthat ti.'

Edrychodd Daf i lawr a gwelodd Doris yn cerdded yn fân ac yn fuan rownd cornel y Prif Eisteddle. Roedd hi'n edrych yn berffaith hapus i Daf yn ei siwt fioled a sgidiau oedd yn cydweddu'n berffaith. Roedd bag wedi'i inswleiddio yn ei llaw, yn llawn o gynnyrch gorau'r Neuadd Fwyd, dyfalodd Daf. Pan welodd hi John, lledodd gwên enfawr dros ei hwyneb.

'Fydd hi byth yn cwyno,' ategodd John, 'ond tydi hynny ddim yn golygu nad ydi hi'n haeddu chwarae teg. Perffaith chwarae teg.'

'Ti'n ymwybodol bod rhagfarn yn anghyfreithlon, yn dwyt? Os oes gen ti unrhyw beth penodol i'w drafod efo fi, dwi wastad yn fodlon gwneud beth bynnag alla i i sicrhau nad oes neb yn cael get-awê efo unrhyw fath o gasineb.'

'Ond dyna be sy mor glyfar efo'r *micro-aggressions* yna, wyddost ti. Fesul un, dim ond pethe bychan ydyn nhw, ond...'

Brasgamodd John i ffwrdd heb ffarwelio, yn mwmial dan ei wynt, ac wrth i Daf wylio Doris yn ei gyfarch yn gariadus islaw, galwodd Eifiona arno.

'Yffach, mae criw Mach yn dalcen caled, yn tydyn nhw?'

'Gallu bod,' atebodd Daf, gan gerdded tuag ati. 'Be am Jane Jenkins? Lodes o Ddyffryn Dyfi ydi hi er ei bod hi'n gweithio yn Aber rŵan.'

'Ro' i ganiad iddi. Does neb arall yn gwybod – neu ddim yn fodlon dweud – mwy na'r hyn sydd yn y ffeil, sef bod Puw wedi ymosod ar rywun yn y cartref henoed ond chafodd o 'mo'i erlyn.'

'Da lodes. Mae 'na doesen ar ôl fan hyn i ti.'

'Oes golwg hogan sy'n bwyta toesenni arna i?' oedd sylw miniog Eifiona. 'Fyse'n well i tithau ddewis ffrwythau y tro nesa.'

'Digon teg,' cytunodd Daf, gan gychwyn i lawr y grisiau.

Tra oedd o yn y ciw am y stondin ffrwythau ffres, clywodd chwerthiniad cyfarwydd. Hyd yn oed cyn iddo droi, gwyddai Daf pwy oedd wrth gornel y Prif Eisteddle. Gan fod Rhys Bowen yn feddw roedd Daisy yn gafael yn gadarn yn ei benelin i'w dywys. Roedd Gaenor dipyn bach yn llai sigledig a'i sodlau uchel yn anfantais iddi, ond roedd braich dyn ifanc o gwmpas ei chanol yn ei chadw ar ei thraed. Doedd y dyn ddim llawer hŷn na Rhodri, ac wedi'i wisgo'n ffurfiol mewn siwt las ddrud yr olwg oedd â rhosyn mawr yn ei llabed. Ni theimlodd Daf smic o genfigen gan fod mab Gaenor yn hŷn na fo... ac roedd gwên ddiniwed y dyn ifanc yn adrodd cyfrolau.

'Wel, roedd o'n ginio da, dwi'n gweld,' sylwodd Daf gyda gwên.

'Rhy dda i rai,' atebodd Daisy, gan rowlio'i llygaid i gyfeiriad ei gŵr a Gaenor. 'Dwi'n mynd â nhw'n syth adre er mwyn iddyn nhw sobri cyn heno.'

'Cynllun ymarferol iawn.'

'Da iawn ti am gael ffrwythau yn lle toesenni, Daf,' slyriodd Gaenor. 'Mae o'n dda, yn tydi, Tal?'

'Dwi ar fy holidês, Gae,' atebodd y dyn ifanc. 'Dwi ddim am roi cyngor i neb wsnos yma!'

'Mae Tal yn gweithio fel ymgynghorydd deiet a ffitrwydd, wyddost ti,' esboniodd Gaenor, gan igian bob hyn a hyn. 'Mae pawb yn Mach yn canmol ei grŵp, Siapus a Hapus. Mae o'n gwybod bob dim am gadw'n heini. Ti 'di clywed am Tal Siapus a Hapus, Daf, yn do?'

Cyn i Daf orfod esbonio iddi nad oedd ganddo glem pwy oedd y dyn ifanc, daeth Toscano i'r golwg, yn cerdded wrth ochr Rhydian Puw. Roedd Pow yn cerdded yr ochr arall i Rhydian, ei fysedd yn anwesu cymalau cnotiog ei gariad.

'Braf dy gyfarfod di, Tal, ond rhaid i mi fynd,' meddai Daf gan roi cusan ar foch Gaenor.

'Paid anghofio Tinc!'

'Mae hi'n saffach rŵan nag oedd hi neithiwr ar ôl i mi gael gormod o Jagers yn y WPCS.'

'Digon gwir.'

Nid oedd unrhyw frys ar Bowen ond camodd Daisy yn bendant tuag at yr allanfa. Dilynodd y lleill hi ond oedodd Tal am eiliad wrth weld Rhydian. Yn amlwg, roedden nhw'n adnabod ei gilydd, ac am eiliad, diflannodd yr olwg addfwyn oddi ar wyneb Tal cyn iddo droi ei ben ymaith. Wrth gwrs, cofiodd Daf, roedd y ddau yn dod o Ddyffryn Dyfi... ond roedd rhywbeth mwy na chyfarfyddiad rhwng dau ffrind ysgol yn yr edrychiad a gawsai Rhydian gan Tal.

'Dyma fo, bòs,' datganodd Toscano, yn llawn hunan falchder anarferol.

'Da iawn. Pnawn da, Rhydian. Sori am dorri ar draws dy ddiwrnod ond mae'n rhaid i mi siarad efo ti.'

'Pam? Dwi ddim wedi gwneud dim byd.'

'Dwi ddim yn dy gyhuddo di o ddim byd, Rhydian. Dwi'n ymchwilio i achos difrifol a dwi bron yn sicr y galli di fy helpu i. Dyna'r cwbwl.'

'Does dim rhaid i mi dy helpu di.'

'Digon teg. Ond ar hyn o bryd, mae'n ddigon posib bod troseddwr peryglus iawn ar y safle, felly mae'n rhaid i mi ystyried cau'r Sioe.'

'Alli di ddim cau'r Sioe ar ôl yr holl waith mae pawb wedi...'

Penderfynodd Daf chwarae ar ei wendidau.

'Gwranda, còg, mae merlen fy merch yn *odds on* i ennill y Cuddy. Dwi isie mynd â Tanyrallt Tinciwinci i Sioe Ceffyl y Flwyddyn ac mae hi'n haeddu mynd yno. Fi ydi'r olaf i fod isie rhoi stop ar y Sioe. Ond os oes llofrudd yn stelcian rownd y Maes...'

Edrychodd Rhydian a Pow ar ei gilydd.

'Does dim rhaid i ti, Rhyds,' meddai'r dyn tal mewn llais isel.

'Does gen i ddim byd i'w guddio,' mynnodd Rhydian. 'Ocê, Mr Dafis, awn ni am sgwrs.'

'Dwi'n dod efo ti,' mynnodd Pow.

'Na. Cer di i ddiddanu dy hun – mae'n siŵr bod rhywbeth gwerth ei weld yn y sied gneifio,' atebodd Rhydian, a synnodd Daf at y nodyn profoclyd yn ei lais.

'Does gen ti ddim byd i'w ddweud wrth yr heddwas na alli di'i ddweud o 'mlaen i...'

Cododd Rhydian ar flaenau ei draed i roi cusan fach sydyn ar foch Pow, fel y gwnaeth Daf i Gaenor rai munudau ynghynt.

'Ti 'di addo mynd i siarad efo dy ffrindiau gwyrdd ar stondin y Wildlife Trusts, ti'n cofio?' meddai Rhydian yn amyneddgar, fel rhiant cariadus.

'Ocê...'

Trodd Pow ar ei sawdl yn anfodlon a brasgamu ymaith.

'Reit 'ta, Mr Dafis.'

Wrth iddo ddilyn Rhydian i fyny'r grisiau sylwodd Daf fod pob cam yn ymdrech i'r dyn ifanc – mae'n rhaid bod llid y cymalau wedi cyrraedd ei bengliniau hefyd. Doedd dim rhaid chwilio am esboniad ynglŷn â beth ddigwyddodd i'w yrfa fel joci: y salwch creulon chwalodd ei uchelgais.

'Wyt ti'n iawn, còg?' gofynnodd Daf wrth i Rhydian osod ei hun yn ofalus ar un o gadeiriau'r balconi. 'Angen paracetemol?'

'Paracetemol? Morffin dwi angen, Mr Dafis, ond dwi a sudd y pabi ddim yn gyrru mlaen yn rhy dda, gen i ofn.'

'Be am baned?'

Chwarddodd Rhydian. 'Dyna'n union mae Mam yn ddweud, waeth pa mor wael ydi'r sefyllfa.'

'Dynes ddoeth ydi dy fam. Llaeth a siwgr?'

'Plis.'

Daeth Toscano i ddrws y balconi.

'Dech chi isie chydig o hufen iâ?' cynigiodd. 'Dwi wedi dod â stoc o'r stondin: ceirios du, caramel hallt a *tutti frutti*.'

Cododd focs oer oddi ar ei ddesg.

'*Tutti* ffycin *frutti*,' mwmialodd Eifiona o dan ei gwynt.

'Chydig o bob dim i mi,' atebodd Daf, gan ei hanwybyddu.

'A finne,' ategodd Rhydian.

Bum munud yn ddiweddarach, efo gwledd fach a phaned ar y bwrdd o'i flaen, ymlaciodd Rhydian ryw fymryn.

'Tyden ni ddim yn cael pethe fel hyn adre,' esboniodd, gan godi llwyaid o hufen iâ i'w geg. 'Mae Pow wastad yn poeni am ei bwysau, er nad oes rhaid i mi roi rhech am hynny bellach.'

'Efallai y gall o ymuno â rhyw grŵp lleol. Mae canmoliaeth i'r dosbarth Siapus a Hapus yn Mach, yn ôl y sôn.'

Culhaodd llygaid Rhydian.

'Mi fyse'r leidis canol oed yn ei yrru o'n wallgo, heb sôn am y blydi Ambassador.'

'Ambassador?

'Y llo bach Tal 'na! All o ddim anadlu heb dynnu sylw ato'i hun.'

Penderfynodd Daf ddilyn y trywydd, er mwyn dysgu mwy am natur Rhydian cyn mentro i feysydd mwy perthnasol.

'Dwi'm yn nabod y llanc o gwbl, er 'mod i wedi gweld ei wyneb yn rhywle...'

'O, roedd o wastad yn gwneud lot efo'r Ffermwyr Ifanc. Ac mae ei deulu'n bobol fawr yn Nyffryn Dyfi erbyn hyn – mae ei nain yn berchen ar gartre gofal a'i dad yn ffermwr mawr, er mai dim ond labrwrs oedden nhw sbel yn ôl.'

'A be ti'n ddweud am y Llysgennad – ydi hi'n gariad iddo fo?'

'Lle ti 'di bod, Mr Dafis? Tal *ydi*'r Llysgennad.'

'O.'

'Tydi o'n ddim byd ond cnaf bach sy wastad wedi cael ei sbwylio. Os ydi Tal yn mynnu bod yn Llysgennad, rhaid i Tal fod yn Llysgennad. Dwi wir yn synnu nad wyt ti wedi clywed y stori.'

'Dwi'n cau fy nghlustie bob tro mae fy mhartner yn trafod y Sir Nawdd, a dweud y gwir.'

'Yn ôl y sôn, cynigiodd ei nain ffortiwn i'r Gronfa Sirol petai Tal yn cael ei ddewis ar gyfer y swydd. Y dyddie yma does dim bwys ai llanc neu ferch sy'n Llysgennad, ond pethe go brin ydi'r cogie sy isie potsian efo'r lol yna.'

'Efallai ei bod yn hen bryd i'r drefn newid.'

'Dwi'n anghytuno'n llwyr. Mae angen sticio at yr hen arferion, achos dyna be sy'n ein gwneud ni'n Gymry.'

Agorodd Daf ei geg i brotestio, ond sylweddolodd pa mor homoffobig oedd cymryd yn ganiataol bod dyn hoyw yn radical. Felly dechreuodd efo cwestiwn niwtral.

'Ti'n un o Ddyffryn Dyfi, felly?'

Chwarddodd Rhydian. 'Dech chi bobol Llanfair ddim yn gwybod llawer. Nid jest unrhyw un o Ddyffryn Dyfi ydw i: fi ydi Rhydian Glanrhedyn. Ti ddim wedi clywed hanes Glanrhedyn?'

'Sori, còg.'

'Prif fferm yr ardal ydi Glanrhedyn, ers y Canol Oesoedd. Hen fynachod Ystrad Marchell gododd y sguboriau ganrifoedd yn ôl, a 'den ni'n dal i ddangos i'r cymdogion beth ydi ffermio.'

'Chwarae teg i chi, wir. Ac ers faint mae'r fridfa yn ddarn o'r pictiwr?'

'Dyn mawr am 'ffyle oedd tad fy nhaid. Roedd o'n anfodlon

mynd ar ôl tractor, a dysgodd ei fab sut i aredig efo ceffyl gwedd. Mi ddysgodd Taid y grefft i minne, ac mi wna i ddysgu fy mab yn ei dro.'

'Faint ohonoch chi sydd yn y teulu, Rhydian?'

'Dim ond fi.'

'Dwi'n gofyn y cwestiwn am reswm penodol. 'Den ni wedi dod o hyd i gnawd dynol ar Faes y Sioe heddiw bore, ac yn ôl y profion, mae DNA y cnawd hwnnw'n debyg iawn i dy DNA di... o'r sampl a gasglwyd pan wnest ti ymosod ar hen ddyn mewn cartref henoed.'

'Does gen i ddim byd i'w ddweud am hynny.'

'Y cwestiwn nesa, felly, ydi cnawd pwy ydi o? Mae o'n sicr yn perthyn i ti, mae hynny'n ffaith.'

'Dwi ddim yn perthyn i neb.'

'Heblaw dy fam a dy dad.'

'Ocê, dwi'n perthyn i Mam.'

'A dy dad?'

'Dwi'm yn gwneud dim byd efo fo. Ei osgoi o, pan alla i.'

'Pam hynny, Rhydian?'

'Meindia dy fusnes.'

'Dwi'n heddwas, yn ymchwilio i drosedd erchyll. Ar hyn o bryd, yn unig gliw sydd ganddon ni ydi'r ffaith fod y dioddefwr yn perthyn i ti, yn go agos.'

'Mwy na thebyg bod yr hen fastard wedi cenhedlu dwsinau o blant siawns.'

'Tydi hanner brawd ddim cweit yn ddigon agos, fel dwi'n deall.'

'Felly alla i ddim dy helpu di. Fi ydi'r gangen olaf ar hen goeden deulu Glanrhedyn. Does neb arall.'

'Ocê, ocê. Roeddet ti'n trafod hanes ceffylau Glanrhedyn – ydi'r Puws wastad wedi bod yn bobol fawr ym myd y 'ffyle?'

'Y Puws? Does gan y Puws 'run asyn hyd yn oed, na phot i biso ynddo chwaith. Y teulu Arthur sefydlodd y fridfa.'

'Sori, Rhydian, ro'n i'n meddwl bod dy deulu wedi bod yng Nglanrhedyn ers canrifoedd...?'

'Y teulu Arthur sy yng Nglanrhedyn. Arthur oedd enw fy mam, cyn iddi briodi'r bastard.'

'O, dwi'n gweld.'

'Gweision oedd y Puws, os oedd rhywun yn ddigon ffôl i'w cyflogi nhw.'

'Geiriau go galed am deulu...'

'Dwi'n deall dipyn am fridio, Mr Dafis. Mae 'na waed da a gwaed drwg. Yn anffodus, y cwbwl wnes i etifeddu gan fy nhad oedd siom a gwarth. Gwarth o ddyn o warth o deulu. Ddylai fy hen daid fod wedi gyrru ei gŵn hela ar eu holau nhw.' Roedd poer yn gadael ceg Rhydian mor gyflym â'i eiriau, a nerf yn plycio o dan ei lygad. 'Ryw dro, toc ar ôl y Rhyfel Cyntaf, daeth cysgodfa i'r golwg, dim byd mwy na rhes o geinciau wedi'u gosod wrth foncyff hen onnen. Chwarae plant yn ôl y cipar, ond cyn hir daeth yn amlwg fod tad a mab yn byw yno. Roedd gan y dyn graith fawr dros hanner ei wyneb, fel rhwbeth o ffilm arswyd, a phrin iawn oedd ei eiriau. Roedd crwt efo fo, rhyw saith oed, yn byw fel anifail, heb sgidie a'i wallt yn hir dros ei sgwyddau. Ynad oedd fy hen daid, dyn hael iawn, a phan welodd o'r dyn, cymerodd mai cyn-filwr oedd o. Gan iddo golli tri brawd yn y Ffosydd, rhoddodd swydd i'r dyn yn helpu ar y buarth, yn hytrach nag erlyn y creadur. Wyddai o ddim ar y pryd nad yn Fflandrys gafodd yr hen Tom Puw y graith – cosb oedd hi am dreisio merch ifanc yn y Bala. Dyna sut ddaeth y Puws i Lanrhedyn, drwy garedigrwydd ac elusengarwch fy hen daid.'

'Sori i fod yn dwp, còg, ond mae hi wedi bod yn ddiwrnod hir, poeth. Teulu dy dad ydi'r Puws, ie?'

'Ie, gwaetha'r modd.'

'Felly ti ddim yn gyrru mlaen efo dy dad?'

'Gyrru mlaen? Isie gyrru drosto fo ydw i.'

Nid jôc oedd hyn: cafodd chwerthiniad Daf ei ladd gan yr oerni yn llygaid Rhydian.

'Pam hynny, dwêd? Dwi'n gwybod bod dy rieni wedi gwahanu, ac mae hynny'n anodd i bob plentyn, ond...'

'Gwahanu? Does gen ti ddim syniad. Wnest ti gwrdd â fo

ddoe, medde Mam. Wyt ti'n meddwl 'mod i'n ymfalchïo mewn bod yn fab i'r ffasiwn ddyn â Mel Puw? Doedd neb yn fodlon estyn llaw i'w helpu tra oedd o'n gorwedd ar ei gefn ar lawr y buarth, neb. Pam hynny, ti'n meddwl?'

'Wel, dwi ddim yn nabod pobol y ceffyle ond ro'n i'n cymryd eu bod ar ochr dy fam.'

'Digon gwir, ond pam hynny?'

'Fel'na mae hi, ar ôl ysgariad.'

'Dyn ffiaidd ydi o. Petai o ar dân dwi dim yn nabod unrhyw un fyddai'n fodlon piso ar y bastard.'

'Lle mae o'n aros yn ystod y Sioe?'

'Ar y Bryn, wrth gwrs.'

Cofiodd Daf am y ffrae rhwng Mel a Nicci. 'Pryd welest ti dy dad ddiwethaf, Rhydian?'

'Tua tair blynedd yn ôl.'

'Welest ti mohono fo ddoe?'

'Heddiw bore gyrhaeddodd Pow a finne. Allen ni ddim gadael nes i'r llanc sy'n cyflenwi gyrraedd – mae o'n ddigon drud fel mae hi heb dalu tâl dwbwl iddo am ddydd Sul.'

'Cyflenwi? Ym mha fusnes?'

'Ffermio, wrth gwrs, ffermio Glanrhedyn. Be arall?'

'Roeddet ti'n joci am sbel...'

'Oeddwn, un addawol hefyd, ond waeth faint o ymdrech wnaiff rhywun, tydi rasio ceffylau a llid y cymalau ddim yn cydfynd.'

'Mae'n ddrwg gen i...'

'Ddim mor sori â fi.'

'Fuest ti'n anlwcus ei fod wedi datblygu a tithe mor ifanc...'

'Nid anlwc oedd o!' brathodd Rhydian. Cododd ar ei draed. 'Gyda phob parch, Mr Dafis, mae gen i araith i'w rhoi am bump i Undeb Amaethwyr Cymru, a derbyniad Mas ar y Fferm am saith, felly pnawn da i ti.'

Ni welodd Daf ddim rheswm i'w rwystro – erbyn hyn, roedd ganddo lawer mwy o ddiddordeb yn y tad na'r mab. Felly, ar ôl ffarwelio'n gwrtais â Rhydian, galwodd draw ar Toscano.

'Ty'd, còg, rhaid i ni fynd i fyny i Fryn y Ceffyle.'
'Newydd dderbyn neges gan y boi Saunders 'na.'
'Ydi o'n cynnig help i ni o'r diwedd?'
'Ym, na. Mae o wedi cael cwyn am rywun yn smocio ar y balconi. Dy atgoffa di bod yr ardal yn un ddi-fwg oedd o, a hynny'n go swta.'

Pennod 6

'Reit, Toscano, y flaenoriaeth ydi darganfod a oes rhywun wedi gweld Mel Puw heddiw. 'Den ni'n gwybod ei fod o'n yfwr ac yn ferchetwr, ond tydi o ddim fel arfer yn esgeuluso'i geffyle.'

'Felly nid esgus i bicio heibio Tinciwinci ydi hwn, bòs?'

'O bell ffordd,' atebodd Daf, er nad oedd hynny'n hollol wir.

Doedd yr ardal o gwmpas y stablau ddim yn brysur gan fod y rhan fwyaf o'r trigolion yn gwylio cystadlu'r prynhawn neu'n cael hoe fach cyn hwyl y noson honno, ond roedd ambell un yn paratoi ar gyfer y Gystadleuaeth Rhwng Helfeydd. Roedd y ceffylau oedd yn cystadlu yn y fan honno fel cewri – bron ddwywaith maint Tinciwinci – a'r rhai o'u cwmpas yn grachach... neu yn smalio bod.

'I've got no bloody idea where your fucking martingale is, Horatia!' gwaeddodd un ddynes. 'I imagine it's just where you fucking left it.'

'You're about as much use as a chocolate teapot, Livia,' daeth llais arall o'r uchelfannau. I'll go arse over tit at the combination if she gets her head too far up.'

'Pa iaith mae'r rhain yn ei siarad, bòs?' sibrydodd Toscano.

'Saesneg, i fod. Ond dwi'm yn meddwl ei bod nhw'n debygol o fod yn nabod Mel Puw mewn unrhyw iaith.'

Daeth Jaxxon Kell i'r golwg, yn stryglo efo bwced fawr o ddŵr.

'Ti isie help, Jaxx?' gofynnodd Daf.

'Dwi'n iawn, Mr Dafis.'

'Honna braidd yn drwm i ti, tydi?'

'Dim o gwbl.'

I ddangos pa mor gryf oedd o ceisiodd y bachgen afael yn y bwced efo un llaw, ond methodd ei ystum hyderus yn llwyr: cwympodd y bwced a thasgodd y dŵr dros y buarth gan wlychu sgidiau Toscano. Doedd Daf erioed wedi clywed y ffasiwn lifeiriant o regfeydd o'r blaen, yn enwedig o geg plentyn saith mlwydd oed. Ymhlith y geiriau clywodd Daf dair iaith wahanol: 'Go dancro'r suvvin' bucket 'na.'

'Cer i ail-lenwi'r bwced i ni, Toscano, dwi isie siarad efo Jaxx.'

'Dwi ddim angen help gan neb,' mynnodd y bachgen. 'Yn enwedig gan ryw *gavver*.'

'O'n i'n meddwl ein bod ni wedi datrys hyn ddoe, Jaxx – mae pawb yn ffrindie fan hyn ar Fryn y Ceffylau.'

'Ti'n ffrind i Margaret Hamer, dwi'n deall hynny'n iawn. Ond pwy 'di *o* ond rhyw *gavver* sy wrth dy sodlau o hyd fel cysgod?'

Erbyn hyn roedd Toscano wedi codi'r bwced a brasgamu i lawr rhwng y stablau, ei draed gwlyb yn slwtsian.

'Ti'n iawn i ddweud mai heddwas ydi o, ond mae ganddo fo stondin hufen iâ hefyd, ac os ti'n gallu'n helpu ni, efallai y cei di chydig am ddim.'

Nid atebodd Jaxx ond ysgafnhaodd ei wyneb.

'Ti 'di bod o gwmpas drwy'r dydd, còg?'

'Bron. Wnes i bicio lawr i weld cwpwl o *classes*, yn cynnwys yr un wnest ti ennill.'

'Welest ti Mel Puw o gwbl?'

Gwgodd Jaxx a chofiodd Daf unwaith eto pa mor ifanc oedd y bachgen oedd yn ceisio bod yn ddyn.

'Gas gen i Mel Puw. Wastad yn gofyn i mi wneud jobsys bach a byth yn talu ceiniog. Ddwedodd Dad wrtha i am beidio siarad efo fo, byth.'

'Pam hynny?'

'Stori hir am gaseg braf. Ni sy wastad yn colli allan achos Teithwyr ydan ni; lladron, pobol sy'n creu helynt. Os oes ffrae rhwng Dad a Mel Puw, mae pobol yn gweld ffrae rhwng Cymro go iawn efo etifeddiaeth swanc a Theithiwr… a does neb yn coelio Dad. Ond ryw dro, rywsut, bydd Dad yn talu'r pwyth yn ôl: fydd Puw ddim yn cael get-awê efo bob dim.'

'Ond yn ôl at y cwestiwn gwreiddiol, ti ddim wedi gweld Puw heddiw?'

'Na, ond mi welais Missus Glanrhedyn go iawn, yn bwydo'i stalwyn o.'

'Wyt ti'n digwydd gwybod lle mae o'n aros?'

'Ar y Bryn ti'n feddwl? Mae gan Mel glamp o lorri swanc reit agos i'r cawodydd. Isio sbio ar y merched yn gadael yn eu tyweli mae o.'

'Wyt ti'n gallu dangos i mi yn union ble?'

'Rhaid i mi roi dŵr i'n caseg ni gynta.'

'A dyna ti, ar y gair, DC Toscano efo'r bwced. Pa un ydi hi?'

Pwyntiodd Jaxx ei fawd yn ôl dros ei ysgwydd at stabl oedd â cheffyl yn syllu dros yr hanner drws. Roedd chwys anarferol ar dalcen Toscano, ac o gofio'i ymateb i'r meirch hela mawr, cymerodd Daf y bwced ganddo ac agor y drws. Gosododd y bwced yn y lle priodol a brasgamu allan yn gyflym, gan gau'r hanner drws efo chwap jest cyn i'r gaseg ei gicio â nerth syfrdanol.

'Ddylwn i fod wedi dy rybuddio di, Mr Dafis. Dydi Lulu ddim yn hoffi pobol ddiarth. Deud y gwir, dydi hi ddim yn hoff iawn o neb. Gafodd Dad andros o fargen arni ar ôl iddi roi ei charn ym mhenglog merch ddeg oed. Ddylai pobol ddim cadw ceffyle os nad ydyn nhw'n gwybod ffyc ôl amdanyn nhw.'

'A be ddigwyddodd i'r ferch?'

'O,' atebodd Jaxx, fel petai'r cwestiwn wedi ei synnu, 'wn i ddim. Dal yn sownd yn y sbyty, falle. Werthon nhw Lulu am bris anghredadwy o isel.'

Yn amlwg, roedd y fargen wedi creu mwy o argraff ar Jaxx nag anffawd y ferch. Byddai'n rhaid i Daf siarsio Mali Haf i gadw'n ddigon clir oddi wrth Lulu.

'Wel, ti isie gwybod ble mae lorri Mel Puw neu beidio? Mae gen i sawl neges i'w gwneud – dydi'r Sioe ddim yn holidês braf i bawb, cofia.'

Roedd yn rhaid i Daf gytuno efo Jaxx – un swanc oedd lorri Mel Puw.

'Gwerth can mil, yn ôl y sôn,' sylwodd y bachgen. Agorodd ei geg i ddweud rhywbeth arall ond oedodd, gan sefyll yn stond a syllu ar flaen y lorri. Tynnodd Toscano ei ffôn o'i boced a dechrau tynnu lluniau.

Roedd paent metelaidd du y lorri'n sgleinio yn haul y prynhawn. Uwchben y cab roedd arwydd, ond doedd dim modd darllen y llythrennau oherwydd bod rhywun wedi'u cuddio nhw dan haen o baent coch. Nid dyna'r unig ddifrod i'r cerbyd – roedd y lorri'n gwyro i un ochr gan fod un o'i theiars mawr yn fflat, a rhyw fath o gyllell yn sticio allan o'r rwber.

'Nid damwain oedd hyn,' datganodd Toscano, gyda'i ddawn arferol i ddatgan yr amlwg.

'Bydda'n ofalus,' rhybuddiodd Daf, gan dynnu maneg blastig o'i boced. 'Mae hwn yn lleoliad trosedd, yn amlwg. Galwa di'r SOCOs, plis.'

Trodd Daf i siarad â Jaxx ond roedd y bachgen wedi sleifio i ffwrdd rhwng y cerbydau mawr fel llwynog.

'Ble mae o'n mynd, bòs? Be sy ganddo fo i'w guddio?' gofynnodd Toscano.

'Wn i ddim, ond mae'n amlwg ei fod o'n arfer cael ei feio am beth bynnag sy'n mynd o'i le. Gawn ni ddelio efo fo eto – ty'd i ni weld be sy wedi digwydd yn y fan hyn.'

Roedd *manbag* lledr Toscano yn destun sbort yng ngorsaf heddlu'r Trallwng er ei fod yn ddigon ymarferol: roedd digon o le i'w ffôn, ei waled, potel ddŵr, brechdanau, ei 'dun bach argyfwng' a llu o drugareddau eraill ynddo. Ond heddiw, roedd cynnwys y *manbag* yn ddefnyddiol iawn. Rholyn o dâp du a melyn ddaeth allan gyntaf, wedyn dalen fawr o blastig. Gosododd Toscano hi ar y llawr tu allan i'r cylch o dâp.

'Os ddown ni o hyd i rwbeth diddorol, allwn ni ei roi o fan hyn,' esboniodd. Ar ôl llai na munud, ebychodd yn uchel, 'Bòs!'

Yn gorwedd yn y gwellt ym môn y sietin roedd can erosol mawr melyn. Nid oedd caead arno, ond roedd y chwistrell fach yn goch i gyd. Ar ôl byw ar fferm Neuadd cyhyd, gwyddai Daf yn iawn beth oedd o – tun radl i farcio defaid. Gan roi maneg am ei law dde, cododd y tun. O'i bwysau, roedd yn amlwg bod pwy bynnag a fandaleiddiodd lorri Puw wedi ei wagio. Gosododd y tun ar y plastig. Gan fod Toscano'n chwilio'r ardal tu allan i berimedr y tâp swyddogol, trodd Daf ei sylw at y lorri.

Fel sawl un debyg, roedd mynedfa'r ceffylau yn y cefn, ond yn wahanol i bob lorri geffylau roedd Daf wedi'u gweld, roedd hon yn gyfuniad o lorri stoc a champerfan foethus. Os mai bwriad Puw oedd creu argraff, roedd o wedi dewis y cerbyd iawn. Roedd sawl drws ac agoriad llai yn yr ochr.

'Sut all rhywun ffeindio'i ffordd i mewn, dwêd?' holodd Daf.

'Hwn ydi drws y gawod, a hwnna fan'cw ydi drws y lle byw. Storfeydd ydi'r gweddill, a rownd yr ochr arall mae'r prif ddrws.' Gruff oedd yn sefyll yr ochr arall i'r tâp, gyda phlanced *numnah* las dros ei fraich. 'Mae rhywun wedi cael sbort efo lorri Mel Puw! Wel, wel!'

'Ti'n swnio fel petai hyn ddim yn dy synnu, còg,' ymatebodd Daf. 'Unrhyw syniad pwy?'

'Does gen i ddim gwybodaeth, wir i ti.'

'Ond ti'n nabod Mel Puw.'

'Mae pawb yn ei nabod. Ond gas gen i ymyrryd ym musnes pobol eraill.'

'Gwranda, Gruff, mae'r ymchwiliad yma'n un difrifol. Digon difrifol i beryglu'r Sioe, hyd yn oed. Os bydd rhaid, mi allwn ni anfon pawb adre.'

'Ond be am weddill y cystadlu?'

'Os ydi'r Sioe'n cael ei chanslo, fydd dim cystadlu. Dyna pam mae'n rhaid i ni ddysgu a ydi pwy bynnag oedd yn gyfrifol am ddatgymalu'r corff yn y bocs sosejis yn debygol o beryglu bywydau eraill.'

'A... a be ydi'r cysylltiad efo Mel Puw?'

'Mae ganddon ni dystiolaeth fforensig i'w gysylltu efo'r drosedd yma.'

'Olion bysedd?'

'Ddim cweit, ond rwbeth digon difrifol i ni fod angen siarad efo fo.'

'Does neb wedi'i weld o ers neithiwr.'

'Ers pryd yn union?'

'Roedd 'na ffrae yn y bar neithiwr, ti'n cofio?'

'Dwi'n cofio'n iawn.'

'Ffrind penna Miss Grug ydi Eben, yn ôl y sôn, er nad yden ni'n gwybod fawr o ddim o'i hanes.'

Nodiodd Daf ei ben.

'Wel, ar ôl dy adael di, es i'n ôl heibio'r cawodydd, jyst i olchi 'ngwyneb. Dwi ddim yn yfed llawer adre ac mae'n cymryd cwpl o nosweithiau i mi arfer efo sbri.'

'Paid â sôn. Ro'n inne fel llipryn heddiw bore.'

'A tithe efo ymchwiliad mawr ar dy blât? Druan, wir.'

'Codi'n ddigon cynnar i sortio Tinciwinci, dyna oedd yr her fwya.'

Tarodd Gruff ei dalcen llydan â chledr ei law.

'Be sy'n bod arna i? Dwi ddim wedi dy longyfarch di! Mi welais y cyfan a duwcs, roeddech chi'n haeddu cystal sgôr.'

'Wel, gawson ni lwc heddiw, yn sicr.'

'Lwc? Nid hap a damwain oedd o. Y gwaed sy'n gyfrifol, Mr Dafis, y gwaed.'

Cododd Daf ei law i daro pryfyn bach oedd wedi bod yn sïo o gwmpas ei ben ers meitin ond, yn sydyn, sylwodd faint o bryfed oedd wedi hel wrth un o ddrysau bach y lorri. Llanwodd Daf ei ffroenau, a gwyddai'n iawn beth oedd wedi eu denu: gwaed.

'Toscano!' bloeddiodd. ''Den ni angen help fan hyn. Galwa am Eifiona a Roderick, a dwêd wrth y SOCOs am frysio. Hefyd, galwa ambiwlans a ffeindia feddyg – bydd angen i rywun wneud y ROLE.'

'ROLE, bòs?'

'Recognition of Life Extinct.'

'Be? Sut?'

Amneidiodd Daf at y drws dwbl bychan oedd â hylif tywyll

yn llifo o'i waelod. Roedd y drws metal wedi'i gau yn dynn, ond ddim yn ddigon tyn i rwystro'r staen browngoch rhag dianc o'r tu mewn i'r lorri.

Chwiliodd Daf yn ofer yn ei boced am rywbeth i'w ddefnyddio i agor y drws, wedyn cofiodd am *manbag* Toscano. Roedd o'n lwcus – roedd cyllell Leatherman ynddo. Gwthiodd y llafn i gyd rhwng y drws a'r ffrâm, a daeth sŵn ochneidio o'r metal.

'Be wyt ti'n wneud, Mr Dafis?' gofynnodd Gruff. 'Un go ddrud ydi'r lorri 'ma!'

'Dwi'n heddwas,' atebodd Daf yn swta, wrth geisio'n aflwyddiannus i ryddhau'r clo. Trodd y gyllell eto ond doedd y llafn ddim yn ddigon hir.

'Alli di byth ei agor efo'r gyllell fach 'na, Mr Dafis. Ti angen teclyn mwy.'

Edrychodd Daf i fyny a gweld bod Gruff yn gafael mewn trosol. Anwybyddodd y ffaith fod y dyn ifanc wedi croesi'r tâp swyddogol, a symud i'r ochr i wneud lle iddo. Llwyddodd Daf i agor mymryn ar y drws – jest digon i Gruff wthio'r trosol i mewn drwy'r hollt – ac ymhen dim daeth clic bach o'r clo. Collodd Gruff ei falans wrth i'r drws agor, ac wrth iddo gamu'n ôl daeth sgrech isel o'i geg. O'u blaenau yng nghrombil y lorri roedd rhes o silffoedd, ac ar yr un ganol, yn syllu ar Daf a Gruff, roedd pen Mel Puw a golwg ofnus yn y llygaid agored.

'O, ffyc!' ebychodd Gruff mewn llais bychan. 'O'n i'n gwybod bod hyn yn mynd i ddigwydd!'

'Sut hynny?' Trodd Daf i edrych ar Gruff yn syn.

'Welais i ei gannwyll corff neithiwr.'

'Be?'

'Ar ôl dy adael di neithiwr, Mr Dafis, mi welais i Mel, yn sefyll wrth y llwyn. O'n i'n meddwl mai piso oedd o – roedd neithiwr yn noson fawr i bawb. Wedyn, mi gofiais...'

'Be gofiest ti, Gruff? All hyn fod yn hynod bwysig.'

'Dim ots ffasiwn ddyn oedd Mel, mae o wedi marw erbyn hyn. Mae o'n haeddu ein parch.' Pwyntiodd ei fawd i gyfeiriad y pen.

'Anghywir, Gruff: mae Mel yn haeddu'r gwir. 'Den ni angen ffeindio pwy bynnag wnaeth hyn iddo fo. Ond i fynd yn ôl at dy stori, welest ti Mel yn hwyr neithiwr?'

'Un drwg am ferched ydi Mel. Dwi'm yn deall sut wnaeth Miss Grug aros efo fo mor hir... falle'i bod hi wedi derbyn ei lol o oherwydd Glanrhedyn.'

'Fydda i angen chydig o gefndir maes o law, ond rŵan, rhaid i ni ganolbwyntio ar neithiwr.'

Erbyn hyn roedd y pryfed wedi dechrau gwledda ar gnawd gwelw Puw, yn enwedig o gwmpas ei lygaid. Chwifiodd Daf ei law i'w symud.

'Well i ni ail-gau'r lle,' awgrymodd Toscano, â rholyn o dâp swyddogol yn ei law. Synnodd Daf fod y swyddog ifanc wedi cadw'i ben er gwaetha'r darganfyddiad erchyll.

'Tydi gweld rwbeth fel hyn ddim yn hawdd, còg,' meddai wrtho. 'Wyt ti'n ocê?'

'Ydw siŵr. Dim ond cig ydi corff ar ôl i'r enaid ei adael,' atebodd Toscano, heb gynhyrfu o gwbl. 'Erbyn hyn, mae Mr Puw wedi wynebu'r Pedwar Peth Olaf.'

'Y Pedwar be?'

'Marwolaeth, y Farn, Nef ac Uffern.'

'Uffern ydi pen taith Mel Puw, yn bendant,' datganodd Gruff.

Wrth i Toscano gau'r drws, sylwodd Daf fod Gruff yn syllu i nunlle, ei anadl yn fas. Bob hyn a hyn llifai cryndod mawr drwy ei gorff.

'Fyddi di'n iawn fan hyn am dipyn, còg?' gofynnodd i Toscano. 'Mae Gruff wedi cael dipyn o fraw, a 'den ni'n mynd am dro bach.'

'Wrth gwrs.'

'Dwi erioed wedi gweld pen fel'na...' sibrydodd Gruff wrth adael i Daf ei arwain oddi wrth y lorri.

'Panad 'den ni angen,' datganodd Daf, gan gofio sut y gwnaeth Gruff ofalu amdano fo y noson gynt. 'Ty'd efo fi.'

Ar ôl cyrraedd ei drelar ei hun, estynnodd Daf fwrn o wair bob un iddyn nhw eistedd arnynt. O bell, gwelodd Jaxxon Kell.

'Cer i nôl dwy baned i ni, wnei di, Jaxx?' galwodd arno. 'Fydd punt i ti am fynd.'

Carlamodd y bachgen draw atyn nhw.

'Mae pobol yn dweud bod pen Mel Glanrhedyn wedi cael ei ffeindio yn y lorri,' meddai, â golwg bryderus ar ei wyneb.

'Alla i ddim trafod yr achos, Jaxx.'

'Maen nhw'n dweud bod rhywun wedi torri ei ben i ffwrdd.'

'Digon gwir,' atebodd Gruff. 'Mi welais i'r peth fy hun, ei lygaid yn syllu'n syth ata i.'

'No wê! Mae hyn yn....'

'Mae hyn yn rwbeth ddylen ni ddim ei drafod ar hyn o bryd,' meddai Daf yn bendant, gan roi papur degpunt i Jaxx. 'Llaeth a dim siwgr i mi, llaeth a dau siwgr i Gruff.'

'Ond dwi ddim yn cymryd siwgr, Mr Dafis.'

'Ti angen y siwgr heddiw, ar gyfer y sioc. Ffwrdd â ti, Jaxx.'

Ar ôl i'r bachgen adael, eisteddodd y ddau ddyn yn fud am sawl munud. Arhosodd Daf i Gruff setlo cyn bwrw mlaen efo'i gwestiynau.

'Jest cyn i ni ddechrau, Gruff,' mentrodd Daf, 'os alli di ymddiried yndda i a dweud y cyfan ti'n ei wybod, mi fydd y sgwrs yma'n rhwyddach o lawer.'

'Wrth gwrs. Dwi'n dy drystio di, Mr Dafis. Ti wastad wedi rhoi chwarae teg i ni i gyd.' Ymestynnodd Gruff ei goesau allan ar y gwair. 'Mi ddilynais Mel neithiwr ar ôl i mi ei weld o,' dechreuodd Gruff mewn llais isel, ansicr. 'Achos be ddigwyddodd rhyngddo fo a Nicci. Roedd yn beth cas i'w wneud, malu ei theclyn clyw.'

'Ti'n ffrind i Nicci?'

'Na, nid ffrind, yn union. Dwi jest yn teimlo ei fod o'n warthus, yr hyn mae'n rhaid iddi wneud jest i roi gwair yn y preseb, fel petai.'

'Wyt ti'n sôn am buteindra?'

'Dwi'm yn gwybod am... y gair yna. Ond dwi'n ei chofio hi'n ifanc, merch fach ddel ar gefn sawl merlen. Does gen i ddim syniad be ddigwyddodd i'w rhieni hi, ond byw efo'i Bamps oedd hi. Dyn hynod oedd o, sosialydd mawr, dyn undeb, oedd yn cadw'i ferlen yn yr ardd gefn, hyd yn oed yn y gegin weithiau. Roedd sawl un tebyg iddo yn yr hen ddyddie, lawr yn y cymoedd.'

'Ble mae o rŵan?'

'Mi fu farw'n sydyn pan oedd Nicci'n rhyw dair ar ddeg oed. Gafodd hi gynnig byw efo'i hewythr, ond doedd hynny ddim yn ei siwtio achos roedd hi angen gofalu am y merlod roedd hi wedi'u hetifeddu. Aeth hi'n ôl i fyw yn nhŷ ei thad-cu, ar ei phen ei hun, a dyna pryd ddechreuodd y... wel, y drafferth. Roedd yn rhaid iddi dalu rhent, ac... fel merch mor ddel, cyn hir roedd hi'n cynnig...'

'Dwi'n dallt. Ond lle goblyn oedd y Gwasanaethau Cymdeithasol, dwêd?'

'Mae Nicci'n ferch benstiff. Doedd hi ddim yn fodlon symud o dŷ ei Bamps oherwydd y merlod. Er mai dim ond hances boced o ardd gefn oedd efo'r tŷ teras, roedd ganddo hawliau pori ar y mynydd y tu ôl i'r tŷ.'

'Dwi'n dallt. Mi ga' i air efo Nicci maes o law, ond rŵan be sy'n bwysig ydi pam wnest ti ddilyn Puw neithiwr.'

'Wel, roedd pawb yn trafod be ddigwyddodd iddi – y ffrae rhyngddi hi a Mel Puw. Dydi Nicci ddim yn boblogaidd efo rhai ar Fryn y Ceffylau, ti'n dallt, Mr Dafis, achos mae 'na sawl dyn priod ymhlith ei... wel, ei chwsmeriaid selog, fel petai. Ond mae Margaret wastad yn ei hamddiffyn hi, ac yn dweud nad oes 'run dyn dan haul yn mynd allan am fyrgyr os oes ganddo fo stecen dda adre.'

'Pwynt dilys. Felly, cadw llygad ar Nicci oedd dy fwriad, ie?'

'Bastard o ddyn ydi Mel. Wastad isie'i ffordd ei hun. Roedd pawb yn trafod y ffaith fod Nicci wedi ei wrthod, a stori'n mynd o gwmpas ei fod o wedi ceisio cael Nicci heb ei chaniatâd, a dy fod di wedi'i hachub hi.'

'Dwi ddim yn siŵr ai "achub" ydi'r gair iawn – ro'n i'n digwydd bod drws nesa tra oedd Puw yn ei phlagio, dyna'r cwbwl.'

'A dyna be oedd yn fy mhoeni i, ar ôl gweld Mel Puw, nad oedd Nicci'n saff.'

'Oedd 'na reswm penodol am dy bryder?'

Rhoddodd Gruff ei law dros ei lygaid am eiliad. 'Ar ôl i mi ei weld o wrth y gwrych mi ofynnes i mi fy hun pam roedd o yno. Achos roedd ei lorri wrth y cawodydd a doedd neb yn y gornel honno o'r cae heblaw Nicci.'

'Aeth o at drelar Nicci?'

'Na. O'n i'n bendant mai ar ei hôl hi oedd o, ond wedyn trodd ar ei sawdl a cherdded i lawr y llwybr. A dyna pryd welais i... y peth.'

'Pa beth?'

'Y gannwyll corff. Golau bach gwyrdd yn ei ddilyn o.'

'Pa fath o olau?'

'Un bychan, ond llachar ofnadwy.'

'A pam oeddet ti'n meddwl mai cannwyll corff oedd y golau?'

'Wel, roedd o'n dawnsio yn yr awyr uwch ei ben, i ddechrau. Ac wedyn, mi gofies i Miss Grug yn dweud...'

'Yn dweud be?'

'Bod ei thad wedi gweld cannwyll corff cyn iddo gael ei strôc. Mae rhai teuluoedd yn eu cael nhw, wyddost ti.'

'Wel, wn i ddim byd am ganhwyllau corff. Be wyt ti'n olygu pan ti'n dweud "cannwyll corff", còg?'

'Dwi'n golygu cannwyll corff,' atebodd Gruff yn swta.

'Ddrwg gen i am fod yn dwp, ond dwi ddim yn gwybod llawer amdanyn nhw.'

'Dwi ddim yn ofergoelus, ac yn bendant, tydi Miss Grug ddim yn coelio'r hen straeon, ond mae sawl un wedi gweld golau, naill ai ar drothwy drws dyn sy ar fin marw, neu ar ei lwybr i'r fynwent. Neu, yn union fel welais i neithiwr, golau uwchben rhywun sy'n teithio yn y tywyllwch. Golau bach gwyrdd oedd o, yn dilyn Mel Puw bob cam i lawr at ei lorri.'

'Difyr iawn. Welest ti Puw yn mynd i mewn i'w lorri?'

'Weles i o'n mynd at y drws, ac ar ôl hynny es i'n syth i'r gwely. Dwi ddim yn hoff o bethau sbŵci, dim o gwbl.'

'Na finne chwaith.'

'Pan godais y bore 'ma ro'n i'n meddwl mai breuddwyd oedd y golau gwyrdd, ond ro'n i'n gallu cofio bob dim mor glir. Ac wedyn, pan es i lawr i'r stablau, mi ddysges i nad oedd neb wedi'i weld o ers y noson gynt. Beth bynnag mae pobol yn ddweud am Mel Puw, tydi o erioed wedi esgeuluso'i 'ffyle o'r blaen.'

'Mi welais Grug a Rhydian yn gofalu am ei stalwyn amser cinio.'

'Debyg iawn. Doedd neb arall isie gwneud – os oes unrhyw anifail ar Faes y Sioe efo gwaeth natur na'r gaseg 'na sy gan y Kells, stalwyn Mel Puw ydi hwnnw. Bastard o greadur. Does neb yn fodlon agor drws ei stabl heb fod rhaid.'

'Ond roedd Grug dal yn fodlon ei helpu?'

'Ti ddim cweit yn ein deall ni bobol 'ffyle eto, Mr Dafis. Gwaed Glanrhedyn sy'n llifo yng ngwythiennau stalwyn Mel, felly bydd Miss Grug wastad yn gofalu amdano.'

'Digon teg. Diolch am yr holl wybodaeth, Gruff.'

Cododd Gruff ar ei draed a brwsio'r gwair oddi ar ei ddillad.

'Dim problem. Wela i di nes mlaen yn y WPCS, gobeithio?'

'Dwi ddim yn meddwl. Mae gen i gryn dipyn i'w wneud efo'r ymchwiliad.'

'Dydyn nhw ddim yn disgwyl i ti weithio tan hanner nos, gobeithio, Mr Dafis? Picia heibio am un bach slei, wnei di? Cofia, er bod rhywun wedi torri pen Mel Puw i ffwrdd, y newyddion pwysica heddiw ydi llwyddiant Tinciwinci – bydd raid i ti ddangos dy wyneb.'

'Alla i ddim addo ...'

'Wela i di yno felly. A plis paid â dweud gair wrth neb ynglŷn â'r gannwyll corff. Dwi ddim am fod yn destun sbort... ond dwi'n sicr mai dyna'n union be welais i.'

Cymerodd Daf anadl fawr cyn cychwyn yn ôl i lawr at lorri Puw. Er nad oedd o'n credu'r busnes cannwyll corff am eiliad, doedd o ddim yn hoff iawn o bethau annaearol.

Ceisiodd lenwi ei ben â gwyddoniaeth yn hytrach nag ofergoel wrth wylio siapiau gwyn y SOCOs o gwmpas y cerbyd fel morgrug. Roedd rhywun wedi llwyddo i agor prif ddrws yr ardal fyw, ac roedd Daf ar binnau eisiau gweld y tu mewn. Roedd o'n ddiolchgar am y siwt wen ddi-haint gafodd o gan un o'r SOCOs, ac yn fwy diolchgar byth i ddarganfod mai Susie, ei hoff swyddog fforensig, oedd hi.

'Wel, am achos difyr!' datganodd hi, gyda gwên fawr. 'Pen ar ben ei hun, fel petai, a lorri sy'n debycach i fflat moethus yn Manhattan na rhywbeth i gludo stoc.'

'Dech chi wedi edrych yn y storfeydd eraill?'

'Ydyn: dim byd ond harnesi a thaclau.'

'Felly, hyd yn hyn, 'den ni wedi dod o hyd i law mewn un le, pen mewn lle arall, a bys...'

'A biji-bo ymysg y selsig, o be welais i yn y ffeil. "Heddiw mae Mel Puw i gyd mewn darnau mân..." fel mae'r hen gân ddim cweit yn mynd.'

Synnodd Daf cystal oedd llais Susie wrth iddi ganu ei fersiwn ei hun o un o glasuron Cwmni Theatr Maldwyn. Yn ofalus, dringodd Daf y grisiau metel at ddrws y lorri.

'Ti'n iawn, lodes, mae hwn fel palas ar olwynion!'

Roedd yno gegin fawr, bar brecwast gyda dim llai na chwe stôl, a lolfa mor fawr ag un tŷ teras. Roedd rhes o ffenestri yn y waliau ac un arall yn y to uwchben oedd yn llenwi'r gofod â golau naturiol er gwaetha'r ffaith fod y ddwy res o lenni yn arwain at flaen y lorri wedi'u cau. Tu ôl i'r llenni isaf roedd y caban, ac uwchben hwnnw roedd cilfach wedi'i lenwi â gwely mawr. Roedd y cyfan yn lân a thaclus, heblaw hen arogl sigaréts.

'Oedd Mel Puw yn smocio?' gofynnodd Susie, gan amneidio at soser llawn bonion ar y bwrdd wrth y soffa enfawr.

'Sgen i ddim syniad,' atebodd Daf wrth feddwl pa mor anghyfarwydd oedd yr arogl bellach. Yn sydyn cofiodd am y noson gynt – roedd sawl un wedi dilyn Margaret Hamer am fygyn bach slei tu allan i'r bar, ond doedd Daf ddim yn cofio gweld Mel Puw yn eu plith.

Yr unig arwydd arall o flerwch yn y lorri oedd powlen yn y sinc oedd â darnau bach o rawnfwyd y tu mewn iddi. Roedd y dewis o rawnfwyd yn annisgwyl, braidd – yn y cwpwrdd uwchben y sinc roedd dau becyn o Coco Pops. Oedodd Daf am eiliad. Hyd yn hyn roedd o wedi gweld Puw drwy lygaid pobol eraill: Grug, Nicci, Gruff, hyd yn oed Jaxxon Kell, ond wrth weld ei ddewis plentynnaidd o frecwast, sylweddolodd Daf fod ganddo lawer i'w ddysgu eto. Na, doedd Mel Puw ddim yn ddyn addfwyn, ond pwy yn y byd fyddai am ei dorri'n ddarnau bach?

''Den ni angen job dda fan hyn, lodes,' dywedodd wrth Susie. 'Hyd yn oed yn y cefn lle roedd o'n cadw'r ceffylau... pwy a ŵyr, efallai y bydd DNA y ceffylau'n bwysig.'

'Wyt ti'n ceisio dweud nad yden ni'n gwneud job dda fel arfer, Daf?' atebodd Susie gyda winc. 'Rydyn ni'n cynhyrchu llwyth o ddata i chi, dim ond eich bod chi'n rhy dwp i'w ddeall.'

Chwarddodd Daf – roedd hi yn llygad ei lle ond fyddai o byth yn cyfaddef hynny.

'Dwi'n gwybod dy fod di fel arfer yn paratoi adroddiad cyflawn, ond y tro yma mi fydda i angen pob tamaid o wybodaeth yr eiliad dech chi'n ei ddarganfod, iawn?'

'Ar yr amod dy fod ti'n deall yr effaith mae hynny'n mynd i'w gael ar safon yr wybodaeth; iawn.'

'Da lodes.'

Pennod 7

Roedd Bryn y Ceffylau yn lle hynod, gyda phrysurdeb mawr mewn rhai ardaloedd megis o gwmpas y cawodydd, y stablau ac, wrth gwrs, y WPCS. Ond roedd sawl cae tawel, fel yr un roedd Daf ei hun yn aros ynddo, ac yn un o'r rhain hefyd roedd hen focs ceffylau pren Grug. Roedd hi wedi llwyddo i greu cornel gartrefol yno, gyda barbeciw rhad wedi'i osod ar slabyn concrit ger y bocs, a bwrdd a chadeiriau o'i gwmpas. Eisteddai Grug yn un o'r cadeiriau gwersylla sigledig wrth y bwrdd bach simsan yn torri tomatos a letus i wneud salad. Roedd torth o fara ffres gerllaw, a phenliniai Eben wrth y barbeciw yn gofalu am ddwy stecen braf. Doedden nhw ddim yn sgwrsio, ond wrth iddo gerdded tuag atynt cafodd Daf yr argraff nad oedd rheswm iddyn nhw gyfathrebu â geiriau. Teimlai fel petai ar fin torri ar draws yr olygfa heddychlon, ond roedd yn rhaid iddo ofyn y cwestiynau angenrheidiol. Sylwodd, wrth nesáu, fod dwylo Eben yn hen ddigon cryf i dorri corff yn ddarnau mân heb lawer o ymdrech.

'Sori i'ch styrbio chi yng nghanol swper,' meddai.

'Mae wastad yn braf gweld ffrind,' atebodd Grug yn groesawgar, ond ni welodd Daf yr un croeso yn llygaid Eben. 'Wyt ti wedi bwyta?'

'Ddim eto.'

'Swper crand i ddathlu, fydd hi, ie? Am ddiwrnod llwyddiannus!'

'Diolch yn fawr, ond mae buddugoliaeth Tinciwinci'n teimlo'n bell iawn yn ôl bellach. Dwi ar ddyletswydd rŵan, fel heddwas.'

Roedd Daf bron yn sicr fod bysedd cryf Eben wedi tynhau o amgylch carn y fforch barbeciw fawr.

'Oes stecen arall yn y *coolbox*, Ebs?' gofynnodd Grug.

'Oes siŵr, wyddwn i ddim oedd y llancie'n bwyta 'da ni. Sut wyt ti'n cymryd dy stêc? Mae 'na un fan hyn bron yn barod, os ti'n hoffi rhai gwaedlyd. Mae Grug yn ofnadwy am waed, 'wy'n dweud wrthot ti.'

Rhewodd Daf o glywed y cysylltiad rhwng Grug a'r gair 'gwaed', a daeth y ddelwedd o lygaid gwag Mel yn stordy'r lorri i'w ben. Ond doedd Grug ei hun ddim wedi cymryd sylw o ddatganiad Eben.

'Fel arfer 'sen i wrth fy modd, ond mae'n rhaid i mi siarad yn swyddogol efo chi. Ydech chi wedi clywed 'mod i'n ymchwilio i drosedd ddifrifol?'

'Dyna mae pawb yn ei drafod,' atebodd Grug yn hollol ddigyffro, 'ond dwi ddim yn gweld bod cysylltiad efo ni'n benodol.'

'Achos, o'r diwedd, 'den ni wedi darganfod pwy ydi'r dioddefwr... a dy gyn-ŵr, Mel Puw, oedd o.'

Gan fod torri newyddion drwg yn waith bob dydd i heddwas, roedd Daf wedi gweld sawl ymateb yn ystod ei yrfa. Doedd Grug un ai ddim yn gwybod am dynged Mel neu roedd hi'n actores benigamp. Gollyngodd y llwy roedd hi'n ei dal, a chodi'i llaw chwith i guddio'i cheg.

'Wyt ti'n amau... y cafodd o'i ladd yn fwriadol?'

'Wn i ddim am hynny, ond yn sicr mae rhywun wedi datgymalu ei gorff, sy'n beth difrifol iawn i'w wneud.'

'Mae hyn yn... erchyll,' mwmialodd.

'Pryd welest ti Mel ddiwetha?'

'Ddoe, yn ystod yr helynt wrth y stablau. Roeddet ti yno.'

'Welest ti mohono fo ar ôl hynny?'

'Na. Ddes i'n ôl i'r fan hyn i ddadbacio, wedyn mi gerddais lawr i'r Co-op i brynu llaeth ac ati. Wedyn swper.'

'Doeddet ti ddim yn ffansïo noson yn y WPCS?'

'Dwi ddim yn yfed.' Lledodd gwrid dros ei hwyneb gwelw. 'Dwi'n disgwyl babi.'

'Llongyfarchiadau!' ebychodd Daf yn frwdfrydig. Estynnodd ei law at Eben ond arhosodd y dyn mawr wrth y barbeciw.

'Ty'd i mewn i'r fan am eiliad,' cynigiodd Grug. 'Does dim llawer o breifatrwydd i'w gael yma, ond bydd yn haws i mi siarad dan do.'

Roedd y tu mewn i'r lorri yn gyferbyniad llwyr i lorri swanc Mel. Un ystafell oedd ynddi, a dim llawer mwy na lle i gysgu. Ymestynnai silff lydan ar hyd un wal i storio'r hanfodion megis dillad gwely, ac roedd popeth, yn cynnwys y llenni a'r mat clytiau ar y llawr, yn lliwgar ac wedi'u gwneud â llaw.

'Am le clên! Siŵr eich bod chi mor glyd â dau bathew yn fama.'

'Wel, mae'n gwneud y tro.'

'Ti sydd wedi bod yn brysur?'

Nodiodd hi ei phen. 'Mae Ebs yn dipyn o saer, a dwi'n hoff iawn o botsian efo defnydd a ballu.'

Tynnodd Grug fwrdd pren i lawr oddi ar y wal – roedd dwy sedd fach yn cuddio oddi tano.

'Lle fydd y crud yn mynd? Ydi Eben wedi creu un sy'n plygu fyny ar gyfer y bychan?'

Nid atebodd Grug, felly ceisiodd Daf eto.

'Dwi'n siŵr y bydd y babi'n ymgartrefu'n syth yma. Dyna un peth dwi wedi'i ddysgu am bobol y 'ffyle – dech chi'n addasu'n hawdd, waeth be sy'n digwydd.'

'Dim yn aml iawn mae'n rhaid i rywun ymdopi efo digwyddiad mor annisgwyl â llofruddiaeth, wir.'

Nid oedd Daf wedi disgwyl y byddai hi'n fwy parod i drafod y llofruddiaeth na thrafod y babi.

'Ers faint dech chi wedi bod ar wahân, Mel a tithe?'

'Rhyw ddeng mlynedd.'

'Ga' i ofyn be ddigwyddodd rhyngddoch chi?'

'Croeso i ti ofyn ond efallai na chei di ateb.'

Oedodd Daf. Dynes dawel, addfwyn oedd Grug, ond roedd ochr benderfynol i'w natur hefyd.

'Gwranda, lodes, does gen i ddim smic o ddiddordeb ym mhethau personol pobol fel arfer, ond mae Mel wedi cael ei ladd. Dydi llofruddiaeth byth yn digwydd ar hap. Rhaid i mi ddysgu popeth posib am dy gyn-ŵr, ac mae hynny'n cynnwys dysgu pam chwalodd ei briodas.'

Am eiliad, syllodd Grug i lygaid Daf fel petai hi'n ceisio penderfynu a ddylai ei gredu.

'Mi briodon ni'n ifanc,' meddai o'r diwedd, 'yn rhy ifanc. Doeddwn i ddim yn ddeunaw oed, hyd yn oed. Wnaethon ni dyfu ar wahân. Tra oedd Rhydian yn byw efo ni mi lwyddon ni i gadw pethau i fynd ar ei gyfer o, ond wedyn, pan aeth o i ffwrdd ar gyfer ei brentisiaeth, dyna ni. Dau o bobol oedd ddim yn nabod ei gilydd, mewn nyth gwag.'

'Pwy symudodd o'r tŷ?'

'Fi.'

'I fod efo Eben?'

'Wel, ie… ond na. Mi gwrddais ag Eben ar yr un pryd, ond nid gadael Mel i fynd ato fo wnes i, os ti'n gweld y gwahaniaeth.'

'Dallt yn iawn. A ble wyt ti'n byw ar hyn o bryd?'

'Brodor o Sir Benfro ydi Eben. Roedd… roedd yn rhaid iddo fyw oddi cartref am gyfnod, hyd yn oed rŵan mae'n rhaid iddo dreulio sawl noson i ffwrdd efo'i waith, ond dyna lle mae'i galon o. Roedd o'n ddigon ffodus i etifeddu tŷ bychan gan ei fam-gu, yn y brynie. Lle bach syml ond mae'n ein siwtio ni'n iawn.'

'Oes dipyn o dir yno?'

Chwarddodd Grug ond roedd rhyw dristwch yn ei llygaid o hyd. Roedd sawl cyfrinach o dan yr wyneb, yn bendant.

'Grug Glanrhedyn ydw i, Mr Dafis – alla i ddim byw heb geffyle, ac mae'n anodd magu Adran D mewn bocs blodau. 'Den ni wedi prynu ryw bymtheg erw a dwi'n rhentu hanner cant arall. Busnes fyny ac i lawr ydi'r ceffyle, felly tydi o ddim wastad yn gwneud synnwyr i dywallt dy holl arian i un cyfeiriad, fel petai.'

'Ond,' atebodd Daf, yn ceisio casglu pob tamaid o'i wybodaeth newydd am geffylau at ei gilydd, 'mi fyddwch chi'n brysur ofnadwy efo cesig ar ôl dydd Mercher. Pan gaiff pawb gip ar dy stalwyn newydd di, bydd ciw am ei wasanaeth.'

'Gobeithio.'

'Bendant. Roedd pawb yn ei drafod yn y WPCS neithiwr.'

'A Tanyrallt Tinciwinci fyddan nhw'n ei thrafod heno.'

'Digon posib. Mae pobol wedi bod yn hynod o garedig.'

'Caredig? Twt lol. Haeddiannol oedd buddugoliaeth Tinciwinci, hollol haeddiannol.'

'A bydd Glanrhedyn yn cael y clod haeddiannol nos Fercher.'

Llanwodd llygaid Grug â dagrau, ond ceisiodd eu cuddio.

'Mae'n golygu'r byd i mi, wyddost ti. Ar ôl i mi adael Glanrhedyn ro'n i'n gobeithio y byddai siawns i'r llinell ffynnu yn nwylo Mel. Roedd o'n ddigon obsesiynol, Duw a ŵyr, ond doedd ganddo fo 'mo'r llygad iawn, yn y pen draw. Mi luchiodd o bres o gwmpas heb ddeall be oedd o'n wneud, a'r canlyniad ydi'r bwystfil lawr yn y stablau fan'cw.'

'Dwi 'di clywed cryn dipyn am hen deip Glanrhedyn, Grug, ond be mae hynny'n ei olygu?'

''Den ni wedi bod yn rhan fawr o hanes y brid ers i'r Gymdeithas ddechre, wyddost ti,' atebodd Grug, a gwelodd Daf ryw ryddhad yn ei hwyneb, fel petai'n falch o gael trafod ei hetifeddiaeth. Disgrifiodd Grug hanes y fridfa, llwyddiant y cobiau roedden nhw wedi'u magu yno a'u cyfraniad i barhad y brid. 'Faint o gobiau heddiw sy'n llwyddo heb waed Glanrhedyn?' gofynnodd yn angerddol.

'Ond eto, mi wnest ti gerdded i ffwrdd, gan adael Mel i warchod etifeddiaeth mor bwysig. Pam hynny, Grug?'

'Doedd gen i ddim dewis. Dim dewis o gwbl.'

'Ond pam hynny? Dwi ddim yn gyfreithiwr, ond yn fy mhrofiad i mae gŵr a gwraig sy'n gwahanu yn rhannu'r eiddo. Dy etifeddiaeth di oedd y fferm, yntê?'

'Paid di â sôn am etifeddiaeth!' gwaeddodd. 'Gofynna di i Rhydian be ydi etifeddiaeth, ac yntau fel hen ddyn cyn ei ddeg ar hugain. Dyna etifeddiaeth i ti.'

'Wyddwn i ddim mai salwch genetig ydi cryd y cymalau.'

'Gall fod, yn ôl y meddygon. Weithiau dwi'n meddwl mai'r

unig bethe alla i ddibynnu arnyn nhw yn yr hen fyd creulon 'ma ydi poen a cholled.'

Wrth glywed llais Grug yn codi, rhoddodd Eben ei ben a'i ysgwyddau mawr drwy'r drws bychan.

'Be sy, Grug?' gofynnodd yn ei lais dwfn.

'Dim byd, Ebs,' atebodd hithau. 'Mr Dafis oedd yn gofyn am Mel, a... wel, ti'n gwybod sut mae hynny'n corddi'r dyfroedd.'

'Fe alla i ddweud y cyfan ti angen ei wybod am Mel Puw,' grymialodd Eben, gan gulhau ei lygaid yn erbyn yr heulwen gref a lifai drwy'r ffenest gyferbyn â'r drws. Wrth i'r golau daro'i wyneb, sylwodd Daf eto ar y smotyn bach du ar ei foch. Y tro hwn roedd yn ddigon agos i weld mai marc siâp deigryn oedd o. Rhedodd ias oer i lawr ei gefn: tatŵ carchar. Roedd ystyr y tu ôl i datŵ o ddeigryn du – i ennill y deigryn roedd yn rhaid lladd dyn.

Yn sydyn roedd Daf yn teimlo'n flinedig iawn, wrth ystyried iddo gasglu mwy o gwestiynau nag atebion. Roedd Grug wedi cerdded i ffwrdd oddi wrth ei hanes a'i hetifeddiaeth, ond pam? Penderfynodd ei bod yn bryd ffarwelio.

'Mi fydda i angen siarad efo chi eto, eich dau, felly plis peidiwch â mynd i nunlle heb ddweud wrtha i.'

'Fyddwn ni ddim yn symud tan ddydd Mercher, yn sicr,' atebodd Grug gan geisio cadw'i llais dan reolaeth. 'Mae ganddon ni stalwyn i'w redeg.'

'A falle,' ategodd Eben, 'y byddwn ni'n aros am y Cuddy.'

'Paid â mentro dweud y ffasiwn beth!' ebychodd Grug, gan gyffwrdd y bwrdd pren o'i blaen, 'rhag ofn i ti witsio'r peth.'

Er nad oedd o'n dal yn sicr beth yn union oedd y Cuddy, doedd Daf ddim am ofyn am esboniad. Roedd o wedi dysgu digon am y tro.

Wrth gerdded yn ôl at lorri Puw, synnodd Daf fod bywyd ar Fryn y Ceffylau yn bwrw mlaen fel petai dim wedi digwydd. Er bod y SOCOs yn eu siwtiau gwyn a swyddogion mewn iwnifform fel morgrug yn gwneud eu gwaith, y tu allan i ffin y tâp du a melyn roedd ciw i'r cawodydd, pobol yn cerdded heibio â chyfrwyau yn eu breichiau ac eraill yn siarad ar eu ffonau, yn trefnu hwyl y noson o'u blaenau. Yn sydyn, wrth i Daf ddigwydd clywed criw yn trefnu i fynd i'r White Horse, cofiodd am Rhodri. Cafodd ei fab fraw difrifol y bore hwnnw a doedd Daf ddim wedi ei ffonio i ofyn sut oedd o, hyd yn oed. Yn euog, pwysodd y sgrin i ddeialu.

Nid ei fab atebodd, ond ei ffrind gorau, Rob Humphries.

'Ffor' wyt ti, Mr Dafis?'

'Ble mae Rhodri, còg?'

'Wedi mynd i'r tŷ bech. Digon hawdd colli ffôn lawr fanna.' Roedd llais Rob yn glir o effaith cwrw.

'Ydi o'n iawn? Gafodd o dipyn o fraw heddiw bore, cofia.'

'Does neb yn trafod dim byd arall, ac mae Rhods yn seléb go iawn. Ond paid â phoeni, Mr Dafis, dydi o ddim yn fodlon trafod be ddigwyddodd efo neb achos cyfrinachedd yr ymchwiliad. Ddylet ti fod hynod o falch ohono.'

'Dim ots gen i am hynny, os ydi o'n iawn.'

Chwarddodd Rob, a chlywodd Daf dinc nawddoglyd yn y sŵn.

'Dydi Rhodri ddim yn arfer efo cymaint o sylw gan y leidis, Mr Dafis. Mae o'n fwy na iawn, mae o wrth ei fodd. Ti isie i mi ofyn iddo dy ffonio di'n ôl?'

'Na, mae'n iawn. Mae o'n haeddu sbri.'

'Dyden ni ddim yn mynd dros ben llestri fel y rhai ifanc, Mr Dafis – 'den ni'n gweithio ben bore fory. A cofia, mae Netta'n reit llym efo fi a tydi Rhods ddim yn gwneud rhyw lawer heb ei *wingman*.'

Gwenodd Daf wrth glywed Rob yn trafod y gwahaniaeth rhyngddyn nhw a'r 'rhai ifanc', a hwythau ond yn ddeunaw oed.

Camodd Roderick dros y tâp i'w gyfarch.

'Sut oedd cyn-wraig Mel Puw, bòs?' gofynnodd.

'Wn i ddim, wir. Be dwi angen ydi lot mwy o ffeithiau am y teulu, hyd yn oed os bydd raid i ti yrru fyny i Mach i siarad efo'r tîm lleol.'

'Mae Eifiona wedi cysylltu â DS Jane rwbeth. Yn ôl y sôn, mi fydd hi ar Faes y Sioe fory felly mae hi'n cwrdd â ti am hanner awr wedi naw y bore.'

'Grêt. Faint mwy sydd i'w wneud fan hyn?'

'Dim llawer. Mae boi iwnifform o Aberhonddu am warchod y safle dros nos, mae'r SOCOs wedi gorffen, a'r boi hufen iâ a finne'n aros am ganiatâd i fynd.'

'Ewch chi'ch dau – mae'n go hwyr erbyn hyn ac mae ganddon ni lawer iawn i'w wneud fory.'

'Gest ti rwbeth i'w fwyta, bòs?'

'Dwi'n iawn,' atebodd Daf. 'Cer adre rŵan, a wela i di yn ystafell yr ymchwiliad yn blygeiniol.'

Fel y noson gynt, go dawel oedd yr ardal lle roedd Daf yn aros. Roedd Nicci'n gorwedd ar ei chefn ar ramp ei threlar a blanced o dan ei chroen meddal, brown. Wedi bod yn torheulo oedd hi, ond yn hytrach na bicini roedd dillad isaf drud amdani, yn debyg i'r rhai wnaeth hi eu gwisgo i ymweld â threlar Daf, mewn sidan lliw euraid; ond dros un fron roedd staen browngoch, fel petai rhywun wedi gollwng gwin coch drosti. Roedd hi wedi syrthio i gysgu, a golwg ifanc ar ei hwyneb. Wrth gamu heibio i'w threlar hi, gwelodd babell werdd newydd wrth ei drelar ei hun. Plygodd i agor y zip – roedd matres aer ynddi, a'i sach gysgu wedi'i daenu ar ei phen. Gwaith Gaenor, yn sicr. Gwenodd Daf – roedd y babell fach yn edrych yn llawer mwy cyfforddus na'i wely gwair. Mewn pentwr taclus wrth y gwely roedd sawl planced liwgar. Cododd un a'i thaflu dros Nicci.

Cofiodd hanes Mel Puw a'r gannwyll corff. Ben bore trannoeth byddai'n rhaid iddo holi beth oedd Nicci wedi'i weld neu'i glywed y noson gynt, ond y cyfan roedd o eisiau ei wneud y funud honno oedd dringo i'r babell newydd, gyfforddus.

Pennod 8

Dydd Mawrth

Deffrodd Daf yn sydyn yn oriau mân y bore pan glywodd sŵn traed trwm ar ramp trelar Nicci. Wrth gofio am ei ffrae â Puw, sgrialodd Daf o'i babell a baglu draw yno. Yng ngolau ei dortsh gwelodd ddyn mawr yn ei bumdegau hwyr yn cerdded i lawr y cae gan wthio'i grys i mewn i'w drowsus melfaréd wrth fynd. Nid oedd yn anodd i Daf ddal i fyny efo fo, ac anelodd olau ei dortsh yn syth i wyneb y dyn. Roedd gwlith o chwys dros ei dalcen coch a'i fochau tew, gwynt sur yn llifo o'i wefusau slac a dicter yn ei lygaid bach mochaidd.

'Pwy ffwc wyt ti?' mynnodd y dyn.

'Fi sy'n gofyn y cwestiynau. Arolygydd Dafydd Dafis, Heddlu Dyfed Powys.'

'Dwi heb wneud dim byd yn rong.'

'Fi sy'n penderfynu hynny hefyd. Pam wyt ti'n prowla o gwmpas yng nghanol y nos?'

'Wedi bod yn ymweld â Miss fan'cw. Aros yn y Stockmans ydw i, a dwi ar fy ffordd adre.'

'Wyt ti'n ffrind i Nicci?' gofynnodd Daf, yn sicr o'r ateb cyn ffurfio'r cwestiwn.

'Ffrind? Dwi ddim yn ffrind i'r ffasiwn ferch. Dwi'n... wel, trefniant busnes ydi o.'

'Ti'n gleient iddi?' gofynnodd Daf, y gair yn blasu'n sur yn ei geg.

'Wel, ydw. A phaid â rhoi unrhyw fath o hasl i mi achos hi ydi'r butain.'

'A ti yw'r plagiwr pen ffordd. Neu, fel maen nhw'n dweud yn yr iaith fain, *kerbcrawler*.'

'Dwi ddim wedi plagio neb. Mi ffoniais i hi i drefnu apwyntiad, yn union fel ti'n wneud efo'r deintydd.'

'Cer o 'ma,' gorchmynnodd Daf, a chwd yn llenwi ei gorn

gwddf. 'A gair o rybudd i ti – os dwi'n dy weld di eto'n crwydro o gwmpas yn hwyr yn y nos, mi fydda i'n dy arestio di.'

'Ocê, ocê.'

Wrth i'r dyn gerdded ymaith, clywodd Daf sŵn cwynfan isel yn dod o drelar Nicci. Curodd Daf ar y drws cul ar yr ochr.

'Nicci?' galwodd, ac wrth gofio ei bod yn fyddar, agorodd gil y drws. 'Wyt ti'n iawn? Daf Dafis sy 'ma.'

'Fi'n iawn. Gad lonydd i fi.'

Agorodd Daf y drws. Y tu mewn, o dan olau gwan dwy lamp oedd wedi'u clymu i'r to efo cortyn bêls, roedd Nicci yn gorwedd ar fatres fawr, wedi plygu'i hun yn fach. Roedd hi'n noeth, ac roedd sawl marc coch ar ei chroen, rhai ohonynt fel olion bysedd. Nid oedd arogl y gwair yn ddigon cryf i guddio drewdod chwys. Wrth y fatres roedd dau bapur ugain, ac yn hongian oddi ar fachyn yn y gornel roedd y blanced roddodd Daf drosti rai oriau ynghynt.

'Gwranda, lodes, does dim rhaid i ti fyw fel hyn,' dechreuodd Daf, gan daflu'r blanced drosti eto.

Trodd Nicci ei phen. Roedd ei gwefus chwyddedig wedi cael ei chnoi ac roedd sawl brathiad ar ei gwddf. Nid arwyddion o sesiwn nwydus oedd y rhain ond tystiolaeth o ymosodiad.

'Wyt ti angen mynd i'r ysbyty, lodes?'

'Fi'n iawn.'

'Mi a' i ar ôl y bastard. Does ganddo fo ddim hawl i wneud hyn i ti.'

Chwifiodd Nicci ei llaw i gyfeiriad yr arian.

'Brynodd e'r hawl.'

'Fel ddwedes i, does dim rhaid i ti fyw fel hyn.'

'Oes gen ti syniad gwell?'

'Ti'n dda efo ceffyle – be am swydd ostler?'

'Mae merched sy'n gweithio mewn stablau yn landio ar eu cefne'n go sydyn. O leia fi'n cael fy nhalu.'

'Ti angen gweld rhywun, i gael *check up*.'

'Mae Mr Williams yn gwybod yn union be mae e'n wneud... pa mor bell all e fynd cyn tynnu sylw.' Oedodd Nicci am eiliad er mwyn estyn i mewn i'w bag llaw. Tynnodd becyn allan ohono a rhoi dwy bilsen fach wen ar gledr ei llaw. 'Paid â phoeni, Mr Dafis, dim ond paracetemol y'n nhw. Oes canie o Carling wrth dy draed? Os oes, dere ag un i fi a chymer yr ail dy hunan.'

'Ydi o'n syniad da i gymysgu lager a phoenladdwyr?'

'Na, ond ar yr ochr bositif, fi ddim yn gaeth i heroin. *Happy days*, Mr Dafis, *happy days.*'

Agorodd y tun, ac ar ôl llyncu'r tabledi cododd y tun yn uwch, fel petai'n cynnig llwncdestun. Cnociodd Daf ei dun ei hun yn ei erbyn a llanwodd ei geg â'r lager cynnes. Ymbalfalodd Nicci yn ei bag eto, a phan gafodd afael ar botel fach las, agorodd hi a dechrau rhwbio peth o'i chynnwys dros y briwiau ar ei gwddf a'i gwefus.

'Stwff da yw arnica,' datganodd, heb dynnu ei llygaid oddi ar wyneb Daf. 'Does neb moyn ffwcio merch sy'n edrych fel petai hi newydd fynd saith rownd 'da Tyson Fury.'

'Mae 'na ffyrdd gwell o fyw, lodes.'

'O, gen i syniad! Beth am weithio mewn canolfan gyswllt? O na, does dim swyddi 'na i bobol fyddar.'

Roedd y cyferbyniad rhwng ei geiriau cryf a'r creithiau ar ei chroen yn cyffwrdd calon Daf. Dim ond blwyddyn neu ddwy yn hŷn na'i ferch, Carys, oedd hi.

'Mae'n rhaid i fi dalu cownt y gwerthwr gwair rywsut,' ychwanegodd, 'a dyw incwm y siop ddim yn ddigon i 'nghadw i a'r ceffyle.'

'Ond fel hyn?'

'Mr Dafis. Ti'n heddwas. Mae nifer o ferched yn gwneud yn union yr un fath â fi, ond yn gwario'r arian ar H yn hytrach na harneisiau. A gyda llaw, does neb yn becso sut fi'n byw.'

'Dwi yn.'

Ochneidiodd Nicci a lluchio'r blanced i un ochr. Yn ofalus, cododd ar ei thraed a chamu at Daf, gan roi ei braich o gwmpas ei ganol.

Er ei bod hi'n noeth ac yn sefyll mor agos ato, ni theimlodd Daf fymryn o chwant, dim ond tristwch. Roedd arogl chwys ei chwsmer diwethaf yn dal i fod ar ei chroen. Yn ofalus, gwthiodd Daf hi'n ôl.

'Fel ddwedes i neithiwr, mae gen i bartner.'

'Mae'r dynion sengl, unig, fel arfer yn ocê. Mae un neu ddau'n esgus bod rhamant yn y peth, fel y ffilm *Pretty Woman*, ac yn gweld eu hunen fel rhyw Richard Gere. Ond y pyrfyrts priod, nhw yw'r rhai cas, y rhai sy moyn gwneud pethe na fydde'u gwragedd byth yn cytuno i'w gwneud. Rheiny sy'n brifo.'

'Heddwas ydw i. Mi wn i o brofiad nad oes neb yn gallu byw yn hir ar ben tennyn, ac mae sefyllfaoedd fel hyn yn gallu berwi drosodd fel sosban laeth. Mi fyse'n well i ti chwilio am ffordd wahanol o ennill dy fara menyn, lodes.'

'Ti'm yn deall, dy'ch chi byth yn deall. Dweda di fy mod i'n ceisio gweithio mewn ffatri neu rywle tebyg. Fydde'r bòs neu pwy bynnag arall yn ceisio fy ffwcio i ta beth. Dyna beth ydw i. Merch mae dynion yn ei ffwcio.'

'Ond does dim rhaid i hynny fod yn wir. Mae gen ti ddewis.'

Fflat ac isel oedd ei chwerthiniad.

'Dewis? Pa ddewis ges i'n ddeg oed 'da fy wncwl a'i ffrindie, oedd yn fy mhasio fi o law i law yn union fel un o'u sbliffs? Neu'r athro yn fy ysgol addysg arbennig? Neu tad teulu'r siop sglodion pan o'n i'n starfo? Fi 'di hen arfer erbyn hyn, ac o leia fi'n gwneud chydig o elw o'r busnes nawr.'

'Dwi mor sori nad oes neb wedi dy amddiffyn di hyd yma, lodes, ond mae 'na bethe allwn ni eu gwneud. Alla i fynd ar ôl pob dyn sydd wedi rhoi bys arnat ti. Fyddi di'n teimlo'n lot gwell pan fyddan nhw i gyd yn y carchar.'

'Sut hynny? Maen nhw fel rhyw fwystfil o'r ffilmiau Marvel – bob tro ti'n torri un fraich i ffwrdd, mae un arall yn tyfu'n ei lle. Beth bynnag, mae gen i gynllun i dalu'r pwyth yn ôl.'

'Dwi ddim yn meddwl bod hynny'n syniad call.'

'Does 'da fi ddim brys,' meddai, gan lapio'r blanced dros ei hysgwyddau fel clogyn. 'Beth ddwedodd yr hen *Godfather* yn y ffilm? Mae dial oer yn blasu'n well. Felly cer 'nôl i dy wely, Mr Dafis, a phaid meddwl ddwywaith amdana i.'

'Gawn ni air yn y bore, Nicci. Gyda llaw, ti 'di clywed be ddigwyddodd i Mel Puw?'

'Bod rhywun wedi'i dorri e'n ddarnau mân? Alla i ddim meddwl am neb sy'n haeddu hynny fwy na fe.'

'Nid ti wnaeth?'

'Na, yn anffodus.'

Llwyddodd Daf i fynd yn ôl i gysgu yn ei babell newydd glyd, er y bu'n rhaid iddo agor pob zip tua phump y bore gan ei fod mor boeth. Erbyn iddo ddeffro am y trydydd tro ers iddo fynd i'w wely, roedd yr haul yn tywynnu'n gryf drwy ddefnydd tenau'r babell. Pan oedd yn dal i fod rhwng cwsg ac effro, teimlodd wefusau'n ei gusanu'n nwydus. Cyn agor ei lygaid gwthiodd y ferch yn ôl, gan synnu pa mor debyg i wefusau Gaenor oedd rhai Nicci.

'Wel, am groeso oer!' ebychodd Gaenor. 'Dim ond sws "bore da" oedd hi – doeddwn i ddim yn disgwyl cael fy ngwrthod mor bendant, wir.'

'Sori, sori, Gae. Ro'n i'n meddwl mai rhywun arall oedd 'na.'

'Felly wir! A ddylen i deimlo'n well ar ôl clywed hynny?' Sylwodd Daf fod tinc o hiwmor yn ei llais. 'Dwi'n cymryd bod y ferch drws nesa wedi ffeindio'i ffordd i dy freuddwydion, felly? Yn un sy'n edrych fel model?'

'Wel, ydi, mewn ffordd...'

'Ac yn crwydro i dy babell ben bore?'

'Na, wel, dim yn aml.'

'Rwyt ti'n palu yng ngwaelod twll dwfn, Dafis!'

'Mi rois i bach o gymorth iddi echdoe, dyna'r cwbwl, ac mae hi'n disgwyl gorfod talu'r ffafr yn ôl, sy'n hynod o drist.'

'Dim mor drist â'r ffaith 'mod i wedi gwrthod y Cyrnol mwya golygus yn y byd yn y cinio ddoe, tra oeddet ti'n gwneud ffrindiau newydd fan hyn. Heb sôn am y pishyn o gwmni Antur y Bannau sydd wedi rhoi benthyg y babell i ti.'

'Antur y Bannau?'

'Chris Dringo maen nhw'n ei alw fo. Roedd o'n eistedd

rhwng Sheila a finne yn y derbyniad busnes neithiwr, tua chwech o'r gloch. Roedd pawb yn trafod yr achos, a phan ddwedes i dy fod di'n cysgu mewn trelar, ffoniodd Chris bobol ei stondin a gofyn iddyn nhw osod pabell i ti yn fan hyn. Welest ti neb?'

'Naddo – ro'n i'n cyfweld tystion. Ond ro'n i mor falch o weld lle go gyfforddus i gysgu, fyse dim ots gen i petai'r tylwyth teg wedi codi'r babell, heb sôn am y Chris Dringo 'ma. Pam ti'n ei ddisgrifio fo fel pishyn?'

'Achos mae gen i lygaid yn fy mhen, Dafis.'

Dechreuodd y ddau chwerthin, ond cyn i Daf gael holi mwy am Chris Dringo, daeth peswch uchel o'r tu allan: Mali Haf.

'Ty'd 'laen, Dadi Diog! Mae Mami a finne wedi dod yma'n gynnar i adael i ti fynd i wneud dy waith pwysig.'

Gwenodd Daf ar ei ferch, oedd mor smart yn ei dillad cystadlu.

'Does gen ti ddim amser i baratoi Tinc rhwng popeth,' datganodd Gaenor, 'felly mae Jaxx yn fodlon bod yn ostler i ni.'

'Rhaid i ni dalu iddo, wrth gwrs,' esboniodd Mali.

'Dwi wedi prynu dau grys gwaith i ti,' ategodd Gaenor, 'ac maen nhw'n hongian ar y bachyn yn y trelar. Ac os oes 'na ddŵr poeth yn y stafell 'na sydd gen ti, cofia gael shêf, wir. 'Den ni'n mynd, rŵan. Wela i di nes ymlaen, gobeithio.'

'Faint o'r gloch mae'r gystadleuaeth?'

'Dim tan ddeg ond mae hi bron yn wyth yn barod. Bydd brechdan bacwn i ti yn dy swyddfa am naw – dwi wedi trefnu hynny.'

'Ac mae Jaxx ar ei ffordd efo coffi i ti, Dadi,' ychwanegodd Mali Haf yn falch.

'Mi wna i 'ngorau i ddod i'ch gweld chi, ond alla i ddim addo, achos...'

Rhoddodd Gaenor ei bys ar ei wefus, a gallai Daf arogli ei hoff sebon.

'Ssh. Dy waith di ydi ffeindio'r llofrudd, a'n gwaith ni ydi ennill bob rosét dan haul.'

Roedd Jaxxon Kell wastad ar frys ond roedd rhywbeth rhyfedd ynglŷn â'i ymddygiad y bore hwnnw. Efallai mai'r syniad o ennill cyflog da gan Gaenor a Mali oedd yn sbarduno'i hast, ond roedd rhywbeth arall yn ei boeni, roedd Daf yn sicr.

'Gwna'n siŵr dy fod ti'n gwneud job dda efo Tinciwinci, Jaxx,' meddai Daf wrth dderbyn y coffi ganddo, a chynnig papur pumpunt i'r bachgen. Sylwodd fod bysedd main Jaxx yn felynfrown. 'Wyt ti'n smygu, còg?' gofynnodd.

'Nacydw wir, Mr Dafis. Mae gan Dad ryw olew carnau newydd, wedi'i gael o dros y we o America. Mae o'n reit drwchus, fel triog bron, ac er 'i fod o'n rhoi sglein hyfryd mae o'n gadael staeniau melyn ym mhobman. Roedd yn rhaid i Dad luchio crys achos ddaeth y lliw ddim o 'na, hyd yn oed ar ôl ei olchi.'

Wrth iddo siarad sylwodd Daf ar liw hufennog ei ddannedd – roedd Daf wedi dysgu digon dros y blynyddoedd i wybod pan fyddai rhywun yn rhaffu celwyddau. Ond roedd ganddo bethau pwysicach ar ei feddwl na chyflwr ysgyfaint bachgen castiog fel Jaxx, felly ddywedodd o ddim mwy.

Ar ôl ymolchi yn nŵr oer y tap yng nghornel y cae a gwisgo un o'r crysau gwyn newydd, cerddodd Daf i lawr i Faes y Sioe, gan osgoi bwrlwm y stablau. Ceisiodd roi trefn ar ei feddyliau, a pharatoi am y diwrnod o'i flaen. Ei flaenoriaeth oedd astudio adroddiad y tîm fforensig, a dysgu mwy am bob aelod o'r teulu Puw.

Roedd o'n falch o weld bod y tîm yn aros amdano yn ystafell yr ymchwiliad. Ar un wal, gyferbyn â'r ffenest fawr a'r balconi, gosodwyd rhes o luniau, rhai o'r darnau hynny o gorff Mel Puw oedd wedi dod i'r fei, ac eraill yn dangos y bobol oedd yn gysylltiedig â'r ymchwiliad.

'Bore da bòs,' meddai Eifiona'n ysgafn. 'Ti'n hoffi'r oriel?'

'Well gen i weld mwy o wynebau a llai o gnawd, dweud y gwir, lodes. Be am i ni gadw'r lluniau o ddarnau'r corff mewn rhyw ffolder yn rhywle? Dwi ddim isie codi gormod o fraw ar y tystion fyddwn ni'n eu cyfweld yma... a beryg y bydda i'n methu bwyta fy mrechdan bacwn.'

'Ro'n i'n meddwl y byddai'r delweddau 'na'n rhoi ffocws i ni, ein helpu ni i ganolbwyntio ar ein gwaith.'

Roedd agwedd Eifiona yn sicr wedi newid ers y diwrnod cynt, meddyliodd Daf.

'Does dim rhaid i ti chwilio am unrhyw beth i dy helpu i ganolbwyntio – mi wna i hynny.'

'Mae o'n deyrn go iawn, Eifiona,' ategodd Toscano, gan godi'i ben o'i liniadur. 'Mae o'n dod drosodd mor neis ond duwcs, mae o'n disgwyl gwaith caled.'

'Dyma i ti amserlen ar gyfer y tystion, bòs,' dywedodd Roderick gan gynnig darn o bapur iddo. ''Den ni'n disgwyl Jane Jenkins yma mewn deng munud.'

'Oes paned i'w chael?'

'Daeth dy fusus i mewn ryw hanner awr yn ôl, efo bocs mawr – mae 'na goffi iawn a cafetiére ynddo fo.'

'Rho'r tegell ar y tân felly, còg. Bydd Jane yn haeddu paned dda ar ôl dod i mewn mor gynnar ar ddiwrnod o wyliau.'

Pwysodd Daf ar ganllaw'r balconi yn gwylio'r prysurdeb oddi tano. Roedd hi'n dal yn rhy gynnar i'r rhan fwyaf o ymwelwyr – pobol yn carlamu'n wyllt i'w gwaith oedd y mwyafrif. Gwelodd Daf ddyn ifanc mewn siwt frethyn ffurfiol yn cerdded heibio, a gwenodd. Cai Evans oedd o, a theimlai Daf fel tad balch o ystyried sut roedd o wedi trawsnewid ei fywyd. Pan gyfarfu'r ddau gyntaf roedd Cai yn ddigartref a'i fywyd ar chwâl, ond bellach roedd yn gyfreithiwr dan hyfforddiant ar ôl i gyfaill i Daf, Haf Wynne, ei gymryd dan ei hadain.

'Chwarae teg i ti, fachgen,' meddai Daf wrtho'i hun, gan obeithio y byddai'n taro arno cyn diwedd y Sioe er mwyn clywed ei hanes.

Yr wyneb cyfarwydd nesaf i Daf ei weld oedd John Neuadd, ac ar ôl i John weld Daf, trodd ar ei sawdl a brasgamu i fyny i ystafell yr ymchwiliad heb na gwahoddiad na chaniatâd.

'Welest ti'r llipryn ar y newyddion neithiwr?' gofynnodd, heb gyfarchiad. 'Roedd angen ymateb y Llywydd i'r creisis ond doedd Tom ddim yn gallu ffurfio hanner brawddeg gall i dawelu meddyliau pobol. Fysen i ddim yn synnu petai'r cyhoedd yn cadw draw ar ôl ei lanast o. Rhaid i ti gynnal cynhadledd i'r wasg, Dafydd, i ddweud wrth bawb nad oes rheswm i neb boeni am ddod i'r Sioe.'

'Tri pheth, John. Weles i ddim ar y teledu neithiwr.'

'Ddim hyd yn oed pigion y Sioe?'

'Does gen i ddim teledu, John. Dwi'n aros ar Fryn y Ceffylau mewn pabell. A hyd yn oed petai gen i un, does gen i ddim amser i'w wylio a finne yng nghanol ymchwiliad mor gymhleth. A dyna i ti'r ail beth – alla i ddim rhoi cysur gwag i'r cyhoedd. Y gwir ydi bod rhywun o gwmpas y lle sydd wedi datgymalu corff ac, yn ddigon posib, wedi lladd. A'r trydydd peth – nid fi sy'n gorfod delio efo'r wasg, a diolch i Dduw am hynny.'

Oedodd John am eiliad. 'Dwi'n synnu atat ti, Dafydd, wir. Sir Drefaldwyn ydi'r Sir Nawdd. Mae hyn yn beth mawr.'

'Does dim rhaid i ti fy atgoffa i o hynny.'

'Ond rŵan mae 'na greisis, ac mae'r Llywydd yn gystal iws â chath fenthyg. Rhaid i ti wneud neu ddweud rwbeth, i achub ein Sioe.'

'Os wyt ti'n meddwl y gall Tom wneud mwy yn rhinwedd ei statws fel Llywydd, cer i siarad efo fo. Dwi'n disgwyl tyst unrhyw eiliad ac mae'n rhaid i mi fwrw mlaen efo'r ymchwiliad.'

'Sut alla i ddweud wrth Tom 'mod i'n meddwl ei fod o'n gwneud job wael? Fyse hynny'n hynod o anghwrtais.'

'Ond os mai dyna ti'n feddwl...'

Roedd meddwl John yn bell wrth iddo droi i adael, a bu bron iddo gerdded yn syth i mewn i'r Arolygydd Jane Jenkins.

'Wedi dod i dy berswadio di i arestio Tom Francis am fod yn Llywydd crap oedd o?' gofynnodd wrth gyfarch Daf.

'Dwi ddim wedi dy dynnu di mewn a tithe ar dy wylie er mwyn trafod strancs John Neuadd, Jane,' atebodd Daf, ac eisteddodd y ddau i lawr.

Gwisgai Jane ffrog hafaidd a chrys chwys Cymdeithas Defaid Lleyn drosti. Ffermwr oedd gŵr Jane, a'i mab yn aelod selog o'r CFfI; ac er ei bod hi wastad yn dweud bod yn well ganddi ddal troseddwyr na gwneud cinio i'r cneifwyr, roedd hi'n mwynhau ei hwythnos yn y Sioe cystal â neb.

'Dwi'n reit falch o gael gadael y garafán cyn gorfod gwneud brecwast iddyn nhw – mi gân nhw sortio'u hunain allan am unwaith. Ond wedi dweud hynny mae Tomi'n cystadlu toc ar ôl deg a dwi ddim am golli hynny.'

'Be mae o'n wneud?'

'Barnu stoc. Mae ganddo lygad dda, fel ei dad.'

'Hmm. Rŵan 'te, ti'n lodes o Ddyffryn Dyfi er dy fod di wedi dianc i Aber i weithio. Pwy ydi pobol Glanrhedyn?'

'Dwi'n synnu atat ti, Daf, wir. Alla i ddim coelio nad wyt ti'n eu nabod nhw. Pobol fawr oedd y teulu Arthur, bron yn fonheddwyr, yn cadw ceffylau ac anfon eu plant i ryw ysgol ddrud. Roedd Nain yn gweithio ar y stad fel morwyn, a phan briododd hi Taid, mi gawson nhw set gyfan o ddodrefn gan y teulu'n anrheg: bwrdd a phedair cadair, cwpwrdd *drop down*, stof fech Calor Gas, gwely pres... bob dim, gan gynnwys llun mewn ffrâm bren o deulu Glanrhedyn o flaen y ffermdy, oedd yn cael ei arddangos ar y pentan.'

'Wyddwn i ddim dy fod di mor gyfarwydd â nhw.'

'Petai Nain wedi cystadlu ar *Mastermind*, teulu Glanrhedyn fyddai ei phwnc arbenigol hi. Roedd hi wastad yn fy nghymharu i â "Miss Grug". "Biti nad wyt ti mor ddel â Miss Grug" oedd hi'n arfer ddweud. "Biti fod dy lais di mor arw, fel rhyw gigfran yn crawcian, nid yn swynol fel un Miss Grug." Ro'n i mor falch pan gwympodd hi allan o'r ras, myn uffern i!'

'Wel, dim ond dweud y gwir oedd dy nain, Jane – mae hi'n llawer delach na ti.'

'Ti a dy dafod arian, Dafis. Efallai nad fi oedd tywysoges Glannau Dyfi, ond o leia ches i ddim priodas glec yn ddeunaw oed.'

'Gwir.'

'Torrodd calon yr hen Mistar Arthur, pan welodd o Mel Puw yn cerdded at yr allor efo Miss Grug a hithe mewn ffrog sidan lac. Gafodd o harten yn fuan wedyn.'

'Wyt ti erioed wedi clywed rhyw stori am gannwyll corff?'

'Faint o amser sy gen ti, Daf? Pobol sbesial oedd yr Arthurs, chwedl Nain. Doedden nhw ddim jest yn marw fel pawb arall, o na. Roedden nhw'n cael rhybudd, er mwyn iddyn nhw gael paratoi, rhoi trefn ar eu holl eiddo... a'u heneidiau. Os oedd un o'r Arthurs yn gweld golau bach gwyrdd yn dawnsio uwch ei ben yn y tywyllwch, mi fyddai'n farw ymhen y flwyddyn.'

'Oedd y teulu'n credu'r lol yna?'

'Oedden. Wn i ddim am Miss Grug, achos tydi hi ddim yn ofergoelus fel arall, ond roedd ei thad, yn sicr. Gwelodd hwnnw'r gannwyll corff ryw chwe mis ar ôl y briodas, wrth iddo gerdded yn ôl o'r eglwys un noson. Doedd o ddim yn cael gyrru car ar ôl cael y trawiad, a doedd o ddim yn fodlon gofyn am lifft gan Mel. Roedd Grug yn brysur efo'r babi bach gwan gafodd hi, felly cerddodd yr hen foi adre, a dyna pryd y gwelodd y gannwyll corff.'

'Felly roedd o wedi cael un pwl o salwch cyn hynny?'

'Oedd, felly doedd yr ail un ddim yn annisgwyl. Ar ôl y noson honno mi ddechreuodd o baratoi, gwerthu rhai o'i *stocks* a *shares*, twtio'i ewyllys ac ati.'

'A be oedd yn yr ewyllys?'

'Pob dim yn mynd i Grug, wrth gwrs. Unig blentyn oedd hi, fel ei thad o'i blaen. Yn ôl Nain mi wnaethon nhw feddwl gormod am y stad, am gadw bob dim yn saff mewn un darn, felly cortyn bach tenau oedd yr holl etifeddiaeth. Roedd Mr Arthur yn hen ddyn pan gafodd Grug ei geni, er ei fod o a'i wraig yn briod ers ugain mlynedd.'

'Ac un mab gafodd Grug hefyd?'

'Nid ei dewis hi oedd hynny, yn ôl y sôn. Ar ôl cael ei draed o dan fwrdd Glanrhedyn, aeth Mel ddim yn agos ati wedyn.'

'Felly wnaeth neb synnu pan gawson nhw ysgariad?'

'Neb wedi synnu? Honna oedd sgandal fwya'r ardal erioed!'

'Ond os oedd yn amlwg i bawb nad oedden nhw'n agos...?'

'Yn bersonol, dwi ddim yn meddwl i Grug a Mel erioed fod yn agos. Slebog ydi Mel a rhywsut, llwyddodd o i'w pherswadio i fynd efo fo. Wedyn, pan oedd hi'n feichiog, roedd yn rhaid iddyn nhw ei derbyn. Mel Puw, o bawb.'

'Dwi 'di cael clywed gan Rhydian pa mor wahanol oedd y ddau deulu.'

'Cipar oedd tad Nain. Roedd yn gas ganddo fo'r Puws – potsiars oedden nhw a llawer gwaeth na hynny. Nid oedd 'run ceffyl mewn stabl, 'run ffowlyn yn gori na 'run ferch yn cerdded adre yn ddiogel rhag eu crafangau budron nhw. Baw isa'r domen oedden nhw.'

'Ond eto, wnaeth y teulu mawr ganiatáu iddyn nhw aros yno?'

'Ar ôl y Rhyfel Mawr roedd pobol yn garedig efo cyn-filwyr, cofia. Er, mae'n ddigon posib fod hen daid Mel yn twyllo pawb. Clywodd Nain wedyn nad oedd y cnaf wedi bod yn agos i'r ffosydd.'

'Dwi'n gwybod 'mod i wedi gofyn am gefndir y teulu, ond does neb yn lladd dyn oherwydd be wnaeth ei hen daid yn y Rhyfel Byd Cyntaf, Jane. 'Nôl at yr ysgariad.'

'Wnaeth neb synnu eu bod nhw wedi gwahanu. Ond beth synnodd pawb oedd bod Grug wedi cerdded o Glanrhedyn heb geiniog, heb hances o dir a heb 'run o'i cheffylau. Roedd 'na sôn bod gorchymyn llys yn ei herbyn. Dwi ddim yn gwybod y manylion ond roedd y giât ar waelod yr wtra wedi'i chloi pan ddaeth hi adre un diwrnod.'

'Gorchymyn llys? Fel arfer, dim ond os oes tystiolaeth o drais maen nhw'n rhoi'r rheiny...'

'Wn i ddim. Gan griw Mach oedd y gwaith papur, mae'n siŵr. Bydd y manylion gan Lys y Goron.'

'Ond chlywest ti ddim am drais o fewn y briodas?'

'Dim siw na miw. Ac alla i ddim dychmygu Miss Grug yn dyrnu neb, ond pwy a ŵyr.'

'Felly mae'n wir fod Grug wedi colli bob dim i Mel. Mae hynny'n rheswm da iawn i'w lofruddio, fysen i'n dweud.'

'Hen hanes ydi hynny bellach. Mae Grug wedi symud ymlaen, a Mel hefyd.'

'Oedd ganddo fo bartner?'
'Na, neb wnaeth bara.'
'Ac yn Glanrhedyn roedd o'n byw?'
'Na, mi symudodd oddi yno ryw bump i chwe blynedd yn ôl. Roedd pethau'n go anodd iddo fo yn Glanrhedyn heb Miss Grug.'
'Sut hynny?'
'Er nad oes neb yn gwybod y gwir, roedd pawb yn teimlo'i fod o'n warthus bod Grug Arthur wedi cael ei gwahardd o Glanrhedyn. Roedd pawb yn ei foicotio fo.'
'Boicotio?'
'Ie. Neb yn prynu ganddo na gwerthu iddo, neb yn fodlon gweithio yno, waeth faint o gyflog roedd o'n gynnig... ac wrth gwrs, doedd neb yn siarad na chymdeithasu efo fo. Am gyfnod roedd sawl merch o ffwrdd yn gweithio yno, ond doedd neb yn fodlon aros yn hir. Mae 'na ryw ddihareb Saesneg, os dwi'n cofio'n iawn, sy'n dweud mai'r unig beth gwaeth na pheidio cael dy ddymuniad ydi ei gael o.'
'Felly ti'n dweud wrtha i bod Mel wedi cynllwynio i gael Glanrhedyn?'
'Cael y ceffyle i ddechre, ond wedyn sylweddolodd o pa mor ddrud oedden nhw i'w cadw. Cronfa ariannol i'r fridfa oedd y fferm iddo fo, yn ôl y sôn, ac ymhen cwpwl o flynyddoedd doedd o ddim yn gallu ymdopi. Rhoddodd y lle ar y farchnad ond doedd neb lleol yn fodlon taro bargen efo fo. Yn y pen draw, gwerthodd Glanrhedyn i ryw foi dierth, oedd â phocedi dwfn a syniadau mawr.'
'A be oedd hanes y mab, Rhydian, yn hyn i gyd?'
'Aeth o i ffwrdd i rywle fel prentis joci, ond ddaeth o'n ôl efo cryd y cymalau difrifol. Doedd o ddim yn fodlon byw efo'i dad na dilyn ei fam, felly rhentiodd fflat yn Pennal a gweithio fel labrwr. Wedyn, pan ddaeth cynlluniau perchennog newydd Glanrhedyn i'r amlwg, gollodd Rhydian y plot yn lân.'
'Pam hynny?'
'Wn i 'mo'r hanes i gyd ond roedd cryn dipyn o drafod yn yr ardal ynglŷn ag ailwylltio.'

'Bryd hynny gafodd Rhydian ei arestio? Mi glywais am ryw ddigwyddiad mewn cartref henoed. Gweithio fel gofalwr oedd o?'

Chwarddodd Jane. 'Ti 'di cwrdd â fo? Alla i ddim meddwl am neb fyse'n llai tebygol o gael ei gyflogi fel gofalwr na Rhydian. Còg bach chwerw ydi o, wastad wedi bod. Na, yno yn ymweld oedd o, ac mi ddechreuodd ddyrnu un o'r preswylwyr. Yn y pen draw doedd neb yn fodlon rhoi tystiolaeth yn ei erbyn, hyd yn oed y dioddefwr.'

'A be ydi ei hanes o erbyn hyn?'

'Ti 'di cwrdd â fo? Os do, gwrddest ti â Pow hefyd. Maen nhw fel dau gysgod.'

'Do, a dwi'n dallt y sefyllfa rhyngddo fo a Pow, ond be ydi gwaith Rhydian?'

'Ffermio Glanrhedyn, efo Pow.'

'Sori am fod yn dwp, lodes. Ddwedest ti fod rhywun o bell wedi prynu Glanrhedyn er mwyn ailwylltio'r lle?'

'Pow brynodd y lle, a thalu arian parod amdano, medden nhw. Wedyn y dechreuodd y broses o ailwylltio, ond roedd dipyn o wrthwynebiad gan y cymdogion a'r bobol leol. A doedd neb yn fwy ffyrnig yn erbyn y newidiadau na Rhydian – roedd o'n dal i feddwl bod ganddo hawl i ddweud beth oedd yn digwydd yno. Ond, a does neb yn gwybod sut na phryd na pham, syrthiodd Pow a Rhydian mewn cariad a symudodd Rhydian yn ôl i Lanrhedyn. A dweud y gwir, mae trefn y lle erbyn hyn yn debyg iawn i sut roedd hi yng nghyfnod taid Rhydian. Ydi, mae'r lle wedi troi'n organig ac mae ganddyn nhw baneli solar ar bob to, ond mae'r haelioni'n ôl, mae'r drws wastad ar agor i'r cymdogion, a... wel, wn i ddim sut i ddisgrifio'r peth yn iawn, ond mae 'na chydig o steil wedi dod yn ôl. Maen nhw'n cynnig eu ceffylau i'r CFfI ar gyfer ymarfer barnu stoc – doedd Mel byth yn croesawu neb yno. Y gwir ydi bod Glanrhedyn yn ôl yn y dwylo iawn.'

'Felly Pow sy biau Glanrhedyn erbyn hyn?'

'*Nhw* sy biau'r lle. Maen nhw wedi priodi ac yn rhannu bob dim.'

'A... does neb yn dweud gair am y ffaith mai cwpl hoyw ydyn nhw?'

'Dwi'm yn gwybod sut mae pethe draw yn Llanfair Caereinion ond dydi pobol Dyffryn Dyfi ddim yn byw yn oes yr arth a'r blaidd.'

'Digon teg, ond pobol geidwadol ydi ffermwyr, yn fy mhrofiad i.'

'Ie, a dyna'n union pam maen nhw wrth eu boddau yn gweld un o'r Arthuriaid yn ôl wrth y llyw. Ac wrth sôn am farnu stoc, mae'n rhaid i mi fynd.'

'Diolch o galon am ddod yma mor gynnar, Jane.'

'Unrhyw dro, ond gwna'n siŵr dy fod ti'n cael shêf cyn i mi ddod tro nesa. Mae 'na olwg fel mochyn daear arnat ti efo'r blewiach du a gwyn 'na.'

Fel arfer fyddai Daf dim yn cymryd sylw o eiriau sarhaus Jane, ond ar ôl iddi fynd sleifiodd â'i offer eillio i mewn i'r tŷ bach yng nghefn ystafell yr ymchwiliad. Nid tasg hawdd oedd balansio'r drych bach uwchben y basn ond llwyddodd rywsut rywsut i gael gwared â'r blew. Camodd yn ôl allan i'r ystafell fawr yn teimlo chydig yn fwy hyderus a phroffesiynol.

Nid oedd golwg broffesiynol o gwbl ar wyneb y dyn oedd yn aros amdano. Roedd Rhys Bowen yn edrych o'i gwmpas yn wyllt i bob cyfeiriad fel petai'n disgwyl i rywun neidio allan ac ymosod arno. Roedd amlen fawr frown yn ei law.

'Bore da, Rhys. Sut hwyl gest ti efo'r hen Nick Nocker, dwêd?'

'O, iawn,' atebodd y cigydd, wedi drysu'n lan. 'Un da ydi Rhodri, mi wnaeth o werthu iddo fo fel y boi. Fydd bonws go *handsome* yn ei becyn tâl ddydd Iau.'

'Falch o glywed. Ai gweddill y llythyrau atgas sy gen ti fan hyn?'

'Ie – ddaethon nhw lawr efo'r deliferi o'r ffatri dros nos.'

'Diolch yn fawr.'

'Dwi ddim wedi dweud gair wrth Daisy... mae hi'n meddwl mai bod yn ofalus ydw i oherwydd mai ar ein stondin ni y cafodd y... pethe... eu darganfod.'

'Dy benderfyniad di ydi hynny.'

Pwysodd Bowen ar y bwrdd fel petai'n methu sefyll heb gymorth.

'Pa mor chwil o'n i ddoe, Daf?' gofynnodd mewn llais isel.

'Dim ond am bum munud weles i ti, ond roedd yn amlwg dy fod di wedi ciniawa'n dda iawn.'

'Glywest ti unrhyw... sgwrs benodol rhyngdda i a'r Tal yna? Yr Ambassador?'

'Na, pam?'

'Wel, ddaeth o draw heddiw bore, am bump o'r gloch, yn dweud 'mod i wedi ei wahodd. Roedden ni'n dal yn y gwely, Dais a finne, ond daeth yn syth i mewn a thynnu'r dŵfe...'

'Plis, yn enw rheswm, Rhys, os wyt ti a Daisy wedi cael *threesome* efo'r Llysgennad, paid â rhoi'r manylion i mi...'

Chwarddodd Bowen, ond sŵn bach gwan oedd o o'i gymharu â'r ffrwydrad arferol.

'Na, na, nid felly oedd hi. Yn ôl be dwi'n ddeall, mi gytunais ddoe i gyflogi'r blydi còg fel hyfforddwr personol.'

'Hyfforddwr ffitrwydd ti'n feddwl?' gofynnodd Daf, gan wneud ymdrech fawr i rwystro'r chwerthiniad oedd yn corddi yn ei fol.

'Ie. Mi oedd y bastard bech plagus yn wafio rhyw ddarn o bapur o dan fy nhrwyn, ac mi lofnodais y blydi peth. Mae o'n cynnig "sesiynau un i un" efo fi bob bore'r Sioe a thair gwaith yr wythnos wedyn. A dwi 'di cytuno i dalu crocbris iddo fo, a chostau teithio bob cam draw o Ddyffryn Dyfi.'

'O diar mi, Rhys.'

'Ac mae Daisy wrth ei bodd. Nid, fel y dwedodd hi, bod ganddi unrhyw reswm i gwyno am fy mherfformiad, fel petai, fel arall mae hi, dweud y gwir. Mae hi'n fodlon tu hwnt efo...'

'Dim manylion, *plis!*' ebychodd Daf.

'...ond mae hi'n poeni am fy iechyd, yn gyffredinol. Ac mae hi'n iawn, Daf – dwi'n dad hŷn a dwi ddim isie'i gadael hi'n weddw ifanc gyfoethog i gael sbri a finne'n sownd yn fy medd.'

'Digon teg.'

'Ond mae'r bedd yn blydi apelgar o'i gymharu â sesiwn efo'r

sadist yna. Dwi bron yn methu cerdded, ac roedd yn rhaid i mi gael glasied o frandi yn syth o'r gawod i fagu digon o nerth i wisgo. Mae o wedi fy lladd i, a dwi 'di cytuno i sesiwn debyg bob bore!'

'Be os ti'n gwrthod?'

'Wyt ti erioed wedi clywed am rywun yn llwyddo i ddweud "na" wrth y bastard? Mae o wedi cael ei sbwylio'n rhacs gan ei nain, dyna i ti'r broblem, ac mae hithe'n hen ast benstiff hefyd.' Safodd Rhys i fyny ac roedd yr ymdrech i sythu ei gefn yn amlwg. 'Mae o wedi cymryd mantais arna i tra o'n i wedi meddwi'n rhacs. Dydi hynny ddim yn gyfreithlon, debyg?'

'Ti erioed isie i mi arestio Tal am berswadio dyn meddw gaib i lofnodi cytundeb efo hyfforddwr personol?'

'Oes siawns i ti wneud?'

'Dim ffiars o beryg. A phwy a ŵyr, Rhys, efallai y gwnaiff y sesiynau efo Tal fyd o les i ti.'

'Ydw i'n edrych fel bod y ffycin busnes yn llesol i mi? Fydda i mewn cadair olwyn cyn diwedd yr wythnos, dwi'n dweud wrthat ti. Rhaid i mi fynd – brecwast efo Hybu Cig Cymru.'

Wrth orffen ei frawddeg, siglodd Bowen ar draws yr ystafell gan bwyso ar gefn pob cadair ar y ffordd i'r drws, a griddfan wrth fynd.

'Arhosa di am eiliad, Rhys. Oeddet ti'n nabod Mel Puw o gwbl?'

'Dim llawer. Ffermwr sâl oedd o, a fynte wedi etifeddu llinell wartheg heb ei hail draw yng Nglanrhedyn. Gwartheg Duon, wrth gwrs, ond roedd yno hanes cry' efo rhai croes hefyd.'

'Glywest ti hanes y boicot?'

'Wrth gwrs. Ond a dweud y gwir doedd dim llawer o demtasiwn i neb ei dorri – doedd Puw ddim yn rhoi rhech am y stoc, heblaw'r ceffyle, ac ar ôl i Grug adael doedd dim byd gwerth ei brynu yno. Gwranda, rhaid i mi fynd. Ac os alli di ddarganfod pwy oedd y catffwl ddanfonodd y nonsens 'na i mi, mi fydda i'n hynod o ddiolchgar.'

Chwifiodd Bowen ei law i gyfeiriad yr amlen ar y bwrdd cyn

baglu i lawr y staer. Agorodd Daf yr amlen. Roedd o ar fin tynnu'r dogfennau ohoni, ond rhoddodd hi i Eifiona yn lle hynny.

'Llythyrau gwenwynllyd sy gennyn ni fan hyn,' esboniodd, 'i Rhys Bowen. Efallai nad oes cysylltiad efo Mel Puw o gwbl, ond ar stondin Bowen ddaeth y darnau cyntaf o'i gorff i'r golwg, wedi'r cwbwl.'

'Oes angen eu profi am olion bysedd, bòs?'

'Bendant, a bydd raid i rywun fynd i gael samplau o rai Bowen achos fo sydd wedi agor y rhain i gyd. Faint sydd 'na?'

'Rhyw ddwsin.'

Gan wisgo menig plastig tenau, gosododd Eifiona y dogfennau ar y bwrdd.

'Ar yr olwg gyntaf, does dim byd yn arbennig am y rhain, bòs,' meddai, 'heblaw'r ffaith eu bod nhw i gyd wedi'u cyfeirio at y *Chunky Monkey*.'

'Paid â thanbrisio Rhys Bowen,' atebodd Daf efo gwên, 'mae sawl merch yn meddwl y byd ohono. Ac efallai fod pwysau ei waled yn bwysicach na maint ei felt?'

'Digon gwir. Mae'n amlwg bod y negeseuon wedi'u creu gan rywun obsesiynol... ac mae'n hawdd datblygu obsesiwn efo miliwnydd.'

Yn brydlon am naw o'r gloch, cyrhaeddodd Jaxx efo'r frechdan bacwn.

'Tinc yn iawn?' gofynnodd Daf iddo.

'Mae hi 'di cael ei thwtio gan un o'r teulu Kell, felly mae hi'n *tip top*.'

'Wyt ti'n mynd i wylio'r dosbarth?'

'Ydw.'

'Atgoffa nhw i yrru'r canlyniad yn syth draw i mi, wnei di?'

'Ocê, Mr Dafis.' Ategodd, mewn llais isel, 'Ai *gavvers* ydi'r rhein i gyd? Hyd yn oed y ferch?'

'Swyddogion Heddlu Dyfed Powys, ie.'

Rhegodd Jaxx o dan ei wynt a rhuthrodd i ffwrdd, fel petai rhywbeth wedi ei ddychryn.

'Mae gen ti chwarter awr tan dy apwyntiad nesa, bòs,' dywedodd Roderick. 'Oes digon o amser i mi roi SitRep bach sydyn i ti am y Sioe yn gyffredinol, rhag ofn bod 'na gysylltiad efo'r ymchwiliad?'

'Wrth gwrs, ond cyfrifoldeb Granville ydi hynny.'

'Dwi'n deall yn iawn, bòs, ond gan ei fod o'n gymaint o ddiogyn, mae'n anodd ei berswadio fo i wneud unrhyw beth.'

Rhestr o ddigwyddiadau hollol arferol oedd gan Roderick: sawl ffrae yn y Members, cwyn yn erbyn ffermwr a ddefnyddiodd beipen blastig i guro tarw styfnig, darganfod ac atafael pedwar pecyn bach o gocên a rhybudd fod person oedd â SHPO yn eu herbyn yn debygol o fynychu'r Sioe yn nes ymlaen yn yr wythnos.

'Be ydi SHPO, bòs?'

'Mi wnaeth Tony Blair sawl beth twp, yn cynnwys Rhyfel Irac, ond un o'r pethe mwyaf twp oedd y rheolau SHPO. Does bron neb y dyddie yma yn eu creu nhw, achos gorchymyn amhosib i'w orfodi ydi'r Sexual Harm Prevention Order.'

'Daeth dynes i mewn i orsaf Llanfair-ym-Muallt efo gwybodaeth ynglŷn â rhywun oedd, o bosib, yn bwriadu torri'r gorchymyn.'

'Does dim cysylltiad rhwng hynny â'n hachos ni, dwi'n bendant. Gad i'r tîm lleol boeni am y broblem honno, iawn? Rŵan, rho'r tegell ymlaen – bydd y tyst nesa angen dipyn o goffi cryf, dwi'n meddwl.'

Pennod 9

Roedd y tyst nesaf wedi'i wisgo'n ffurfiol ar gyfer dydd Mawrth ei Sioe, mewn siwt lwyd a het wellt. Anodd oedd siarad efo Llysgennad y Sioe heb feddwl am Rhys Bowen a'i *regime* newydd, ond ceisiodd Daf ei orau.

'Wn i ddim pam wyt ti isie siarad efo fi,' mynnodd Tal, 'ond roedd y cwnstabl yn mynnu.'

'Wel,' esboniodd Toscano, 'mi gofiais i fod rhywun wedi sôn mai aelod o deulu Maes y Machlud oedd y Llysgennad – y cartref henoed lle cafodd Rhydian Puw ei arestio.'

'Yn anffodus, mae popeth sy'n digwydd ym Maes y Machlud yn hollol gyfrinachol,' atebodd Tal, gan wneud ymdrech i swnio fel petai o wedi diflasu. Torrodd wynt yn uchel.

'Còg, dwi'n sylweddoli dy fod di'n diodde o ben mawr ond dwi'n ymchwilio i lofruddiaeth,' meddai Daf. 'Dwyt ti ddim isie i dy wythnos fawr gael ei sbwylio – a dyna fydd yn digwydd os bydd raid i mi gau'r Sioe.'

'Alli di ddim cau'r Sioe!'

'Un alwad ffôn, dyna'r cwbwl sydd angen. Ond dwi ddim isie torri ar draws hwyl neb, felly mae'n rhaid i mi gael atebion i fy nghwestiynau.'

'Mae gen i dderbyniad brecwast efo'r Fyddin mewn chwarter awr...'

'Well i ti ateb y cwestiynau yn reit handi, felly.'

Llithrodd y dyn ifanc i lawr yn ei gadair.

'Toscano, cer i nôl potel fawr o Coca-Cola a rhwbeth melys i Tal.'

'Dwi ddim angen dim byd, diolch,' atebodd y dyn ifanc, fel petai Daf wedi ei sarhau wrth gyfeirio at ei ben mawr amlwg. 'Dwi 'di bod wrthi'n gweithio ers pump.'

'Does dim byd yn anghyffredin ynglŷn â theimlo braidd yn

fregus ben bore wythnos y Sioe. Doeddwn i ddim yn rhy glefar fy hun ddoe.'

'Na finne chwaith,' ategodd Eifiona gyda gwên. 'Be am baned o goffi?'

'Awn ni allan i'r awyr iach, Tal – mi wnaiff hynny fyd o les i ti.'

Roedd Daf yn llygad ei le. Ddeng munud yn ddiweddarach, ar ôl yfed bob yn ail o'r botel Coca-Cola a'r gwpan goffi a bwyta toesen, daeth y lliw yn ôl yn ara deg i fochau Tal. Ceisiodd Daf ddyfalu sut roedd y llanc wedi llwyddo i gynnal sesiwn ymarfer corff efo Rhys Bowen bedair awr ynghynt, a daeth i'r casgliad fod Tal yn dal yn feddw bryd hynny.

'Sut wyt ti'n mwynhau dy rôl, Tal? Dipyn i'w wneud, dwi'n tybio?'

'Oes, yn bendant, ond mae llawer iawn o hwyl hefyd. Dymuniad fy nain oedd gweld aelod o'i theulu'n serennu yn y Sioe. Mae Nain wastad wedi bod yn sobor o dda efo fi, felly mi roeson ni fy enw mlaen.'

'Ac ydi dy nain wedi'i phlesio rŵan?'

'Wrth ei bodd. Gawson ni diwrnod i'r brenin ddoe.'

'Mi welais i.'

'Tydi Nain ddim wedi cael bywyd hawdd, wyddost ti. Roedd hi'n weddw yn ddeg ar hugain oed, a magodd dri mab ac adeiladu busnes ar gyfer pob un. Fferm Taid oedd Pantygwynt – lle bychan, tlawd oedd o a hi sydd wedi datblygu'r lle. Hi ddewisodd fridio Gwartheg Duon, hi ddatblygodd faes carafanau Hafan Coed a throi hen blasty yn gartref preswyl. Wncwl Marc sy 'di cael Pantygwynt, Wncwl Sam gafodd Hafan Coed a Dad sy'n rhedeg Maes y Machlud. Ond Nain sy'n dal yn berchen ar bob dim.'

'Mae hi'n swnio fel dynes a hanner.'

'Ydi, mae hi wir yn gorwynt, ac o feddwl am bob dim mae hi wedi'i roi i ni... wel, roedd hi'n werth gwneud yr ymdrech i ennill y rôl yma. Mi aberthodd hi gymaint er ein mwyn ni, a ddylen ninnau wneud ein gorau iddi hi.'

Roedd llais Tal yn llawn parch tuag at ei nain ond doedd dim cynhesrwydd ynddo. Roedd fel petai elfen o ofn yn y berthynas rhyngddynt.

'Dy dad sy'n rhedeg Maes y Machlud, ie?'

'Ie, fo sy'n rheoli'r busnes cyfan. Erbyn hyn, mae gan y cwmni saith o gartrefi gofal i gyd, o Aberaeron fyny i Ddinbych.'

'Ac wyt ti'n gweithio i'r cwmni?'

'Ydw. Fi ydi Rheolwr y Safle ym Maes y Machlud. Yn y pen draw mi fydda i'n Gyfarwyddwr Marchnata, ond does neb yn cael ymuno â'r Bwrdd nes iddyn nhw gael digon o brofiad yn y busnes. Ac er 'mod i'n ceisio datblygu fy musnes ffitrwydd ar yr un pryd, Maes y Machlud sy'n talu'r biliau.'

'Ai ti oedd yn rheoli'r lle pan gafodd Rhydian Puw ei arestio?'

'Ie. Dwi'n cofio'r diwrnod yn iawn.'

'Alli di fynd drwy bob dim i mi, os gweli di'n dda?'

'Ar yr amod... bod popeth yn gyfrinachol.'

'Wrth gwrs, ond os wyt ti'n datgelu rhywbeth sy'n berthnasol i'r ymchwiliad, bydd yn rhaid i mi ddefnyddio'r wybodaeth honno.'

'Dwi ddim yn gweld unrhyw gysylltiad rhwng Maes y Machlud a'r achos.'

'Y teulu Puw ydi'r cysylltiad. Dwêd wrtha i be ddigwyddodd cyn i Rhydian Puw gael ei arestio.'

'Diwrnod tawel, braf ym mis Hydref oedd hi. Ar ôl cinio daeth boi o Gorris i ddiddanu pawb yn y lolfa – mae o'n canu hen ffefrynnau Cymraeg o'r chwedegau a'r saithdegau. Pan ddechreuodd Mr Smith, y gwaethaf o'r Saeson, gwyno a gofyn am ganeuon Saesneg, cododd Mr Puw ei ddwrn mawr esgyrnog a bygwth torri ei drwyn.'

'Waw! Ydi'r trigolion yn bobol dreisgar?'

'Wel, mae'r rhai sy'n diodde o Altzheimers yn gallu bod felly, ond doedd Mr Puw ddim yn un o'r rheiny.'

'Tad Mel Puw oedd o?'

'Ie. Bu farw ddwy neu dair blynedd yn ôl: harten. Do'n i ddim yn drist iawn, a dweud y gwir.'

'Pam? Oherwydd ei natur dreisgar?'

'Na. Er bod pawb yn Nyffryn Dyfi'n gwybod yn iawn sut ddyn oedd o, doedd ei ymddygiad ym Maes y Machlud ddim yn peri gofid... wel, dim llawer.'

'A be yn union mae hynny'n ei olygu?'

Llyncodd Tal friwsion olaf ei doesen a syllu dros y Prif Gylch er mwyn osgoi llygaid Daf.

'Tydi pobol ddim yn newid lot wrth iddyn nhw heneiddio, Mr Dafis, ac mae hyn yn wir am natur rywiol rhywun. Wrth gwrs, mae 'na rai, oherwydd dementia, yn datblygu patrymau ymddygiad hollol wahanol i sut roedden nhw, ymddygiad hollol amhriodol, ond nid am hynny dwi'n sôn. Un o'r heriau mwyaf ym Maes y Machlud ydi cadw rhyw fath o drefn ar y perthnasau rhwng y preswylwyr, gan gynnwys rhai rhamantus. Weithiau mae trigolion yn syrthio dros eu pen a'u clustiau mewn cariad, ac yn aml mae'r teuluoedd yn gwrthwynebu, wrth feddwl am eu hetifeddiaeth. 'Den ni wedi dathlu cwpl o briodasau dros y blynyddoedd. Ond mae ochr lai rhamantus i'r geiniog... mae 'na rai, dynion gan fwyaf, yn ceisio cymryd mantais, yn gorfforol neu'n ariannol. Un o'r rheiny oedd Mr Puw.'

'Ym mha ffordd?'

'Dyn golygus oedd o, efo arferion fflyrtlyd. Roedd sawl un o'r leidis wedi dechrau prynu anrhegion bach iddo fo: crys neis, potel o wisgi, siocled. Gysgodd o efo tair o ofalwyr – roedd yn rhaid i mi ddiswyddo un ddynes. Ond fy nain oedd ei darged o.'

'Diar mi!'

'Diar mi, wir! Cofia, hi sy biau bob dim, a does gan neb arall yn y teulu siâr yn yr holl eiddo. Felly, y peth ola ro'n i isie'i weld oedd rhamant rhwng dyn ysglyfaethus fel Puw a Nain.'

'Mae hi'n swnio fel dynes gall fyddai'n anodd ei thwyllo...'

'Ydi, ond cofia ei bod hi wedi gofalu am bobol eraill am gymaint o flynyddoedd, heb neb yn rhoi smic o sylw iddi hi. Ac roedd o'n ddyn llawn hwyl a chanmoliaeth.'

'Oedd dy nain yn ei hoffi?'

'Oedd, ond wn i ddim pa mor berthnasol ydi hynny i dy ymchwiliad.'

'Fel ddwedes i, mae popeth am y teulu'n berthnasol i farwolaeth Mel Puw. Ond gawn ni fynd yn ôl at y diwrnod pan ymosododd...'

'Iawn. Ar ôl i'r canwr adael daeth ymwelwyr y pnawn i mewn.'

'Yn cynnwys Rhydian Puw?'

'Ie.'

'Oedd o'n dod i weld ei daid yn aml?'

'Byth, tan y diwrnod hwnnw.'

'Oedd hynny'n syndod i ti?'

'Does neb yn synnu be mae'r Puws yn wneud. Fel mae'r Sais yn dweud, maen nhw'n *mad, bad and dangerous to know*. Bob un wan jac.'

'Yn cynnwys Rhydian?'

'Fo yn fwy na neb, yr hen gorrach cam. Does neb yn ei hoffi o, ac mi gollodd o bob tamaid o barch wrth symud yn ôl i Glanrhedyn fel y gwnaeth o.'

'Am be wyt ti'n sôn?'

'Maen nhw'n dweud y byse'r Arthurs yn fodlon aberthu eu plant i gadw'r stad ond doeddwn i ddim yn disgwyl i Rhydian Puw, hyd yn oed, fynd mor isel â byw fel gwraig i ddyn er mwyn cael ei dir yn ôl. Cysgu efo rhyw ffarmwr hobi! Mae'n troi arna i, wir.'

'Mae casineb ar lafar yn drosedd, Tal, a ti'n agos iawn i'r ffin. Mae gan Pow a Rhydian bob hawl i fyw fel y mynnon nhw, heb ddiodde rhagfarn gan neb.'

Chwarddodd Tal yn nerfus. 'Dwi ddim yn homoffôb, Mr Dafis, dim o gwbl. Ond dwi'n cofio mai Rhydian oedd fwyaf taer yn erbyn yr ailwylltio pan drafodwyd y peth i ddechre. Ddwedodd o'n ddigon aml y byse'n well ganddo losgi'r lle i lawr na'i weld o'n troi yn rhyw faes chwarae i gyfoethogion gwyrdd... a dyma fo, yn cysgu o dan gwilt yr ailwylltiwr.'

'Does neb yn gallu dewis pwy maen nhw'n ei garu, còg.'

'Dwi'm yn sicr. Peth rhyfedd iawn ydi dewis treulio dy fywyd efo dy elyn.'

Doedd *gaydar* Daf ddim yn ddibynadwy, ond roedd o bron yn sicr fod cenfigen yn llais chwerw Tal. Pam, tybed? Oedd o'n ffansïo Pow?

'Reit, gawn ni fynd yn ôl at y diwrnod hwnnw pan ddaeth Rhydian i mewn i weld ei daid?'

'Iawn. Ges i sioc o'i weld achos doedden nhw ddim yn agos. Roedd Mr Puw yn sarhau ei ŵyr yn aml, a wastad yn ei fychanu. "Y ratlin" oedd ei enw am Rhydian, a ddwedodd o sawl tro y byse wedi bod yn well tasen nhw wedi lluchio Rhydian pan gafodd ei eni a magu'r brych.'

Gwingodd Daf. 'Am fonheddwr!'

'Ddaeth Rhydian drwy'r drws fel corwynt a rhuthro i'r lolfa, yn anadlu'n drwm. Cododd Mr Puw ei aeliau a gwenu'n nawddoglyd ar bwy bynnag oedd yn eistedd wrth ei ochr. Ddywedodd Rhydian 'run gair, dim ond dyrnu ei daid yng nghanol ei wyneb. Ceisiodd Mr Puw godi, ond gwasgodd Rhydian ei ysgwydd i'w ddal o'n llonydd tra oedd o'n ei daro, dro ar ôl tro. Roedd pawb yn y lolfa wedi rhewi. Mi ddaliodd un o'r gofalwyr Rhydian gerfydd ei ganol a'i lusgo i ffwrdd – erbyn hynny roedd wyneb Mr Puw yn fwgwd o waed ond ddwedodd o ddim gair. Roedd yr heddlu yno mewn chwarter awr a'r ambiwlans wedyn. Aeth yr heddlu â Rhydian i ffwrdd, ac aeth ei daid yn yr ambiwlans.'

'Be oedd cyflwr yr hen ddyn?'

'Digon drwg. Doedd ei drwyn ddim wedi torri ond roedd crac yn nhwll ei lygad chwith. Cafodd bedwar pwyth yn ei wefus, ac roedd angen iddo aros ym Mronglais am wythnos. Pan ddaeth o'n ôl i Faes y Machlud roedd rhwbeth wedi newid, fel petai ei dân wedi'i ddiffodd, rywsut. Wnaeth o ddim plagio'r merched ar ôl hynny, ac er iddo wella'n gorfforol, chafodd o erioed ei hyder yn ôl.'

'Dwi'n synnu na chafodd Rhydian ei erlyn, ar ôl ymosodiad mor ddifrifol.'

'Ddwedodd Mr Puw mai jôc deuluol oedd wedi mynd dros ben llestri oedd hi. Roedd Mel Puw hefyd isie cadw'r busnes yn dawel, ac yn y pen draw, chafodd Rhydian ddim byd mwy nag asesiad seiciatryddol. Ond ro'n i'n gwybod cynt fod y còg yn wallgo.'

'Sut hynny?'

'Pan ddechreuodd y cynllun ailwylltio ar dir Glanrhedyn, ddigwyddodd sawl peth rhyfedd. Roedd Pow yn tynnu sietin i lawr, a dros nos, roedd ffens newydd yn cael ei chodi ar yr un llinell. Adeiladodd Pow argae bach i gadw mwy o ddŵr ar y dolydd; yn y bore, roedd rhywun wedi ei ddifrodi nes roedd dŵr yn llifo'n ôl i'r pant. A does neb yn gwybod beth ddigwyddodd i'r ceffyle.'

'Pa geffyle?'

'Y Koniks. Roedd Pow yn dweud faint o les allen nhw wneud i'r borfa ac ati. Roedd o wrthi'n rhoi'r bregeth i ryw giang gwyrdd yn y Skinners, a wnaeth o ddim sylwi bod Rhydian yn gwrando rownd y gornel. Yn ôl y sôn, ffrwydrodd Rhydian fel llosgfynydd, yn gweiddi bod y lle yn fwy addas i geffyle Cymreig na rhyw bethe dierth. Poerodd i wyneb Pow, gan fygwth torri ei gorn gwddw a gwneud yr un peth i bob ceffyl estron fyddai'n rhoi carn ar dir cysegredig Glanrhedyn.'

'Ond eto maen nhw'n caru erbyn hyn, Rhydian a Pow.'

'Mae pobol hynod yn tynnu at ei gilydd.'

'A be am y ceffylau?'

'Gyrhaeddon nhw ar fore Mawrth, ac roedden nhw wedi diflannu cyn y bore wedyn.'

'Diflannu?'

'Pob un. Gwerth hanner can mil medden nhw, a hyd yn oed i ddyn sy'n cachu sofrenni fel Pow, roedd hynny'n golled.'

'Ai Rhydian wnaeth eu dwyn nhw?'

'Does neb yn gwybod. Ond pwy arall allai fynd i'r gors ar dop Mynydd y Rhedyn ganol nos a dwyn deg ceffyl gwyllt? Mae rhai yn dweud bod Rhydian wedi'u lladd nhw, eu bwtsiera a boddi'r darnau yn y pyllau mawn, ond dwi ddim yn credu hynny.'

'Oes ganddo fo sgiliau bwtsiera?'

'Oes. Ar ôl iddo ddod yn ôl o'r lle ceffylau swanc 'na, mi weithiodd i Morris, yr hen gigydd, am sbel. Roddodd Morris siawns iddo fo o barch at yr hen Mr Arthur.' Roedd Tal yn amlwg yn mwynhau rhannu'r cyfrinachau. 'Ond dim ond am chydig fisoedd y bu o yno – doedd ei ddwylo ddim yn ddigon cryf i weithio yng nghefn y siop a doedd o ddim yn ddigon cwrtais i sefyll y tu ôl i'r cownter. Roedd o'n dal i ymddwyn fel sgweier ifanc.'

'I fynd yn ôl at y ceffyle 'na, be ddigwyddodd iddyn nhw?'

'Does neb yn gwybod. Yn bersonol dwi ddim yn meddwl y gallai Rhydian ladd ceffyle. Mae o'n fwy tebygol o ladd dyn na cheffyl.'

'Ydi o'n ddyn peryglus, felly?'

'Anodd dweud, ond mae o wedi etifeddu agwedd anfoesol y Puws a chof teulu ei fam. Os wyt ti'n brifo'r Arthurs, mi fyddan nhw'n talu pwyth yn ôl, hyd yn oed genedlaethau'n ddiweddarach. Ac mae o'n gryfach na fyset ti'n feddwl – mae ei salwch yn golygu bod defnyddio'i ddwylo'n boenus iddo, ond mae o'n fodlon diodde poen os oes rhaid.'

'Felly wir?' gofynnodd Daf, gan ystyried y datganiad olaf.

'Bendant. Beth bynnag, ar ôl hyn i gyd roedd Pow am gymryd camau i gadw'r stad yn saff. Doedd 'run cwmni lleol yn fodlon ei helpu gan fod pawb yn erbyn yr ailwylltio, a chwmni o Telford ddaeth yno yn y pen draw, ond roedd rhywun yn dal i lwyddo i fynd i mewn. Rhydian oedd o, ac roedd pawb yn gwybod hynny. Roedd o mor gyfarwydd â Glanrhedyn roedd yn amhosib ei gadw allan. Roedd o'n rhoi *tranquilizers* ym mwyd y cŵn a thorri weiars y camerâu. Roedd Pow ar bigau'r drain o hyd.'

'Ti 'di sôn am farn y bobol leol am yr ailwylltio ond beth oedd pawb yn feddwl o Pow, dwêd?'

'Ti 'di cwrdd â fo?'

'Do.'

'Mae'n amhosib peidio gyrru mlaen efo boi mor hoffus,

waeth pa mor wirion ydi ei syniade. Ac mewn sawl ffordd, roedd o'n debyg i hen drefn Glanrhedyn.'

'Ym mha ffordd?' gofynnodd Daf, gan gofio'i fod wedi clywed yr un peth gan Jane yn gynharach y bore hwnnw.

'Roedd y teulu Arthur yn bobol freintiedig ond roedden nhw'n credu bod gan y bonedd ddyletswydd i gefnogi achosion da'r ardal. Wnaeth Mel Puw ddim rhoi ceiniog i neb tra oedd o yng Nglanrhedyn, ac mi wrthododd roi caniatâd i gynnal sioe y pentre ar y dolydd, hyd yn oed. Mae Pow wedi croesawu'r sioe yn ôl ar yr amod bod bwyd figan yno i'w ffrindie. Dyn ecsentrig, ond hael.'

'Ond sut ddechreuodd y berthynas rhwng dau ddyn mor wahanol?'

'Mae rhai yn dweud mai ar Grindr ddechreuodd pethe, ond dwi'n rhoi mwy o ffydd yn stori'r afanc.'

'Afanc?' ailadroddodd Daf yn ddryslyd. 'Yr anifail efo cynffon a dannedd mawr?'

'Dyna ti. Yn ôl y sôn roedd gan Pow awydd eu gweld nhw'n jolihoetian yn y Ddyfi.'

'Ydi rhywun yn cael rhyddhau anifeiliaid i'r gwyllt heb ganiatâd?'

'Dyna un peth sy'n debyg iawn am Pow a Rhydian – does 'run ohonyn nhw'n rhoi rhech am reolau.'

'Felly mi wnaeth o ryddhau'r afancod...?'

'Daliodd Rhydian un mewn trap, medden nhw, a'i ladd. Wedyn, yng nghanol y nos, aeth o fyny i Lanrhedyn, yn bwriadu hoelio'r creadur i'r drws fel rhybudd. Ond roedd Pow yn disgwyl amdano fo yn y drws ffrynt efo'i twelf bôr.'

''Dech chi'n hollol rhemp, bobol Dyffryn Dyfi!'

'Dim mwy na neb arall, Mr Dafis. Mae llofruddiaeth yn dy ardal di bob blwyddyn, cofia.'

'Digon teg. Ond be ddiawl ddigwyddodd nesa?'

'Does neb yn gwybod ond nhw, ond chydig ddyddie wedyn, gadawodd Rhydian ei fflat ym Mhennal a symud 'nôl i Lanrhedyn. Yr wythnos ar ôl hynny roedden nhw'n cael swper efo'i gilydd yn y Wynnstay. Roedd Nain yn meddwl mai datganiad oedd o, er mwyn i bawb gael gwybod eu bod nhw'n "eitem" heb iddyn nhw orfod dweud gair.'

'Dynes graff ydi dy nain, yn amlwg. Mi fysen i'n gwerthfawrogi sgwrs efo hi ryw dro.'

'Mae hi'n hynod o brysur yr wythnos yma. Hi ydi Llywydd Menter Merched Cymru.'

'Jyst rho ei rhif ffôn i mi, lanc.'

'Pob lwc – os nad ydi Nain isie siarad efo ti, wnaiff hi ddim ateb. Ga' i fynd rŵan? Fel ddwedes i, mae fy nyddiadur yn llawn dop.'

'Â chroeso, còg, a diolch i ti am dy amser. Mae'n ddigon posib y bydd raid i mi siarad efo ti eto, ond 'den ni wedi gorffen am heddiw.'

Sgrialodd Tal i ffwrdd heb ddweud gair, a chyn i Daf gael eiliad i brosesu'r holl wybodaeth gafodd o o'r sgwrs, byrstiodd Eifiona drwy'r drws.

'Well i ti fynd draw i Flaengwy yn reit handi, bòs. Mae rhywbeth syfrdanol wedi dod i'r golwg yn fferm y Bounds.'

Pennod 10

Eifiona oedd yn gyrru ac wrth ei hymyl roedd Daf, yn synnu pa mor broffesiynol oedd agwedd ei gyd-weithiwr newydd y diwrnod hwnnw.

'Reit 'te, lodes, be 'den ni'n wybod hyd yma?'

'Dim llawer. Ti'n cofio ddoe, ar ôl iddyn nhw orffen efo lorri Mel Puw, mi wnaeth y SOCOs ofyn allen nhw fynd yn ôl i'r fferm? Wel, bingo, maen nhw wedi dod o hyd i fwthyn ryw filltir o'r ffermdy, i fyny yn y bryniau.'

'Oes rhywun yn byw yno?'

'Dim yn ôl Nel Bound, ond mae'n amlwg bod rhywun wedi bod yno'n ddiweddar. Roedd sawl bocs têc-awê yno.'

'Tŷ haf ydi o?'

'Mwy fel adfail, dweud y gwir. Ond roedd rhywbeth difyr o dan garreg yr aelwyd.'

Roedd Eifiona wedi gofyn am gerbyd 4x4 ac roedd Daf yn falch – er nad oedd seddi pic-yp y Tîm Trosedd Cefn Gwlad yn hynod o gyffordus, roedd o'n berffaith i deithio ar hyd y lonydd cul oedd yn troelli o'r dyffryn llydan i fyny i'r bryniau. Doedd tirlun agored Dyffryn Gwy ddim yn teimlo'n Gymreig iawn i Daf, ond roedd rhywbeth cyfarwydd am y sietinau di-ri a'r tonnau o eithin melyn ar y bryniau. Roedd y daith yn hirach na'r disgwyl, a phan neidiodd i lawr i agor llidiart i gae serth gwelodd fuarth trefnus Blaengwy oddi tano, lai na milltir fel yr hed y frân, a sylweddolodd eu bod wedi teithio mewn hanner cylch. Nid oedd wtra o unrhyw fath yn arwain drwy'r cae ond roedd ôl sawl set o deiars ar y glaswellt.

Gan ddilyn y marciau hynny, dringodd y cerbyd i fyny'r allt. Llyncodd Daf yr harddwch naturiol fel cwrw oer. Yn bell i'r dde codai siapiau tywyll y Bannau, a llifai afon Gwy fel neidr arian drwy'r gwyrddni. Tirlun cartrefol oedd o; tir i fyw oddi arno, ac wrth edrych ar y bryniau gwyrddion gallai ddeall dicter Rhydian a'i gymdogion tuag at ailwylltio. Doedd gan rywun o'r tu allan ddim hawl i newid y tirlun hwn heb ganiatâd y trigolion, y rhai oedd wedi ei drin dros y canrifoedd.

Rhwng yr allt a'r bryn nesaf roedd pant, ac yno safai bwthyn bach. Doedd o ddim cweit yn adfail ond roedd gwydr sawl ffenest wedi torri a'r estyll i'w gweld yma ac acw rhwng llechi'r to. Nid oedd gwifren drydan, ond dan y bargod wrth y drws cefn roedd potel las o nwy Calor.

'Lle da i guddio rhywbeth,' meddai Eifiona, yn dal gafael ar ei chyfrinach fel merch saith oed.

'Debyg iawn.'

Yn cerdded i fyny'r rhiw, yn amlwg yn chwilio am signal ffôn, roedd Susie. Cododd ei phen pan glywodd sŵn yr injan.

'Wnest ti fwynhau dy *lie-in*, y diogyn?' gofynnodd i Daf.

'Dwi wedi cyfweld sawl tyst ers wyth o'r gloch y bore 'ma, diolch, madam. Be sy mor arbennig am y lle 'ma, dwêd?'

'Y golygfeydd braf, Daf, a'r cocên o dan garreg yr aelwyd.'

'Wff, dech chi wedi bod yn brysur! Sut wnaethoch chi ffeindio'r lle? Does neb yn baglu dros dŷ fel hwn.'

'Ro'n i'n sgwrsio efo Ms Bound ddoe, i wneud yn siŵr ein bod ni wedi chwilio pob un o'r bythynnod a'r sguboriau. Roedd ei thad yno, yn yfed te. Gofynnodd o iddi, "what about the Votty?" Roedd hi'n bendant nad oedd rheswm i ni ddod yma... roedd rhyw nodyn o banig, bron, yn ei llais.

'Yr eiliad y gwnes i sylweddoli pa mor anfodlon oedd hi i ni ddod yma, ro'n i'n benderfynol mai chwilio'r Votty fyddai fy mlaenoriaeth heddiw.'

'A be ddwedodd Nel am hynny?'

'Dyna beth oedd yn rhyfedd. Roedd hi fel petai wedi colli diddordeb wedyn. Cododd ei gwar a cherdded o'r gegin. Mi wnes i boeni y byse hi wedi dod fyny yma neithiwr i geisio cael gwared o ryw dystiolaeth, ond mae'n amlwg nad oes neb wedi bod yma ers ddoe.'

'Difyr iawn.'

'Reit – mae'n amlwg fod o leia un person wedi aros yma'n ddiweddar. Mae'r glaswellt wrth ddrws yr House of Lords wedi'i sathru ac mae 'na ôl traed yma hefyd, er gwaetha'r tywydd sych.'

'House of Lords?' gofynnodd Eifiona, yn amlwg yn anfodlon fod Susie yn ei hanwybyddu.

'Y tŷ bach tu allan,' esboniodd Daf.

'Hefyd, mae rhywun wedi curo tap y silindr nwy efo morthwyl – mae'r metal yno'n hollol lân, a heb gael cyfle i rydu. Mae'r tîm yn gweithio ar y fatres ar y llawr: bydd olion croen a gwallt yn fanno, yn bendant.'

'Ac o dan yr aelwyd?'

'Wnes i faglu ar lechen anwastad. Mi godais i hi'n ddigon rhwydd ac roedd parsel yno, wedi ei lapio mewn tâp brown. Tua cilo o gocên 'den ni'n meddwl.'

'Ga' i weld?'

'Wrth gwrs.'

'Sut wyt ti'n gwybod hynny?' heriodd Eifiona.

'Dwi 'di bod yn rheoli tîm SOCOs ers degawd, bron, a choelia di fi, un peth dwi wedi gweld digonedd ohono yn ystod y blynyddoedd ydi Charlie.'

Roedd Susie yn siarad dros ei hysgwydd wrth eu tywys i mewn drwy'r drws ffrynt. Cafodd Daf ei ddallu am eiliad wrth gamu o'r heulwen gref i'r tywyllwch, a llanwodd ei ffroenau ag arogleuon tamprwydd a nwy. Gallai ddweud, cyn i'w lygaid ffocysu, nad oedd neb wedi newid y gynfas ar y fatres wrth ei draed. Wrth y fatres roedd gwely arall oedd yn fwy addas i gi na dyn ac arno dwmpath o redyn crin, y cochni wedi troi'n llwyd, wedi ei osod o dan y ffenest. Roedd arogl sur yn torri trwy'r tamprwydd – doedd beth bynnag oedd wedi bod yn gorwedd ar y rhedyn ddim wedi mentro allan i'r House of Lords i wagio'i bledren.

'Fyddai neb yn cysgu fan hyn heblaw bod rhaid,' sylwodd Eifiona gan grychu'i thrwyn.

'Debyg iawn. Ond yn bendant, roedd y lle 'ma'n handi iawn i rywun. 'Den ni angen pob tamaid posib o DNA, Susie.'

'Wrth gwrs. Dyma hi'r llechen rydd. Doedd dim olion bysedd arni o gwbl.'

'Mae rhywun wedi bod yn ofalus, hyd yn oed mewn lle mor anghysbell â hwn.'

'Mi fyse gofyn i rywun fod yn ofalus efo gwerth pedwar deg mil o gocên ble bynnag maen nhw'n ei guddio,' ategodd Eifiona, a dechreuodd Daf feddwl. Roedd gwerth y cynnyrch o dan garreg aelwyd yr hafod yn ddigon i newid bywyd rhywun.

Camodd Daf draw at ddrws agored y gegin. Ar y bwrdd simsan roedd sawl bocs ffoil, rhai efo bwyd yn dal ynddyn nhw. Roedd pwy bynnag a arhosodd yma wedi dod â chyrri efo nhw.

'Eifiona, ffonia di'r Indian a gofyn pwy oedd eu cwsmeriaid neithiwr – mi brynodd rywun un tikka cyw iâr ac un korma, o be wela i fan hyn.'

'Gyda phob parch, bòs, mae'n wythnos y Sioe. Mi fydd cannoedd o bobol wedi gordro tikka a korma neithiwr.'

'Werth holi.'

''Den ni'n gwybod bod un o'r bobol arhosodd yma yn ddyn mawr,' sylwodd Susie. 'Mae ôl traed ger y tap tu allan. Gan fod y tap yn gollwng mae'r pridd yn feddal dan draed. Dau ddyn, dwi'n tybio, un ohonyn nhw'n hynod o dal.'

'Efallai mai dyn o faint arferol efo traed mawr ydi o,' meddai Eifiona'n hunanbwysig. Oedodd Daf am eiliad gan fod ganddo syniad go dda beth roedd hi am ddweud nesaf. 'Ac rydach chi'n gwybod be maen nhw'n ddweud am ddynion efo traed mawr...'

'Maint ei gam,' datganodd Susie, gan ei hanwybyddu. Yn amlwg, roedd ei hargraff gyntaf o Eifiona yn go agos at y marc. 'O ddyfnder y marciau a hyd y camau, 'sen i'n dweud ei fod yn ddyn dros chwe throedfedd a phedair modfedd, ac yn pwyso ugain stôn.'

'Felly mae'n werth gofyn i bobol y têc-awê,' meddai Daf, gan edrych ar Eifiona.

'Mae 'na chydig o signal ger lle parciest ti'r car,' awgrymodd Susie. Yr eiliad roedd Eifiona allan o'u clyw, dywedodd mewn llais isel, 'Dipyn o waith caled, hei?'

'Does dim cyfle i rywun ddewis ei dîm ar gyfer achos fel hwn, lodes. Mae hi'n ocê.' Plygodd Daf dros y bwrdd, gan edrych yn fanwl ar yr arwyneb fformica glas.

'Does dim i awgrymu defnydd o gyffuriau o gwbl, Daf. Heblaw am y celc dan y llechen, hynny ydi.'

'Busnes nid pleser, felly?'

'Ie. 'Den ni ddim yn chwilio am rywun sy'n gaeth i'r stwff.'

'Dangos y guddfan i mi.'

Yn ôl yn y parlwr, neu'r hen gegin, roedd grât haearn bwrw wedi'i gosod yn ddwfn yn y wal. Er bod y llawr yn gymysgedd blêr o deils du a choch a oedd wedi'u trwsio sawl gwaith dros y blynyddoedd â choncrit, roedd yr aelwyd o flaen y lle tân bron yn gyfan. Yn dilyn nòd gan Susie, cododd un o'r SOCOs y llechen i ddatgelu'r guddfan oddi tani. Doedd y twll ddim wedi'i dyllu'n gelfydd, ond roedd yn ddigon dwfn i guddio'r pecyn.

'Ydi'r twll wedi'i greu ar gyfer y pecyn, ti'n meddwl?' gofynnodd Daf.

'O weld pa mor sych ydi'r pridd, na, dwi ddim yn meddwl. Does 'na ddim olion rhaw i'w gweld felly mae o'n debygol o fod yn hen dwll. Cyn hir, mi allwn ni gadarnhau oes olion o gyffuriau eraill yn y twll, neu o lwyth arall o eira, wrth gwrs.'

'Diolch, Susie. Pwy oedd yn aros yma a phryd ydi'r cwestiwn rŵan.'

'Dydi pryd ddim yn broblem. Mae'r ardal 'ma'n sneifio efo llwynogod a moch daear, heb sôn am lygod mawr. Byddai sbarion y cyrri 'na wedi denu bywyd gwyllt yn go sydyn, felly yr wythnos hon roedden nhw'n aros yma, yn sicr.'

'Nhw – 'den ni'n gwybod am y boi mawr ond be am y llall?'

'Mae'r olion traed yn awgrymu rhywun llai.'

'Duwcs, Susie, ti ar dân heddiw. Felly, 'den ni'n chwilio am gawr a'i ffrind?'

'Does dim rhaid iddyn nhw fod yn ffrindie. Mae arwyddion bod dau o bobol wedi bod yma, ond nid o reidrwydd ar yr un pryd.'

'Pwynt dilys. Ond mae'r ddau gyrri'n awgrymu hynny.'

'Efallai mai'r dyn mawr brynodd y ddau.'

'Bosib. Efallai ei fod o wedi dod yma i gwrdd â'r dyn arall, i drosglwyddo'r cocên iddo.'

'Os mai dyn oedd o. O ystyried maint y traed llai, er nad ydi'r marciau'n hollol glir, alla i ddim diystyru'r ffaith mai dynes oedd yma. Maint wyth, wyth a hanner, rhwbeth tebyg i hynny.'

'Mae'n hen bryd i mi gael gair efo Nel Bound, dwi'n tybio.'

Roedd Eifiona'n eistedd yn sedd gyrrwr y 4x4, yn gwneud nodyn llais ar ei ffôn. Clywodd Daf y geiriau olaf:

'DI Davies informed, 10.25 am.'

'Be sy gen ti i'w ddweud wrtha i, lodes? A pham ti'n gadael negeseuon i ti dy hun yn yr iaith fain?'

'Rhag ofn y bydd raid i mi eu rhannu nhw efo aelodau'r tîm sydd ddim yn medru'r Gymraeg. Arfer da.'

'Dydi peth fel'na byth yn cael ei ddisgrifio fel arfer da mewn unrhyw dîm dwi'n ei reoli, Eifiona. A phwy sydd ar y tîm? Finne, tithe, Toscano, Roderick a Susie ar ran y SOCOs – ble mae'r aelodau di-gymraeg yn cuddio, dwêd?'

Difarodd Daf ei eiriau'n syth. Roedd ei berthynas ag Eifiona wedi gwella'n sylweddol, ond rŵan, ar ôl iddo orymateb fel rhyw swyddog o'r Urdd, dechreuodd y blismones wthio'i gwefus ymlaen yn bwdlyd.

'Wyt ti isio gwybod be ddysgais i yn yr Indian ai peidio? Achos, bòs, os oes raid i mi wrando ar y ddarlith "dechreua bob sgwrs yn Gymraeg" bob tro dwi'n blydi agor fy ngheg, well i mi ei chau hi.'

'Sori, lodes, dwi'n methu stopio fy hun weithie. Dwi wedi treulio gormod o 'ngyrfa'n siarad Saesneg drwy'r dydd, dyna'r broblem.'

'Wel, dwi 'di gyrru Ploderick draw i siarad efo nhw yn y Bwthyn Sbeis,' roedd ei phwyslais cryf ar y cyfieithiad o enw'r bwyty Indiaidd yn goeglyd, 'achos maen nhw'n cofio gweld dyn hynod o dal yno, nid neithiwr ond echnos.'

'Grêt. Oes mwy o fanylion?'

'Dim llawer – dyna pam mae Ploderick ar ei ffordd yno.

Roedd cryn dipyn o sŵn yn y cefndir, a ges i'r argraff eu bod nhw'n brysur yn paratoi ar gyfer heno. Ond mae'n ddigon posib na chaiff o fawr o lwc – o 'mhrofiad i, does gan bobol debyg ddim llawer o ffydd yn yr heddlu.'

'Pobol debyg i be, Eifiona?' Gyrrodd ei sylw hiliol ias i lawr asgwrn cefn Daf, fel petai hi wedi cyffwrdd ei groen â bys rhewllyd.

'Pobol o dramor. Yn aml iawn, mae 'na rywun yno heb hawl i fod yn y wlad, felly byddai'n well ganddyn nhw petaen ni'n cadw'n ddigon pell.'

'Nid dyna 'mhrofiad i, o bell ffordd. O be dwi'n ddallt, mae pobol y Bwthyn yn cydweithio'n dda efo'r bois lleol.'

Cododd Eifiona ei gwar. 'Wel, os hynny, fyddan nhw ddim yn poeni rhyw lawer am siarad efo Ploderick.'

Dringodd Daf i'r cerbyd gydag ochenaid. Dechreuodd feddwl: a oedd cysylltiad rhwng y llofruddiaeth a'r cocên? Byddai'n gyd-ddigwyddiad hynod petai gwerth miloedd o gyffuriau'n dod i'r fei ar yr un fferm ag y cafodd corff Mel Puw ei ddatgymalu.

'Rhaid i mi siarad efo Nel Bound,' dywedodd, gan osgoi edrych ar Eifiona, 'i holi be yn union oedd hi'n wybod am yr hyn oedd mynd ymlaen yn y Votty.'

'Bydda'n galetach efo hi y tro yma, bòs. Ro'n i'n ymwybodol bod gen ti lygad am y merched, ond wnes i ddim sylweddoli faint oedd hynny'n effeithio ar dy waith.'

Yn hytrach nag ateb, edrychodd Daf ar ei ffôn. Roedd Gaenor wedi creu grŵp WhatsApp ar gyfer y Sioe, 'TanyralltTW-RWS', ac roedd dwsinau o negeseuon newydd arno. Yn amlwg, roedd Tinciwinci wedi llwyddo eto, yn y dosbarth caled y tro hwn. Synnodd faint o bobol newydd oedd wedi ymaelodi â'r grŵp, a faint o ddiddordeb oedd 'na yn hynt a helynt merlen ei ferch. Ond wrth agor yr ap, gwelodd fod nifer fawr o'r negeseuon wedi'u cyfeirio at fridfa Margaret Hamer yn hytrach nag atyn nhw fel perchnogion.

Roedd neges ar beiriant ateb ei ffôn gan Mali Haf.

'Mae Tincs wedi ennill ei dosbarth, Dadi. Yn tydi hi'n lodes glyfar? A phaid â phoeni dim, 'den ni'n gwybod pa mor brysur wyt ti.'

Gwenodd Daf, a phigodd dagrau o hiraeth yng nghefn ei lygaid. Rhoddodd ei ffôn yn ôl yn ei boced, yn benderfynol o ddatrys yr achos gynted â phosib er mwyn iddo gael ymuno â'i deulu bach i ddathlu eu llwyddiant.

Wrth iddyn nhw gyrraedd buarth y fferm roedd yn amlwg nad oedd llawer o groeso ym Mlaengwy. Roedd Nel yn sefyll wrth ddrws un o'r bythynnod â golwg flin iawn ar ei hwyneb, yn syllu ar Lexus arian yn gyrru i lawr yr wtra.

'A be ffwc dech chi isie'r tro yma, y ffycars busneslyd? Dech chi isio go arall ar ddinistrio fy musnes i?'

'Bore da, Nel. Sori i dy styrbio di eto ond 'den ni newydd fod fyny yn yr hafod fach fyny fan'cw.' Chwifiodd Daf ei law i gyfeiriad y bryn.

'Y Votty? Be am y lle? 'Sneb yno, mae bron yn adfail.'

'Ond mi oedd pobol yno neithiwr, neu echdoe.'

'Digon posib. Mae'n digwydd bob blwyddyn, bron. Mae rhai wastad heb lety ar gyfer y Sioe, ac yn fodlon cysgu yn unrhyw le: o dan sietin, mewn trelar stoc neu unrhyw adeilad sy heb ei gloi.'

'Ond sut fyse rhywun yn gwybod am le mor anghysbell?'

'Ers i'r bygyrs draw yn Llundain roi'r hawl i'r byd a'i ffycin wraig gerdded dros ein ffriddoedd, fysen i ddim yn synnu petai'r Islamic ffycin State yn martsio ar hyd y topiau.'

'Gwranda, lodes, dwi'n dallt yn iawn dy fod ti'n flin achos yr holl drafferthion mae'r achos wedi'u creu, ond...'

'Ac o ble ddaeth y drafferth? Pwy ddaeth fan hyn i gorddi'r dyfroedd?'

'Dyna hen ddigon, Nel. Does gen i ddim diddordeb yn dy fusnesau na dy fferm, ond dwi'n ymchwilio i drosedd ddifrifol. Erbyn hyn, 'den ni bron yn sicr fod y corff wedi'i ddatgymalu yn dy siop fferm di. A dwyt ti ddim wedi clywed beth yn union 'den ni wedi'i ddarganfod yn yr hafod. Mae'n hen bryd i ti gydweithio efo ni, neu mi fyddi di'n ystyried dy agwedd yn y celloedd yn Aberhonddu.'

Caledodd llygaid Nel a phlethodd ei breichiau'n herfeiddiol.

'Reit, agora ddrws cefn y pic-yp, Eifiona. Mae'n amlwg bod yn well gan Miss Bound siarad efo ni yng ngorsaf yr heddlu.'

'Alla i ddim gadael fy nhad,' protestiodd Nel, a nodyn o banig yn ei llais. 'Ty'd i'r tŷ. Mae Dad yn eistedd yn yr ardd a dwi ddim isie'i boeni o.'

Ar ôl cyrraedd y tŷ trodd Nel i'r chwith, i gyntedd â grisiau llydan ynddo yng nghanol y tŷ, yn hytrach na mynd i'r gegin. Cafodd Daf ryw gysur cartrefol o oerni'r ffermdy mawr ar ôl sefyll allan yn yr haul, ond o ystyried ei fod yn gartref i deulu cefnog, synnai Daf cyn lleied o waith adnewyddu oedd wedi cael ei wneud yno. Cynnal yn hytrach na newid oedd y nod, yn amlwg, ac roedd hynny'n symbol o ddaliadau'r teulu. Agorodd Nel un o'r drysau pren niferus a daeth llif o heulwen trwyddo. Cerddodd Daf ac Eifiona i mewn i barlwr hen ffasiwn oedd â ffenestri mawr i roi golygfa o lawnt daclus yr ardd gefn a'r dolydd y tu hwnt. Hanner ffordd i lawr y lawnt roedd dyn yn eistedd ar gadair bren, ei gefn at y tŷ. Agorodd Nel y ffenest a gweiddi;

'Just in the parlour for now, Dad.'

'You been onto Jenkses yet, girl? I want all them meadows down by the end of the week,' atebodd yr hen ddyn mewn llais gwan.

'It's Show Week, Dada – they're coming Friday.'

'Weather better fucking hold. Sorted them oonty tumps?'

'Trapped 'em first thing.'

'Mind you have.'

Ochneidiodd Nel wrth droi o'r ffenest agored. Gwelodd Daf olwg rwystredig yn ei llygaid – roedd ei statws fel merch y teulu yn golygu nad oedd ganddi reolaeth lawn dros ei bywyd ei hun, ond roedd baich ei chyfrifoldeb yn amlwg. Roedd hi'n dal i fyw yng nghysgod mawr ei thad.

Eisteddodd Nel i lawr ar hen soffa a chwifio'i llaw i gyfeiriad dwy gadair freichiau ledr ag antimacasars arnynt – pethau nad oedd Daf wedi'u gweld yn unman arall ers degawdau.

'Ers faint mae'r teulu wedi bod yma?' gofynnodd ar ôl i bawb eistedd.

'Pwy a ŵyr? Tenantiaid oedden ni cyn y Rhyfel Mawr, ond wedyn mi gawson ni gyfle i brynu'r lle. Ers hynny 'den ni wedi ychwanegu i'r fferm fesul tipyn drwy brynu mwy o gaeau.'

'Be am y Votty? Hen hafod oedd o, dwi'n cymryd?'

'Ie. Cyn dyddie'r cwads a'r landies, roedd yn daith hanner diwrnod i gyrraedd y topie. Pan oedd Taid yn ifanc roedden nhw'n gyrru gwartheg i'r brynie a byddai bugail yn aros yn y Votty, am fis cyfan weithiau. Dyna pryd redodd Taid beipen o'r ffynnon yno, a phrynu stof nwy Calor.'

'Felly mae'n bosib byw yno?'

'Llochesu, nid byw. Does 'na ddim dodrefn, heblaw hen fwrdd y gegin ac ambell gadair.'

'Ti erioed wedi aros yno?'

Chwarddodd Nel. 'Wrth gwrs fy mod i, yn fy arddegau. Yng nghanol yr haf, roedd y Votty'n ddefnyddiol iawn er mwyn treulio amser efo... ffrind.'

'Ond ddim ers hynny?'

'Os dwi isie gwahodd dyn adre y dyddie yma, does dim angen i mi guddio yn y Votty.'

'Ac ydi hynny'n digwydd yn aml?'

'Cwestiwn rhyfedd.'

'Fel ddwedes i, Nel, mae popeth sy'n digwydd fan hyn o ddiddordeb nes i ni ganfod y troseddwr... neu'r troseddwyr.'

'Paid â dweud bod rhywun arall wedi'i ladd?'

'Na, ond 'den ni wedi darganfod celc mawr o gocên yn y Votty.'

'Be?'

'Roedd rhywun wedi cuddio llwyth o gocên yno. Alla i ddim rhoi'r manylion llawn i ti, Nel, ond dyna pam 'den ni angen gwybod pwy oedd yno.'

'Does gen i ddim syniad. Dwi ddim wedi bod yno ers... ers deg diwrnod, debyg. Prynais ddwsin o fustych ym marchnad Talgarth ryw bythefnos yn ôl a'u rhoi nhw'n syth fyny yno. Bicies i fyny'n ddyddiol am dri neu bedwar diwrnod i jecio sut oedden nhw'n setlo, ond ar ôl hynny ro'n i'n rhy brysur fan hyn gan fod y bythynnod yn llawn.' Syllai Nel ar gefnau ei dwylo wrth siarad. 'Ddwedodd Dad mai peth ffôl oedd prynu mor agos i'r Sioe, ond maen nhw'n wartheg reit ddymunol.'

'Est ti i mewn i'r Votty y tro diwetha i ti fynd fyny i'r topie?'

'Na. Dim ond gwneud yn siŵr bod y drws yn sownd – weithiau mae gwartheg sy ddim yn gyfarwydd efo'r lle yn crwydro i mewn, ond dydi'r giang yma ddim yn chwilfrydig o gwbl, diolch byth.'

'Felly, wyddost ti ddim a oedd rhywun yno ai peidio?'

'Does gen i ddim clem.'

'Pa fath o bobol sy'n dewis mynd i aros i'r fath le?'

'Rhai ifanc lleol gan fwya. Cyn i'r boi NFU sôn am *occupiers' liability* ro'n i'n gadael iddyn nhw, ond dwi 'di bod yn fwy llym ers hynny.'

'Siwrans?'

'Ie. Petai rhywun yn cael damwain yno, ar ôl bod yn yfed neu rwbeth, 'sen nhw'n gallu dod ar fy ôl i am iawndal, er eu bod nhw'n tresmasu.'

'Oes rhywun arall yn dewis dod i'r Votty?'

''Den ni'n cael dipyn o drafferthion efo *wild campers* ar hyn o bryd gan ein bod ni'n agos i'r Bannau... y ffycars isie gwylie am ddim.' Roedd y rhwystredigaeth yn amlwg yn ei llais. 'Hipis, y bobol *right to roam*, ffrindie Greta Thunberg... maen nhw i gyd yn niwsans.'

''Dech chi ddim yn caniatáu i neb aros yno, felly?'

'Na, byth, ond mae gen i chwe chan erw, bridfa, bythynnod a siop y fferm i ofalu amdanyn nhw, heb sôn am Dad, felly tydi plismona'r Votty ddim yn flaenoriaeth.'

'Oes 'na rywun wedi gwrthod hel eu paciau ar ôl i ti ofyn iddyn nhw symud?'

Cododd Nel ar ei thraed ac ailosod y clustogau ar y soffa.

'Neb,' atebodd, gan osgoi llygaid Daf. Cododd Eifiona ei haeliau ond ysgydwodd Daf ei ben arni wrth iddo godi.

'Ocê, lodes. Fyddwn ni'n dod yn ôl eto, dwi'n sicr, ond mae hyn yn hen ddigon am rŵan. Gyda llaw, ofynnodd dy dad i ti wneud rhwbeth efo *oonty tumps* – be yn y byd ydi hynny, ac ym mha iaith?'

Chwarddodd Nel eto, ei rhyddhad yn amlwg.

'Gwahadden ydi *oont* i Dad a'i ffrindie, a'r domen o bridd mae'n ei chodi ydi *oonty tump*. A phaid â gofyn ynglŷn â'r iaith achos mae Dad yn ymfalchïo yn y ffaith fod y Gymraeg yn hollol ddierth iddo, ond pan oedd o'n cau sietin, roedd o'n disgrifio'r gwaith fel *pleaching*, sy'n swnio'n reit debyg i "plygu" i mi.'

'Dech chi, y to ifanc, yn dal i ddefnyddio'r eirfa 'na?'

'Weithiau does gen i ddim clem be arall i alw pethe: *panking pole*, er enghraifft. Ond does neb isie i'w cyfoedion feddwl eu bod nhw'n hen-ffasiwn. Mae'n iawn i Dad, mae o'n reit awyddus i'r cymdogion ei alw yn *funny old quist*, ond dwi braidd yn ifanc i hynny.'

'Difyr iawn. Efallai y gwna i ymchwilio i dafodiaith Maesyfed ar ôl i mi ymddeol.'

'Digon teg, ond os wyt ti'n dod yn ôl fan hyn, paid â synnu os dwi'n *clec you with the panking pole for moithering*. Ymchwilia di yn rhywle arall, Daf, 'den ni'n go brysur fan hyn.'

Ar ei ffordd yn ôl i Faes y Sioe, gŵglodd Daf y gair *quist*.

'Wel!' ebychodd, 'sguthan ydi'r ystyr. Wyt ti'n meddwl bod cysylltiad rhwng y gair Gymraeg a'r gair *quist*, tybed?'

'Ta waeth am y blydi tafodiaith,' atebodd Eifiona'n swta, 'roedd hi'n rhaffu celwyddau ym mhob iaith dan haul.'

Pennod 11

Roedd cenfigen a hiraeth yn llais Roderick wrth iddo groesawu Daf ac Eifiona yn ôl i ystafell yr ymchwiliad.

'Aethoch chi fyny i'r Votty?' gofynnodd.

'Wyt ti'n poeni am y DNA ti wedi'i adael yno dros y blynyddoedd?' gofynnodd Eifiona, 'pan est ti yno ar dy ben dy hun i freuddwydio am Nel Bound?'

'Oes raid i ti fod yn gas bob tro ti'n agor dy geg?'

'Mae'n anodd peidio anelu at darged mor amlwg.'

'Dyna ddigon!' gorchmynnodd Daf. 'Be sy gen ti yn fanna, Roderick?'

'Newyddion difyr ynglŷn â'r olion bysedd ar y llythyrau cas dderbyniodd Rhys Bowen, bòs.'

'O?'

'Cymerodd y SOCOs olion bysedd staff y stondin gig, er mwyn eu heithrio o'r ymchwiliad, ac mi oedd un ohonyn nhw'n matsio.'

'Be?' Rhewodd Daf. Ceisiodd gofio pob cysylltiad rhwng Rhodri a Bowen. Roedd y cigydd yn dipyn o arwr i'w fab, gan mai bwriad Rhodri oedd creu busnes llewyrchus, cyflogi pobol leol, prynu tŷ crand a dod o hyd i wraig i'w sbwylio. Oedd, roedd y llanc yn ystyried Daisy Bowen yn niwsans, efo'i brolio di-baid, ond doedd hynny ddim yn ddigon o reswm i yrru llythyrau cas at Bowen, siawns? Credai Daf fod ganddo berthynas dda â'i fab, ond...

'Ddylen ni ei harestio hi?' gofynnodd Roderick.

'Hi?'

'Ie. Alison rwbeth.'

'Ie, ie, syniad da. Eifiona, cer di efo un o'r CPSOs i'w nôl hi. 'Den ni'n sôn am gyhuddiadau o dan Ddeddf Cyfathrebu Maleisus 1988, ond paid â dweud hynny wrthi ymlaen llaw.'

Yn syth ar ôl iddi hi adael, trodd Daf at Roderick.

'Diolch am beidio cymryd yr abwyd. Mae hi'n ddynes anhapus, yn cuddio...'

'Dwi ddim yn rhoi rhech amdani hi, a dweud y gwir, bòs,' torrodd Roderick ar ei draws, 'ond y tro nesa mae hi'n dweud rwbeth, mi fydda i'n taro'n ôl. Fel arall, gwaeth aiff hi.'

'Digon teg. Gwranda, cer i nôl y rhestr o'r troseddau ddigwyddodd ar y maes ddoe. Dwi angen manylion am y cocên a gafodd ei ddarganfod, rhag ofn bod cysylltiad rhwng y stwff hwnnw a'r hyn ddaethon ni o hyd iddo yn yr hafod.'

'Dim problem.'

'Hefyd, fuest ti yn y tŷ cyrri?'

'Na, ches i ddim cyfle. Mi a' i rŵan. Dwi'n nabod y teulu'n iawn – ro'n i yn yr ysgol efo'u plant nhw, Shireen a Michael. Mae Shireen yn feddyg erbyn hyn a Mike yn fferyllydd, newydd agor ei bumed siop.'

Gwenodd Daf wrth iddo sylweddoli pa mor debyg iddo fo'i hun oedd y swyddog. Roedd Daf wastad yn trysori pob tamaid o wybodaeth ynglŷn â'i filltir sgwâr a'i thrigolion, ac roedd Roderick yn union yr un fath. Hyd yn oed yn yr oes hon o dechnoleg a gwyddoniaeth, roedd sgiliau tebyg yn werthfawr.

Erbyn hyn, roedd Maes y Sioe yn prysur lenwi ac, yn amlwg, doedd pryderon John Neuadd ddim wedi cael eu gwireddu – doedd y llanw o ymwelwyr a lifai drwy'r fynedfa ddim mymryn llai nag yr oedd o'r diwrnod cynt. Ymhlith y dorf roedd dwy ddynes wedi'u gwisgo fel petaen nhw'n mynychu priodas swanc yn hytrach na sioe amaethyddol: Sheila a'i mam yng nghyfraith, yn cerdded fel petaen nhw'n rhan o orymdaith frenhinol. Gwisgai Sheila siwt o liw fioled a het fel olwyn trol o'r un lliw, a chododd Daf ei law i'w chyfarch. Biti fod rôl Sheila fel gwraig i'r Llywydd yn ei chadw'n rhy brysur i fod yn rhan o'r ymchwiliad, meddyliodd, ond yn amlwg, roedd hi'n mwynhau pob eiliad o'r profiad a'i statws newydd.

Collodd Daf olwg arnynt yn y dorf, a chafodd sioc funud yn

ddiweddarach pan gerddodd y ddwy i mewn i ystafell yr ymchwiliad.

'Bore da, bòs,' dywedodd Sheila. 'Lle bach handi.'

'Dwi'n hoffi dy falconi'n fawr iawn, Dafydd,' sylwodd Mrs Francis.

'Fetia i eich bod chi'n dweud hynny wrth bob dyn, Mrs F,' atebodd Daf, efo winc. 'Mae'n ddrwg gen i, ond fedra i ddim cynnig paned i chi ar hyn o bryd – 'den ni'n disgwyl tyst i'w gyfweld unrhyw funud.'

''Den ni'n deall y drefn,' atebodd Sheila â nodyn o hiraeth yn ei llais. 'Dim ond gobeithio na fydda i'n dyst mewn ymchwiliad arall cyn diwedd y Sioe.'

'Be?' atebodd Daf yn anghredinol. 'Sori, dwi ddim yn dallt...'

'Bygwth lladd rhywun mae hi,' esboniodd Sheila, gan amneidio at ei mam yng nghyfraith. 'A dwi'n amau y bydd hi o ddifri erbyn dydd Iau, os ydi pethe'n para fel hyn.'

'A phwy dech chi am eu lladd, Mrs Francis?' gofynnodd Daf.

'Wel, John Neuadd, wrth gwrs!' atebodd yr hen ddynes. 'Mae o'n bihafio fel plentyn. Wnaeth Tom ddim ymgyrchu i ennill swydd y Llywydd – roedd y peth yn hollol haeddiannol ar ôl ei gyfraniad i'r diwydiant amaethyddol yn Sir Drefaldwyn.'

'A,' ochneidiodd Daf.

'Dwi'n cymryd bod dy ymateb yn golygu ei fod o wedi cwyno wrthat ti am Tom?'

'I fod yn hollol onest efo ti, Sheila, mi oedd o'n malu awyr am rwbeth ddoe, ond dwi wedi dysgu dros yr ugain mlynedd ddiwetha i beidio gwrando gormod ar lol John.'

'Oedd o'n sôn am ragfarn?' gofynnodd Mrs Francis, â fflach beryglus yn y llygaid a oedd fel arfer mor llawen.

'Wel, oedd...'

'Mae Doris yn hynod o flin efo fo. Mae hi'n dweud nad oes neb yng nghymdeithas y Sioe yn ei thrin hi'n wahanol i neb arall, ond mae John yn defnyddio hiliaeth fel esgus cyfleus am ei fethiant.'

'Gyda phob parch,' ychwanegodd Sheila, 'roedd Tom yn ymgeisydd llawer gwell na John am y swydd.'

'Sheila, dwi ddim yn dadlau yn erbyn dewis y pwyllgor. O be dwi'n ddallt, mae Tom yn Llywydd addas iawn.'

'Ond mae John a Tom wedi bod yn gystal ffrindie, ac ar hyn o bryd, mae John yn manteisio ar bob cyfle i danseilio Tom. A wna i ddim sefyll yn dawel yn gwylio'r peth drwy'r wythnos,' datganodd Mrs Francis. 'Mae John Neuadd yn haeddu chwip din, a tydw i ddim ofn gwneud y job fy hun, os oes rhaid.'

'Mrs Francis, plis peidiwch â rhoi chwip din i neb, heblaw i unrhyw un sy'n gofyn am hynny. Mi ga' i air efo John, iawn?'

Cochodd Mrs Francis, a chwerthin.

'Diolch am gynnig siarad â'r catffwl – ro'n i un gwydraid o Pimms yn brin o roi clec iddo fo ddoe yn y cinio.'

'Wel, bihafiwch, os gwelwch yn dda, Mrs Francis. A chofiwch – beth bynnag mae John yn ddwued, does neb yn gwrando arno fo beth bynnag.'

'Mi wna i fy ngorau glas. Gyda llaw, dech chi'n cael Sioe a hanner, yn tydech? Llwyddiant y ferlen ac wedyn y pys pêr a'r Abraham Darbys, wel, roedden nhw'n fendigedig.'

Ar ôl iddyn nhw fynd, deialodd Daf rif Eifiona.

'Dech chi ar eich ffordd draw rŵan?'

'Ydan, ond mae'r ddynes 'ma wedi penderfynu mynd i'r tŷ bach. Yn ôl ein CPSO, mae hi'n gwneud ei cholur yno ar hyn o bryd.'

'Ocê. Dwi jest yn picio draw i'r babell Garddwriaeth, iawn?'

'Dwi ddim yn mynd i ofyn pam.'

'Wela i di toc.'

Wnaeth Daf ddim rhedeg i waelod Maes y Sioe, ond brasgamodd mor gyflym â phosib. Roedd o wedi anghofio'n llwyr am y blodau roedd Gaenor wedi'u tyfu, eu cario'n ofalus i'r Sioe a'u gosod mor gysáct mewn fasys syml. Rhwng yr achos a'r cyffro o gwmpas Bryn y Ceffylau, doedd Daf ddim hyd yn oed wedi gofyn i Gaenor sut hwyl gafodd hi efo'r blodau. Y peth lleia allai o ei wneud oedd cymryd hunlun efo'r rhosod a'i anfon iddi, fel tystiolaeth nad oedd o wedi anghofio'n llwyr.

Hyd yn oed cyn i wres y dydd gynyddu roedd awyrgylch drymaidd yn y babell fawr, ac arogl y blodau bron yn rhy felys yn yr awyr lonydd. Wrth y byrddau hir safai grwpiau o bobol yn rhannu'u barn am y canlyniadau, a bob hyn a hyn codai rhywun un o'r cardiau oddi ar y bwrdd er mwyn tynnu llun neu edrych ar y manylion.

Brysiodd Daf draw at y rhesi o fasys llawn rhosod, a chafodd o ddim trafferth i ddarganfod rhai Gaenor, oedd yn sefyll yn falch uwchben cerdyn gwyn a'r geiriau 'Highly Commended' arno. Tynnodd luniau o'r cerdyn, y cerdyn a'r blodau, a hunlun oedd yn ceisio dangos faint roedd o'n gwerthfawrogi'r arogl a ddeuai o galonnau pinc y rhosod lliw bricyll. Wedyn, camodd draw at y pyramid o bys pêr.

O flaen y stondin safai dwy ddynes ganol oed yn rhannu eu barn ar y cystadlu.

'Dwi erioed wedi gweld cymaint o chwain,' sylwodd un. 'Roundup mae'r rhain angen, nid rosêts.'

'Ac mae'r lliwiau mor goman! Pwy fyddai'n rhoi cerdyn coch i flodau fel hyn?'

Roedd Daf erbyn hyn wedi gweld pys pêr Gaenor, yn gymysgedd o flodau gwyn pur a choch cryf ymysg gweddill y fasys llawn blodau o liwiau pastel. Roedd ei chynnig trawiadol a mentrus wedi cael yr ail wobr, ar ôl gwledd o flodau fioled a glas golau.

'Lliwiau mwy addas i nicyrs putain,' cwynodd y ddynes gyntaf, gan godi bys i gyfeiriad blodau Gaenor.

'A gan un o'r blydi petha Sir Drefaldwyn 'na hefyd. Dwi 'di syrffedu arnyn nhw'n barod, yn swagro o gwmpas fel tasan nhw biau'r Sioe.'

'Wel, mi glywis i ryw ddynes o Uwchaled yn dweud eu bod nhw'n fodlon gwneud unrhyw beth i ennill y tro yma, hyd yn oed shagio'r beirniaid.'

Dechreuodd Daf ddweud rhywbeth ond cyn iddo gael cyfle daeth dyn ifanc tal i'r golwg, a rosét mawr ar ei labed.

'Ydach chi'n deud fy mod i wedi derbyn breib i stumio fy

marn broffesiynol?' taranodd. Chwifiodd ei law i gyfeiriad y blodau, gan daro'r fas gafodd y wobr gyntaf drosodd nes bod y blodau lliw fioled yn llanast dros y lle.

Ystyriodd Daf ei opsiynau – aros i geisio tawelu'r dyfroedd neu ei heglu hi'n ddistaw oddi yno. Dewisodd adael, a hynny heb allu tynnu llun o bys pêr Gaenor. Ar ei ffordd allan gwelodd griw ffilmio o amgylch Tal, a oedd yn siarad â rhai o'r stiwardiaid. Chwarae teg iddo, meddyliodd Daf, roedd y còg yn gwneud dipyn o ymdrech.

Pan gyrhaeddodd yn ôl roedd cydweithwraig Rhodri yn syllu drwy ffenest ystafell yr ymchwiliad. Roedd hi'n dal i wisgo'i chôt wen oedd â 'Welsh Country Meats' wedi'i frodio ar boced y frest, ac roedd bag mawr yn ei llaw; un hen ffasiwn, tebyg i'r rhai roedd Margaret Thatcher wastad yn eu cario. Roedd Eifiona'n teipio ar ei gliniadur, yn anwybyddu Alison.

'Wel helô bawb,' meddai Daf. 'Oes siawns am baned? Ti awydd paned fach sydyn, lodes?'

'Be dwi isie ydi cael mynd yn ôl i 'ngwaith cyn gynted â phosib.'

'Gei di fynd cyn gynted ag y bydda i wedi gofyn chydig o gwestiynau i ti. Rho'r tegell ymlaen, Toscano, ac wedyn agora'r ffenest – mae rhywbeth yn gwynto'n rhyfedd fan hyn.'

'Mi ddeudais i!' ebychodd Eifiona. 'Mae 'na rwbath ffiaidd yn rhywle, rwbath sy'n pydru.'

'Wel, dim fi ydi o,' protestiodd Toscano, 'ges i gawod ben bore, a chwistrellu digon o Sure a Black Opium.'

Ochneidiodd Alison yn uchel. 'Mae gan rai ohonon ni waith i'w wneud,' mwmialodd.

'Ty'd allan ar y balconi i siarad efo fi,' awgrymodd Daf, gan agor y drws iddi.

'Wn i ddim be arall sy gen i i'w ddweud wrthat ti, wir.' Cerddodd Alison drwy'r drws, gan ddal ei gafael yn dynn yn ei bag, a sylwodd Daf pa mor anystwyth oedd ei symudiadau.

Eisteddodd y ddau i lawr.

'Reit, Alison, sut hwyl?'

'Sut hwyl? Dwi'n gweithio ar stondin yn gwerthu selsig i bobol sydd ond isie trafod y bys a'r bidlen a'u perchennog. Sut hwyl all hynny fod?'

'Gwranda, dwi'n deall dy fod ti'n flin, ond dwi'n ceisio gwella'r sefyllfa drwy ddatrys yr achos, ocê?'

'Dydi'r *charm* ddim yn gweithio efo fi, Arolygydd. Dwi wedi cael hen ddigon o dy blydi deulu di, a dim ond dydd Mawrth ydi hi.'

'Iawn. Awn ni'n syth at y pwynt felly. Pam wnest ti anfon y llythyrau at Rhys Bowen?'

'Pa lythyrau?'

'Rhain.'

Roedd Daf wedi tynnu lluniau ohonyn nhw ar ei ffôn, a dangosodd nhw iddi. Yn hollol ddigynnwrf, edrychodd Alison ar y delweddau, gan sweipio drwyddyn nhw fel petai'n pori drwy luniau gwyliau diflas. Roedd rhyw sïo i'w glywed yn rhywle, fel petai haid o bryfed gerllaw.

'Dwi erioed wedi gweld y rhain o'r blaen,' atebodd, gan roi'r ffôn yn ôl iddo.

''Den ni'n gwybod nad ydi hynny'n wir, Alison.'

'Miss Pritchard. Ddylet ti fy ngalw wrth fy enw iawn. Dwi ddim yn ffrind i ti na dy fab digywilydd.'

'Does dim cysylltiad rhwng fy mab a'r cwestiynau mae'n rhaid i mi eu gofyn i chi, Miss Pritchard,' ymatebodd Daf, gan bwysleisio'r enw ffurfiol.

'Sut wyt ti'n gwybod hynny? Efallai mai'r Tywysog Bach wnaeth dorri'r corff yn ddarnau.'

'Y llythyrau 'den ni'n eu trafod rŵan, a sut mae eich olion bysedd chi wedi cael eu darganfod drostyn nhw i gyd.'

'Dwi ddim am drafod llythyrau dwi erioed wedi'u gweld.'

'Ers faint dech chi wedi bod yn gweithio i Rhys Bowen?'

'Rhy hir.'

'Ac yn y Trallwng dech chi'n byw?'

'Efo fy mam. Yn Stad Oldford. Mae digon o'r blydi *Poles* yn y gwaith, a rŵan mae 'na rai drws nesaf i ni hefyd.'

'Ro'n i dan yr argraff fod nifer fawr o bobol wedi mynd yn ôl i ddwyrain Ewrop ers Brexit.'

'Dim hanner digon, ac mae Bowen wedi buddsoddi yn y gwaith papur – mae'n haws iddyn nhw ddod i weithio iddo fo nag i sawl cyflogwr arall, felly mae'r Trallwng yn dal i sneifio efo nhw.'

'Does gen i ddim diddordeb yn eich barn am fewnfudwyr, Miss Pritchard, er eich bod chi'n agos iawn i groesi'r ffin rhwng dweud eich dweud a chasineb llafar.'

Agorodd y drws i'r balconi a daeth Toscano allan yn cario dwy baned, er nad oedd Alison Pritchard yn haeddu un, ym marn Daf. Roedd hi wedi gosod ei bag mawr Thatcheraidd ar y bwrdd rhyngddi hi a Daf fel baricêd. Wrth blygu i roi'r mygiau ar y bwrdd, gwag-gyfogodd Toscano a cholli ychydig o de dros y bag.

'Dwi mor sori,' dywedodd, gan geisio sychu'r top efo hances bapur.

'Paid â chyffwrdd fy mag!' gwaeddodd Alison, gan neidio ar ei thraed a chydio ynddo. Wrth iddi wneud, agorodd y bag... a sylweddolodd Daf mai o'i grombil roedd y sŵn sïo'n dod. Roedd yn rhaid i Daf a Toscano gau eu llygaid am eiliad i osgoi'r haid o bryfed a hedfanodd allan o'r bag, a phan agorodd Daf ei lygaid, gan eu hamddiffyn â chefn ei law, gwelodd fod Alison yn sefyll yn fud. Roedd y bag wedi disgyn, a llifai cannoedd o greaduriaid bach lliw hufen ohono dros wyneb gwydr y bwrdd.

'Cynrhon!' ebychodd Toscano. 'Ac mae'r oglau drwg yn dod o beth bynnag maen nhw wedi bod yn ei fwyta.'

Gan ddefnyddio hances bapur, cododd Toscano un o gorneli'r bag. Rhwng y cynrhon roedd siâp i'w weld – rhywbeth fel selsigen wedi pydru. Chwipiodd Toscano'r trychfilod bach ymaith efo'r hances, ac wrth iddyn nhw ffoi gwelodd Daf rywbeth a wnaeth i'w galon suddo: gewin.

Pennod 12

Awr ar ôl gwagio bag Alison, roedd Daf yn eistedd gyferbyn â hi yn yr ystafell gyfweld yng ngorsaf heddlu Aberhonddu. Gan ei bod hi wedi chwydu dros ei chôt wen a'i blows roedd hi erbyn hyn yn gwisgo crys chwys llwyd oedd yn llawer rhy fawr iddi. Wrth ei hochr, yn edrych braidd yn nerfus, roedd cyfreithiwr ifanc a'i lygaid mor fawr â soseri.

'Dwi mor sori,' mwmialodd, 'dim ond fi sydd ar gael. Mae pawb arall ar eu gwyliau oherwydd y Si...'

'Paid â phoeni dim,' torrodd Daf ar ei draws, 'tydi achosion o ddatgymalu corff ddim yn digwydd bob dydd. Dwi angen sgwrs efo dy gleient, ac os oes owns o synnwyr rhwng y ddau ohonoch chi, mi wnewch chi geisio cydweithio efo ni. Ti'n dallt, Alison?'

Nodiodd hi ei phen yn araf. Ers yr olygfa frawychus ar y balconi roedd Alison wedi mynd i'w chragen yn llwyr. Wnaeth hi ddim ceisio gwadu mai bys dyn oedd yng ngwaelod ei bag, ond doedd hi ddim wedi ymhelaethu ynglŷn â'r sefyllfa chwaith. Penderfynodd Daf ei chyfweld yn yr orsaf, ym mhresenoldeb cyfreithiwr, rhag ofn i asesiad iechyd meddwl ddatgan ei bod hi'n rhy fregus i gael ei chyfweld heb gymorth. Roedd o wedi argymell gofyn am Oedolyn Priodol i fod efo hi, ond doedd y meddyg ddim yn meddwl bod angen.

'My professional guess is that she's suffering from *murmori defens*,' sylwodd hwnnw efo gwên, 'the state of shock created by being rumbled.'

Nid oedd Daf yn anghytuno.

'Gwranda, Alison, mae Gwasanaeth Erlyn y Goron wedi cysylltu efo fi ond does gen i ddim syniad pa gyhuddiadau i'w rhoi i ti eto. Gawn ni sgwrs agored rŵan ac efallai, os oes eglurhad, na fydd yn rhaid i ni botsian efo cyhuddiadau difrifol fydd yn anodd i bawb, ocê? Dim ond y gwir dwi ei angen gen ti. Ond os dwi'n teimlo nad wyt ti'n onest efo fi, mi fyddi di'n wynebu cyhuddiad o lofruddiaeth cyn pen yr awr, ti'n deall?'

Nodiodd Alison ei phen eto, yn gwingo fel petai'n diodde o gur pen.

'Wyt ti angen paracetamol, lodes? Mae'n siŵr bod rhai yma yn rhywle.'

'Na. Diolch. Dwi'n ocê,' atebodd yn betrusgar.

'Ddechreuwn ni efo'r llythyrau anfonest ti at Rhys Bowen. Does gen i ddim amser i'w wastraffu efo nonsens – dwi isie gwybod pam.'

Snwffiodd y ddynes a throi ei phen i syllu i gornel yr ystafell.

'Mae popeth mor rhwydd iddo fo. Yr holl bres, y cyfleoedd, y tŷ mawr... na, y *tai* mawr. Mae popeth ar blât iddo.'

'Ddechreuodd Rhys Bowen efo fawr ddim byd – trwy waith caled mae o wedi creu busnes mor llewyrchus.' Roedd ei frawddeg yn swnio fel rhywbeth allan o faniffesto Torïaidd, ystyriodd Daf. 'Ers faint wyt ti wedi gweithio iddo fo?'

'Rhyw wyth mlynedd.'

'Ond dim ond yn ddiweddar y datblygodd y genfigen yma?'

'Wyt ti wedi cwrdd â gwraig gyntaf Bowen?'

'Unwaith, ydw.'

'Mae pobol fel hi yn cael eu magu i ddisgwyl a mwynhau bywyd o safon. Ond rhyw athrawes dew sy'n meddwl gormod ohoni'i hun ydi'r wraig newydd. Does ganddi ddim statws, dim traddodiad, ond mae o'n gwario pres arni fel petai hi'n dywysoges.'

'Dwi ddim cweit yn siŵr 'mod i'n dallt. Wyt ti'n ffrind i gyn-wraig Mr Bowen?'

'Fi? Na, fyddai rhywun fel hi byth yn edrych arna i.'

'Felly, doeddet ti ddim yn flin efo dy fòs oherwydd ei fod o wedi gadael ffrind i ti am lodes iau?'

'Na.'

'Beth, felly?'

'Ro'n i isie gwneud rhwbeth... na, dweud rhwbeth, i ddangos

iddyn nhw fod o leia un person ddim yn coelio'r lol, y rhamant ffug. Hen ddyn ffôl a merch sy'n cymryd mantais, dyna ydyn nhw. Mi wnaiff o les iddyn nhw wybod nad ydi pawb yn coelio'r rwtsh yna.'

'Pa rwtsh, yn union?'

'Yr holl alwadau ffôn, y ffaith ei fod o'n ateb ei galwadau hi hyd yn oed yng nghanol cyfarfodydd busnes pwysig. Tôn ei blydi lais efo hi.'

Roedd yn rhaid i Daf gyfaddef iddo'i hun ei fod yntau wedi syrffedu ar eirfa gariadus Rhys a Daisy Bowen. 'Daisy Belle, Daisy Del,' roedd o'n ei galw hi, a hithe'n aml iawn yn ei ddisgrifio fel 'yr hen walch' neu, yn waeth byth, 'y cnaf.'

'Ond ydi hynny'n rheswm digonol i geisio codi ofn arnyn nhw? Wnest ti ddychmygu sut fyse Daisy yn teimlo?'

'Ydi, a naddo. Ro'n i wedi blino ar gael eu bywydau moethus nhw o dan fy nhrwyn yn y gwaith...'

'Be ti'n feddwl?'

'Yr holl stwff am y tŷ. "Os ydi'r boi o'r cwmni *conservatory* yn ffonio, gad i mi wybod yn syth, Alison." "Os oes hanner awr gen ti'n rhydd dros ginio, lodes, wyt ti'n gallu rhedeg ar ôl y giang sy'n gwneud y teils?" Bob dydd, bron.'

'Wyt ti'n ysgrifenyddes i Rhys Bowen?'

'Na. Yn y siop yn y Trallwng dwi'n gweithio, ond ers iddo ddechrau lawr yng Nghaerdydd, mae o wedi ailwampio strwythur y swyddfa, felly yn aml iawn, mae 'na jobsys i'w gwneud a fawr neb i'w gwneud nhw.'

'Mae Mr Bowen yn rhoi dipyn o ffydd ynddat ti, felly?'

'Efallai.'

'Ac mi wnest ti benderfynu bod yn sbeitlyd efo fo?'

'O, does gen i ddim dyled iddo fo, no wê.'

'Ydi o'n gyflogwr da?'

'Pwy a ŵyr. Mae o'n talu ddwywaith be mae o'n fodlon ei dalu i mi i'r pethe diog 'na o Wlad Pwyl. Mi ofynnais iddo unwaith, ar ôl gwneud llwyth o negeseuon iddo fo, oedd siawns i mi gael mynd i'r swyddfa yn llawn amser. Ond chwerthin wnaeth o. Dweud rwbeth am "ddelwedd y cwmni", fel petawn i ddim yn ddigon da i ateb y ffôn a dweud 'Welsh Country Meats'. Dwi wedi cael fy nisgrifio fel dipyn o *rough diamond* yn union fel fo. Ond erbyn hyn, mae o'n byw mewn plasty ac yn ein cynrychioli ni yn y Senedd, a finne'n dal yn styc yn yr un twll lle ges i fy magu.' Roedd y dicter a'r casineb yn llifo bellach, fel petai wedi agor llifddorau fu ynghau yn rhy hir. 'Mae hi'n gwario mwy o bres ar un par o nicers ar gyfer ei thin tew na'r hyn sy gen i i'w wario ar ddillad am fisoedd, yr ast.'

'Ti'n cyfadde, felly?'

'Fi anfonodd y llythyrau.'

Gwnaeth y cyfreithiwr sŵn amheus yn ddwfn yn ei gorn gwddw.

'O, cau hi,' ymatebodd Alison, heb amynedd na pharch. 'Dwi'n euog o yrru'r llythyrau ond dwi ddim wedi datgymalu neb.'

'Ond roedd bys wedi pydru yn dy fag di.'

Dros y blynyddoedd roedd Daf wedi wynebu sawl sefyllfa debyg. Yn amlwg, nid oedd Alison yn ei hiawn bwyll ond doedd hi ddim yn diodde o salwch meddwl difrifol chwaith.

'Codais y bys o'r bocs,' esboniodd, fel petai Daf yn dwp, 'a tra oedd Rhodri'n dy ffonio di, mi welais ewin arall o dan y selsig. Tynnais y bys allan a'i guddio yn fy mag.'

'Ond pam?'

Gwenodd Alison, gan ddangos rhes o ddannedd miniog, fel gwenci.

'Welest ti o fore Llun, y twmffat tew? Doedd ganddo ddim syniad be i'w ddweud nac i'w wneud i amddiffyn ei fusnes gwerthfawr. Glywest ti un gair o gydymdeimlad ganddo am y person gafodd ei dorri'n ddarnau mân? O na, dim ond enw da ei gwmni oedd yn bwysig, a dim byd arall. Ro'n i'n meddwl y byse 'na siawns i mi roi'r ail fys mewn bocs arall, neu ei guddio fo yn ei gar neu rwbeth.'

'Be? Ti wedi bod yn cerdded o gwmpas y Sioe efo bys rhywun yn dy fag jyst rhag ofn y byse 'na gyfle i'w ddefnyddio i achosi problemau i dy fòs?'

Nodiodd Alison ei phen ac roedd golau yn ei llygaid, fel petai'n falch o'i syniad. Ochneidiodd y cyfreithiwr fel petai o mewn hunllef a oedd yn frawychus ond hefyd yn ddiflas.

Taflodd Daf ei bensil i lawr ar y ddesg.

'A ti'n sicr nad wyt ti'n nabod Mel Puw o gwbl?'

'Erioed wedi clywed ei enw tan yn hwyr neithiwr – roedd pawb yn sôn amdano ar ôl i ti faglu dros ei ben o.'

Tro Daf oedd hi i ochneidio. 'Ta waeth. Dwi'n meddwl ei bod yn syniad i'r criw yma dy gadw di am dipyn, nes i ni glywed be mae Gwasanaeth Erlyn y Goron yn ei benderfynu, ond paid â meddwl dy fod ti'n mynd i osgoi cyhuddiadau difrifol.'

Wrth iddo frasgamu o'r ystafell gyfweld, teimlodd Daf gwlwm caled yn ei fol. Yn amlwg, roedd Alison yn ddynes beryglus, ac roedd Rhodri wedi bod yn gweithio wrth ei hochr. Ffoniodd ei fab yn syth.

'Ga' i dy ffonio di'n ôl, Dad? Mae Ali wedi diflannu... wel, na, gafodd hi ei harestio, felly dwi'n rhedeg y stondin ar ben fy hun ar hyn o bryd.'

'Alli di ddim cynnal y stondin ar ben dy hun...'

'Paid â phoeni, Dad, mae Mr Bowen ar y cês. Ie, wrth gwrs, madam, y cig moch Cymreig gorau ydi hwn, does dim rwtsh Daneg ar y stondin yma, byth. *Laters*, Dad!'

Roedd Susie yn dal yn brysur ar y balconi, ac erbyn hyn roedd y darn o gnawd a'r bag drewllyd wedi'u rhoi mewn bagiau wedi'u selio, a'r gwaith bron ar ben. Agorodd y drws i gyfarch Daf.

'Dwi wastad yn cael pryd o dafod gan Mam o achos y llanast sy yn fy handbag, ond o leia dwi erioed wedi cario cynrhon yn f'un i.'

'O, mi wnaethon nhw droi fy stumog i, Susie, dwi'n dweud wrthat ti.'

'Wel, er eu bod nhw'n bethau mor atgas, maen nhw'n handi iawn.'

'Sut hynny?'

'Mae cylch bywyd pry yn cymryd hyn-a-hyn o amser. Os ydyn nhw'n bwydo ar gnawd dynol, mae'n ddigon hawdd i ni ddysgu ers pryd. Mae 'na gwpwl o arbenigwyr lawr yn y de fydd yn gallu rhoi cryn dipyn o wybodaeth i ni am y corff jest wrth edrych ar y cynrhon.'

'Dwi ddim wedi chwydu heddiw, ond dwi'n reit agos rŵan.'

'Wel, falle na fydd dy dasg nesaf yn troi cymaint arnat ti, Dafis.'

'Pam hynny?'

Caeodd Susie ddrws y balconi, ac ar hynny agorodd y drws arall a daeth Eifiona i mewn, wedyn Nicci, a Toscano yn eu dilyn. Roedd golwg ddryslyd ar wyneb Toscano fel petai o wedi derbyn gormod o wybodaeth ac yn methu ei brosesu. Nid oedd Daf yn synnu – roedd Nicci'n ddigon i orlwytho system brosesu unrhyw ddyn dan haul. Roedd hi wedi gwisgo ar gyfer y Cylch mewn llodrau lliw hufen, bŵts uchel a chrys gwyn oedd wedi ei startsio'n grimp gan wneud i'w bronnau edrych fel darn o bensaernïaeth. Roedd ei cholur, fel arfer, yn berffaith, a'i hymarweddiad yn ffurfiol. Roedd yn anodd gan Daf gredu mai hon oedd yr un ferch a ymbalfalodd yn ei bag y noson gynt am arnica i guddio'r cleisiau a gafodd gan ei chleient. Nid putain glwyfedig, fyddar roedd ei gyd-weithwyr yn ei gweld ond dynes ifanc freintiedig – mae pawb yn gwybod mai gêm i bobol gyfoethog yw marchogaeth.

'Helô Nicci, ffordd wyt ti?'

'Bishi, Mr Dafis, fel ti'n gwybod. Newydd ddod o'r Cylch ar ôl cystadlu 'da'r ceffyl hela, ac mae gen i ddosbarth arall am ddau.'

'Dwi'n gwybod o brofiad cyn lleied o amser sy gen ti, ond, yn anffodus, mae rhywun wedi lladd Mel Puw.'

'Dwi mor falch.'

'Pam hynny?'

'Ti'n gwybod bod gan Mel a finne hanes. Welest ti nos Sul sut oedd e'n ymddwyn 'da fi. Anifail oedd e, a fi ddim yn mynd i golli deigryn drosto fe.'

'Gwranda, lodes, o gofio be ddigwyddodd nos Sul, ydw i'n iawn i feddwl nad oes gen ti declyn clyw ar hyn o bryd?'

'Gwir.'

'Fydd raid i mi ofyn sawl cwestiwn i ti, ac mae'n rhaid i mi sicrhau fod popeth yn cael ei wneud mewn ffordd deg. Wyt ti am i mi anfon un o'r tîm draw i Fronllys i nôl teclyn clyw newydd i ti?'

'Fel ddwedes i, alla i ddim fforddio un newydd.'

'Allwn ni roi benthyg un i ti dros dro, os ydi hynny'n help...'

'Ai ti sy'n mynd i ofyn y cwestiyne?'

'Ie.'

'Fydda i'n iawn, felly. Ti'n gwneud y fath stumie wrth siarad, mae'n llawer haws dilyn dy eirie di na geirie rhywun normal.'

Roedd yn rhaid i Toscano ac Eifiona droi eu pennau a smalio canolbwyntio ar lun ar y wal i guddio'r ffaith eu bod nhw'n chwerthin. Gwenodd Daf, ond roedd Nicci wedi taro man gwan – roedd o wastad wedi meddwl fod ganddo sgiliau cyfathrebu da, yn enwedig gyda thystion bregus, ac roedd dysgu sut roedd o'n edrych o'r tu allan yn sioc.

'Dim ond ceisio siarad yn glir ydw i,' dywedodd yn dawel.

'A ti'n llwyddo, Mr Dafis. Clir fel cloch.'

'Ti'n iawn i gael sgwrs, felly?'

'Ydw.'

Wrth iddo ystyried lle i gynnal y cyfweliad daeth Susie i mewn, gan dynnu ei menig plastig.

'Wel, dyna ni, popeth yn dwt ac yn daclus allan yn fanna rŵan. Dwi wedi cael gwybod gan fechgyn Abertawe, y pryfetwyr fforensig, fod ganddyn nhw chydig o amser i wneud y gwaith i ni.'

'Grêt. A diolch am yr holl waith ti wedi'i wneud hyd yma.'

'Dyna i ti'r drwg efo datgymaliad – mae sawl man trosedd, a lot o waith.'

'A does ganddon ni ddim syniad eto ble mae ei gorff na'i goesau o.'

'Fydd e ddim angen ei goese,' torrodd Nicci ar draws, 'i gerdded i Uffern.'

Roedd oerni yn ei llais, yn union fel y noson gynt pan oedd hi'n trafod dial.

'Cer allan ar y balconi, Nicci, a diolch eto, Susie.'

'Ffonia Dr Jarman pan gei di eiliad, Daf – mae o'n fy ngyrru fi o 'nghof, wir.'

'Jarman? Patholegydd ardal Ysbyty Amwythig ydi o yntê, nid fan hyn?'

'Dim ond cario'r neges dwi, Daf,' meddai Susie wrth ffarwelio.

Eisteddodd Daf wrth ymyl Nicci ar y balconi, ar ôl gwneud yn siŵr fod y lle yn glir o bob trychfil.

'Fi'n gwybod bod rhywun wedi lladd Mel Puw, Mr Dafis, ond nid fi wnaeth.'

'Ti o flaen y gad braidd, lodes. Pryd gwrddest ti â Mel am y tro cynta?'

'Fi wastad wedi ei adnabod e. Ro'n i'n arfer mynd rownd y sioeau 'da Bamps.'

'Ond, o'r sgwrs glywais i rhyngoch chi nos Sul, roedd o'n fwy na jyst dyn roeddet ti'n ei weld o gwmpas.'

'Ti wedi clywed dipyn o fy hanes i. Ar ôl i Bamps farw, benderfynes i gario mlaen. Doedd dim dewis arall. Ond y broblem oedd sut i gludo'r stoc. Ro'n i'n gwybod sut i ofalu am y ceffyle, sut i daro bargen dda a sut i dalu'r bilie, ond does dim modd i ferch dair ar ddeg oed yrru lorri stoc.'

'A Mel Puw?'

'Drefnes i i gaseg fynd at ei stalwyn, gan ofyn am AI achos y broblem cludiant. Cynigiodd Mel ddod i'w chasglu hi ac roedd e'n eitha neis tan ddaeth e'n ôl 'da'r gaseg yr wythnos wedyn. Sylwodd 'mod i'n byw ar ben fy hun, wedyn...'

'Gest di dy dreisio ganddo fo?'

'Blwyddyn Wyth oeddwn i. Blwyddyn Wyth, Mr Dafis. Er, doedd blynyddoedd ysgol ddim yn cyfri rhyw lawer i fi.'

'Wnest ti ddim meddwl mynd at yr heddlu?'

'O, mi es i at yr heddlu, y tro cyntaf i Wncwl Craig gael "parti" 'da chwech o'i ffrindie. Ddwedodd Craig wrthyn nhw mai ffantasi merch ifanc anabl oedd y cyfan, a'r unig ymateb ges i gan yr awdurdodau oedd brechiad atal cenhedlu. Doedd 'run ohonyn nhw'n malio beth ddigwyddodd i mi, ond bydde babi'n creu lot o waith papur.'

'Dwi mor sori, lodes. Felly, ydi Mel wedi dy gam-drin di byth ers hynny?'

'Cam-drin? Wel, do, ond wnaeth e gynnig i mi... 'se fe'n trin y gaseg petawn i'n rhoi gwasanaeth iddo fe.'

'A wnest ti gytuno?'

'Dyw ffi rhidiad ddim yn rhad, felly i ryw raddau, roedd e'n fargen.'

'O lodes annwyl, does dim rhaid i ti fyw fel hyn.'

'Dyna be ddwedest ti neithiwr, yr hen diwn gron. Dyw pethe ddim mor wael â hynny. Llynedd, wnes i fwy o elw o'r fridfa nag o buteinio, ac mae hynny'n gam i'r cyfeiriad cywir. Ond yn anffodus, alla i ddim cynnal fy hun ar yr elw hwnnw, heb sôn am y ceffyle. Os ga' i Sioe dda, bydd cynnydd yng ngwerth y stoc, fydd yn help i adeiladu enw da.'

'Ocê. Pryd welest ti Mel Puw ddwetha?'

'Glywest ti'r ffrae nos Sul.'

'Welest ti mohono ar ôl hynny?'

'Dwi'n deall iddo greu helynt yn y WPCS y noson 'nny, ond es i ddim lawr 'na.'

'Pam hynny?'

'Os oes raid i mi ffwcio dynion erchyll i dalu am wair, pam fydden i'n gwario deugain punt er mwyn meddwi yn y WPCS?'

'Wrth gwrs. Felly, nos Sul, wnest ti aros yn dy drelar?'

'Do. Heblaw am ddod i dy boeni di, wrth gwrs.'

'A ti'n bendant na wnest ti adael y cae top drwy'r nos?'

Oedodd Nicci am ennyd. 'Na, sori, dwi'n anghywir. Ar ôl i mi dy weld di, ges i neges gan un o 'nghwsmeriaid ffyddlon. Dyn teulu neis 'da ffantasïau mochedd na fydde fe'n mentro'u rhannu 'da'i wraig. Ar ôl 'i weld e, o'dd angen cawod arna i.'

'Faint o'r gloch oedd hyn?'

'Ro'dd hi wedi gwawrio ers sbel.'

'Welest ti lorri Mel Puw, ger y cawodydd?'

'Do, weles i lorri'r bastard.'

'Nicci, ai cyn neu ar ôl i ti ei ladd o y rhoddest ti ddarn o dy declyn clyw yn ei geg? Dwi'n amau mai wedyn wnest ti hynny – er bod ochr finiog iawn i'r plastig, doedd dim gwaed ffres yn ei geg.'

'Beth?' Cododd Nicci ei haeliau mewn ystum o syndod.

'Weles i ti'n codi'r darnau oddi ar y gwair, ar ôl i Puw ei falu. Wedyn, ffeindion ni ddarn o dy declyn clyw yn ei geg.'

'Sut... sut all unrhyw un fod yn sicr mai'r un teclyn clyw oedd e?'

'Mae dy bresgripsiwn di ganddon ni. Cafodd dy declyn clyw di ei wneud yn Denmarc, a 'den ni wedi cael gafael ar fanylion technegol y plastig mae'r cwmni'n ei ddefnyddio... sydd yn union yr un fath â'r hyn oedd yng ngheg Mel Puw.'

'Reit.'

'Be am i ti ddweud y gwir, Nicci? 'Den ni'n gwybod mwy na ti'n feddwl. Os ga' i'r gwir, mi fyddi di'n rhydd ar gyfer dy ddosbarth nesa, siawns.'

'Yn gynnar fore Llun oedd hi. Basies i ei lorri fawr swanc e, a gan nad oedd neb o gwmpas, feddylies i am chwalu ei deiars ond doedd dim cyllell 'da fi. Yna ges i syniad – falle fod cyllell yn y storfa fach wrth y drws. Mae cymaint o le i gadw pethe yn y lorri 'na.'

'Agoraist ti'r storfa?'

'Do. Dim ond tun o radl oedd yno, ac fe ildiais i'r demtasiwn i... *addurno* ei lorri.'

'Oedd gen ti dortsh?'

'Oedd, ar fy ffôn, ond doedd dim angen un – mae golau'r storfa'n dod ymlaen bob tro mae'r drws yn agor. Ro'n i'n teimlo'n wych, yn ewfforig, a doeddwn i ddim am i'r teimlad hwnnw ddod i ben, felly es i'n ôl at y syniad gwreiddiol o falu'r teiars. Agorais ddrws y stordy mwy, er mwyn chwilio am gyllell neu unrhyw beth 'da min arno. Doedd y drws ddim ar glo.'

'A be welest ti?'

'Ei ben, yn gorwedd ar y llawr.'

'Be wnest ti wedyn?'

'Roedd y pen yn gorwedd ar ei ochr, ar un foch. Fe godes i e, gerfydd ei wallt, nes oedd e'n syllu'n syth arna i. Ro'dd golwg o ofn yn ei lyged e, a wnaeth hynny fi'n hapus.'

'Wyt ti isie aros am gyfreithiwr cyn dweud mwy?'

'Pam?'

'Achos ti'n swnio fel dy fod di ar fin dweud rhwbeth y gall rhywun ei ddefnyddio fel tystiolaeth yn erbyn di.'

'A faint o ddynion fydd angen i fi eu ffwcio i dalu am gyfreithiwr?'

Yn betrusgar, cnociodd Toscano ar y drws rhwng y balconi ac ystafell yr ymchwiliad.

'Mr Dafis...' dechreuodd.

'Dwi'n brysur, Toscano. Dweud wrth Dr Jarman y gwna i ei ffonio fo'n ôl.'

'Mae 'na lanc yma sy'n mynnu dy weld di.'

Drwy'r gwydr, gwelodd Daf fod Cai, y cyw cyfreithiwr yr oedd ei gyfaill Haf Wynne wedi'i gymryd dan ei hadain, yn sefyll y tu ôl i Toscano. Cafodd Daf syniad.

'Wyt ti 'di gwneud y cwrs Mynychu Gorsaf yr Heddlu, còg?' galwodd draw at Cai.

'Wrth gwrs. Fi sydd wastad ar alwad bob bore Sul pan fydd Haf yn mynd i'r eglwys.'

'Ti'n fodlon gwneud chydig o waith *pro bono*?'

'Wastad yn fodlon dy helpu di, Mr Dafis.'

'Nicci, dyma Cai Evans. Mae o'n mynd i eistedd efo ni, i wneud yn siŵr dy fod di'n cael chwarae teg.'

'Alla i ddim dy fforddio di,' atebodd Nicci'n swta.

'Chlywaist ti 'mo Mr Dafis? Mi fydda i'n gweithio am ddim.'

'Roeddet ti wedi troi dy ben, felly allen i ddim darllen dy wefuse. Fi'n fyddar.'

'Wyt ti angen rhywun arall i ddod i dy gefnogi?'

'Ro'n i'n meddwl dy fod di newydd wirfoddoli i fy helpu.'

'Do, dwi wedi.'

Edrychodd y ddau i lygaid ei gilydd, a gwelodd Daf ryw fath o ddealltwriaeth rhyngddyn nhw.

'Mae teclyn clyw Nicci wedi malu,' eglurodd Daf.

'Mae'r teclyn yn gwneud pethe'n haws i mi, o lawer, ond fe alla i ymdopi hebddo fe hefyd,' ategodd Nicci, heb dynnu ei llygaid oddi wrth rai Cai.

'Bwrw 'mlaen efo dy stori, lodes. Ar ôl i ti ddarganfod pen Mel Puw yn y storfa...'

Doedd dim math o syndod ar wyneb Cai, fel petai o wedi hen arfer clywed straeon tebyg.

'Mi dynnes i lun o ben y cachgi, fel memento. Wrth roi fy ffôn yn ôl yn fy mhoced teimlais y darnau o fy nheclyn clyw, a difaru na ches i gyfle i'w dagu e 'da'r peth. Ddechreues i feddwl pwy fydde wedi gwneud y fath beth a pham... roedd sawl un 'da rheswm i'w ladd e. Ges i syniad – un ffôl, o bosib, ond rwbeth fydde'n eisin ar y gacen i mi, fel petai. Roedd ei geg ar agor, felly stwffies i ddarn o'r teclyn clyw i mewn iddi, fel petai e wedi tagu arno fe.'

'Mae gen i gwpwl o gwestiynau mae'n rhaid i mi eu gofyn, sori. Oedd ei gnawd yn gynnes, a faint o waed oedd o gwmpas?'

'Roedd digon o'r stwff coch dros y lle. Ac roedd e'n oeri, ond do'dd 'i groen e ddim yn edrych fel cwyr.'

'Ac roedd gwaed drostat tithe?'

'Fel ddwedes i, Mr Dafis, ro'n i ar fy ffordd lawr i gael cawod, ac yn gwisgo dim heblaw fy oelsgin. Roedd gwaed ar fy nwylo a fy mrest, ac ar ôl gosod y pen yn barchus ar y silff, es i'n syth i'r gawod.'

'Oedd gwaed ar dy gôt?'

'Weles i ddim. Mae hi'n gôt dywyll.'

'A wnest ti ddim meddwl am fynd i nôl cymorth?'

'Pa fath o gymorth? Yw pair Bendigeidfran ar Faes y Sioe? Pa iws yw ambiwlans i ddyn heb ben, neu i ben heb ddyn?'

Gwnaeth Cai ymdrech i beidio â gwenu ar hiwmor tywyll Nicci, ond methodd.

'Ocê, ocê, dwi'n dallt. Ond wnaeth y pen ddim codi ofn arnat ti?'

'Mr Dafis, mae Puw wedi codi cryn dipyn o ofn arna i dros y blynyddoedd, ond nid ei ben oedd yn achosi'r probleme.'

Chwarddodd Cai yn uwch, a dechreuodd Daf ddifaru gwahodd y dyn ifanc i mewn i'r holl gymhlethdod. Ond wedyn cofiodd fod Cai, fel Nicci, wedi goroesi profiadau heriol. Er ei fod yn edrych fel cyfreithiwr gwledig hen ffasiwn a pharchus, o dan y chinos lliwgar a'r crys Tattersall roedd plentyn gafodd ei esgeuluso, bachgen gafodd ei gam-drin mewn cartref plant, dyn ifanc caeth i heroin gafodd ei orfodi i fyw ar y strydoedd.

'Felly, Nicci, mi wnest ti ddarganfod pen Mel Puw yn stordy ei lorri yn gynnar fore Llun, tynnu ei lun o, rhoi darn o dy declyn clyw yn ei geg o, wedyn mynd am gawod ac yn ôl i dy drelar dy hun?'

'Yn gwmws, a chloi'r drws arno fe – ro'dd Mel yn cadw'r allweddi ar ben yr olwyn.'

'Ga' i ofyn,' meddai Cai, gan roi pwyslais gofalus ar ei eiriau, 'wyt ti'n ystyried cyhuddo fy nghleient, Mr Dafis? Ac os wyt ti, be ydi'r cyhuddiad?'

'Rhwystro ymchwiliad yr heddlu, o bosib.'

'Wir? Sut hynny?'

'Ddyle hi fod wedi cysylltu â'r heddlu ar unwaith, ar ôl darganfod y pen.'

'O ty'd 'laen, Mr Dafis. Ti'n gwybod, fel fi, nad ydi peidio â riportio trosedd yn drosedd.'

'Ond... peth hynod ydi darganfod pen a pheidio dweud dim byd wrth neb.'

'Efallai fod fy nghleient yn lodes hynod.'

'Yr unig beth sydd o ddiddordeb i mi ydi pwy laddodd Puw. A hyd yma, mae sawl un wedi potsian efo darnau o'i gorff, ond does ganddon ni ddim clem pwy laddodd o.'

'Nid fi laddodd y bastard,' datganodd Nicci. 'Y cwbl wnes i oedd rhoi darn o'm teclyn clyw yn ei geg. Ac mae gen i gystadleuaeth mewn tri chwarter awr.'

'Ac mae gen innau gryn dipyn o hanes Puw i'w ddweud wrthat ti, Mr Dafis,' ychwanegodd Cai. 'Wn i ddim beth arall sydd gan fy nghleient i'w ddatgelu, ond mae gen i gyfrolau...'

'Wnei di stopio'r busnes "fy nghleient" hyn, achos does gen i ddim ceiniog goch i dy dalu di,' dywedodd Nicci efo'r wên fwyaf naturiol i Daf ei gweld ar ei hwyneb tlws.

'Paid â phoeni,' atebodd Cai, 'mae'n gwneud lles i mi ymarfer geirfa cyfweliadau heddlu bob hyn a hyn.'

'Ymarfer? Smo ti'n gyfreithiwr 'te?'

'Dim eto. Dwi'n dal yn y coleg. Ond dros y gwyliau dwi'n gweithio fel *paralegal*, felly dwi ddim wedi bod mewn gorsaf heddlu ers y Pasg.'

Efallai ei fod o'n dychmygu'r peth, ond gwelodd Daf fymryn o siom yn llygaid Nicci.

'Ro'n i'n meddwl dy fod di dipyn yn hŷn.'

'Dwi bron yn ddeg ar hugain, ond... wnes i ddim dilyn y llwybr arferol i'r coleg.'

Cododd Nicci ar ei thraed yn ofalus, a chofiodd Daf am y cleisiau. Roedd hi'n haeddu bywyd gwell.

''Shgwl, Mr Dafis, adewa i fy rhif ffôn 'da dy dîm fan acw, ac ar ôl i mi orffen yn y Cylch a sortio Boyo, fe ddo' i â fy oelsgin lawr 'ma, i chi gael chwilio am waed.'

'Pwy ydi Boyo?' gofynnodd Cai.

'Warmblood. Narberth No Good Boyo. Nid fi roddodd yr enw ffôl 'na iddo fe.'

'Ceffyl, felly?'

'Fysen i ddim yn ddigon twp i alw fy mab yn Narberth No Good Boyo.'

'Oes gen ti blant?' gofynnodd Cai.

'Nagoes, ond petawn i'n ddigon twp i fridio ryw ddydd, Raymond fydde'i enw fe, ar ôl Bamps.'

'Alli di ddim galw babi yn Raymond.'

'Pam lai? Pwy sy'n mynd i fy rhwystro i?'

'Enw hen ddyn ydi o.'

Erbyn hyn roedd Daf yn bendant bod y ddau yn fflyrtio.

Tynnodd Cai gerdyn bach o boced ei siaced.

'Dyma fy rhif, os wyt ti angen unrhyw fath o help.'

Syllodd Nicci ar y cerdyn am hir a sylwodd Daf nad oedd ganddi fag na phoced i'w gadw. Rhoddodd ei throed ar ben y gadair a gwthio'r cerdyn i dop ei bŵt hir ddu, oll heb dynnu ei llygaid oddi ar wyneb Cai. Roedd yntau'n syllu'n ôl arni fel dyn sychedig yn edrych ar beint o gwrw. Ystyriodd Daf eu rhybuddio nhw i fod yn ofalus, ond penderfynodd gau ei geg.

'Well i ti frysio i sortio'r busnes 'ma, Mr Dafis,' meddai Nicci wrth adael. 'Mae Tinciwinci'n ffefryn ar gyfer y Cuddy ac alli di ddim methu hynny.'

'Reit, be ddiawl ydi'r Cuddy 'ma?' gofynnodd Daf. 'Mae pawb wedi bod yn dweud hyn wrtha i ers dyddie, a 'sgen i ddim syniad am be maen nhw'n sôn!'

'Wel, a dweud y gwir, nid Cuddy sy'n noddi'r gystadleuaeth bellach ond mae pawb yn dal i'w galw hi'n "Cuddy". Prif bencampwriaeth y dosbarthiadau mewn llaw. Fi'n gwybod mai dim ond dydd Mawrth yw hi, ond fi ddim wedi gweld unrhyw beth tebyg i Tinc o'r blaen.'

'Ac mae'r Cuddy sydd ddim yn Cuddy yn beth mawr?'

'Peth mawr? Siŵr iawn! Mae enillwyr y Cuddy yn mynd fyny i'r HOYS.'

'HOYS?'

'Yr Horse of the Year Show. Yr HOYS yw pinacl y flwyddyn, felly mae'r Cuddy yn *big deal*. Rhaid i ti ddatrys yr achos er mwyn bod yno.'

'Fyse'n llawer haws datrys pethe petai pobol sy'n dod o hyd i bennau mewn storfeydd yn deialu naw naw naw yn hytrach na gwneud rhyw giamocs gwirion.'

Chwarddodd Nicci. 'Digon teg, Mr Dafis. Fi'n pledio'n euog!' meddai.

'Paid byth â phledio'n euog i ddim!' ebychodd Cai. 'Mae'n gwneud gwaith cyfreithwyr yn llawer anoddach.'

'O, druan!' atebodd Nicci dros ei hysgwydd wrth wthio'r drws i'w agor.

Ar ôl iddi fynd, roedd tawelwch am sbel, fel petai Daf a Cai yn ystyried beth i'w ddweud am y ferch hynod. Cai siaradodd gyntaf.

'Reit, Mr Dafis, os wyt ti isie gweld y Cuddy 'ma, well i ni fwrw mlaen.'

'Bendant, còg.'

Daeth sŵn o ffôn Cai, a phan edrychodd ar y sgrin gwenodd yn llydan. Edrychodd Daf i lawr o'r balconi – roedd Nicci'n sefyll yng nghysgod y brif eisteddfa, yn rhoi ei ffôn yn ôl y tu mewn i'w chrys.

'Llynedd,' dechreuodd Cai heb air o ragymadrodd, 'ro'n i ar brofiad gwaith efo cyfreithwyr draw yn Mach. Pobol glên iawn, gan fwyaf. Yr unig ddrwg yn y caws oedd wancar o'r enw... na, well i mi beidio ei enwi, rhag ofn. Beth bynnag, roedd un o'r partneriaid yn Efengỳl.'

'Dydi hynny ddim yn anghyfreithlon.'

'Ddyle fo fod. Ar ôl iddo glywed chydig o fy hanes i, mi geisiodd fy helpu i "weld y Goleuni".'

'Digon i fynd ar nerfau unrhyw un.'

'Mi lwyddais i'w dawelu ar ôl cael benthyg gleiniau paderau gan y Tad Hogan i'w gadael ar fy nesg. Ond wnes i ddim synnu pan glywais ei ymateb i alwad ffôn o Lanrhedyn.'

'Gan bwy?'

'Gan Mr Powell. Mae'r ffyrm wedi cynrychioli'r teulu Arthur ers oes Fictoria, ond ar ôl cynrychioli Miss Grug, fel maen nhw'n dal i'w galw hi, yn yr ysgariad, wnaethon nhw ymuno yn y boicot, felly doedd dim gwrthdaro buddiannau pan oedd Mr Powell angen cyngor pan brynodd o'r lle.'

'Dyn ifanc tal, gwallt hir?'

'Ie, trustafarian i'r carn.'

'Trustafarian?'

'Byw fel hipi ar *trust fund* gan ei deulu. Beth bynnag, ffoniodd Mr Powell, a dim ond fi a'r Efengỳl oedd yn y swyddfa. Ofynnodd y boi i mi siarad efo fo, gan nad oedd o'n "cymeradwyo ei ffordd o fyw", felly, fi atebodd yr alwad. Cwestiwn oedd ganddo fo.'

'Be oedd y cwestiwn?'

'A ydi priodas yn diddymu ewyllys, dyna oedd o'n ofyn, a

wnes i ddim synnu achos mae pawb yn gwybod ei fod o wedi priodi Rhydian Puw, neu Rhydian Arthur fel mae o'n galw ei hun.'

'A be oedd yr ateb i'r cwestiwn?'

'Ydi, mae priodas yn diddymu ewyllys, a phan glywodd Mr Powell hyn, gofynnodd i mi fynd draw i siarad efo nhw cyn gynted â phosib. Roedd y partneriaid, heblaw'r Efengyl, wastad yn dweud, "Os ydi Glanrhedyn yn galw, 'den ni'n mynd", felly mi gynigiais fynd yno'n syth. Ond yn ôl Mr Powell roedden nhw'n cneifio, felly gofynnodd i mi fynd yno fin nos. Dyna be wnes i.'

'Felly haf y llynedd oedd hyn?'

'Ie. Ro'n i i fod yn adolygu ar gyfer fy arholiadau ond mae gen i gof fel eliffant a dwi wastad yn hoffi cadw'n brysur.'

Nodiodd Daf ei ben, yn gwybod pa mor beryg oedd diogi i ddyn oedd â hanes o ddibyniaeth.

'Doeddwn i erioed wedi bod yn Glanrhedyn cyn hynny, ac mi wnaeth y lle argraff fawr arna i. Waw, am le braf. Ti 'di bod yno?'

'Erioed.'

'Clamp o dŷ carreg, yn sefyll ar silff uwchben y Ddyfi, lle mae'r afon yn troi, felly mae 'na olygfeydd fyny i'r bryniau a lawr tuag at yr arfordir. Ti'n gwybod nad oes gen i fawr o wreiddiau, ond yr eiliad y gwelais i Glanrhedyn... wel, ro'n i'n dallt y balchder, y traddodiad, y teimlad o berthyn. Mae coedlan y tu ôl i'r tŷ, yn cysgodi'r lle rhag gwynt y dwyrain, a rhes o sguboriau, stablau, stordai... bron fel pentre. Mae rhai yn gymharol newydd, ond y rhan fwyaf o oes Fictoria, oes aur y teulu Arthur, yn ôl y sôn.'

Roedd Cai yn amlwg yn mwynhau dweud yr hanes, a chafodd Daf yr argraff nad oedd o wedi trafod Glanrhedyn efo neb o'r blaen. Wrth gwrs, er nad oedd o wedi cymhwyso fel cyfreithiwr eto, roedd cyfrinachedd proffesiynol yn bwysig iddo, ond roedd o'n ddyn ifanc ynysig, yn canolbwyntio ar ei waith ar draul cariad, teulu a ffrindiau, ystyriodd.

'Beth wnaeth fy synnu i, Mr Dafis, oedd faint o gerbydau oedd ar y buarth. Landies, pic-yps o bob math a chwpl o geir teulu. Yn amlwg, roedd diwrnod cneifio hen ffasiwn yn cael ei gynnal yn Glanrhedyn, efo dros ugain o gymdogion wedi dod i helpu, a digonedd o fwyd a chwrw i bawb. Pan gyrhaeddes i roedd Mr Powell a Mr Arthur yn sefyll yn nrws llydan yr hen feudy, yn ffarwelio ac ysgwyd llaw efo pawb, a diolch iddyn nhw. Ar ôl i'r cymdogion olaf adael, mi es i atyn nhw. Pan gnociais i ar ddrws y beudy roedden nhw wrthi'n clirio'r byrddau mawr. Mi gyflwynais fy hun...'

'Doeddet ti ddim wedi cwrdd â nhw cyn hynny?'

'Erioed. Ro'n i wedi clywed amdanyn nhw, wrth gwrs – tre go fychan ydi Mach ac roedd merched y swyddfa wrth eu boddau'n hel clecs, felly ro'n i wedi clywed digon am y teulu Arthur, eu hanes, yr helyntion, yr holl halibalŵ, hanes afanc anffodus, a hyd yn oed y gannwyll corff teuluol.'

'Cannwyll corff?'

'Mae pawb yn sôn am y golau gwyrdd neu las sy'n ymddangos uwchben aelodau teulu Glanrhedyn cyn iddyn nhw farw. Roedden nhw'n ystyried y peth yn fendith yn yr oes pan oedd pobol yn credu ei bod yn bosib gwarantu taith i'r nefoedd ar ôl cyffesu. Y stori ydi bod y penteulu wedi rhoi darn o dir i Abaty Cymer yn gynnar yn Oes y Tuduriaid, ac i ddiolch i'r teulu, addawodd yr abad y bydden nhw wastad yn cael rhybudd, er mwyn gallu paratoi ar gyfer marwolaeth. Erbyn hyn ofergoel ddi-sail ydi hi.'

'Dwi wedi clywed am y gannwyll corff o'r blaen. Ond yn ôl i'r diwrnod cneifio plis, lanc.

'Wyddwn i ddim be i'w ddisgwyl ar ôl clywed cymaint amdanyn nhw, ond rhaid i mi gyfaddef, ro'n i'n eu hoffi nhw. Paid â meddwl 'mod i'n sofft, ond mae 'na rwbeth braf am fod efo pobol sy'n caru ei gilydd go iawn, yn gofalu am ei gilydd bob amser.' Ochneidiodd. 'Weles i ddim o hynny wrth dyfu i fyny... ond beth bynnag, mi ddilynais Mr Powell a Mr Arthur i mewn i'r tŷ, ac mi ddechreuon ni sgwrsio o gwmpas bwrdd mawr y gegin. Roedd hi'n gegin braf, efo blodau gwyllt wedi'u clymu i'r rhesel sychu dillad, ond roedd y pethe arferol yno hefyd: calendr Wynnstay ar y wal a sawl tiwb drensh yn hongian ar gefn y drws. Gwaeth Mr Powell baned i mi ar ôl mi wrthod tun o lager. Doedden nhw ddim wedi bod yn yfed, ga' i bwysleisio, Mr Dafis. Roedden nhw'n sôn am wneud ewyllysiau, sydd wastad yn bwnc go sensitif… ond fel arfer, wrth drafod etifeddiaeth, blaenoriaeth yr ewyllysiwr ydi pwy sy'n cael eu heiddo. Iddyn nhw, roedd y ffocws ar sut allen nhw rwystro'u tadau rhag cael unrhyw beth.'

'Difyr iawn.'

'Roedd y trafferthion rhwng Mr Powell a'i dad yn rhai digon arferol – llanc breintiedig yn ffansïo'i hun yn dipyn o rebel, gan fynd yn erbyn cyngor ei dad. Gan fod ei dad wedi gwneud ei ffortiwn drwy gynhyrchu peis, roedd y mab isie bod yn llysieuwr.'

'A sut oedd hynny'n plesio Rhydian?'

'Wel, dyma i ti arwydd o'u perthynas dda: cyfaddawd. Erbyn hyn mae Mr Powell yn bwyta cig cynaliadwy a Mr Arthur ddim yn mynnu cael cinio rhost bob dydd.'

'Allwn ni eu galw nhw'n Rhydian a Pow plis, Cai? Dyna be maen nhw'n galw'i gilydd. Hefyd, Mr Puw ydi Rhydian, nid Mr Arthur.'

'Ddim yn aml iawn ti'n anghywir, Mr Dafis, ond newidiodd Rhydian ei enw yn gyfreithiol, cyn y briodas. Rhydian Arthur ydi ei enw erbyn hyn, yn swyddogol. Ond ocê, Rhydian a Pow amdani.'

'Be oedd termau eu hewyllysiau nhw, dwêd?'

'Roedden nhw isie sicrhau hawliau ei gilydd, ond dan amodau. Petai Pow yn marw gyntaf mi fyse ei gyfran o o'r fferm yn mynd i Rhydian, ond fyse'n rhaid i Rhydian addo cadw'r lle'n organig a pheidio torri unrhyw goed heb ailblannu. Petai Rhydian yn marw gyntaf roedd o'n gofyn i Pow beidio ailwylltio Glanrhedyn ymhellach na'r cynlluniau sydd ganddyn nhw ar y gweill. Wedyn, ar ôl nodi hynny i gyd, mwythodd Pow law Rhydian yn dyner a sôn am y Prosiect.'

'A be ydi hwnnw?' gofynnodd Daf yn chwilfrydig.

'Dyna ofynnais inne, a Rhydian atebodd. "Y Prosiect" oedd y cynllun i ladd ei dad.'

'Ti o ddifri? Sut ddwedodd o hynny – fel jôc?'

'Ddim o gwbl. Roedd ei lais o'n glir, tawel a ffeithiol, fel petai'n trafod faint o silwair oedd yn y clamp.'

'A be ddwedest ti?'

'Wel, roedd yn rhaid i mi egluro nad oedden ni, fel cyfreithwyr, yn fodlon paratoi ewyllys oedd yn cynnwys cymal anghyfreithlon, er enghraifft cynllwyn i lofruddio.'

'A be oedd yr ymateb?'

'Dim llawer, ond gwasgodd Pow law Rhydian am eiliad fel cadarnhad, beth bynnag oedd y gyfraith yn ddweud, ei fod o'n cytuno i'r amod.'

'Ti'n dweud bod Pow wedi cytuno i ladd tad Rhydian – sef Mel Puw – petai Rhydian yn marw cyn gwneud hynny?'

'Yn union. A rŵan, rhaid i mi fynd.'

'Ti ddim wedi gorffen yr hanes eto.'

'Dwyt ti ddim angen clywed am fanylion eraill eu hewyllysiau... heblaw, efallai, am y ffaith mai mam Rhydian, yr enwog Miss Grug, oedd etifedd y ddau ohonyn nhw. Os ydi Rhydian a Pow yn marw ar yr un pryd, megis mewn damwain car, hi fydd yn derbyn ei hetifeddiaeth yn ôl.'

'Difyr iawn,' sylwodd Daf, gan godi ar ei draed ar yr un pryd â Cai. 'Rhaid i ni gael sgwrs eto.'

'Be am ddiod fach sydyn yn y Pony & Cobs yn nes ymlaen, Mr Dafis? Dwi erioed wedi bod yno, a ti'n gwybod be mae pobol yn ddweud – mae angen profi popeth unwaith, heblaw llosgach a dawnsio gwerin.'

Roedd yn rhaid i Daf atal gwên wrth feddwl beth oedd yn denu'r cyfreithiwr call i far y WPCS.

'Ocê, ar un amod, Cai. Os dwi'n dechrau yfed Jagerbombs, plis atgoffa fi o f'oed a fy nyletswyddau di-ri.'

'Mi wna i.'

Pennod 13

'Reit, Toscano, lledaena'r neges: 'den ni angen siarad efo Rhydian Puw a Pow, cyn gynted â phosib.'

'Awn ni i ardal y goedwigaeth 'te?'

'Pam hynny?'

'Achos mae Powell yn aelod o Dîm Bwyellwyr Cymru ac maen nhw'n cystadlu heddiw yn erbyn yr Iseldiroedd.'

'Wel, dwi'n synnu braidd.'

'Achos bod aelod o Dîm Bwyellwyr Cymru yn hoyw?'

'Dim o gwbl,' mwmialodd Daf, gan nad oedd Toscano'n bell o'r gwir. 'Oherwydd ei ddosbarth cymdeithasol. Dwi erioed wedi clywed am ddyn mor gyfoethog sy'n handi efo bwyell, dyna'r cyfan. Wyt ti'n gwybod faint o ffortiwn gafodd o, gyda llaw, Toscano?'

'Anodd dweud. Gafodd o ryw ddeunaw miliwn gan ei nain pan drodd yn un ar hugain, ac ers hynny mae o wedi derbyn incwm rheolaidd sylweddol hefyd.'

'Gan Pasteiod Powell?'

'Na. Dros y blynyddoedd, prynodd ei daid a'i nain sawl tŷ drwy gwmni o'r enw Powell's Properties. Fel unig blentyn, fo sy'n derbyn yr incwm rhent i gyd, a chaiff o ddim gwerthu'r eiddo gan fod y tai mewn ymddiriedolaeth ar gyfer ei blant.'

'A.'

'Paid â dweud "a" fel'na, bòs. Mae dynion hoyw yn cael babis y dyddie yma. A ti wastad yn dweud cymaint gwell ydi cymdeithas o fod yn fwy agored.'

'Ti ddim yn deall, còg. Mae fy ffrind gorau yn yr heddlu yn...'

'Beth bynnag. Ti erioed wedi gwylio bechgyn y bwyeill o'r blaen?'

'Dwi wastad wedi ceisio osgoi'r Sioe, dweud y gwir. Pan oedd Carys a Rhodri'n ifanc ro'n i'n gorfod treulio fy ngwyliau yn Steddfod yr Urdd, a doedd gen i ddim calon i fynychu digwyddiad cenedlaethol arall chydig wythnose'n ddiweddarach.'

''Den ni wastad yn dod – hon ydi'r ffenest siop orau bosib i'n busnes hufen iâ ni. Ro'n i wrth fy modd yn crwydro o gwmpas yr anifeiliaid. Y moch a'r cwningod o'n i'n eu hoffi. Pan dwi'n setlo, dwi am gael tŷ yn y wlad a chadw Tamworths a Blanc de Hotons.'

'Blanc de be?'

'Hoton. Cwningod bech annwyl, gwyn i gyd heblaw am lein ddu o gwmpas eu llygaid, fel petaen nhw'n gwisgo *eyeliner*.'

Cyn i Daf gael cyfle i holi mwy, canodd ffôn Toscano â'r thema o'r ffilm *The Lion King*. Atebodd, gan gochi.

'A, *mi dispiache, tesoro, ma devo lavorare... Si, si, l'omicidio... Domani, spero... Si, tesoro anch'io ti amo... Si, ti amo per sempre. Ciao.*' Gwthiodd ei ffôn yn ddwfn i'w boced ar ôl gorffen yr alwad.

'Wel, wel, dipyn o dderyn wyt ti, Mr Toscano!'

'Am be ti'n sôn, Mr Dafis?'

'Dwi ddim yn siarad Eidaleg ond wnes i ddysgu digon o Ladin i ddeall mai "caru" ydi ystyr y ferf "*amo*". Pwy ydi hi felly?'

'Lodes lyfli,' mwmialodd Toscano. 'Bianca ydi'i henw hi.' Llyncodd gegaid fawr o wynt cyn parhau. 'Yn union fel Miss Bianca, y llygoden sy'n brif gymeriad yn *The Rescuers*, sef fy nhrydedd hoff ffilm Disney erioed. Mae hi 'di dod i weithio i'w modryb, sy'n cadw'r bwyty ger y llyfrgell yn y Drenewydd.'

'A sut ddest ti i'w nabod hi?'

'Wel, mi weles i hi gynta pan o'n i'n danfon hufen iâ i'r bwyty, wedyn yn Ffair Aeaf yr eglwys, hi oedd yn gwneud y te a finne'n gwerthu hufen iâ...'

Gwenodd Daf: hyd yn oed yn oes Tinder roedd modd ffeindio cariad dros baned o de.

'Roedd hi i fod i ddod lawr i gael cip rownd y Sioe, achos does dim byd tebyg draw yn Lazio... ond 'den ni'n rhy brysur.'

'Ddrwg gen i.'

'Dim bwys. Dwi wedi bwcio gwyliau fis Medi er mwyn mynd i Formia i gwrdd â'i theulu a'u helpu nhw efo'r cynhaeaf cnau cyll – a dwi am fynd, hyd yn oed os ydi pob ffermwr yn Nyffryn Dyfi'n cael ei ladd.'

Erbyn iddyn nhw gyrraedd y Cylch Coedwigaeth roedd torf wedi ymgynnull i weld y timau bwyellwyr yn cystadlu. Yng nghanol y cylch roedd dau glamp mawr, a boncyff trwchus ym mhob un. Roedd y sylwebydd wedi dechrau ar ei waith.

'A rŵan, ffrindiau, rydyn ni'n dod at gystadleuaeth fwya difyr y dydd: Tîm Bwyellwyr yr Iseldiroedd yn erbyn Tîm Bwyellwyr Cymru.' Bloeddiodd y gynulleidfa. 'Yr ornest unigol i agor. Henk Hooghstra, y Flying Friesian, i'r Iseldiroedd, ac i agor ymdrechion y tîm cartref, gawn ni roi croeso mawr y Sioe i Pow Powell.'

Daeth y Ffrisiad i mewn gyntaf: clamp o ddyn yn ei bedwardegau â golwg benderfynol ar ei wyneb llydan. Roedd Pow yn gyferbyniad llwyr iddo â'i gorff lluniaidd brown a'i wallt melyn tonnog. Cafodd effaith sylweddol ar y merched yn y gynulleidfa, a ddechreuodd weiddi a chwibanu arno. Fflachiodd Pow ei ddannedd gwyn arnynt fel cydnabyddiaeth wrth dynnu ei fwyell o'i fag. Ar ôl iddo wneud hynny safodd yn syth a chadarn, yn torheulo yn eu sylw.

Yn sefyll yn dawel wrth y fynedfa, a'i wyneb yn llonydd wrth iddo syllu ar ei ŵr, roedd Rhydian. Syllodd Daf arno yntau. Nid oedd ei wyneb yn hardd ac agored fel wyneb Pow, ond yn gul a braidd yn gam, gyda llygaid bach a gwefusau tenau o dan drwyn Rhufeinig cryf.

'Pawb yn barod?' gofynnodd y sylwebydd. 'Hapus, Pow? Ok, Henk? Gawn ni gyfri i lawr: deg, naw, wyth...'

Cododd Pow ei fwyell eiliad yn gynt na Henk. Roedd ergydion y Ffrisiad yn galetach ond symudai Pow yn gyflymach, a chyhyrau ei ysgwyddau'n cau ac ymestyn fel peiriant. Roedd pob trawiad gan Henk fymryn yn ddyfnach na rhai Pow, ac wrth i'r ddau dynnu at y terfyn roedd y gynulleidfa'n dawel, fel petaen nhw'n dal eu gwynt. Cododd y dyn mawr ei fwyell yn uwch nag o'r blaen i daro'r ergyd olaf i gael y fuddugoliaeth, ond glaniodd y llafn dur mor ddwfn yn y boncyff nes i'r fwyell fynd yn sownd. Bloeddiodd Henk fel tarw gwyllt wrth geisio ei rhyddhau, ond yn yr eiliadau gwerthfawr hynny, disgynnodd boncyff Pow yn ddau ddarn, a ffrwydrodd bonllefau'r gynulleidfa.

'Go Pow!' gwaeddodd y rhai ifanc.

'Clinigol, dyna fo. Mae bod yn gywir yn bwysicach na bod yn gryf,' sylwodd hen ddyn mewn siaced frethyn, fel petai'n arbenigwr.

Ac yn llygaid bach, cul Rhydian roedd fflach o falchder a chariad. O'r tu ôl iddo, rhoddodd Eben ei law fawr ar ei ysgwydd gul, a throdd Rhydian yn anystwyth i gael cwtsh fawr gan ei fam.

'Waw!' ebychodd Toscano, 'roedd hynna'n werth ei weld!'

Erbyn hyn, roedd Pow wedi cerdded at Rhydian.

'Wel, wnest ti'n dda, ond ti angen cawod a diod oer... mae peryg i ti ddal annwyd, yn hongian o gwmpas fel hyn,' ffysiodd Grug wrth geisio rhoi blanced ysgafn dros ei ysgwyddau noeth.

'Nid ceffyl ydi Pow, Mami,' meddai Rhydian efo gwên oer.

'Sori i'ch poeni chi,' torrodd Daf ar eu traws, 'ond mae'n rhaid i mi siarad efo chi ar frys, Pow a Rhydian.'

'Newydd ddod o'r cylch mae o,' ffrwydrodd Rhydian. 'Wyt ti'n meddwl mai ar chwarae bach mae torri coed fel hyn?'

'Roedd dy berfformiad di'n wych, Pow, ond 'dech chi'ch dau'n gwybod 'mod i'n ymchwilio i achos difrifol. Ers i ni siarad ddoe, 'den ni wedi darganfod pen dy dad yn ei lorri, Rhydian.'

'Ble yn y lorri?' Roedd llygaid Rhydian yn oer.

'Cha' i ddim dweud hynny wrthat ti, sori. Ond mae gen i gwestiynau i'w gofyn i ti, Pow, ac mae 'na gwpl o bwyntiau mae'n rhaid i DC Toscano eu trafod efo ti, Rhydian.'

'Am be?' gofynnodd Pow, gan rwbio'i wyneb â'r blanced. 'Gest ti ddigon o gyfle i ofyn bob dim i Rhydian ddoe.'

'Mae 'na dystiolaeth newydd wedi dod i'r golwg,' atebodd Daf.

'Pa dystiolaeth?' gofynnodd Rhydian yn bwdlyd.

'Yr amod roeddet ti'n bwriadu ei roi yn dy ewyllys, i ddechrau.'

Digwyddodd sawl peth ar unwaith. Agorodd Rhydian ei geg i ddweud rhywbeth, camodd Toscano yn ôl fel petai ar fin eu tywys yn ôl i ystafell yr ymchwiliad a phlygodd Pow i estyn ei law dde i mewn i'r bag wrth ei draed. Gwelodd Daf fflach yr haul ar fetel o ryw fath, a theimlodd symudiad yn yr awyr lonydd. Yr eiliad nesaf roedd ei ysgwydd yn noeth gan fod ei lawes wedi'i rhwygo â llafn miniog. Gorweddai Pow ar y llawr â bwyell yn ei law, ac eisteddai Toscano ar ei frest. Wnaeth Daf ddim teimlo'r boen yn syth.

'Twmffat,' mwmialodd Eben, fel petai dim byd mawr wedi digwydd.

'Roedd y crys yna'n newydd,' sylwodd Daf.

'Wyt ti angen ambiwlans, bòs?' gofynnodd Toscano.

'Na, ond sgen ti blastr?'

'Mae gen i Steristrip yn fy mag,' cynigiodd Grug.

Llwyddodd Daf i droi ei ben i weld y clwyf ar ei ysgwydd. Doedd o ddim yn ddwfn, ac yn llai na modfedd o hyd, ond cofiodd pa mor gywir oedd annel Pow wrth dorri coed – heb ymyrraeth sydyn Toscano, gallai pen Daf fod yn gorwedd ar y glaswellt, yn union fel darn o foncyff.

Agorodd Grug y pecyn cymorth cyntaf, a gwingodd Daf wrth iddi lanhau'r briw. Erbyn iddi orffen, roedd Toscano wedi darllen ei hawliau i Pow, wedi ei arestio'n ffurfiol a rhoi cyffion arno. Roedd dagrau mawr yn powlio i lawr bochau Pow ac roedd o'n crynu.

'Dwi mor sori, mor sori,' wylodd, dro ar ôl tro.

'Wel, lanc, doedd hynna ddim y peth callaf i'w wneud,' meddai Daf, gan rwygo'r darnau o lawes ei grys oedd yn hongian o'i gesail.

'Greddf oedd o,' esboniodd Rhydian, 'mae o wastad yn ceisio fy amddiffyn i.'

'Tydi ceisio torri pen rhywun i ffwrdd am ofyn cwestiynau ddim yn ymateb rhesymol.'

'Doeddwn i ddim yn ceisio gwneud unrhyw beth felly,' ebychodd Pow.

'Be oedd dy fwriad, còg, barbro fy ngwallt?'

'O'n i... wn i ddim.'

'Cau dy ben,' gorchmynnodd Eben. 'Ti wedi gwneud digon o ddrwg fel mae hi. Paid â dweud gair nes cei di gyfreithiwr.'

Oedd Eben yn siarad o brofiad, tybed? Syllodd Daf eto ar y marc du ar ei foch.

Ers iddo ymuno â'r heddlu roedd Daf wedi dysgu cryn dipyn amdano'i hun, yn enwedig sut roedd o'n ymateb i greisis. Roedd o'n gallu datgysylltu ei hun o unrhyw sefyllfa, rywsut, fel petai o'n gwylio'r cyfan o bell. Felly, roedd yr hyn ddigwyddodd nesa fel golygfa o ffilm iddo – y stiwardiaid chwyslyd, dryslyd yn rhedeg nerth eu traed tuag ato, ac Eifiona a Roderick yn eu dilyn â phanig ar eu hwynebau.

'Ti'n ocê, bòs?' gofynnodd Eifiona, yn fyr ei gwynt.

'Dwi ddim yn un i golli fy mhen ar chwarae bach, lodes.'

'Paid â jocian,' mwmialodd Roderick. ''Den ni wedi galw am y fan fawr i ddod i'w nôl o.'

'Dwi ddim yn sicr pa mor beryglus ydi Pow i'r cyhoedd, wir.'

'Digon peryglus i geisio torri dy ben di i ffwrdd ryw ddeng munud yn ôl,' dwrdiodd Toscano.

Erbyn hyn roedd Pow yn llanast o ddagrau, chwys a llysnafedd. Aeth Grug ato gyda hances wen i geisio'i ymgeleddu tra oedd Eben yn gafael yn dynn ym mhenelin Rhydian i'w rwystro rhag symud.

'Dwi'n meddwl fod pawb angen paned erbyn hyn,' datganodd Daf. 'Grug, wnei di edrych ar ôl Rhydian tra dwi'n siarad â Pow ar ei ben ei hun?'

'Mae ganddo fo hawl i weld cyfreithiwr,' chwyrnodd Eben.

'Mi welais y llanc newydd o Millward & Harris ym mhabell y CLA gynne,' cofiodd Rhydian. 'Evans, dwi'n meddwl.'

'Tydi Cai Evans ddim yn gyfreithiwr â chymwysterau llawn eto,' eglurodd Daf, 'ond mae o'n gymwys i fynychu cyfweliadau mewn gorsafoedd heddlu.'

'Wnei di ei ffonio fo, Rhydian?' gofynnodd Pow. Roedd o'n crynu o dan y blanced, a thynnodd Grug y defnydd yn dynn o'i gwmpas a rhoi cusan fach sydyn iddo. Wedyn, gafaelodd yn ei law a'i rhoi am eiliad ar ei bol, gan syllu i mewn i lygaid y dyn ifanc. Cofiodd Daf ffrae Mel Puw ac Eben yn y WCPS, pan ddywedodd Mel fod Grug yn feichiog ac nad Eben oedd y tad. Dyna gwestiwn arall i'w holi am deulu Glanrhedyn.

Roedd Toscano'n mynnu fod Pow yn cerdded mewn cyffion rhyngddo fo a Roderick i'r fan, ond doedd Daf ddim yn fodlon.

'All neb gerdded fesul tri drwy Faes y Sioe Fawr, debyg iawn. Bydd pobol yn baglu drostoch chi bob cam. A ti'n addo bihafio, yn dwyt ti, Pow?'

Nodiodd Pow ei ben, ei wallt hir yn ei lygaid.

Wrth i Daf eu gwylio'n cerdded ymaith dim ond cydymdeimlad allai o ei deimlo tuag at Pow. Ond roedd gan Eifiona farn wahanol.

'Y bastard breintiedig,' poerodd. 'Ydi o'n meddwl y caiff o get-awê efo ceisio dy ladd di?'

'Dwi'n meddwl ei fod o'n cosbi digon arno'i hun, lodes,' atebodd Daf.

'Paid â bod yn sofft, bòs – mae o newydd geisio torri dy ben di i ffwrdd!'

'Doedd o ddim yn bwriadu gwneud dim byd o'r fath, dwi'n sicr. A diolch i Toscano, dwi ddim llawer gwaeth.'

'Heblaw am y ffaith dy fod ti wedi colli llawes dy grys. Well i mi bicio mewn i un o'r stondinau i nôl un newydd i ti. Be ydi maint dy goler di? Rhyw un ar bymtheg?'

'Sbot on.'

Roedd y crys newydd wedi'i wneud o ryw fath o gotwm gwlanog, ac roedd Daf yn chwys domen ar ôl ei wisgo am ddeng munud. Ond doedd o ddim hanner mor anghyfforddus â Pow, wrth i'r ddau eistedd gyferbyn â'i gilydd yn ystafell yr ymchwiliad. Wrth i'r dyn ifanc godi ei gwpan at ei geg, gollyngodd ei de dros ei blanced, ei fest a'i jîns.

'Sori,' mwmialodd.

Er nad oedd Daf yn ystyried Pow yn fygythiad, byddai'n rhaid iddyn nhw gael sgwrs ffurfiol oherwydd ei fod yn wynebu cyhuddiad o geisio llofruddio heddwas. Roedd yr ystafell yn brysur – yn dilyn yr alwad argyfwng gan y stiwardiaid, roedd pob heddwas yn Sir Faesyfed wedi rhuthro yno, ac ambell un wedi teithio o mor bell ag Aberhonddu.

Agorodd y drws gyda chlep a daeth dynes i mewn, yn ceisio rhedeg mewn sodlau uchel a sgert dynn.

'Be sy'n bod, bòs?' gofynnodd Sheila, ei bochau'n goch drwy'r colur drud.

'Dim llawer,' atebodd Daf, yn synnu pa mor falch oedd o i'w gweld hi, fel petai ei phresenoldeb yn symbol o normalrwydd.

'Mae'r nytar yna wedi ceisio torri'i ben oddi ar ei sgwyddau efo bwyell, ac mae o'n disgrifio'r peth fel "dim byd"!' protestiodd Eifiona, yn edrych yn syn ar Sheila. 'Heblaw am Toscano, mi fysen ni'n ymchwilio i lofruddiaeth arall. Ond pwy wyt ti? Ystafell ymchwiliad swyddogol ydi hon.'

'A DS Sheila Francis, Heddlu Dyfed Powys, ydw i, da lodes, er 'mod i wedi pincio braidd ar gyfer y Sioe. Wyt ti angen help, bòs?'

'Dwi'n meddwl y gallwn ni ymdopi,' atebodd Daf, wrth sylwi'n sydyn ar ddau ddyn ifanc yn y cefn. 'Pwy dech chi, cogie?'

'Heads of the Valleys Rapid Response, fyny o Ferthyr.'

'Merthyr? Pa mor gyflym oeddech chi'n gyrru?'

'Ar y Bannau oedden ni pan gawson ni'r neges. Barod i helpu mewn unrhyw ffordd allwn ni.'

'Ocê.' Cododd Daf ei lais. 'Diolch i chi i gyd am ddod, and if you don't understand Welsh, please ask afterwards as I don't have time to say everything twice. Mae Toscano a finne'n mynd i holi Mr Powell yn yr ystafell gefn felly os all rhywun ddod o hyd i ffan i ni, bydd hynny'n help mawr. All rhywun osod y peiriannau tâp, os gwelwch yn dda? Byddwn ni'n dechrau cyfweld yr eiliad y bydd cyfreithiwr Mr Powell yn cyrraedd, sef

Cai Evans a oedd yn ein helpu ni gynne. Yn y cyfamser, DC Roderick, cer di i nôl aelodau eraill teulu Glanrhedyn... hynny ydi, Rhydian, Grug ac Eben. Cer â chwpl o fechgyn mawr efo ti, còg.'

'Paid â rhoi bys arno fo,' gwaeddodd Pow, gan godi'i ben wrth glywed enw'i ŵr.

'Wnawn ni ddim brifo neb, Mr Powell, ond cymer di ofal, Roderick, a chadwa lygad barcud ar y dyn mawr barfog.'

'Eben?' gofynnodd Pow, yn ddirmygus. 'Eben ydi'r dyn mwya addfwyn yn y byd.'

'Os dwi angen mewnbwn, Mr Powell, mi wna i ofyn amdano. Y gweddill ohonoch chi, mae angen bwrw mlaen efo'r ymchwiliad gwreiddiol, dan arweiniad DS Williams. Eifiona, diolcha i'r gweddill a'u hel nhw o'ma. A DS Francis, cer di'n ôl i'r derbyniad swanc – ti'n gwneud i ni i gyd deimlo'n flêr a di-raen. Ffwrdd â chi!'

'Ti wastad yn flêr a di-raen,' sylwodd Sheila wrth i lefel y sŵn yn y stafell godi, 'ond rŵan, ti'n chwysu fel mochyn mewn siop cigydd. Pam ti'n gwisgo crys mor drwchus, yn enw rheswm?'

'Doedd gen i ddim dewis – aeth y llafn drwy lawes fy hen grys.'

'Blydi hel, bòs, cael a chael oedd hi, felly?'

'Wel, damwain anffodus oedd hi, ddwedwn ni fel'na.'

'Heb geisio bod yn anghwrtais, dwi mor falch na wnes i briodi dyn fel ti.'

'Pam hynny, dwêd?'

'Achos ti'n annaturiol o ddigynnwrf os oes rhywun yn ceisio torri dy ben i ffwrdd efo bwyell, ond ti'n mynd o dy gof os dwi'n digwydd camdreiglo.'

'Un peth ydi lladd dyn, peth arall ydi llofruddio iaith.'

Ar ôl i Sheila adael, cododd Pow ei ben o'i ddwylo.

'Wnes i ddim meddwl o gwbl, yn yr eiliad honno. Doeddwn i ddim yn dy weld di fel person, dim ond fel bygythiad i Rhydian. Er ei fod o'n siarad mor galed, mae o'n ddyn sydd angen fy ngofal.'

'Ydi o'n fregus?'

'Na. Mae Rhydian yn gryf, yn gadarn, yn benderfynol, yn fath o berson all unrhyw un ymddiried ynddo fo. Ond mae ganddo fo faich sy'n rhy drwm i unrhyw un ei ysgwyddo.'

'Mi wnawn ni drafod hyn yn nes ymlaen, còg. Wyt ti angen unrhyw beth cyn i ni ddechrau'r cyfweliad?'

'Bydde diod o ddŵr yn neis.'

Cyn i Daf orffen llenwi cwpan blastig, daeth Cai drwy'r drws yn cario bag lledr drud.

'Mr Powell,' dywedodd, mewn llais llawn cysur heb fod yn gyfeillgar. 'Cai Evans o Millwards. 'Den ni wedi cwrdd yng Nglanrhedyn. Dwi yma i helpu.' Ysgydwodd Cai law Pow cyn troi at Daf. 'Arolygydd Dafis, be ydi'r cyhuddiad?'

'Ymgais i lofruddio.'

'Pwy oedd y targed?'

'Fi.'

'A'r arf?'

'Bwyell.'

'O. Ti i weld yn ddianaf, Arolygydd Dafis.'

'Roedd gwaeth golwg ar fy nghrys i. Wyt ti angen gair efo dy gleient cyn i'r cyfweliad ddechrau?'

'Wn i ddim be sydd i'w ennill o gyfweliad. Yn amlwg, mae Mr Powell yn diodde o sioc.'

'Adwaith oedd o, dwi'n meddwl, i amddiffyn ei bartner,' eglurodd Daf.

'Paid bod yn sentimental, Mr Dafis – tydi hynny'n helpu neb,' ychwanegodd Pow. 'Ymlaen â ni.'

Gwagiodd Pow gynnwys y cwpan mewn un llwnc mawr, fel petai'n difaru gofyn am ddiod. Roedd ei ymddygiad yn gymysgedd o embaras ac euogrwydd, fel petai wedi creu trafferth i bawb. Cododd ar ei draed yn araf ac yn simsan, a gwelodd Daf fod Cai, er gwaetha'r creithiau ar ei groen a'i gof, yn fwy cadarn o lawer na'r dyn breintiedig, golygus wrth ei ochr.

Roedd yr ystafell fach fewnol yn fwll er gwaetha'r ffan swnllyd, ond o leia roedd yn breifat.

'Bydd fy nghleient angen gwydraid o ddŵr bob hanner awr,' mynnodd Cai, heb ofyn i Pow.

'Digon teg. Ti'n iawn efo'r peiriannau sain, DC Toscano?'

'Iawn, bòs.'

Roedd wyneb Toscano, oedd fel arfer un ai'n siriol neu wedi'i grychu wrth iddo geisio deall rhywbeth, yn llonydd fel mwgwd. Roedd Daf wastad wedi meddwl amdano fel llanc diniwed, ond rŵan, byddai'n meddwl ddwywaith cyn gadael Pow ar ei ben ei hun efo fo.

'Reit. Ar gyfer y tâp, Arolygydd Dafydd Dafis, Heddlu Dyfed Powys, ydw i, yn holi... be ydi dy enw llawn di, Pow?'

'Powell Peregrine Powell,' atebodd Pow yn aneglur, fel petai ei wefusau wedi chwyddo.

'... yn holi Powell Peregrine Powell. Hefyd yn yr ystafell mae DC Padraig Toscano, Heddlu Dyfed Powys, a Cai Evans, cyfreithiwr.'

'Dwi ddim yn gyfreithiwr eto,' protestiodd Cai.

'Ocê, Cai Evans, i gynrychioli Mr Powell. Ti'n deall be sy'n digwydd, Mr Powell?'

'Ydw.'

'Ti 'di cael dy gyhuddo o drosedd ddifrifol.'

'Dwi'n dallt, a dwi'n cyfadde 'mod i'n euog.'

'Paid â dweud hynny,' mynnodd Cai.

'Pam? Does dim pwrpas smalio. Mi godais fy mwyell ac, am eiliad wirion, wnes i geisio... lladd Arolygydd Dafis.'

'Os ti'n fodlon, Mr Powell, dwi angen mynd yn ôl ryw chydig. Lle oeddet ti heddiw'r prynhawn?'

'Yn cystadlu fel aelod o Dîm Bwyellwyr Cymru, yn erbyn dyn o'r Iseldiroedd, Hooghstra. Mi enillais y gystadleuaeth o drwch blewyn.'

'Ac wedyn?'

'Roeddet ti, Arolygydd Dafis, yn gofyn... yn holi Rhydian. Mi welais faint oedd hynny'n ei frifo, a'r unig beth allwn i feddwl amdano oedd yr olwg o dristwch ar ei wyneb. Yn unig ffordd o atal y boen oedd atal y cwestiynau, felly mi godais y fwyell.'

'Pwy ydi Rhydian?'
'Fy ngŵr, y dyn dwi'n ei garu. Rhydian Arthur.'
'Ydi o erioed wedi defnyddio enw arall?'
'Weithiau mae rhai yn ei alw'n Rhydian Powell.'
'A pan oedd o'n ifanc?'

Oedodd Pow am eiliad, fel petai'n rhaid iddo orfodi ei hun i ddweud y gair.

'Puw. Pan oedd o'n fachgen, roedd yn rhaid iddo ddefnyddio enw'r bastard, enw'r bastards.'
'Pan ti'n sôn am y bastard, ti'n golygu Mel Puw?'
'Wrth gwrs.'
'Ond pwy ydi'r bastards, dwêd?'
'Fo a'i ffycin dad. Does dim byd i'w gwahanu nhw, heblaw eu hoedran. Bastards llwyr.'

Cofiodd Daf am yr ymosodiad yn y cartref gofal – roedd y drwgdeimlad yn y teulu'n mynd yn ôl genhedlaeth, yn amlwg, ond penderfynodd Daf beidio â holi ynglŷn â'r hyn wnaeth Rhydian i'w daid am y tro.

'Dwi isie dysgu dipyn amdanat ti, Mr Powell. Ble gest ti dy eni?'
'Yng Nghaerdydd, Ysbyty'r Heath.'
'A dy rieni?'
'Powell John Powell ydi fy nhad.'
'O deulu'r peis?'
'Ie.'
'A dy fam?'
'Wnaeth hi rywbeth erchyll, rhywbeth nad ydi dynion fel fy nhad byth yn ei faddau.'
'Beth oedd hynny?'
'Pump ar hugain oed oedd hi pan ges i fy ngeni ond roedd hi dros ei deg ar hugain cyn hir, a doedd hynny ddim yn dderbyniol i Dad.'
'Am be wyt ti'n sôn?'
'Tydi dynion fel fy nhad byth yn cerdded o gwmpas efo hen wrachod yn eu tridegau ar eu breichiau. Byddai hynny fel gyrru

hen gar ail law. Yn amharu ar ei statws. Roedd yn rhaid iddi hi fynd, ac ildio'i lle i ryw ast ifanc.'

'Efo pwy oeddet ti'n byw ar ôl i dy rieni wahanu?'

'Doedd gen i ddim llawer o ddewis. Gymerodd Mam dri chant o dabledi cysgu gan fod ei chalon yn sitrwns. Doedd Yr Ast ddim yn ffansïo bachgen bach yn hongian o gwmpas, felly ges i fy ngyrru i ysgol breswyl yn chwech oed. Ro'n i braidd yn rhy ifanc, ond roedd yr ysgol wastad yn garedig efo teulu oedd wedi diodde'r fath drychineb. Ac roedd sieciau Dad wastad yn clirio.'

'Oes gen ti frodyr a chwiorydd?'

'Digon posib. Mi glywais ryw si fod Ast Pedair wedi cael plentyn ond does gen i ddim diddordeb yn hynny.'

'Beth am y gwyliau ysgol?'

'Roedd 'na wastad ryw gwrs ar gael i mi a'r gweddill oedd heb deulu.'

'A'r Dolig?'

'Roedd wastad ryw dri neu bedwar ohonon ni'n aros yn yr ysgol: rhai oedd yn byw yn rhy bell, neu rai yng nghanol rhyw greisis ac, wrth gwrs, rhai fel fi, oedd jest dros ben.'

'Ac ar ôl gadael yr ysgol?'

'Mi deithiais am dipyn. Ro'n i wedi etifeddu dipyn gan Mam-gu erbyn hynny.'

'Ac wedyn?'

'Mi ddatblygais ddiddordeb mawr yn yr amgylchedd, mi wyddost ti hyn. Wnes i wirfoddoli ar sawl prosiect cyn penderfynu, ar ôl gwneud cryn dipyn o waith ymchwil, 'mod i awydd prynu fferm yng Nghymru, un fawr, i'w hailwylltio.'

'Glanrhedyn.'

'Glanrhedyn. Ti 'di gweld y lle, Mr Dafis? Sori, Arolygydd Dafis?'

'Erioed. Digon posib 'mod i wedi gyrru heibio.'

'Na, tydi'r tŷ ddim i'w weld o'r ffordd. Lle cuddiedig, ond un sy'n teyrnasu dros yr ardal gyfan. Doeddwn i erioed wedi gweld y fath le cynt. Yr eiliad i mi gerdded ar y buarth, ro'n i'n gwybod 'mod i wedi dod adre, rywsut.'

'Oeddet ti'n gyfarwydd efo'r ardal cyn prynu Glanrhedyn?'

'Dim o gwbl. Doeddwn i erioed wedi teithio o gwmpas Cymru. Yr unig ddarn o Gymru ro'n i'n ei nabod oedd o gwmpas Llanymddyfri a'r lôn rhwng Caerdydd a Maes Awyr Bryste.'

'Ond pam dod i Gymru, a tithe'n gyfarwydd â phedwar ban byd?'

Cododd Pow ei war, ac am eiliad, gwelodd Daf gip o'r dyn ifanc breintiedig.

'Mae'n beth rhyfedd i mi gyfadde, a finne wedi cael fy magu gan bobol ddierth achos nad oedd fy nheulu'n rhoi rhech amdana i, ond dwi wastad wedi teimlo fel Cymro. Felly, os allwn i newid unrhyw gornel o'r byd, yng Nghymru o'n i isie i'r gornel honno fod.'

'A sut ymateb gest ti i'r cynlluniau ailwylltio?'

Ochneidiodd Pow ond gydag atsain o chwerthiniad.

'Pobol eu milltir sgwâr ydi pobol Dyffryn Dyfi, heb os. Roedden nhw'n dal i hiraethu am y teulu Arthur. Hefyd, ro'n i'n llysieuwr yn y dyddie hynny, oedd ddim yn mynd i lawr yn dda mewn cymuned ffermio.'

'Sefyllfa unig, mae'n siŵr, i ddyn ifanc yn symud i ardal newydd a phob un o'r cymdogion yn gwrthwynebu dy gynlluniau?'

'Wel, y camgymeriad wnes i yn y misoedd cynnar oedd cadw draw oddi wrth ffermwyr yr ardal a chymdeithasu efo'r giang amgen, er bod bron pob un ohonyn nhw'n Saeson. Yn eitha sydyn, dechreuais glywed sgyrsiau Cymraeg ym mar cefn y Ceffyl Gwyn, ac yn aml iawn roedd y Cymry'n cael dipyn mwy o sbort na'r Saeson gwyrdd, cydwybodol.'

'Alla i ddychmygu.'

'Wedyn, es i draw i siarad efo fy nghymdogion newydd.'

'A sut aeth y ddadl?'

'Wyddost ti be? Roedd dipyn o ffrae i ddechrau ond dadl go gall oedd hi. Mi ddysgais gryn dipyn am yr ardal, y cydbwysedd a'r bywyd gwyllt. Ond roedd pellter mawr o hyd rhwng fy egwyddorion gwyrdd a hen arferion yr ardal.'

'Ac yn ystod y sgyrsiau hynny y cwrddest ti â Rhydian?'

'Ie. Wel, ie a na. Doedd o ddim yn gallu fforddio mynd i'r dafarn yn aml iawn. Roedd golwg flêr arno fo, a cyn i mi glywed ei hanes, ro'n i'n meddwl mai boi digon siabi oedd o...'

'Ond roedd rhyw atynfa rhyngddoch chi bryd hynny?'

'Dim o gwbl. Fo oedd yr un mwya styfnig o holl bobol yr ardal, ddim yn fodlon derbyn bod yn rhaid i bethe newid. Ddwedodd o dro ar ôl tro nad oedd o'n rhoi rhech am newid hinsawdd tra oedd Glanrhedyn yn dal i sefyll ar ochr afon Dyfi. Wedyn, mi brynais y merlod 'na...'

'Y rhai o Wlad Pwyl?'

'Ie. Roedden nhw'n ddrud achos bod eu gwaed nhw'n bur – nhw sy agosaf at y math o ferlod gwyllt oedd yn pori brynie Cymru ers talwm. Nhw oedd y rhai gorau ar gyfer ailwylltio.'

'A be ddigwyddodd iddyn nhw?'

'Wnaethon nhw ddiflannu dros nos.'

'Pwy oedd ar fai?'

'Anodd dweud, er bod pawb yn y Ceffyl Gwyn yn chwerthin ar fy mhen, gan ddweud ei bod yn amlwg mai Rhydian oedd wedi dwyn y merlod. Pwy arall, medden nhw, oedd yn gyfarwydd â phob modfedd o fynydd-dir Glanrhedyn? A phwy arall all wneud bob dim efo ceffyle? Mi es i draw i'w fflat i siarad efo fo ond doedd o ddim adre. Roedd o'n lle mor afiach, do'n i ddim yn hoffi meddwl am neb yn gorfod byw yno. Dwi wedi gweld hofelau São Paulo a slymiau Mwmbai, ond i weld y ffasiwn le yn Nyffryn Dyfi... wel, roedd o'n fy mrifo fi, rywsut.'

'Ai dyna pryd y datblygodd dy deimladau di at Rhydian, felly?'

'Dyna pryd ddechreues i gydymdeimlo efo fo, ond... wel, Mr Dafis, wyt ti'n hoffi hen ffilmiau Hollywood?'

'Wrth fy modd.'

'Ym mhob un o'u ffilmiau, bron, mae Katharine Hepburn a Spencer Tracy'n chwarae dau o bobol sy'n gwrthwynebu ei gilydd tan yr eiliad maen nhw'n sylweddoli'r atyniad cryf sydd rhyngddyn nhw,' esboniodd. 'Fel'na oedd pethau rhwng Rhydian a finne. Ond roedd rhywbeth arall yn digwydd ar yr un pryd. Ro'n i'n stryglo efo gwaith y fferm, a dweud y gwir, ac er 'mod i'n gweithio'n hwyr bob nos, doeddwn i byth yn llwyddo i orffen gwaith y dydd. Ond pan fyddwn i'n mynd allan yn y bore, byddai'r gwaith wedi ei wneud gan rywun yn ystod y nos.'

'Gan bwy?'

'Doedd gen i ddim syniad. Mi ofynnais i bob un o'r cymdogion, a doedd 'run ohonyn nhw'n gwybod am be o'n i'n sôn. Wnes i hyd yn oed ddechrau meddwl fod rhywbeth goruwchnaturiol yn digwydd.'

'Fel ysbryd?'

'Mae Glanrhedyn yn arbennig. Mae bron pawb yn y cyffinie, a dwi'n sôn am bobol gall, yn credu yn hanes y gannwyll corff. Ro'n i wedi dechrau meddwl mai... mai ysbryd y fferm oedd yn fy helpu, fel bendith. Er enghraifft, ro'n i wrthi'n trwsio llidiart ac mi wnes i sortio'r pyst cyn mynd i'r gwely. Ond erbyn wyth o'r gloch y bore wedyn roedd y llidiart yn hongian yn berffaith ar ei golynnau a'r glicied yn sownd yn y polyn. Yr unig ffordd alla i ddisgrifio'r teimlad ydi drwy ddweud 'mod i'n rhannu'r lle efo rhywbeth, neu rywun arall.'

'Wyt ti'n ddyn ofergoelus?'

'Dim o gwbl. Yn ddiweddarach, wrth gwrs, ar ôl sgwrsio efo Rhydian wedi... wel, ar ôl i ni ddod i ddallt ein gilydd yn well, ges i wybod mai fo oedd yn helpu dros nos, fel y tylwyth teg. Wedyn roedd busnes yr afanc.'

'Pa afanc?' gofynnodd Daf.

'Alla i gael gair bach efo Mr Powell, os gwelwch yn dda, Mr Dafis?' gofynnodd Cai, gan edrych i gyfeiriad Pow.

'Wrth gwrs. Bydd DC Toscano'n aros yn yr ystafell.'

Trodd Toscano'r peiriant i ffwrdd. Er bod Daf yn hynod o falch o gael cyfle i ddianc am eiliad, roedd o'n flin efo Cai am roi stop ar Pow ac yntau wedi ymlacio ac yn siarad mor agored. Roedd ei straeon yn berthnasol i'r ddau ymchwiliad – marwolaeth Mel Puw yn ogystal â'r ymosodiad â'r fwyell – a gobeithiai Daf na fyddai'r cyw cyfreithiwr yn rhoi stop ar yr holi.

Pan gamodd o'r ystafell fach roedd yr awyr iach yn braf, nes iddo weld y pryder ar wyneb Gaenor. Roedd hi'n sefyll wrth ddrws y balconi, yn aros amdano.

'Un tecst bach sydyn, dyna'r cwbl oedd angen,' meddai hi mewn llais isel a chaled. 'Ond na, ges i wybod gan y bachgen sy'n gwerthu cnau fod rhywun wedi ceisio dy ladd di!'

'Ches i ddim eiliad...'

'A be yn y byd ti'n wisgo? Oes gwaed ar dy grys newydd di?'

'Nagoes, ond mi gafodd o ei rwygo.'

'Wyt ti wedi brifo?'

'Dim ond crafiad bach.'

'Wyt ti wedi gweld meddyg?'

'Does dim angen... a dwi'n brysur efo'r ymchwiliad.'

'A ti'n gwneud cystal job, mae rhywun yn ceisio dy ladd di. Dwi mor flin efo ti, Daf Dafis.'

Taflodd Gaenor ei hun i freichiau Daf, a chan anwybyddu llygaid gweddill y tîm, rhoddodd Daf gusan hir iddi.

'Dwi ddim yn meddwl y byddi di'n saff heno ar Fryn y Ceffylau,' sibrydodd Gaenor yn ei glust.

'Does dim byd wedi newid ers neithiwr, Gae.'

'Mae rhywun wedi ceisio dy ladd di ers neithiwr, dyna be sy wedi newid.'

'Be am i mi ofyn i Toscano ddod fyny efo fi?'

'Fyddwch chi'n reit glyd yn y babell eich dau.'

'Fydda i'n iawn. Ac mae'n rhaid i mi fod yno ar gyfer Tinc, yn enwedig os ydi hi'n debygol o ennill y Cuddy, neu beth bynnag maen nhw'n galw'r Cuddy y dyddie yma. Petai hi'n mynd i'r HOYS, a gwneud yn dda yno, bydd bridfa Margaret Tanyrallt yn elwa, a meddylia di pa mor garedig mae hi wedi bod efo ni dros y blynyddoedd.'

'Gwranda arnat ti dy hun, Daf, efo dy eirfa newydd. Ti'n hilariws.'

'Wel, ti 'di dweud wrtha i'n ddigon aml am ddysgu mwy am y maes.'

Erbyn hyn, roedden nhw'n chwerthin, a gwasgodd Gaenor law Daf.

'Tro nesa mae rhywun yn ceisio dy ladd, gyrra neges fech sydyn, plis? Hyd yn oed emoji, dim ond i mi gael gwybod bod y pen twp 'na'n dal ar dy sgwydde hyll di.'

Ar ôl i Gaenor fynd, aeth Daf allan ar y balconi i'w gwylio hi'n cerdded drwy'r dorf, yn stopio bob chydig eiliadau i gyfarch rhywun. Teimlodd rhyw wasgu yn ei frest – erbyn hyn roedd o'n gwybod mai cariad oedd yn ei achosi yn hytrach na thrawiad ar y galon, ond roedd o'n dal i deimlo'n wan pan ddaeth Cai allan i'w nôl.

Ailddechreuodd Toscano y recordio, a chyflwynodd Daf bawb unwaith yn rhagor.

'Awn ni'n ôl at dy stori, Mr Powell. Roeddet ti'n dweud wrthon ni sut ddatblygodd dy berthynas efo Rhydian.'

'Wel,' meddai Pow mewn llais llawer mwy ffurfiol, 'roedd digwyddiad ar lan yr afon efo alarch, a...'

'Alarch? Nid afanc?'

'Afanc? Does dim afancod yn afon Dyfi...'

'Ond ddwedest ti "afanc" gynne.'

'Camgymeriad oedd hynny. Roedd Rhydian a finne'n ffraeo dros alarch oedd wedi marw ar lan yr afon, wedi crogi'i hun efo lein bysgota. Roedd o awydd ei bwyta ac mi ddwedes wrtho mai'r Goron...'

Cododd Daf ar draed mor sydyn nes i'w gadair ddisgyn y tu ôl iddo. Pwyntiodd ei fys at y peiriant recordio a phwysodd Toscano y botwm i oedi'r tâp.

'Roedd hi'n ddigon drwg pan wnest ti ymosod arna i gynne, Mr Powell, ond rŵan ti'n rhaffu celwyddau. Does gen i ddim amser i'w wastraffu efo'r lol yma. Mae gen i lofrudd i'w ddal a merlen i'w pharatoi ar gyfer y Cylch. DC Toscano, wnei di plis arestio Mr Powell am lofruddio Mel Puw?'

'Powell Peregrine Powell, dwi'n dy arestio di...'

'Hei, does gen i ddim cysylltiad efo be ddigwyddodd i Puw.'

'O, na? Efallai mai'r alarch, neu'r afanc, laddodd o.'

'Does gen ti ddim rheswm o gwbl i ychwanegu at y cyhuddiad,' protestiodd Cai.

'A does gan Mr Powell ddim rheswm i raffu blydi celwyddau. Hyd yn hyn, dwi 'di bod yn amyneddgar sobor. Ond rŵan, ti'n siarad rwtsh, Mr Powell.'

'Does dim rhaid i Mr Powell ateb unrhyw gwestiynau sy'n ei gysylltu â throsedd, ti'n gwybod hynny'n iawn, Mr Dafis.'

'Wrth gwrs 'mod i'n deall y rheolau, ond does gen i ddim amser i'w wastraffu. Efallai mai'r peth gorau fyse trosglwyddo Mr Powell i ofal y tîm gwarchodaeth, iddyn nhw gael mynd â fo'n syth i'r ddalfa yng Ngharchar y Parc.'

'Be... be sy wedi newid?' gofynnodd Pow, ei lygaid yn llydan.

'Ti sy wedi newid. Roedden ni'n gyrru mlaen yn dda, wedyn wnaeth dy gyfreithiwr dy rybuddio di rhag i mi dy gyhuddo di o ryw drosedd geiniog a dime yn groes i'r Ddeddf Bywyd Gwyllt neu rwbeth. Dwi'n gwybod rhywfaint am y blydi afanc, ond dwi isie clywed yr hanes i gyd, yn go handi.'

'Be am drafod hyn heb roi'r tâp ymlaen?' awgrymodd Cai.

'Iawn.'

Eisteddodd Daf yn ôl i lawr ar y gadair roedd Toscano wedi'i chodi. Dysgodd gan heddwas profiadol flynyddoedd ynghynt mai camgymeriad oedd caniatáu un celwydd wrth holi rhywun, waeth pa mor fychan.

'Fel darn o 'mhrosiect ailwylltio, wnes i ryddhau sawl afanc ar lannau'r afon, heb drafod y peth efo'r awdurdodau,' cyfaddefodd Pow.

'O ble ddaeth yr afancod?' gofynnodd Daf.

'Mae 'na rwydwaith genedlaethol o bobol sy'n ailwylltio. Piciais i fyny i'r Alban i 'nôl rhai, o ardal afon Tay – mae 'na ddigonedd ohonyn nhw yno.'

'A wnest ti ddim gofyn am ganiatâd?'

''Den ni'n wynebu argyfwng, Mr Dafis. Mae'r blaned ar dân. Does gen i ddim amser i lenwi ffurflenni – rhaid gweithredu.'

'A be ddigwyddodd i'r afancod?'

'Un noson wyllt ym mis Hydref, noson storm gynta'r tymor, mi ddeffrais tua thri o'r gloch y bore: roedd rhywun yn curo ar y drws. Ond nid cnocio oedd o, ond sŵn morthwyl. Es i lawr y grisiau'n ara deg, heb roi'r golau mlaen, ac agor y drws yn sydyn. Roedd Rhydian yn sefyll yno â morthwyl mawr yn ei law, a'r glaw yn llifo i lawr ei wyneb. Roedd o'n hoelio afanc marw i'r drws, wyneb i waered. Druan o'r peth annwyl, roedd o wedi gyrru tair hoelen drwy ei gynffon.'

'Dwi ddim isie meddwl faint o reolau sydd wedi cael eu torri yn y stori 'ma,' meddai Daf mewn anobaith llwyr, ond aeth Pow yn ei flaen.

'Mae'n anodd disgrifio be ddigwyddodd nesa,' meddai, â golwg feddal yn ei lygaid. 'Ddwedodd Rhydian ei fod o wedi dod o hyd i gorff yr afanc o dan wreiddiau coeden helyg, wedi tagu ar rywbeth. Roedd o'n flin iawn achos bod balans yr ardal yn rhy fregus i ddod ag anifeiliaid eraill i mewn iddi, felly penderfynodd hoelio'r afanc i'r drws i fy rhybuddio fod rhywun yn gwybod 'mod i wedi torri'r gyfraith. Roedden ni'n ffraeo ar stepen y drws, wedyn yn ffraeo yn y gegin, wedyn yn ffraeo dros wydraid, wedyn yn ffraeo yn y gwely. Yn y bore, mi wahoddais o i bicio heibio i ffraeo eto ar ôl gorffen ei waith, a chyn hir roedd o wedi symud yn ôl i Lanrhedyn, lle roedd o i fod.'

'A dech chi wedi bod efo'ch gilydd ers hynny?'

'Ydyn. Mae o wedi newid fy mywyd yn gyfan gwbl.' Gwenodd i ddangos ei ddannedd perffaith.

'Wyt ti'n fodlon trafod teulu Rhydian efo fi, er nad oes cysylltiad efo'r cyhuddiad ti'n ei wynebu ar ôl y pnawn 'ma?'

Nodiodd Pow ei ben.

'Wna i ddim ei fradychu o, cofia, Mr Dafis.'

'Mae dy dad yng nghyfraith wedi cael ei ladd.'

'Dim Rhydian wnaeth.'

'Sut wyt ti'n mor sicr?'

'Achos... 'den ni wedi treulio pob eiliad efo'n gilydd ers i ni ddod lawr i Lanelwedd, heblaw pan oeddet ti'n ei gyfweld ddoe. A wnaeth o ddim lladd neb, heblaw caneuon Plethyn yn y gawod.'

'Pow,' dywedodd Daf, 'os wyt ti'n dweud y gwir, does gan Rhydian ddim rheswm i boeni. Ond dwi angen gwneud yn siŵr fod hynny'n wir. Dwi wedi dysgu ddoe ei fod o'n casáu ei dad, ond does gen i ddim syniad pam.'

'Dyn erchyll oedd o.'

'Ym mha ffordd?'

'Ym mhob ffordd. Wnaeth o erioed ddangos smic o ddiddordeb yn Rhydian, ei unig blentyn. Am gyfnod, gafodd o hwyl yn brifo'i wraig, ond ar ôl iddo lwyddo i dorri ei chalon fesul dipyn, penderfynodd ddwyn popeth oedd ganddi a'i gadael fel tlotyn i gardota am gymorth gan bobol ddierth, a hithe'n aeres i enw ac eiddo'r teulu Arthur.'

'Sut lwyddodd Mel i wneud hynny? Fel arfer mae'r eiddo'n cael ei rannu ar ôl ysgariad.'

'O, roedd Mr Puw annwyl, heddwch i'w ffycin lwch, yn llawer rhy glyfar i orfod rhannu. Rhoddodd ddewis iddi: un ai derbyn ei gytundeb a cherdded i ffwrdd, neu mi fyse fo'n cyhoeddi gwybodaeth allai chwalu ei henw da am byth a'i hatal rhag cadw ceffyle byth eto.'

'Sut allai neb ei rhwystro rhag cadw ceffylau?'

'Gallai'r RSPCA wneud.'

'Ond dim ond os ydi rhywun wedi brifo ceffylau, a dwi erioed wedi gweld person mor dyner â Grug.'

'O, does gen ti ddim syniad pa mor dwyllodrus oedd Puw.'

'Sut felly?'

'Aeth Grug i ffwrdd am ddiwrnod neu ddau, mynd ag un o'r cesig at stalwyn i fridfa i fyny ger Peebles yn yr Alban. Hen ffrindie i Grug oedden nhw, felly wnaeth hi benderfynu aros efo nhw am gwpl o ddyddie yn hytrach na gadael y gaseg yno a mynd i'w nôl hi wedyn. Pan ddaeth hi adre i Lanrhedyn roedd llidiart yr wtra wedi ei gau, ac roedd clo clap arno. Bydd yn rhaid i ti ofyn iddi hi be ddigwyddodd wedyn, ond y canlyniad oedd iddi gerdded o Lanrhedyn heb ddim, heblaw'r dillad ar ei chefn. Mae Rhydian a finne wedi ceisio trafod y peth efo hi sawl gwaith ond mae hi'n anfodlon dweud be wnaeth o. Blacmel, mae'n debyg.'

'A ble oedd Rhydian pan ddigwyddodd hyn?'

'I ffwrdd yn Swydd Efrog yn cael ei hyfforddi i fod yn joci.'

'Wrth gwrs. Felly roedd o'n casáu ei dad oherwydd y ffordd y gwnaeth o drin ei fam?'

'Mae hynny'n rhan o'r pictiwr, yn bendant, ond mae 'na fwy...'

'Pow, oes gen ti syniad pam ddyrnodd Rhydian ei daid? Roedd o'n beth reit eithafol i'w wneud i rywun yn ei wythdegau.'

Am eiliad, syllodd Pow ar gledr ei law chwith.

'Fel ddwedes i, mae'n hanes cymhleth. Mae Rhydian wedi dweud y cwbwl wrtha i ar yr amod 'mod i'n cadw ei gyfrinach.'

'Wyt ti'n dallt dy fod di'n wynebu cyhuddiad difrifol o geisio llofruddio, a bod gen ti reswm da i ladd Mel Puw? Mae 'na siawns na fyddi di'n mynd yn ôl at Rhydian, na Glanrhedyn, am ugain mlynedd.'

'Ond rhaid i mi fod yno... i helpu efo'r babi.'

'Pa fabi?'

'Ein babi ni, Rhydian a finne.'

'Sori, dwi ddim yn dallt. 'Dech chi'n paratoi i fabwysiadu?'

'Na. Mae Grug yn feichiog, a fi ydi'r tad. Roedd hi'n ddigon bodlon bod yn fam fenthyg i ni.'

Roedd Mel Puw yn llygad ei le felly, meddyliodd Daf.

'A be mae Eben yn feddwl am hyn?'

'Eben?'

'Wel, mae ei bartner yn cael babi efo rhywun arall...'

Chwarddodd Pow. 'Tydi Grug ac Eben ddim yn caru'i gilydd – wel, dim fel gŵr a gwraig. Ffrindiau gorau ydyn nhw, dyna'i gyd.'

'Ydyn nhw'n cyd-fyw?'

'Ydyn, ond tydi hynny'n golygu dim, heblaw bod Grug yn gogyddes dda ac Eben yn giamstar ar y DIY.'

'Ers pryd maen nhw'n nabod ei gilydd?'

'Ers iddi adael Glanrhedyn.'

'Ac yn Sir Benfro maen nhw'n byw?'

'Ie...' Rhoddodd Pow ei freichiau cryf ar y bwrdd a chodi'i ddwylo at ei wyneb.

'Dwi'n meddwl bod fy nghleient wedi cael hen ddigon, Mr Dafis,' datganodd Cai. ''Den ni wedi bod yma am dros awr a tyden ni ddim wedi dechre trafod y digwyddiad eto.'

'Does dim llawer i'w ddweud am hynny,' atebodd Daf yn swta. 'Tra oeddwn i'n holi ei ŵr, cododd Mr Powell ei fwyell i ymosod arna i. Ceisio darganfod pam ydw i, dyna'r cwbwl.'

'Achos... achos mae Rhydian yn teithio'r byd efo baich anferth ar ei gefn. A does gen ti na neb arall hawl i wneud y baich hwnnw'n drymach.'

'Be 'di natur y baich, dwêd?'

'Mr Dafis, does gen i ddim hawl i ddatgelu pethau preifat pobol eraill. Gofynna di i Grug os wyt ti isie clywed ei chyfrinachau hi. Alla i ddim dweud mwy.'

Pan gododd Pow ei ben roedd dagrau'n llifo i lawr ei fochau brown. Roedd golwg feirniadol ar wyneb Cai am eiliad, cyn iddo godi ar ei draed ac amneidio ar ei gleient i'w ddilyn.

'Dyna ni, Mr Dafis, dyna ddigon.'

'Stedda di lawr, Cai. Rhaid i ni gael disgrifiad o be ddigwyddodd heddiw ar dâp cyn y caiff Mr Powell fynd i nunlle.'

Daeth cnoc ysgafn ar y drws: Eifiona.

'Mae'r bois wedi cyrraedd i fynd â fo lawr i'r Parc,' datganodd.

'Pum munud, lodes.'

Doedd dim angen pum munud ar Pow i adrodd ei hanes.

'Wnes i ddim meddwl am ddim heblaw amddiffyn Rhydian. Adwaith greddfol oedd codi'r fwyell.'

Roedd Daf yn falch. O glywed hynny fyddai Gwasanaeth Erlyn y Goron ddim yn dewis cyhuddiad mwy difrifol nag anafu, a byddai siawns i Pow fyw yn ddedwydd yng Nglanrhedyn efo'i ŵr a'i blentyn cyn hir.

'Cymer ofal ohono fo,' meddai Daf wrth y dyn a oedd yn sefyll wrth ddrws cefn y fan wen.

'Ti'n ffrîc, bòs,' meddai Eifiona wrth iddyn nhw sefyll wrth gornel y Prif Eisteddle yn gwylio'r fan wen yn ceisio gyrru'n araf drwy'r torfeydd. 'Mae hwnna wedi ceisio dy ladd di, a ti'n syllu ar ei ôl fel mam yn ffarwelio â phlentyn sy'n mynd i Langrannog am y tro cynta.'

Pennod 14

Arhosodd y ddelwedd olaf o Pow yn eistedd ar fainc yng nghefn y bocs chwys, fel roedd o'n galw'r fan cario troseddwyr, ym mhen Daf, a gwnaeth addewid y byddai'n gwneud ei orau i sicrhau cyhuddiad llai difrifol nag Ymgais i Lofruddio iddo. Petai rhywbeth fel hyn wedi digwydd yn ei filltir sgwâr ei hun, byddai un alwad ffôn i un o'r ynadon wedi datrys pob dim. Ystyriodd ffonio Rhys Bowen – roedd y cigydd yn nabod pawb ledled Cymru – ond wrth iddo estyn i'w boced am ei ffôn, rhedodd dynes tuag ato a'i gofleidio.

Teimlad braf oedd lapio'i freichiau am Grug, meddyliodd Daf wrth iddi ei wasgu o'n dynn, ond sylwodd ei bod yn gwneud yn siŵr nad oedd ei gorff yn cyffwrdd ei bol. Roedd Daf yn cofio cofleidiadau tebyg pan oedd Gaenor yn disgwyl Mali Haf, a theimlodd ryw ysfa i'w hamddiffyn, er gwaetha'r ymchwiliad i lofruddiaeth ei chyn-ŵr.

'O, Mr Dafis, dwi mor sori, mor, mor sori.'

'Dim ti gododd y fwyell, lodes.'

Tynnodd ei hun o'i gafael, ei ffroenau'n llawn o'i harogl deniadol oedd yn gymysgedd o bowdr golchi, ceffylau, chwys, gwair a phersawr blodeuog. Roedd o'n ddiolchgar fod Gaenor yn berchen ar ei galon gyfan: fel arall, gallai dynes ddeniadol, fregus a graslon fel Grug gael gafael ar fwy na'i gorff.

'Wnes i ddim sylwi pa mor agos i'r dibyn oedd Pow. Mae o'n ymddangos fel còg mor siriol ond mae 'na lot o dan yr wyneb.'

'Dwi wedi cael sgwrs hir efo fo.'

'A ble mae o rŵan?'

'Ar ei ffordd i'r carchar, ond dwi'n bwriadu ceisio am fechnïaeth iddo fo.'

'Ar ôl iddo fo geisio...?' Allai Grug ddim darganfod y geiriau priodol.

'Eiliad o wendid gafodd o. Ble mae Rhydian?'

'Mae Eben wedi mynd â fo fyny i Fryn y Ceffylau – roedd o bron â llewygu. Aeth un o'r heddweision efo fo.'

'Gwranda, Grug. Mae dy gyn-ŵr wedi marw a'i gorff wedi cael ei ddatgymalu. Mae'n debygol iawn bod rhywun wedi ei lofruddio. Mae dy fab yng nghyfraith yn y carchar am ymosod ar heddwas ar ddyletswydd. Dwi angen gwneud yn siŵr dy fod di'n iawn, er mwyn Rhydian ac er mwyn y babi.'

'Babi?' Gwridodd Grug.

'Mae Pow wedi dweud yr hanes wrtha i. Dyna un gyfrinach nad oes angen i ti ei chadw o hyn allan.'

'Be ar wyneb y ddaear wyt ti'n feddwl ohonon ni, Mr Dafis? Ddeng mlynedd ar hugain yn ôl doedd 'run teulu yng Nghymru mor uchel ei barch â theulu Arthur Glanrhedyn.'

'Gwranda, lodes, dwi ddim yn rhoi rhech am barchusrwydd. Tegwch a hapusrwydd sy'n bwysig i mi. Mae'r hyn rwyt ti'n fodlon ei wneud ar ran Pow a Rhydian yn beth caredig iawn. Prin iawn ydi'r merched fyse'n fodlon gwneud yr un fath, yn enwedig dros chwarter canrif ar ôl iddyn nhw gael eu plentyn cynta.'

'Nid fy newis i oedd o,' dywedodd mewn llais oedd ddim llawer mwy nag anadl.

'Be am i ni gael sgwrs anffurfiol? Felly, os wyt ti'n datgelu unrhyw faterion sydd ddim yn berthnasol i'r achos, fydd dim rheswm i rannu'r wybodaeth efo neb arall. Iawn? Ty'd fyny efo fi rŵan.'

'Fydd Eben a Rhydian yn poeni amdana i...'

'Anfonwn ni neges iddyn nhw i egluro.'

Wnaeth Daf ddim synnu pan stopiodd hi wrth y drws – roedd Grug wedi ei magu i ddisgwyl i ddynion agor drysau iddi. Tywysodd hi i fyny'r grisiau ac allan ar y balconi.

'Does nunlle mwy preifat na hyn?' gofynnodd Grug.

'Does dim golau naturiol na chwa o awyr iach yn y stafell fach. Mi fydd hi'n llawer brafiach i ni ar y balconi.'

'Dwi ddim isie i bobol weld 'mod i'n siarad â'r heddlu.

Mae'n ddrwg gen i os ydi hynny'n swnio'n anghwrtais, Mr Dafis, ond...'

'Callia, Grug. Mae darnau o gorff dy gyn-ŵr wedi cael eu darganfod mewn bocs selsig ddoe. Mae pob un wan jac ar Faes y Sioe yn disgwyl i ni fod yn cael sgwrs. Ti'n helpu'r heddlu efo'u hymholiadau felly stedda di lawr ac ymlacia.'

Daeth Eifiona â phaned bob un iddyn nhw a chau'r drws ar ei hôl.

'Ga' i ofyn cwestiwn i ti i ddechrau, Mr Dafis?'

'Cei, â chroeso, a galwa fi Daf.'

'Mae hynny'n anodd rywsut, wrth ystyried dy statws.'

'Ocê, ond os wyt ti'n mynnu fy ngalw i'n "Mr Dafis", mi wna inne'r un fath, Miss Grug.'

Chwarddodd, a cheisio yfed mymryn o de er ei fod yn rhy boeth. Syllodd ar Daf dros ymyl ei chwpan.

'Faint oedd dy oed di'n dechrau caru, Daf?'

'Un deg saith, saith mis ac un diwrnod ar bymtheg oed oeddwn i. Dwi'n cofio'r profiad yn iawn.'

'Ro'n i fymryn yn iau. Roedd Mel a finne wastad efo'n gilydd, achos ei fod o wrth ei fodd efo'n ceffyle ni. Roedd fy nhad yn garedig efo fo, yn ei fwydo a gadael iddo fo aros yn y daflod uwchben y stablau pan nad oedd yn bosib iddo fynd adre.'

'Pam hynny?'

'Dyn mawr am ei ddiod oedd tad Mel, a dyn cas iawn. Torrodd figwrn Mel un tro pan oedd o'n ceisio amddiffyn ei fam.'

'Be ddigwyddodd i'w fam o?'

'Does neb yn gwybod, yn union. Roedd rhai yn meddwl...'

'Yn meddwl be, Grug?'

'Wel, roedd rhai yn dweud bod Mr Puw wedi ei lladd, a lluchio'i chorff i'r corsydd. Ond tua'r un pryd ag y diflannodd hi, roedd giang mawr o Deithwyr yn aros ger y bont yn Mach ac oherwydd mai un ohonyn nhw oedd hi, dwi'n meddwl ei bod hi wedi mynd efo nhw. Roedd 'na sôn ei bod hi'n byw ar y Withybanks yn y Trallwng un tro, ond pan aethon ni draw yno, doedd neb wedi clywed ei henw, hyd yn oed.'

'Dydi Teithwyr byth yn hoffi ateb cwestiynau, o 'mhrofiad i.'

'Doeddwn i ddim yn ei hadnabod yn dda, achos es i erioed i'w chartref, a doedd hi ddim yn cael gadael y lle'n aml iawn.'

'Pam hynny?'

'Yn ôl Mel, roedd Mr Puw yn anfodlon iddi gamu dros y trothwy. Dwi'n cofio'i gweld hi ryw ddiwrnod yn y Co-op yn Mach ac roedd clais mawr ar ei hwyneb. Pan soniais wrth Mami am y peth wnaeth hi ddim dweud gair. Doedd pobol ddim yn trafod pethe tebyg bryd hynny.'

'Tydi pethe ddim wedi newid lot, yn anffodus,' atebodd Daf, yn meddwl am Nicci.

'Debyg iawn.'

Wrth i Grug sipian ei the sylweddolodd Daf ei bod yn mynd i'w chragen.

'Mae plant y dyddie yma'n deall llawer mwy am y byd o'i gymharu â'r cyfnod pan o'n i'n ifanc.' Gwenodd Daf, gan obeithio y byddai hynny'n ei hannog i ymlacio. 'Dwi'n nes at yr hanner cant na'r deugain bellach.'

'Dwyt ti ddim llawer hŷn na fi, siŵr, a dwi ddim yn cyfrif fy hun yn hen ddynes, diolch yn fawr!'

'Wnest ti ddechrau dy fywyd yn gynnar, yn do?'

Disgynnodd ei hamrannau yn swil.

'Roedd Mel yn aros yn y llofft stabl yn amlach nag yr oedd o adre. Mi ofynnais i Mami oedd siawns iddo ddod i mewn i fwyta efo ni ond ddwedodd hi na fyddai hynny'n addas. Ddwedodd Dadi y byddai hynny'n gwneud pawb yn anghyffordus, Mel yn fwy na neb, felly dechreuodd Mami roi bwyd ar blât iddo, ac ro'n inne'n mynd â fo allan iddo fin nos. Roedd o mor ddiolchgar, ac yn bwyta fel petai o ddim wedi gweld bwyd ers mis.'

'Bryd hynny ddatblygodd pethe rhyngddat ti a Mel?'

'Ie. Mae'n anodd disgrifio... doedd dim smic o ramant yn y peth. Ffrindie oedden ni, a wnes i erioed fopio'n lân arno fo, fel y gwnes i efo rhai o lancie'r Ffermwyr Ifanc.'

'Dwi ddim yn dy gofio di yn y Steddfod y Ffermwyr Ifanc. Er, doeddwn i ddim yn aelod selog.'

'Digon selog i gipio'r Gadair gwpl o weithie – dwi'n cofio gweld yr holl lunie yn y papur. Efo merch Neuadd yn canu cerdd dant a tithe'n fardd o fri, doedd o fawr o syndod bod Llanfair wedi ennill y Steddfod chwe blynedd yn olynol. Be ddigwyddodd i ferch Neuadd, dwêd?'

'Briododd hi dwmffat a chael dau o blant, ond cafodd ysgariad a rŵan mae ganddi fabi arall, ail ddeoriad, fel petai.'

Daeth cysgod sydyn dros wyneb Grug.

'Ti'n iawn, lodes?'

'Ydw. Ro'n i ar fin dweud rwbeth am greu grŵp Ti a Fi ar gyfer mamau hŷn, wedyn mi gofiais nad fi fydd yn magu hwn ond y cogie.' Roedd ei dwylo'n anwesu ei bol. 'Mi gaiff ei fagu mewn cartref llawn cariad. Doedd Rhydian ddim mor ffodus. Be ddigwyddodd i'r brawd hŷn, dwêd, boi tal?'

'Pa frawd hŷn?'

'Brawd hŷn merch Neuadd.'

'Wel, briododd o ferch hyfryd o Ddyffryn Tanat, ond redodd hi i ffwrdd efo gŵr ei chwaer o. Erbyn hyn, mae o 'di priodi dynes o Sierra Leone.'

'Am sgandal!' Gwenodd, fel petai trafod sgandal rhywun arall yn braf. 'Roedd Dadi'n hoff iawn o fab Neuadd – dwi'n meddwl ei fod o'n gobeithio'i gael yn fab yng nghyfraith!'

'Dwi'm yn meddwl dy fod ti wedi colli allan. A hefyd, petaet ti wedi priodi John Neuadd, efallai y byset ti wedi rhedeg o'na efo fi!'

'Pam hynny?' Cochodd yn sydyn, gan guddio'i hwyneb â'i bysedd main. 'Paid â dweud mai ti oedd y brawd yng nghyfraith? Dwi mor sori am fod yn ddigywilydd.'

'Paid â phoeni,' atebodd Daf, yn chwerthin. 'Hen hanes. Dwi'n gofyn am dy gyfrinachau di felly ti'n haeddu cael gwybod dipyn o'm hanes i.'

'Yn Sir Benfro dwi'n byw erbyn hyn, felly dwi ddim yn clywed clecs Sir Drefaldwyn bellach.'

'Awn ni'n ôl at dy stori di,' awgrymodd Daf.

'Wel, wrth gwrs, gan fod Mel a finne mor agos... roedd canlyniad i hynny, ac nid chwarae plant oedd o. Roedd ffrae fawr wedyn, ac am ryw reswm roedd Mami'n mynnu 'mod i'n cael erthyliad. Wrthododd Dadi hynny, a dwi'n meddwl 'mod i'n deall pam – roedd Mami a fynte wedi bod yn briod am flynyddoedd maith cyn i mi gyrraedd. Ro'n i'n gwybod na fydde croeso mawr i'r babi, ond doeddwn i ddim yn deall agwedd Mami chwaith. Roedd hi'n gandryll, ac ar ôl wythnos gyfan o drafodaeth ddi-stop, neidiodd hi i'r car a gyrru i ffwrdd. Ddwedodd hi wrth adael bod rhaid i Dadi a finne ddewis rhyngddi hi a'r babi, achos nad oedd hi'n fodlon byw dan yr un to â'r plentyn. Chlywson ni 'mo'r sŵn wrth iddi ddryllio'r car yn yfflon wrth daro'r postyn mawr carreg ar dop yr wtra, ond glywson ni'r ffrwydrad wedyn. Erbyn i ni gyrraedd, dim ond cragen oedd ar ôl o'r car, a Mami yn llwch ulw. A wyddost ti be ddwedodd Dad, ar ôl iddo ffonio'r heddlu a'r bois tân? "Ryden ni'n lwcus o'r glaw." Ddwedodd o ddim am golli ei wraig mewn ffordd mor erchyll, dim ond diolch fod hen fforest hynafol y stad yn saff.'

'Pa mor agos oedd dy fam a dad?'

'Dyna beth oedd mor rhyfedd. Roedden nhw'n gyrru mlaen yn hynod o dda. Prin y clywais i air drwg rhyngddyn nhw, er nad oedd hi 'mo'r berthynas fwya serchus. Roedd Dadi dipyn yn hŷn na hi – roedd o dros ei hanner cant pan ges i fy ngeni – ond doedd hynny ddim i'w weld yn amharu arnyn nhw. Dyna pam roedd o'n gymaint o sioc gweld Mami mor ffyrnig am y babi.'

'Ond mi fuon nhw'n briod am sbel cyn llwyddo i feichiogi.'

'Do, ac yn ôl y sôn, roedd y menywod lleol cenfigennus oedd wedi gobeithio priodi Dadi yn bod yn gas efo Mami, ei galw'n hesb.'

'Oes gen ti syniad be ddigwyddodd yn y pen draw?'

Caeodd Grug ei llygaid fel petai'n gwrthod wynebu'r darn hwn o hanes ei theulu.

'Yn ôl y sôn, dechreuodd Mami boeni am ei methiant i

feichiogi, poeni am ddyfodol ei phriodas petai hi ddim yn medru rhoi etifedd i Dadi. Ddwedes i wrthat ti mai un o deulu'r Teithwyr oedd mam Mel, Mrs Puw? Maen nhw i gyd yn grwydriaid o ryw fath, y Puws, ers iddyn nhw gyrraedd Dyffryn Dyfi. Tydi pobol ddim yn gwahaniaethu rhyw lawer rhwng trempyn a thincer bellach, ond roedd mam Mel yn ddisgynnydd o'r sipsiwn go iawn. Ti wedi dysgu bellach ein bod ni'n deulu ofergoelus, yn dwyt, Daf?'

'Dwi wedi clywed rhai straeon, do.'

'Wel, gwerthodd Mrs Puw swyndlws i Mami, medalion bach arian, er nad arian go iawn oedd o, efo llun dynes hen ffasiwn arno a geiriau dierth o'i gwmpas. Ar y cefn roedd croes, y llythyren "M" a dwy galon efo coron ar bob un, efo rhaff dros un a chleddyf drwy'r llall. Roedd Mami'n cadw'r peth yn ddirgel ond un tro, pan o'n i tua deg oed, ddois i o hyd iddo yng ngwaelod ei bocs gemwaith. O, roedd dwsin o sêr ar y cefn hefyd. Ro'n i'n ei weld o'n beth hudol iawn.'

Roedd Daf yn bendant ei fod o wedi gweld rhywbeth tebyg i'r disgrifiad o'r swyndlws, ond doedd o ddim yn cofio lle nac ym mha gyd-destun.

'Wyt ti'n cofio'r geiriau oedd arno?' gofynnodd, er ei fod yn sicr nad oedd yn berthnasol o gwbl i'r ymchwiliad.

'Na. Ond mi wnaeth un gair fy nharo fi, "Concepta". Gair addas i swyndlws ffrwythlondeb.'

'Ac ar ôl derbyn y swyndlws...?'

'Ges i wybod hyn oll gan hen aelod o staff, dynes oedd wastad yn agos at Mami, ar ôl i Mami farw. Ryw ddeng wythnos ar ôl derbyn y tlws bach, sylweddolodd Mami ei bod hi'n feichiog. Roedd hi'n hynod o ddiolchgar i Mrs Puw am hynny.'

'Ac o ystyried eich bod chi fel teulu yn ofergoelus, beth wyt ti wir yn feddwl?'

'Wel,' dywedodd Grug ar ôl seibiant bach, fel petai hi wedi dewis ei geiriau'n ofalus, 'mae 'na ffasiwn beth â phlasebo, yn does? Hefyd, roedd Mrs Puw wedi cynnig dipyn o gyngor mwy ymarferol i Mami... ac roedd ffisig o ryw fath, ac eli hefyd.'

Oedodd am ennyd. 'Ydi hyn wir yn berthnasol?'

'Mae Mel wedi cael ei ladd, Grug, ac efallai y bydd gwybodaeth am hanes y teulu yn ddefnyddiol i'r achos.' Ceisiodd Daf ei orau i gyfiawnhau ei gwestiynau, gan ei fod yn prysur ymgolli yn hanes y teulu hynod. 'Reit – roeddet ti'n sôn am farwolaeth dy fam.'

'Wel, roedd o'n gyfnod anodd. Roedd yn rhaid i ni drefnu angladd a phriodas un ar ôl y llall a ddwedodd Mel fod Dadi wedi gofyn am BOGOF gan yr arlwywyr: prynu un bwffe a chael y llall am ddim. Go fawr oedd yr angladd a go dawel oedd y briodas. Ro'n i'n sâl bob hanner awr o achos y babi, ac allwn i ddim anghofio'r ffrae olaf ges i efo Mami. Roedd hi yn llygad ei lle, fel y digwyddodd pethe.'

'A sut oedd Mel a tithe'n gyrru mlaen bryd hynny?'

'Ddim yn grêt. Cafodd Mel ddod mewn i'r tŷ, er bod Dadi'n dal i awgrymu y byse fo'n fwy cyfforddus i bawb petai o'n aros allan yn y daflod. Roedd yn rhaid i mi adael yr ysgol, wrth gwrs, a'r Ffermwyr Ifanc, a'r tîm pêl-rwyd a bob dim arall. Ges i lond bol ar bobol yn chwerthin ar fy mhen, yn enwedig y rhai oedd wastad wedi fy ngalw i'n snob. Mi oedd y fydwraig a'r meddyg yn dod i'r tŷ, heblaw pan o'n i angen sgan. Gofynnais i Dadi fynd â fi lawr i Fronglais gan obeithio y byse'r trip yn llesol iddo fo – roedd o wedi cael twtsh o iselder ers colli Mam, ond pan welodd o'r babi ar y sgrin, wel, doedd o ddim yr un un. Dechreuodd wneud cynlluniau ar gyfer y babi, yn enwedig ar ôl iddyn nhw ddweud mai bachgen oedd o. Pan gafodd Rhydian ei eni, roedd o wrth ei fodd.'

'A sut oedd Mel?'

Ochneidiodd Grug. Syllodd hi draw dros y Cylch, lle roedd y stiwardiaid yn brysur yn codi clwydi ar gyfer y gystadleuaeth nesaf.

'Dadi oedd yn iawn. Baw oedd o, ddim yn haeddu gweithio ar ein buarth ni, heb sôn am orwedd yng ngwely'r meistr.'

'Ond pan mae dau o bobol dan y dŵfe efo'i gilydd, does neb yn sôn am etifeddiaeth na statws.'

Daeth dagrau i lygaid Grug a thynnodd hances gotwm o'i phoced. Daeth arogl lafant o'i phlygion.

'Ydw i'n ddeniadol, Daf?'

'Debyg iawn, ond dwi ddim yn sengl, felly...'

Chwarddodd yn annaturiol o uchel.

'Nid ceisio dy fachu di ydw i. Jest gofyn, petaet ti'n gorwedd yn fy ngwely, fyddet ti awydd caru efo fi?'

'O, bendant. Ti'n lodes lyfli. Ond ti'n gwybod hynny.'

'Sut alla i fod yn gwybod hynny? Achos noson ar ôl noson ro'n i'n gorwedd wrth ymyl Mel, ac ar ôl i ni briodi wnaeth o ddim cyffwrdd bys yndda i, ddim unwaith. Priodas glec oedd hefyd yn briodas bur – dyna i ti anghyson.'

'Mae cenhedlu plentyn ar ddamwain yn cael effaith ar rai dynion, fel petaen nhw'n amharod i gymryd risg eto.'

'Gymerodd o risg efo pob merch arall o fewn ei gyrraedd. Ches i ddim hyd yn oed cusan ganddo ar ôl i ni briodi, fel petawn i'n codi cyfog arno. Geisiodd o symud i stafell arall ond ddwedodd Dadi wrtho mai'r llofft stabl oedd yr unig ddewis os oedd o'n gadael fy ngwely i. A wnaeth o erioed gofleidio Rhydian. Canolbwyntiodd ar y fridfa a'r stad... a hel merched, wrth gwrs. Er, roedd o'n llai agored am hynny pan oedd Dadi'n dal efo ni.'

'Oes gen ti unrhyw syniad pam?'

'Dim clem. Dwi wedi gofyn i Eben oes rhwbeth amdana i, rhwbeth dwi ddim yn ymwybodol ohono, sy'n ddigon i droi stumog dyn. Doedd o ddim yn gallu gweld dim.'

'Dwi'n cytuno.'

'Dwi ddim isie brolio, ond dwi ddim yn meddwl y cafodd Mel fargen sâl. Ro'n i'n etifedd i fferm orau Cymru, ro'n i'n ffyddlon iddo fo ac mi rois i fab iddo fo. Dwi'n coginio'n ddigon da ac ro'n i wastad yn fodlon codi allan ar ôl hanner nos i'w nôl o o'r dafarn. Wastad yn gwneud fy siâr ar y buarth a chadw'r llyfrau cownt i gyd. Wn i ddim be arall allwn i fod wedi'i wneud.'

'Efallai ei fod o'n teimlo'n euog ar ôl cyfyngu dy fywyd.

Chest ti ddim cyfle i fynd i goleg nac i deithio.'

'Gwir, ond ges i Rhydian.'

Anaml y teimlai Daf gysylltiad personol â thyst, ond roedd Grug yn wahanol. Roedd ei chariad diffuant at ei mab yn cyffwrdd ei galon.

'Yr unig beth da i ddod o'r holl helynt ydi Rhydian,' ychwanegodd Grug, 'a beth bynnag ddaw, fydd hynny ddim yn newid.'

'Beth bynnag ddaw? Wyt ti'n meddwl mai Rhydian laddodd ei dad?'

'Na, dim siawns o gwbl. Dwi jest yn dweud bod fy mywyd wedi troi i sawl cyfeiriad annisgwyl, a'r unig beth cyson ynddo ydi Rhydian.' Oedodd am eiliad, a gwenu. 'Roedd o mor fach ac mor wan pan gafodd o'i eni, roedd yn rhaid iddo aros yn yr Uned Gofal Dwys am chydig.'

'Ddaeth o'n gynnar?'

'Na. Gafodd o sawl prawf, ond doedd dim rheswm pam ei fod mor fach. Wnaeth Mel ddim cymryd ato fo, gan ei ddisgrifio fel coblyn neu ratlin.'

'Ac ar ôl i Rhydian ddod adre, roeddech chi'ch pedwar yn cyd-fyw'n iawn?'

'Na. Roedd rhyw gasineb oer rhwng Dadi a Mel. Mi fydde Dadi, Rhydian a finne'n aros yn y gegin, a Mel yn y swyddfa – roedd o hyd yn oed yn bwyta yno. Roedd o'n anhapus ynglŷn â sut roedd Dadi'n rhedeg y stad a'r fridfa, yn mynd â'n cesig i'r un bobol heb edrych oedd gwaed gwell ar gael yn rhywle arall. Roedd Dadi'n bendant fod yn rhaid i ni gadw hen deip Glanrhedyn yn bur achos dyna beth oedd pobol yn ddisgwyl, ond roedd Mel yn iawn, i ryw raddau. Roedden ni wastad yn mynd ar ôl cobiau o'r hen fath, rhai trwm a hen-ffasiwn, a doedd y beirniaid cyfoes ddim yn eu hoffi nhw. Y cyfaddawd wnaeth Dadi oedd gadael i Mel ddod â chesig gwahanol at ein stalwyni, er mwyn gweld fyddai hynny'n llwyddiant, felly roedd pobol o bob math yn mynd a dod drwy'r amser. Ac roedd Mel yn iawn. Cyn i Rhydian adael yr ysgol feithrin, enillodd epil

Glanrhedyn Gerallt Bencampwriaeth Stoc Ifanc yma yn y Sioe. Roedd Dadi a finne mor falch, er bod gan y dyn oedd yn ei arddangos datŵs reit fyny ei freichiau fel rhyw forwr.'

Bob hyn a hyn, sylwodd Daf, roedd ei hochr snobyddlyd yn dod allan. 'Gyda phob parch, Grug, dwi angen clywed hanes y teulu, nid hanes y ceffylau.'

'Ein hanes ni ydi hanes ein ceffylau. Does dim ffordd o'u gwahanu.'

'Pryd fu dy dad farw?'

'Pan oedd Rhydian tua phedair. Mi gafodd drawiad bach, dim yn rhy ddrwg, ond chydig wedyn, wrth gerdded lawr yr wtra yn y nos, mi welodd Dadi y gannwyll corff. Daeth i mewn i'r tŷ yn crynu, a mynd yn syth i'w wely. Mi fu yno am fis cyn marw, a'r unig beth roedd o'n poeni amdano oedd fy ngadael i a Rhydian efo Mel.'

Roedd Grug yn chwarae efo'i hances, ond dicter yn hytrach na thristwch oedd yn ei llygaid.

'Oedd Mel yn dy guro di?'

'Gwaeth na hynny. Roedd o'n bygwth Rhydian. Ac mae 'na sawl ffordd o guro rhywun heb godi dwrn. Roedd yn rhaid i mi symud i stafell fechan yn yr atig er mwyn iddo fo gael gwahodd merched eraill – puteiniaid – i'n gwely ni. Dechreuodd wario pres fel dŵr a ffraeo efo pob un o hen ffrindie'r teulu. Gwerthodd dipyn o'r hen ddodrefn gwerthfawr a llestri Gaudy Welsh fy hen nain. Pan wnes i brotestio ynglŷn â hynny, aeth Mel â Rhydian efo fo i "drwsio" clawr y ffynnon, a daliodd y còg â'i ben i lawr uwchben y dŵr. "Mi fyse'n siom i fachgen dalu pris mor uchel am hen lestri," medde fo. A dyna sut roedd o'n ymddwyn drwy'r adeg.'

'Ddylet ti fod wedi ffonio'r heddlu.'

'Fyse neb wedi fy nghredu i. Roedd Mel wedi creu si yn yr ardal 'mod i wedi gwallgofi: cyfuniad o sioc ar ôl colli Mami a Dadi ac iselder ar ôl geni Rhydian. Cyn hir, doeddwn i byth yn gadael Glanrhedyn, na gadael Rhydian efo fo am eiliad.'

'Pam na wnest ti adael?'

'Achos Glanrhedyn. Etifeddiaeth Rhydian oedd y lle, ac ro'n i'n ceisio atal Mel rhag ysbeilio'r cwbwl.'

'Wedyn, aeth Rhydian i ffwrdd i hyfforddi fel joci?'

Gwenodd Grug yn falch.

'Mae ganddo fo dalent anhygoel efo ceffyle, ac roedd hynny'n gwneud Mel yn genfigennus iawn. Dechreuodd pobol ofyn am gymorth Rhydian – roedd o'n gallu trin y stalwyn mwya egnïol pan oedd o yn ei arddegau cynnar. Tydi o ddim yn fawr nac yn gryf ond mae o mor benderfynol. Felly, pan ddwedodd o ei fod o awydd hyfforddi fel joci, cynigiodd sawl un le iddo.'

'A sut oedd Glanrhedyn ar ôl iddo fynd?'

'Gwag. Datblygodd Mel ryw baranoia, gan roi camerâu ym mhob man. Ond mi arhosais yno, er mwyn Rhydian.'

'Ddwedodd Pow dy fod wedi mynd â chaseg...'

'Do, a phan ddois i'n ôl roedd clo clap ar y lliwiart. Daeth Mel i'r golwg â sawl clais ar ei wyneb, yn cerdded yn ofalus fel petai o wedi cael curfa go iawn. Wedyn ges i neges ryfedd ar fy ffôn: darn bach o fideo a dynnwyd gan un o'r camerâu diogelwch, yn dangos ffrae rhwng Mel a finne. Doeddwn i erioed wedi ei daro, ond rywsut, fi oedd yn y fideo. Roedd fy enw'n glir ar gefn fy nghrys chwys Clwb Merlod Cymru.'

'Oedd siawns dy fod di wedi blocio'r cof rywsut?'

'Dyna beth ddwedodd Mel, ond roedd y dyddiad yng nghornel y llun yn dangos bod y peth wedi digwydd tra o'n i yn yr Alban. Wedyn, derbyniais lun yn dangos fy nghar yn gyrru'n wyllt i lawr yr wtra yr un diwrnod.'

'Be oedd yn mynd drwy dy feddwl di?'

'Ro'n i'n gwybod mai rhyw dric oedd o, ond allwn i ddim gwneud unrhyw synnwyr o'r peth. Ffoniais fy ffrindiau yn y fridfa lle ro'n i wedi bod yn aros. Wyddwn i ddim be yn union i'w ddweud wrthyn nhw, felly mi ddwedais "Jyst isie dweud 'mod i wedi cyrraedd adre'n saff", ond dechreuodd fy ffrind chwerthin a gofyn lle o'n i wedi bod, ar ôl gadael yn gynnar y bore cynt. Wnaeth hi jôc am y dyddiad, fel petawn i wedi trefnu i dreulio noson efo rhyw ddyn ar fy ffordd adre. Yr holl amser, roedd Mel yn syllu arna i â gwên fach ar ei wyneb. Wedyn ges i neges arall, llun ohona i'n rhoi croen draenog o dan gyfrwy ceffyl, ac yn chwipio un arall yn ffyrnig. Mel oedd y tu ôl i'r peth, wrth gwrs. Ddwedodd o ei fod wedi anfon y cyfan at gyfreithiwr ac wedi cael gorchymyn llys i fy rhwystro fi rhag bod ar dir Glanrhedyn. Roedd o'n bygwth anfon y lluniau at yr RSPCA a'r papurau, gan ddweud y byddai hynny'n chwalu pob siawns o yrfa i Rhydian yn y byd ceffyle.'

'Ac roeddet ti'n sicr nad oeddet ti wedi gwneud dim o hyn?'

'Ar ôl i mi golli Dadi roedd Mel yn dweud cymaint o gelwyddau ac yn ymddwyn mor gas, doeddwn i ddim yn siarad efo neb, heblaw Rhydian. Erbyn i mi weld y fideo a'r lluniau doedd gen i unman i droi. *Gaslighting* maen nhw'n ei alw fo, dwi'n gwybod hynny rŵan.'

'Be ddigwyddodd wedyn?'

'Ddwedodd Mel, petawn i'n mynd yn dawel, y byddai modd i ni gadw'r stad mewn un darn, er mwyn trosglwyddo'r cyfan i Rhydian. Petawn i'n ei herio, byddai'r frwydr yn chwalu Glanrhedyn. Erbyn hyn, Daf, doedd gen i ddim syniad beth oedd yn mynd ymlaen. Ar y pryd, roedden ni'n sefyll yn union lle gafodd Mami ei damwain, a lle welodd Dadi y Gannwyll. Mi gymerais fy nghôt, troi ar fy sawdl a cherdded i ffwrdd.'

'Ble est ti?'

'Mi benderfynais beidio â mynd i Mach, er mwyn osgoi pobol ro'n i'n eu nabod. Wrth i mi agosáu at Glantwymyn roedd hi'n dechrau bwrw, felly gwisgais fy nghôt a dod o hyd i rwbeth erchyll yn y boced fewnol.'

'Be?'

'Croen draenog.'

'Ble oeddet ti'n mynd?'

'Nunlle. Unrhyw le. Jest cerdded trwy'r glaw. Cerddais drwy'r nos nes i mi faglu yn rhywle. Erbyn hynny ro'n i'n methu rhoi un droed o flaen y llall felly mi bwysais ar lidiart, fy mhen yn hollol wag. Does gen i ddim syniad pa mor hir fues i yno, ond ymhen hir a hwyr mi glywais sŵn traed trwm a gweld golau tortsh. Eben oedd yno.'

Roedd straen annaturiol wedi bod dros wyneb Grug wrth iddi sôn am Mel a Glanrhedyn, ond wrth iddi ynganu enw Eben meddalodd ei hwyneb a daeth y lliw yn ôl i'w bochau.

'A be oedd Eben yn wneud yn crwydro Dyffryn Dyfi yng nghanol y nos, dwêd?'

'Cysgu yn ei lorri. Roedd o'n gyrru llwyth o jin o ddistyllfa yn Sir Benfro i ochrau Caer, ond roedd y *tach* wedi ei orfodi i aros.'

'*Tach*?'

'Tachograff. Yr ysbïwr yn y cab, fel petai. Pan oedd o'n mynd rownd y lorri i wneud yn siŵr fod bob dim yn iawn, mi glywodd o sŵn. Cododd drosol er mwyn gweld beth oedd yno, a dod ar fy nhraws i. Ro'n i'n lwcus na wnaeth o falu fy mhenglog.'

'Oes gan Eben duedd i falu penglogau pobol?' gofynnodd Daf yn ysgafn.

'Paid â bod yn wirion! Cawr caredig ydi Eb, ond efo llwyth mor werthfawr roedd yn rhaid iddo fod yn wyliadwrus.'

'Digon teg.'

'Awr yn ddiweddarach, ar ôl dweud y cwbwl wrtho, ro'n i'n eistedd yn y caban wrth ei ochr yn gwisgo siwmper oedd lawer yn rhy fawr i mi, yn yfed y baned orau i mi ei chael yn fy mywyd.'

'Doedd arnat ti ddim ofn, ar ben dy hun efo dyn dierth?'

'Doedd gen i ddim i'w golli. Dwi'n gwybod bellach na all Eben frifo pryfyn.'

Cofiodd Daf am y tatŵ ar ei foch, ac ystyriodd ei geiriau.

'Be wedyn?'

'Mi es efo fo fyny i Gaer, wedyn draw i Lerpwl, a lawr i ochrau Llanelli. A dyna lle dwi 'di bod ers hynny, wrth ei ochr.'

'Dech chi'n caru'ch gilydd? Mae'n amlwg pa mor agos ydech chi.'

'Am ryw reswm, does neb yn fy ngharu. Ffrindiau gorau yden ni.'

'Ond sut fyddet ti'n teimlo petai Eben yn syrthio dros ei ben a'i glustiau mewn cariad efo menyw arall?'

'Fyddai hynny byth yn digwydd. 'Den ni'n ddigon i'n gilydd, sy'n beth braf.'

'Felly, gest ti lifft gan foi dierth a chyn hir, roeddech chi'n cyd-fyw ac yn dechrau bridfa?'

'Doedd Rhydian ddim yn ei hoffi i ddechrau, ond mi ddaethon nhw i ddeall ei gilydd pan welodd Rhydian fod Eben a finne'n ceisio atgyfodi hen deip Glanrhedyn o geffyle.'

'Cwestiwn ymarferol. Sut werthodd Mel Glanrhedyn? Be am dy hawliau di?'

'Ar ôl blwyddyn neu ddwy, cysylltodd Mel efo fi drwy Rhydian, i ddweud ei fod o isie i mi drosglwyddo'r eiddo i gyd iddo fo. Llwyddodd i berswadio Rhydian fod yn rhaid i'r stad aros mewn un darn. Gwnaeth Mel ewyllys yn gadael bob dim i Rhydian, ac ro'n i'n fodlon derbyn hynny. Mi ofynnais am un gaseg ond doedd o ddim yn fodlon rhoi hynny i mi, hyd yn oed, felly dyma ni.'

'Wnest ti roi dy holl etifeddiaeth i ffwrdd?'

'Trosglwyddo'r cyfan i Rhydian oedd fy mwriad. Wedyn, wrth gwrs, rhoddodd Mel y lle ar y farchnad. Erbyn hynny roedd Rhydian wedi gorfod gadael ei brentisiaeth oherwydd y boen yn ei fysedd, ac roedd Mel yn symud o un lle i'r llall ac o un cariad i'r llall. Am ryw reswm, ymosododd Rhydian ar ei daid mewn cartref preswyl, a ges i wybod bod rhyw figan o bell wedi prynu Glanrhedyn. Doedden ni ddim yn nabod Pow bryd hynny, wrth gwrs.'

'Ond setlodd pethe wedyn?'

'I ryw raddau, ond roedd Mel wastad yng nghanol trafferth.' Yn sydyn, agorodd Grug ei llygaid led y pen. 'O, na, wnes i ddim meddwl. Pwy fydd yn rhedeg ei stalwyn fory?'

Pennod 15

Brysiodd Grug yn ôl i Fryn y Ceffylau, gan adael Daf ar y balconi'n syn. Cyn eu sgwrs, doedd o ddim wedi deall pam roedd Grug yn mynnu gofalu am stalwyn blin ei chyn-ŵr pan oedd pawb arall yn cadw'n glir o'r bwystfil, ond bellach roedd o'n gwybod. Roedd gwaed bridfa Glanrhedyn yn bwysicach na dim iddi, waeth pwy oedd piau'r ceffyl.

'Ty'd bòs,' galwodd Eifiona arno, 'mae 'na rwbath ddylet ti ei weld fan hyn.'

Ar y sgrin roedd llun aneglur: llungopi o erthygl bapur newydd o'r wythdegau, yn adrodd ar achos llys. 'Dyn o Solfach yn euog o ddynladdiad!' bloeddiodd y pennawd uwch stori drist am ddyn yn ei arddegau oedd wedi lladd ei lystad ar ôl darganfod ei fod o'n cam-drin ei chwaer. Prentis cigydd oedd y troseddwr ac, ym marn y barnwr, roedd ei ymdrechion i guddio'r corff bron mor ddrwg â'r llofruddiaeth.

'Mae gen i frith gof o'r achos, ond be ydi'r cysylltiad efo Mel Puw?'

'John E. Parr oedd enw'r cigydd ifanc, ond nid Parr oedd ei enw gwreiddiol. Parr oedd cyfenw'i lystad, ac yn ôl un o'r adroddiadau ddarllenes i, un o'r prif resymau am yr anghydfod rhyngddyn nhw oedd penderfyniad y llanc i fynd yn ôl i ddefnyddio'i enw blaenorol, sef Lewis. Ti wedi dyfalu am be mae'r "E" yn sefyll eto?'

Syllodd Daf ar y llun bach o wyneb dyn ifanc â gwallt blêr oedd wedi'i gribo'n ôl rywsut rywsut oddi ar ei dalcen llydan, cyfarwydd.

'Eben,' datganodd Daf yn bendant.

Roedd Toscano wedi cytuno i gais Daf i gysgu ar Fryn y Ceffylau heb ffwdan, felly penderfynodd Daf gau ystafell yr ymchwiliad am y diwrnod. Roedd cwestiynau'n dal angen eu gofyn ond byddai siawns i weld sawl un ar Fryn y Ceffylau yn ddiweddarach.

Gadawodd Eifiona mewn hwyliau da a'i gliniadur o dan ei chesail, ond nid oedd Roderick mor siriol.

'Dwi ddim i fod ar ddyletswydd heno,' esboniodd â'i ben yn ei blu, 'ond mae swyddogion sy'n siarad Cymraeg yn go brin felly fetia i di y bydd raid i mi fynd fyny i'r Pentre Ieuenctid ryw dro.'

'Dweda di wrthyn nhw 'mod i dy angen bore fory, os ydi hynny o unrhyw help,' cynigiodd Daf, ond cododd Roderick ei ysgwyddau wrth fynd allan drwy'r drws.

Wrth i Daf a Toscano basio'r Prif Eisteddle, gwelsant lu o bobol yn yfed gwin o wydrau plastig ar deras adeilad yr NFU. Daeth dynes o'r grŵp ar garlam at Daf a'i gofleidio.

'Mae dy ben hyll di'n dal yn y lle iawn, dwi'n gweld,' chwarddodd y ddynes.

'Haf Gwydir-Gwynne, wyt ti wir yn fy meio fi achos bod rhywun wedi ymosod arna i?' gofynnodd yn ysgafn.

'Wel, petaet ti'n stopio ymbalfalu drwy sefyllfaoedd peryglus fel... fel baedd, bydde Gaenor yn cysgu'n llawer tawelach.' Erbyn hyn, roedd Haf wedi gollwng ysgwyddau Daf. 'Santes bur yw Gae, wir,' ychwanegodd. 'Mi fydde unrhyw ferch arall dan haul wedi dy dagu di cyn hyn.'

Ymddangosodd ei gŵr wrth ysgwydd Haf, a gwên denau ar ei wyneb hir.

'Bydd yn rhaid i ti faddau i Haf, Dafydd,' dywedodd Mostyn Gwydir-Gwynne, ei Gymraeg newydd mor ddiacen a llyfn â'i Saesneg, 'ond roedden ni'n poeni amdanat ti.'

'Wna i ddim trafferthu y tro nesa!' meddai Haf, gan droi ar ei sawdl i ailymuno â'i chyfeillion yn y derbyniad.

'Mi gafodd hi sioc wrth glywed am... y digwyddiad y prynhawn yma,' dywedodd yr Aelod Seneddol ar ôl iddi fynd, 'ac mae hynny ar ben yr hormonau wedi...' Gosododd gledr ei law ar ei fol ei hun i ddangos, heb eiriau, fod Haf yn feichiog.

Wrth iddo wneud yr ystum nawddoglyd, sylwodd Daf ar

rywbeth hynod. Roedd y gadwyn aur arferol yn ymestyn ar draws ei wasgod i ddal ei watsh boced, ond yn hongian oddi ar un o ddolennau'r gadwyn roedd tlws siâp hirgrwn.

'Llongyfarchiadau,' meddai Daf, gan estyn ei law tuag at y sgweier bonheddig. 'Mi fydd tîm pêl-droed acw cyn hir.'

'Tîm polo, efallai,' atebodd yr Aelod Seneddol. 'Ac fel ti'n gwybod, rydym ni'n derbyn yn ddiolchgar roddion Duw...'

'Drwg gen i am ofyn cwestiwn rhyfedd,' torrodd Daf ar ei draws, 'ond be sy gen ti ar gadwyn dy wats? Roedd tyst yn disgrifio rwbeth tebyg i mi, a dwi erioed wedi gweld un o'r blaen.'

'*It was my mother's.*'

Gan fod cwestiwn Daf wedi corddi dyfroedd emosiynol iddo, allai Gwydir-Gwynne ddim cynnal ei Gymraeg i'w ateb. Mwmialodd rywbeth arall a cherddodd ymaith.

Chwe mis ynghynt, yng nghanol y gaeaf llwm, roedd y ddaear yn rhy galed i dderbyn arch ei fam, Lady Beatrice Gwydir-Gwynne, felly bu'n rhaid agor un o hen gistiau marmor y teulu yn eu capel preifat iddi. Wrth ffarwelio â'i hoff ynad cafodd Daf deimlad rhyfedd, fel petai o wedi camu i mewn i olygfa o ddrama hanesyddol. Roedd golau'r canhwyllau, y mwg persawrus a'r geiriau Ladin yn dod o'r oes a fu, ac roedd Haf, yn galaru â gorchudd o les du am ei phen, yn edrych yn debycach i gymeriad o *Brideshead Revisited* na chyfreithwraig dalentog, gref.

Wrth gerdded heibio i adeilad HTV, gresynodd Daf na chafodd ateb ynglŷn â'r tlws oedd yn cyfateb yn union i ddisgrifiad Grug o'r swyndlws roddodd Mrs Puw i'w mam.

Fel petai'n gallu darllen ei feddwl, trodd Toscano ato'n siriol. 'Pam oedd gen ti ddiddordeb ym Medal Wyrthiol Mostyn Gwydir-Gwynne?'

'Ei be?'

'Ei Fedal Wyrthiol, yr un gafodd o gan ei fam. Mae'r Miraculous Medals yn bethe go gyffredin.'

Tynnodd Toscano ei allweddi o waelod ei boced. Roedd sawl tlws ar y bwndel: llwynog arian, côn hufen iâ enamel a'r un tlws hirgrwn metel ag a welodd ar gadwyn y sgweier.

'Be ydi o?'

'Rhodd gan Nain, heddwch i'w llwch, pan basiais i fy mhrawf gyrru.'

'Swyndlws ydi o?'

'Na, na,' ymatebodd Toscano'n swta, fel petai Daf wedi ei gyhuddo o ddewiniaeth. 'Mae'r fedal yn dy helpu di i fod yn agored i Ras Duw a'r nerth sy'n dod o hynny.'

Ochneidiodd Daf. 'Ydyn nhw'n bethe cyffredin, felly?'

'Ymhlith Catholigion, ydyn.'

'Allai rhywun ei ddefnyddio fel swyndlws?'

'I wneud be?'

'I helpu rhywun i feichiogi. Mae'n amlwg nad ydi'r sgweier yn cael unrhyw drafferthion yn y maes hwnnw.'

Ystyriodd Toscano am eiliad. 'Na, tydi hynny ddim yn debygol. Y peth gorau ar gyfer cenhedlu ydi novena...'

'Na, dwi ddim isie gwybod. Does gen i ddim smic o ddiddordeb yn y lol yna.'

'Ti oedd yn gofyn,' brathodd Toscano'n ôl. 'Ddyle neb fychanu ffydd rhywun arall.'

'Faint o gopïau o'r fedal yma sydd o gwmpas?'

'Mae miliynau ohonyn nhw o gwmpas y byd, siŵr.'

'Felly os oedd mam Mel yn un o deulu o Deithwyr, bydde siawns go dda fod ganddi hi fedal fel hon?'

'Debyg iawn.'

'Ond roedd hi'n gamblo, felly, nad oedd mam Grug wedi gweld un o'r blaen.'

'Os nad ydi heddwas profiadol yn gwybod be ydi'r Fedal Wyrthiol, ydi hi'n debygol fod ffermwraig yn Nyffryn Dyfi dros ddeugain mlynedd yn ôl wedi gweld un?'

'Digon teg. Be dwi'n ceisio'i ddeall ydi, ai twyllo Mrs Arthur oedd Mrs Puw, neu rannu ei harferion ofergoelus?'

'Dipyn o'r ddau? Efallai ei bod hi'n gweld y ffermwraig gyfoethog fel targed i'w phluo, ond hefyd mi fyse hi'n credu bod gras yn dod efo'r Fedal.'

'Yn hanes y teulu mae'r ateb i hyn i gyd, dwi'n sicr, Toscano.'

Crychodd y cwnstabl ifanc ei drwyn. 'Ydi o'n wir bod y fam yn disgwyl babi gŵr ei mab?'

'Mam fenthyg ydi hi iddyn nhw.'

Safodd y ddau yn ddistaw o flaen y fan byrgyrs cig carw yn aros am eu bwyd, ac am weddill y daith i Fryn y Ceffylau, llwyddodd Toscano i rannu ffeithiau difyr ynglŷn â'r ffilm *Bambi* rhwng cegeidiau o fyrgyr. Mynnodd y llanc ei fod am gysgu yn y trelar yn hytrach na'r babell, a dechreuodd wneud y lle mor gyfforddus â phosib drwy osod ei bethau'n daclus yno. Ar ôl gorffen, tynnodd ddarn o gacen ffrwythau o'i fag a'i rhannu efo Daf.

'Peth da ydi *panforte* mewn gwres mawr,' sylwodd Toscano â'i geg yn llawn. 'Mae'n codi lefel y siwgr yn dy waed pan ti angen *boost* bach o egni.'

Wrth geisio rhyddhau darn o ffigys o'i ddannedd, cytunodd Daf fod y gacen yn hyfryd.

'Ond mae gen i dipyn i'w wneud eto heno, còg, er bod dy shifft di wedi gorffen ers sbel.'

'O, dwi'n barod am noson brysur hefyd, bòs,' meddai Toscano'n eiddgar.

'Hen bryd i ni gael sgwrs efo Eben, felly. A chymer di ofal – er ei fod yn edrych fel Siôn Corn, mae ganddo fo hanes treisgar.'

Roedd Eben yn eistedd wrth y bwrdd y tu allan i'w lorri uwchben powlen fawr blastig o ddŵr sebonllyd a drych bach oedd yn pwyso ar dun ffa pob. Yn llafurus, roedd o'n torri blew hir ei farf gyda gwellau cyn defnyddio'i rasel i eillio'r gweddill. Synnodd Daf pa mor llyfn oedd hanner isaf ei wyneb, ond rywsut, doedd o ddim yn edrych mor addfwyn bellach. Roedd rhyw galedwch i'w geg, a'r ddau datŵ siâp deigryn o dan ei lygad yn ategu hynny.

'Sori i dy styrbio di, Eben,' dechreuodd Daf yn ddiplomataidd. 'Allwn ni ddod yn ôl yn nes ymlaen os ydi hynny'n well?'

'Na, mae'n iawn, ond rhaid i mi fwrw mlaen 'da'r job hyn wrth siarad. Rhaid i mi fod yn smart erbyn fory.'

'Wrth gwrs.'

'Mae 'na sawl cadair yn y lorri. Os wyt ti'n chwilio am Grug, mae hi'n ceisio dod o hyd i rywun sy'n fodlon rhedeg stalwyn Mel.'

'Be amdanat ti, Eben?'

'Mae'n rhaid i mi redeg Glanrhedyn Glyndŵr... 'wy'n amau na fydd Pow yn ôl i wneud.'

''Sen i ddim yn gwrthwynebu petai rhywun isie gwneud cais am fechnïaeth iddo fo.'

Rhoddodd Eben y gwellau i lawr am eiliad.

'Un hynod wyt ti, Dafis. Geisiodd y rhocyn dy ladd ryw chwe awr yn ôl, a ti'n sôn am fechnïaeth?'

'Beth bynnag oedd o'n ceisio'i wneud, wnaeth o ddim llwyddo. Ti'n ei nabod o'n well na fi, ond dwi ddim yn meddwl ei fod o'n fygythiad i'r cyhoedd.'

Dechreuodd Eben chwerthin, chwerthiniad a ddechreuodd yn ddwfn yn ei fol a theithio fel tonnau daeargryn drwy ei gorff.

'Pow? Mae e'n rhy feddal i osod trap llygod yn y boldy. 'Wy wedi gweld sawl powlen o gwstard sy'n fwy danjerys na fe.'

'Felly, sut mae deall be ddigwyddodd heddiw?'

Newidiodd hwyliau Eben, ac ochneidiodd yn ddwfn wrth grafu ei ên â llafn ei rasel. Roedd llygaid Toscano wedi'u hoelio ar fin disglair y llafn. Wrth ddilyn llygaid Toscano, sylwodd Daf ar datŵ arall ar gefn llaw Eben: pump o smotiau mewn trefn debyg i rif pump ar ochr deis.

'Mae Rhydian a Grug yn wahanol iawn mewn sawl ffordd, mae hynny'n amlwg i bawb, ond mae gan y ddau rywbeth ynglŷn â nhw sy'n gwneud i bobl fod isie'u gwarchod nhw. 'Se Pow yn fodlon lladd miloedd o heddweision i amddiffyn Rhydian.'

'Dwi wedi profi hynny. A beth am dy berthynas di efo Grug, felly?'

'Fy musnes i yw hynny.'

'Mae ei chyn-ŵr hi newydd gael ei ladd. Ti wedi treulio amser yn y carchar am ladd dyn a datgymalu ei gorff. Sori, Eben, ond mae dy berthynas di efo Grug yn bwysig iawn i'r ymchwiliad.'

Rhoddodd Eben ei ddwylo mawr yn y dŵr a phlygu ei ben i lawr i olchi'r ewyn oddi ar ei wyneb. Rhwbiodd ei groen â thywel bach garw a phlygu ei rasel i guddio'r llafn.

''Wy'n caru Grug, ers y tro cyntaf i mi ei gweld hi. A dyna i ti'r cyfan.'

''Dech chi'n caru'n gorfforol?'

'Nagdyn.'

'Pam hynny?'

'Does gen i ddim syniad. Efallai nad yw hi'n fy ffansïo. Pan gwrddon ni, roedd hi'n rhy... wel, roedd hi'n wag. Dyn ffiaidd sy'n cymryd mantais o salwch meddyliol dynes.' Roedd yn amlwg yn meddwl am Mel Puw, oherwydd caeodd ei ddwylo'n ddyrnau.

'Ai dyna sut oedd pethe efo dy fam?'

Oedodd Eben, fel petai'r cwestiwn wedi'i synnu.

'Na, nid fel'na o'dd pethe 'da ni. Pam wyt ti'n cribo drwy hen hanes?'

'Gwranda, mae'n rhaid i mi geisio deall pawb sy'n gysylltiedig efo'r achos, ac mae 'na debygrwydd rhwng...'

'Mam sengl oedd Mam. Roedd Dad wedi mynd, a Parr yn athro yn yr ysgol uwchradd, yn dysgu Cymraeg ac Addysg Gref. Symudodd y bastard i mewn – ro'dd Mam yn meddwl 'i fod e'n sant. Glywes i hi'n siarad 'da un o'i ffrindie un tro, yn dweud pa mor feddylgar oedd e lan stâr, bron byth yn gofyn am "ei hawlie" fel ro'dd Dad yn arfer wneud. Ond erbyn gweld, ro'dd rheswm am hynny, sef Terri.'

'Pwy oedd Terri?'

'Fy chwaer fach. Deg oed, ac mor bert. Hi oedd wedi denu sylw Parr, nid Mam.'

'Wnaeth Parr ymosod ar dy chwaer?'

'Do. Ddwedes i wrth Mam, wrth yr athrawon a'r Gwasanaethe

Cymdeithasol, ond do'dd neb yn gwrando. Ro'dd Parr wedi llwyddo i dwyllo pawb, gan ddweud mai fi oedd â diddordeb annaturiol yn fy chwaer. Doedd hi ddim yn fodlon siarad gan fod Parr wedi codi cymaint o ofn arni. Un diwrnod a'th hi allan am dro, ar fws bach sy'n mynd o gwmpas yr arfordir yn yr haf, i Dyddewi. Wedyn, cerddodd lawr i Borth Selau i daflu'i hunan oddi ar y creigie. Yn ôl yr adroddiad yn y cwest, ro'dd tystiolaeth ar ei chorff i gadarnhau camdriniaeth rywiol oedd wedi digwydd dros gyfnod hir. Ar ôl i Mam fynd i'r ysbyty i adnabod ei chorff, fe dages i Parr. Ro'dd e'n llefen y glaw wrth eistedd ar ochr gwely Terri, yn edrych drwy lunie oedd yn dangos yn union beth oedd e wedi'i wneud iddi. Ro'dd Terri fach yn ei gwisg ysgol gynradd yn y llunie cynta.'

'Am dorcalonnus.'

'Wnes i ei gadael hi lawr.'

'Sut hynny?'

'Ddylen i fod wedi'i ladd e'n gynt.'

'A... be wnest ti efo'r corff?'

'Ei roi e yng nghefn fy fan, a mynd ag e i'r stordy tu ôl i siop y cigydd. O'n i'n brentis yno felly ro'dd allwedd 'da fi. Diwedd pnawn Sadwrn o'dd hi, ac felly ro'dd gen i ddiwrnod llawn i ddelio ag e. Fe dorres i Parr yn ddarne, wedyn es i adre i aros am Mam. Pan ddaeth y blismones â hi i'r tŷ, ddangoses i albwm y pyrfyrt iddi hi. Ro'dd Mam yn mynd yn benwan, a ges i fy nghyfweld sawl gwaith. Ro'dd pawb yn gofyn ble oedd Parr.' Oedodd Eben i rwbio'i ên lyfn. 'Camgymeriad oedd 'i dorri e. Ddylen i fod wedi rhoi cortyn rownd ei wddf a'i glymu i ryw goeden, fel petai e wedi crogi'i hun i osgoi'r helynt. Ond alli di ddim honni fod rhywun wedi datgymalu ei hun.'

Roedd o'n chwerthin o dan ei wynt fel petai'n mwynhau'r atgofion, a gyrrodd oerni'r sŵn ias i lawr asgwrn cefn Daf.

'Rhwng un peth a'r llall, ro'dd hi bron yn hanner nos cyn i mi gael cyfle i fynd 'nôl i'r stordy i'w symud e. Es i â bag hoci Terri a rhaw 'da fi. Gladdes i e ryw filltir o'r pentre, mewn ffos o dan ryw glawdd. Garies i e mewn pedwar llwyth, a chan fod cryn dipyn o flew, gwaed a chroen ar ôl yn y bag, fe gladdes i hwnnw yn y ffos 'fyd. Adre wedyn am gwrw, cawod a chwsg. Ben bore, daeth sŵn seirens drwy'r pentre – ro'dd dyn oedd yn mynd â'i gi am dro wedi darganfod troed. Ffycin cadnoid... Siŵr dy fod di'n gyfarwydd â'r gweddill. Dreulies i dros ddegawd yn y carchar.'

'Mae degawd yn amser hir am ddynladdiad.'

'Lwyddes i ddim i fod yn fachgen da yno.'

'Mae gen ti ddau datŵ ar dy foch, un ar gyfer Parr, yn amlwg, ond pwy oedd y llall?'

'Dyw carchar ddim yn lle neis. Ti'n gwybod y drefn.'

'Wyt ti'n fodlon ymhelaethu?'

'Does dim cysylltiad rhwng hynna ac achos Mel. A dyna ddiwedd arni.'

'Ond mae 'na wahaniaeth mawr rhwng brawd yn ei arddegau sy'n lladd ei lystad creulon a dyn sy wedi lladd fwy nag unwaith.'

'Does dim gwahaniaeth o gwbl rhwng dyn sy'n casáu camdriniaeth tu allan i'r carchar ac un sy'n casáu camdriniaeth y tu mewn iddo. Siŵr y bydd fy record yn cadarnhau mai amddiffyn fy hun wnes i.'

'Ac ar ôl y carchar?'

Wel, Mr Dafis, mae cyflogwyr yn rhoi cyfle cyfartal i bawb y dyddie 'ma heblaw dyn wnaeth dorri corff rhywun yn ddarne. Wnes i lanhau siedie ieir am dipyn cyn i mi allu prynu fy lorri fy hun, a 'wy 'di bod ar y ffordd ers hynny. Mae gyrru'n waith da i rywun heb gartre.'

'Wedyn, gwrddest ti â Grug?'

'Do.'

'Pam wnest ti gynnig lifft iddi?'

'Yr eiliad weles i hi, ges i fy atgoffa o Terri ar greigie Porth Selau: merch ar ben ei thennyn 'da unlle i fynd na neb i'w helpu. Mi benderfynes y byddwn i'n ei gwarchod, ei chadw hi'n saff, am weddill fy mywyd.'

'Fyse ti'n hoffi ei phriodi?'

'Rhocyn tŷ cyngor yn priodi Miss Grug?'

''Dech chi i gyd yn trafod statws fel petai hi'n Oes Fictoria o hyd. Does neb yn poeni am ddosbarth cymdeithasol y dyddie yma.'

''Wy ddim am i neb ddweud 'mod i wedi cymryd mantais arni yn ei gwendid. A beth bynnag, mae'r hyn wnaeth Mel iddi wedi gadael craith amrwd. Dyw hi ddim am briodi.'

'Nid dyna oedd fy nghwestiwn.'

'Cafodd Grug ei chwalu ganddo fe, ac alla i ddim gweld y bydd hi'n gyfan byth eto.'

'Ond...'

'Ond, Arolygydd Dafis, 'sen i'n dathlu am weddill fy oes petai hi'n dal fy llaw a dweud ei bod hi am fy ngharu.'

Roedd cyfuniad rhyfedd o chwerwdod a hiraeth yn ei lygaid.

'Felly rwyt ti am amddiffyn Grug rhag popeth, yn cynnwys Mel?'

'Roedd hi bron ag anghofio amdano, heblaw am y ffaith 'i fod e'n dal i allu gwylltio Rhydian.'

'A ffasiwn gòg ydi Rhydian?'

'Wel, efallai nad yw e'r dyn mwyaf addfwyn, ond mae e'n gryf, yn onest ac yn weithgar. Mae e'n diodde o boen ddi-baid a byth yn cwyno.'

'Sut wnaeth Grug ymateb pan gafodd Rhydian ei arestio am ymosod ar ei daid?'

'Wedi drysu'n lân. Wnaeth Mel ddim pwyso ar yr heddlu i'w erlyn, a doedd neb yn y cartref yn fodlon tystio'n ei erbyn, am ryw reswm.'

'Pam? Mae curo hen ddyn sy'n methu amddiffyn ei hun yn beth eithafol i'w wneud.'

'Mae'n werth cofio nad yw heneiddio'n golchi pechode rhywun i ffwrdd.'

'Gest ti ffrae efo Mel nos Sul.'

'Ro'dd y ffŵl yn ceisio fy herio i wrth sôn am gyflwr Grug... y ffaith ei bod hi'n feichiog.'

'A beth oeddet ti'n feddwl am y syniad o Grug yn cario plentyn Pow?'

'Wel, all Rhydian ddim rhoi babi iddo fe.'

'Ond mae'n siŵr ei bod yn anodd i ti, sy'n meddwl cymaint o Grug, i'w gweld yn mynd fyny'r grisiau efo dyn arall, waeth pa mor agos ydech chi fel teulu?'

Am y tro cyntaf roedd golwg ddryslyd yn llygaid Eben.

'Beth? Aeth Grug ddim lan lofft 'da neb.'

'Ond, Eben, mae hi wedi beichiogi.'

Bu bron i Eben dagu ar ei chwerthiniad. 'Ti ddim wedi treulio digon o amser ar Fryn y Ceffyle 'to, Mistar Plismon. Chlywest ti erioed am AI?'

Cochodd Daf hyd at ei glustiau a phesychu i guddio'i embaras. 'Welest ti Mel ar ôl gadael y WPCS?'

'Naddo, diolch i Dduw.'

'Gysgaist ti'n dda?'

'Fel twrch, er mai yn y stabl o'n i'n aros.'

'Pam hynny?'

'Welest ti Mel ddydd Sul, yn ffraeo 'da pawb. Ro'dd Grug yn poeni am y stalwyn, rhag ofn i Mel geisio'i frifo fe yn ystod y nos.'

'Ydi o wedi ymosod ar un o'ch ceffylau chi o'r blaen?'

'Do'dd dim rheswm iddo fe wneud tan nawr.'

'Pam hynny?'

'Ry'n ni wedi atgyfodi hen deip Glanrhedyn, ac roedd e'n gwybod yn iawn na fydde gan neb ddiddordeb yn ei geffyle fe unwaith y bydde pawb yn dod i wybod. Mae'r enw Glanrhedyn wedi agor sawl drws iddo fe, yn cynnwys dryse llofftydd go smart. Y llinach oedd yr unig gerdyn oedd 'da fe. Ro'dd e wedi gwario gormod o arian, wedi colli gormod o ffrindie, wedi bradychu gormod o ferched. A drycha cyn lleied mae e wedi'i gyflawni heb Grug! Ro'dd yr holl fridfa ganddo fe, a drycha ar y bwystfil gynhyrchodd e. Dim ond un gaseg oedd gan Grug, a dyma fe Glanrhedyn Glyndŵr, stalwyn heb ei ail.'

'Gafodd hi'r un gaseg ar ôl yr ysgariad?'

'Naddo.'

'Prynu'r gaseg wnaeth hi, felly?'

'Na.' Roedd Eben yn dawel am hanner munud, yn syllu i'r drych fel petai'n ceisio dod i adnabod yr wyneb anghyfarwydd a edrychai'n ôl arno.

'Roedd e mor sbeitlyd, wnâi e ddim caniatáu iddi brynu dim byd ganddo fe.'

'Siŵr bod hynny'n siom iddi.'

'Ac yn wastraff llwyr. Shgwl, os weda i wrthot ti sut gawson ni'r llinell yn ôl, wnei di addo na fyddi di'n ein herlyn?'

'Alla i ddim cadarnhau hynny cyn gwybod pa mor ddifrifol oedd y drosedd.'

'Dim byd mawr. Falle nad oedd hi'n drosedd o gwbl. Chydig o gafflo, o bosib.'

'Dwi'n methu gwarantu dim byd... ond mae 'mhen i'n llawn iawn efo achos Mel Puw.'

'Wel, jyst cyn i Mel werthu'r stad, fe glywodd Grug ei fod e wedi troi rhai o'r ceffyle i'r mynydd dros y gaeaf. Ro'dd hynny'n peri gofid iddi, er eu bod nhw'n greaduriaid go wydn. Ro'dd Mel wedi mentro bridio Warmbloods a chael chydig o hwyl 'da nhw – yn ôl rhai, ei fwriad o'dd cael gwared â'r cobie i gyd. Drwy ganolwr, gynigion ni bris da am un o'r cesig ond gwrthododd Mel ar ôl dysgu mai Grug oedd yn gofyn, gan fygwth eto y bydde fe'n mynd â llunie ohoni'n cam-drin ceffyle i'r RSPCA.'

'Blacmel?'

'Yn union. Ond ro'dd hi'n torri'i chalon wrth feddwl am gynllunie Mel. Wedyn, ges i syniad. Yn ôl y cymdogion, do'dd Mel ddim yn mynd fyny i jeco ar y ceffyle o un wythnos i'r llall. Nawr, gan 'mod i'n hunangyflogedig, 'wy'n gyrru i sawl cwmni, yn cynnwys y nacer. Does fawr neb lleol ond fi yn fodlon gwneud y gwaith o godi creaduriaid marw, ond roddodd e gyfle i mi gael gafael ar gorff caseg ddigon tebyg i ffefryn Grug. Ges i job i godi caseg liw castan hyfryd oedd wedi cael ei rhoi lawr ar ôl torri'i choes, ac yn hytrach na mynd â hi'n syth i iard y nacer, wnes i ei gadael hi ar gornel ein buarth ni. Ar ôl wythnos alle neb ei nabod hi, ac ro'dd y corff yn ddigon tebyg o ran maint i Glanrhedyn Gwenhwyfar. Un noson, tra oedd Mel i ffwrdd yn rhywle, aeth Grug fyny i'r waun 'da penwast a llond ei phoced o siwgr, a daeth Gwenhwyfar draw ati'n syth. Wedyn, es i fyny 'da'r corff a'i osod ger nant fach 'da glannau go serth – digon serth i gaseg gwympo 'na a thorri'i choes. Ar ôl diheintio'r trelar, aethon ni'n tri, Grug, Gwenhwyfar a finne, yn syth adre i Sir Benfro. Gwenhwyfar oedd sylfaen ein bridfa newydd.'

'Ond doeddech chi ddim yn gallu hysbysebu llinach y gaseg.'

'Na. Dechre o'r dechre y'n ni, yn swyddogol. Ond mae 'na rai sy'n ame, yn bendant.'

'Yn cynnwys Mel?'

'Wrth gwrs. Ond do'dd e ddim yn ddigon o ddyn stoc i ddeall fod Glyndŵr yn fab i Gwenhwyfar, er ei fod e'n flin 'da atgyfodiad yr hen deip.'

'Pa mor flin oedd o?'

'Fel ddwedes i, ro'dd Grug yn poeni, felly gysges i 'da Glyndŵr.'

'Os ddeallais i ffrae dydd Sul yn iawn, doedd Mel ddim isie i chi ddangos stalwyn llawer gwell na'i stalwyn o, ie? Wnaeth o godi'r busnes blacmel eto?'

'Geisiodd e, ond mae pethe wedi newid erbyn hyn. Mae Grug yn gryfach o lawer, a diolch i Pow, mae ganddi fab sy'n ddyn cefnog. Bydde Rhydian yn fodlon gwario ffortiwn i amddiffyn Grug. Felly do'dd dim ar ôl 'da Mel Puw.'

'Felly doedd gen ti ddim rheswm i'w ladd?'

'O, fydden i ddim yn mynd mor bell â hynny. Ro'dd Mel Puw wedi damshgel dros fywyde pobol eraill am ddegawde, a 'sen i'n falch iawn o'r cyfle i roi wheret iddo fe.' Cododd Eben ar ei draed a phwyso'n drwm ar y bwrdd bach. 'Os 'wy'n hollol onest, Mr Dafis, 'wy'n flin fod rhywun arall wedi'i ladd e. Achos nawr, cha' i byth wybod yn union be wnaeth e iddi a pham. Mae Grug yn haeddu atebion – wnaeth y rhacsyn adael creithie mor ddwfn arni. A nawr, fydd dim modd gwybod pam nath e wrthod cyffwrdd â hi ar ôl ei phriodi, na sut gafodd e'r llunie 'na ohoni'n cam-drin y ceffyle. Doedd ganddo ddim hawl i farw cyn cyffesu.'

'Marw? All pobol ddim datgymalu eu hunain, Eben, fel ddwedest ti.'

'Dyw datgymalu a lladd ddim yn wastad yn ddarn o'r un broses. 'Wy'n gwybod, creda fi. Beth os farwodd e'n ddamweiniol, a rhywun wedi defnyddio'r corff i chwarae ryw jôc erchyll?' Sythodd Eben ei gorff. 'A nawr rhaid i mi gwrdd â Grug yn y WPCS – rydyn ni'n dal i chwilio am rywun i redeg stalwyn Mel.'

'Am ddyn anfad!' ebychodd Toscano ar ôl iddyn nhw gerdded allan o glyw Eben. 'Mae o'n uchel ar y rhestr o bobol dan amheuaeth.'

'Ydi a nac'di. Dwi'n ei goelio fo pan ddwedodd o ei fod am ddeall cyfrinachau priodas Grug.'

'Pam oeddet ti'n sôn am ei datŵs o?'

'Mae'r dagrau'n dangos faint o bobol mae dyn wedi'u lladd, a'r pum dotyn ar ei law yn cynrychioli'r profiad o gael ei garcharu.'

'Y ffordd roedd o'n disgrifio datgymalu'r dyn 'na, fel petai'n ddarn o gig...'

'Dyna sy'n ei wneud o'n dyst credadwy yn fy marn i – wnaeth o ddim ceisio rhoi siwgr ar y bilsen. Beth bynnag, amser am beint bach sydyn cyn clwydo.'

Yn amlwg, doedd Eben ddim wedi mynd syth i'r WPCS, oherwydd roedd Grug yn sefyll tu allan ar y feranda yn siarad yn ddifrifol â dyn tal oedd yn dal het bowler yn ei fysedd chwyslyd.

'Dwi wedi deud "na" wrthat ti'n barod, hogan,' atebodd yn ddiamynedd. 'Dwi'n meddwl y byd ohonat ti, wir yr, ond dwi ddim isio carn yn fy mhenglog.'

'Ond Gwynant annwyl...'

'Paid â dechra, Grug. Fel pawb arall, ro'n i'n casáu Mel.'

'Ond nid ar ran Mel dwi'n gofyn, ond ar ran y fridfa...'

Rhoddodd y dyn ei het am ei ben i ddangos bod eu sgwrs ar ben. Ar ôl cuddio'i hwyneb yn ei dwylo am ennyd, cododd Grug ei phen a syllu i lawr i gyfeiriad y stablau. Roedd Eben yn cerdded yn benderfynol drwy'r dorf tuag ati, ben ac ysgwydd uwchben pawb arall, a sylwodd Daf ar y newid yn llygaid Grug wrth iddi syllu arno. Toscano siaradodd gyntaf.

'Tydi hi ddim wedi'i weld o heb ei farf o'r blaen...'

'Ches i ddim lwc 'da fy ffrindie hela,' galwodd Eben draw ati. 'Rhwng natur Mel a natur y creadur, mae pawb isie cadw draw... ac all neb eu beio nhw.'

Gwenodd Grug arno a chodi'i dwylo mewn ystum o anobaith.

'Dim llwyddiant eto, felly?' gofynnodd Daf iddi.

'Nid ar chwarae bach mae rhedeg stalwyn,' esboniodd wrth i Eben gyrraedd ei hochr.

O'r un cyfeiriad ag Eben daeth dyn ifanc hanner ei faint: roedd Cai wedi newid o'i grys a'i dei i grys polo a jîns, ond rywsut roedd o'n dal i edrych yn ffurfiol.

'O, helô, Mr Dafis,' meddai, ond nid am Daf roedd ei lygaid yn chwilio. 'Dwi awydd diod ond dwi'm yn sicr ga' i fynd i mewn.'

Clywodd y dyn diogelwch wrth y drws ei eiriau a chododd ei law i adael i Cai fynd i mewn.

'Os wyt ti efo Mr Dafis ti'n iawn,' esboniodd.

Yn y bar, ceisiodd Cai wasgu ei hun drwy'r dorf at y bar. Cyn iddo gael ei beint, daeth y ferch roedd o'n disgwyl amdani drwy'r drws yn gwisgo ffrog hafaidd syml. Roedd yn amlwg i Daf, oedd ond wedi gweld Nicci yn ei dillad isaf ac yn ei llodrau marchogaeth, ei bod hi wedi gwneud ymdrech i gyflwyno'i hun mewn ffordd wahanol. Prynodd Cai jin iddi, ac aeth y ddau allan i chwilio am gornel i eistedd. Roedd Margaret Tanyrallt yn ei gogoniant fel arfer, a setlodd Toscano a Daf efo hi gan adael i Nicci a Cai rannu sigarét yn y gornel tu ôl i'r barbeciw. Sylwodd Daf fod gan Nicci declyn clyw newydd yn ei chlust, ond roedd hi hefyd yn gwylio gwefusau Cai'n ofalus.

'Paid â dweud mai Cai ydi hwnna?' gofynnodd Margaret. 'Nes i ddim ei nabod o am funud.'

'Dwi erioed wedi gweld Nicci ar ddêt o'r blaen,' ychwanegodd Gruff. 'Dwi ddim yn siŵr fod gan Cai ddigon o arian!'

'Does dim golwg trefniant busnes ar hynna, yr hen sinig,' dwrdiodd Margaret. 'Ond o leia mae hon yn stori newydd, i dynnu sylw pawb oddi ar Mel Puw a'i stalwyn.'

'Fysen i wedi cynnig,' cyfaddefodd Gruff, 'ond dwi'n helpu teulu Pengadle – dwi wastad yn rhedeg iddyn nhw os nad ydi'r mab ar gael, a meddyg ydi o felly mae o'n go brysur.'

'Chwarae teg i ti.'

'Dwi ddim yn deall pam mae Grug yn gwneud cystal ffwdan am y peth,' barnodd Margaret. 'Wn i na chei di drafod yr achos, Daf, ond mae gen i un peth i'w ddweud.'

'Ti'n iawn ynglŷn â'r achos,' atebodd Daf, 'ond dwi'n croesawu unrhyw fath o wybodaeth.'

'Does gen i ddim gwybodaeth, dim ond sylw. Dwi wedi nabod y teulu Arthur drwy gydol f'oes, ac mae 'na sawl peth hynod amdanyn nhw. Ond mae eu holl hanes fel baich ar eu cefnau. Beth bynnag ddigwyddodd i Grug pan adawodd hi Glanrhedyn, allai hi ddim gadael ei hetifeddiaeth. Mae ganddyn nhw gof fel eliffantod, ac mae ysbrydion eu cyndeidiau i gyd yn eu dilyn. Dwi'n bendant bod Mel wedi cael ei ladd am feiddio priodi Miss Grug.'

'Dwi 'di dysgu cryn dipyn am y teulu Arthur, Margaret, ond fawr ddim am y Puws...'

'Does neb yn gwybod dim amdanyn nhw, dyna pam. Mi wnaethon nhw godi dros nos, fel madarch, yng nghoedwig Glanrhedyn. Roedd mam Mel o dras y Teithwyr, felly falle bydd rhai o'r gymuned honno'n gwybod mwy. Dechreua di efo teulu'r Kells. Mae Jaxx bech wedi cymryd at Mali Haf, ac mae JJ yn gòg clên iawn.'

'Syniad da.'

'Os ti'n siarad efo John Kell, cofia fi ato. 'Den ni 'di gwneud dipyn efo'n gilydd dros y blynyddoedd.' Oedodd Margaret am ennyd, fel petai'n meddwl yn ddwys. 'Mae dy wydr bron yn wag, Daf. Cer di at y bar, Gruff.'

'Na, rhaid i ni fynd rŵan,' atebodd Daf, gan daflu cipolwg ar Toscano a oedd yn syllu'n anesmwyth ar ei ffôn.

'Twt lol. Ti 'di bod yn rhy brysur i siarad drwy'r dydd, a 'den ni ddim wedi cael cyfle i drafod y strategaeth ar gyfer y Cuddy.'

Agorodd Daf ei geg i esbonio faint oedd ganddo i'w wneud y noson honno, yn cynnwys setlo Tinciwinci, ond cyn iddo ddweud gair, gwelodd Roderick yn gwthio'i hun drwy'r dorf â cherdyn gwarant yn ei law.

'Ydi Arolygydd Dafis fan hyn? Heddlu Dyfed Powys Police. Chwilio am yr Arolygydd Daf Dafis ydw i…'

Cododd Daf ar ei draed gan deimlo peth rhyddhad o gael rheswm da i ddianc heb ddigio Margaret Hamer. Diflannodd y teimlad hwnnw pan welodd wyneb Roderick.

'Rhaid i ti ddod efo fi ar unwaith, bòs,' meddai hwnnw, gan faglu dros ei eiriau.

Doedd dim rhaid iddyn nhw wthio'u ffordd allan o'r bar – ymrannodd y dorf o flaen y tri heddwas fel y Môr Coch o flaen Moses. Tu allan, roedd Grug yn dal ar y feranda, yn plagio rhywun arall am y stalwyn.

'Be sy?' gofynnodd Daf. 'Oes corff arall wedi dod i'r golwg?'

'Na, dim byd fel'na. Ond mae tîm diogelwch y Pentre Ieuenctid wedi gweld y person sydd â'r Sexual Harm Protection Order yn eu herbyn nhw yno. A tydyn nhw ddim yn gwybod be i'w wneud. Does ganddyn nhw ddim rheswm i arestio neb, ond mae'r person wedi mynd i garafán efo rhywun ifanc, a…'

O'r olwg ar wyneb Roderick roedd Daf wedi disgwyl rhywbeth llawer gwaeth na hynny. Llwyddodd i beidio â chwerthin.

'Wel, ti ddim angen y ddau ohonon ni, còg.'

'Well i mi aros fan hyn, bòs,' awgrymodd Toscano.

'Iawn. Does dim brys, nagoes, Roderick?' gofynnodd Daf, 'achos rhaid i mi sortio'r ferlen.'

'Oes, mae 'na frys. 'Den ni'n amau bod plant dan oed yn cael eu cam-drin.'

'Ocê. Gad i mi roi dŵr i Tinc, wedyn ffwrdd â ni.'

Erbyn gweld, doedd dim rhaid iddo boeni am Tinciwinci – wrth iddi wthio'i thrwyn melfedaidd dros y drws i gael ei mwytho, gwelodd Daf fod ganddi hi bwced llawn dŵr ffres, llond ei rhwyd o wair a digonedd o wellt newydd o dan ei charnau.

'Hapus, Mr Dafis?' gofynnodd JJ Kell, brawd hŷn Jaxx. 'Jaxx sy wedi gwneud, ond mi gadwais lygad arno fo, wrth reswm.'

'Popeth yn edrych yn grêt, diolch. Gwranda, oes siawns i ni gael sgwrs rywbryd?'

Diflannodd y wen lydan oddi ar wyneb y bachgen.

'Am be? Dwi ddim wedi gwneud unrhyw beth yn rong.'

'Jyst angen trafod yr achos, dyna'r cwbwl.'

'Dwi'n gwybod dim am y busnes. Roedd Mel yma nos Sul, wedyn roedd o wedi mynd. Dyna'r cyfan dwi'n wybod.'

'Does gen i ddim amser i siarad rŵan, JJ, ond 'sen i'n gwerthfawrogi sgwrs yn y bore, iawn?' mynnodd Daf, bron yn sicr fod JJ yn cuddio rhywbeth.

'Iawn.'

''Den ni ar ein ffordd fyny i'r Pentre Ieuenctid – wyt ti awydd llfft fyny i'r Parti Ewyn?'

'Dwi'm yn mynd, diolch.'

'Noson dawel, felly? 'Sen i wrth fy modd petai fy mab hanner mor gall â ti.'

'Tydi pobol fel fi ddim wastad yn derbyn y croeso mwya cynnes,' sylwodd JJ, mewn llais hollol wastad.

'Debyg iawn. Edrych ymlaen at gael sgwrs yn y bore.'

Wrth iddyn nhw barcio yn ardal parcio argyfwng y Pentre Ieuenctid, gallai Daf aroglı dau beth – chwd a hylif golchi llestri – drwy ffenest agored y car. Deuai cerddoriaeth uchel a goleuadau lliwgar o'r babell fawr, ac roedd Daf yn falch iawn nad oedd rheswm iddyn nhw fynd i mewn i fanno.

'Dwi wedi cael gwybod bod yr unigolyn sydd â'r SHPO yn eu herbyn, rhywun o'r enw Del Walsh, wedi mynd i garafán rhif 373,' meddai Roderick.

'Oes modd gwirio oedran pwy bynnag sy bia'r garafán?'
'Oes, bòs!'

Brysiodd Roderick draw at y cabanau gweinyddol. Roedd cryn dipyn o fynd a dod ac roedd yn amlwg fod Roderick yn wyneb cyfarwydd i sawl un.

Brasgamodd merch mewn gwasgod hi-vis allan o un o'r cabanau i'w gyfarch, yn edrych fel petai ei chalon yn suddo o weld heddweision ar noson mor heriol.

'Be sy?' gofynnodd hi. 'Coke?'

'Na,' atebodd Daf. 'Mae 'na rywun ar y safle hwn sydd dan orchymyn llys sy'n eu rhwystro nhw rhag manteisio'n rhywiol ar blant dan oed. Mae ganddon ni wybodaeth sy'n eu cysylltu nhw efo carafán rhif 373, felly 'den ni angen gwybod pwy sydd yn y fan honno.'

Pwysodd y ferch sgrin ei iPad. 'Morgan Powell, aelod o Glwb Bro Ddyfi.'

'A faint ydi oed Morgan?'

'Aelod hŷn, dros un ar hugain. Mae ei ddyddiad geni yn rhywle, dwi'n sicr.'

'Does dim rheswm i ni boeni felly,' dywedodd Daf wrth Roderick. 'Mae'r còg dros yr oed cyfreithiol.'

'Ydi, ond beth petai rhywun iau yn aros efo fo?'

'Digon teg. Ddylen ni bicio draw i weld ffasiwn noson maen nhw'n gael.'

'Wyt ti angen stiward i ddod efo chi?' gofynnodd y ferch.

'Byddai'n help cael dynes efo ni.'

Gan fod cymaint o drigolion y Maes Carafanau yn mwynhau'r Parti Ewyn, roedd y safle'n gymharol dawel. Ond wrth iddyn nhw droi i gerdded i lawr y rhes olaf ond un, clywodd Daf gerddoriaeth uchel.

Doedd dim rhaid iddo wirio rhif y safle i ddysgu eu bod ar y trywydd iawn. Hen garafán oedd hi â graffiti drosti, yn cynnwys sgrifen ar y drws yn dweud 'Paid â curo'r drws os ti ddim yn cynnig diod neu bj'.

Curodd Daf y drws simsan, ond roedd y gerddoriaeth yn

rhy uchel i neb y tu mewn glywed. Daeth sgrech o bleser gan ferch o grombil y garafán a dechreuodd bochau Roderick wrido.

'Pwyntia dy dortsh i fyny'n uchel tu ôl i mi,' gorchmynnodd Daf wrth agor y drws.

Nid oedd angen golau'r dortsh gan fod digon o olau yn dod o'r lamp uwchben y gwely. Yno, ar fatres foel, roedd dynes yn ei hugeiniau hwyr ynghlwm â chyrff sawl bachgen. Cyfrodd Daf chwe choes a saith braich – roedd o leia pedwar o fechgyn yno.

'O, hec,' meddai Daf o dan ei wynt, cyn codi'i lais. 'Heddlu Dyfed Powys. 'Den ni'n chwilio am rywun o'r enw Del Walsh. Mae ganddon ni reswm i gredu eich bod chi wedi torri gorchymyn llys, a...'

'Fi ydi Delphine Walsh,' meddai'r ddynes, â golwg flin ar ei hwyneb tlws.

Wrth iddi godi ar ei phenelin i droi i gyfeiriad y drws, gwelodd Daf wyneb y bachgen o dan ei chlun.

'Duwcs, helô, Dad,' meddai Rhodri.

Pennod 16

Bore Mercher

Parhaodd embaras Daf drwy'r nos, a phan ddeffrodd, llifodd cyfres o ddelweddau anffodus yn ôl i'w gof. Rhodri oedd yr ieuengaf o'r grŵp yn y garafán, yn ddeunaw oed, felly doedd dim trosedd wedi'i chyflawni, diolch byth. Pan ofynnodd Roderick y noson gynt i un o'r cogie oedd Delphine wedi cynnig unrhyw gymhelliad iddyn nhw, dangosodd Delphine ei bronnau iddo.

'Dyma i ti ddau gymhelliad gwerth eu gweld,' datganodd, ac roedd yn rhaid i Daf chwerthin o weld Roderick bron â marw o gywilydd.

'Sut gysgaist ti, còg?' gofynnodd Daf i Toscano wrth ddod allan o'i babell ben bore.

'Tsiampion, diolch, bòs. Roedd y gwair yn hynod o gyfforddus. Roedd Bianca'n chwerthin pan ddwedes i hynny wrthi, gan ddweud 'mod i fel y baban Iesu.'

'Falch fod y preseb wedi dy siwtio di. Diwrnod mawr i ni heddiw.'

'Ac i'r rhai sy'n rhedeg y stalwyni. Mi glywais sgwrs ddifyr neithiwr rhwng Grug a'r Teithiwr ifanc 'na, Kell.'

'Pa un? Mae 'na sawl aelod o'r teulu hwnnw o gwmpas.'

'Yr un yn ei arddegau hwyr, y brawd mawr. Mae o wedi cytuno i redeg stalwyn Mel.'

'Wir?'

'Anodd gwybod pam wnaeth o gytuno ond roedd ei frawd bach yn ceisio'i berswadio. Ac ar ôl i Grug adael, a hithe mor ddiolchgar, roedd y brawd hŷn yn flin efo Jaxx, ac yn dweud nad fo oedd wedi creu'r ddyletswydd, neu rwbeth. Wn i ddim be oedd hynny'n feddwl.'

'Gwranda, còg, be am i ti fynd lawr i ystafell yr ymchwiliad a rhoi'r tegell ymlaen? Rhaid i mi bicio heibio'r stablau. Hefyd, wnei di ofyn am yr adroddiadau patholegol os ydyn nhw ar gael, os gweli di'n dda.'

Brysiodd Toscano i ffwrdd, ac estynnodd Daf ei ffôn cyn mynd lawr i'r stabl – roedd o'n ysu i drafod ymddygiad Rhodri efo Gaenor ond nid yng nghlyw Mali Haf. Ffoniodd Gaenor: dim ateb.

Yng nghanol prysurdeb arferol y stablau, roedd Gruff yn mesur cnau ceffyl i bowlen blastig goch.

'Mae JJ Kell wedi cytuno i redeg stalwyn Mel Puw,' meddai wrth Daf yn siriol.

'Falch o glywed. Ro'n i ofn y byse'n rhaid i mi gynnig gwneud.'

Chwarddodd Gruff yn uchel.

'Gyda phob parch, Mr Dafis, mae 'na fyd o wahaniaeth rhwng Adran A fech ddel a'r creadur fan'cw. Fyse stalwyn Mel yn dy luchio di o gwmpas fel tegan.'

Ar y gair, tarodd stalwyn Mel Puw ei garn mawr trwm yn erbyn drws y stabl.

'Hei, Gruff,' gofynnodd Daf, tra oedd y ddau yn aros mewn rhes wrth y tap dŵr, 'oes 'na unrhyw si fod Mel Puw wedi bod yn twyllo pobol wrth brynu, gwerthu neu fridio ceffylau?'

'Lle ti isie dechre?' atebodd y dyn ifanc.

'Unrhyw le, ond nid am bethe bychan dwi'n sôn, ond pethe fydde'n creu drwgdeimlad parhaol.'

'Wel, roedd Mel wastad isie cael y gorau o bob bargen. Dim ond pobol hollol newydd i'r maes oedd yn fodlon ei drystio, felly chafodd o ddim cyfle i dwyllo fawr neb yn ddiweddar. Heblaw y busnes pan gollodd un o gesig y Kells ebolion ar ôl bod at stalwyn Mel.'

'Doedd hynny'n ddim i'w wneud â Mel, siawns?'

'Mae hynny'n wir i ryw raddau, ond mae sawl llinach â thuedd i genhedlu gefeilliaid. Anaml iawn mae caseg yn cyrraedd diwedd ei beichiogrwydd efo mwy nag un ebol, ac yn ôl y sôn, roedd gan Mel stalwyn Adran D oedd â hanes o genhedlu gefeilliaid. Fel arfer mi fyse'r wybodaeth honno wedi lledaenu – mae pobol yn y byd ceffyle yn trafod pethe fel hyn – a phawb wedi cadw draw, ond gwerthodd Mel sawl gwellyn i gwsmeriaid tramor. Caseg John Kell oedd y gyntaf i weld y stalwyn yn y cnawd, fel petai.'

'Gwellyn?'

'Gwellyn llawn had, ar gyfer AI. Un hyfryd oedd caseg Kell, un frithlwyd, ac mae'r rheiny'n go brin. Roedd hi'n dipyn o fuddsoddiad iddyn nhw fel teulu: er bod ei thad yn dod o'u llinach nhw, roedd ei mam yn bencampwraig oedd â gwaed Synod a Nebo ynddi. Pan aeth hi at y stalwyn mi genhedlodd efeilliaid, ond ar ôl mynd tua naw mis, dechreuodd laetha... ac mae pawb yn gwybod be mae hynny'n ei olygu.'

'Dwi ddim. A John Kell – tad JJ a Jaxx ydi hwnnw?'

'Ie. Mae llaetha cynnar yn arwydd o fwrw ebol cyn ei amser. Galwodd John Kell y milfeddyg gorau, ond yn anffodus roedd y gaseg yn hesb wedyn. Ac yn fwy na hynny roedd y ddau ebol wedi'u cam-ffurfio, wnaeth niwed i enw da llinach y Kells. Chwarae teg i'r Kells, mi wnaethon nhw'r gorau o'r sefyllfa, ei dofi hi'n dda. Enillodd hi dipyn dan y cyfrwy ond allai neb ddweud ei bod hi wedi cyflawni'i photensial, heb sôn am y golled ariannol. Roedd Mel yn gwybod am duedd ei stalwyn i genhedlu gefeilliaid, a pha mor beryg oedd hynny, cyn i gaseg John Kell fynd ar ei gyfyl, ond doedd o ddim yn meddwl am ddim byd ond y ffi.'

'Diolch yn fawr i ti, Gruff. Ar ôl clywed yr hanes yna, dwi'n rhyfeddu bod JJ yn fodlon rhedeg y stalwyn...'

'I helpu Grug. Teulu da ydi'r Kells.'

Yr eiliad y cyrhaeddodd Daf ystafell yr ymchwiliad, rhoddodd Toscano dri pheth iddo: darn mawr o *panforte*, paned o goffi a ffeil frown.

'Yr adroddiad patholegol,' esboniodd. 'Mae 'na gwpwl o bethau gwerth eu nodi.'

'Ai dyma'r cyfan?' gofynnodd Daf. 'Fel arfer, 'den ni'n derbyn dogfen go swmpus gan Dr Jarman.'

'Dim ond chydig o'r corff sy ganddon ni, felly does dim cymaint i'w ddweud, beryg.'

Brysiodd Eifiona i fyny'r grisiau yn gyffro i gyd.

'Mae 'na ddynion diogelwch yma, yn dweud eu bod nhw'n gweithio i ryw seren o Hollywood. Isio edrych dros y lle, rhag ofn ein bod ni'n cuddio gangsters, neu rwbath.'

Roedd Daf wedi anghofio'n llwyr am Marionna Morris. Cofiodd hefyd nad oedd o wedi gyrru neges i Gaenor yn canmol ei rhosod a'i phys pêr. Rywsut, roedd o wedi colli'r cyfle gan mai ymddygiad Rhodri fyddai'r flaenoriaeth pan gaen nhw eiliad rydd am sgwrs.

Daeth dyn tal i fyny'r grisiau, a deallodd Daf ar unwaith pam roedd Eifiona wedi'i chyffroi. Rhwng y siwt smart a'r sbectol dywyll, y lliw haul a'r wên lydan berffaith, roedd yr aelod hwn o dîm diogelwch Marionna Morris yn edrych fel petai wedi camu'n syth oddi ar set ffilm. Cyflwynodd ei hun yn Gymraeg gydag acen Americanaidd.

'Chuck Rees, arweinydd tîm diogelwch Miss Morris.'

'A ti'n Gymro?'

'Wel, ganrif yn ôl. Ges i fy magu yn Philadelphia – mae 'na gymuned fawr ohonon ni yno sy'n gwerthfawrogi'n gwreiddiau Cymreig. Wnaeth Mam a Dad fy ngyrru i ysgol Sul Gymraeg i ddysgu'r iaith.'

'Chwarae teg i ti, wir. Rŵan 'te, 'den ni yng nghanol ymchwiliad go gymhleth fan hyn ar hyn o bryd, felly bydd DC Eifiona Williams yn dy helpu di, os ydi hynny'n iawn...?'

'Wrth gwrs. Ond bydden i'n gwerthfawrogi gair bach sydyn yn breifat.'

Camodd Eifiona'n ôl ac agorodd Daf y drws i'r balconi.

'Wn i ddim ydych chi wedi trafod trefniadau heddiw efo unrhyw un o HQ, syr,' meddai Rees, a'i ddannedd annaturiol o wyn yn fflachio yn yr haul, 'ond mae ymweliad Miss Morris yn fwy na diwrnod o hwyl. Fel fi, mae hi'n parchu ei gwreiddiau Cymreig, a dyw hi ddim isie byw yng Nghaliffornia am byth, yn enwedig a hithau'n ystyried magu teulu. Fel rydych chi wedi clywed, mae'n siŵr, mae hi'n darged amlwg i bobl sydd am gael gafael ar arian ei gŵr. Ei breuddwyd yw gallu byw'n ddiogel yng Nghymru, a bydd hynny'n golygu buddsoddiadau sylweddol gan Mr Yi yn economi'r wlad. Felly, os allwn ni ei chadw hi'n ddiogel heddiw, bydd y genedl gyfan yn elwa.'

'Debyg iawn. Ond 'den ni wastad yn gwneud ein gore i gadw pawb yn saff, boed yn seren Hollywood neu lodes ddigartref.'

'Wrth gwrs. Dim ond... gofyn am eich cefnogaeth.'

Tynnodd Daf gerdyn o'i boced. 'Dyna fy rhif ffôn, rho ganiad os ti angen unrhyw beth, ond dwi'n siŵr bod y trefniadau'n rhai solet.'

'Dynes bengaled yw Miss Morris, dyna'r drwg.'

'Mae Maes y Sioe'n llawn o ferched penstiff, còg.'

'Còg?' gofynnodd Rees yn ddryslyd.

'Dyna 'den ni yn Sir Drefaldwyn yn galw bachgen neu lanc.'

'Mae gen i dipyn i'w ddysgu am y Gymraeg o hyd.'

Gwnaeth cyfaddefiad diffuant Rees i Daf deimlo'n euog: doedd ei atebion swta i'r Americanwr ifanc ddim wedi bod mor gwrtais ag y gallen nhw fod.

'Gwranda, dwi ddim mewn sefyllfa i gynnig llawer o gymorth, mae'n ddrwg gen i. 'Den ni'n delio efo achos cymhleth heb lawer o adnoddau, felly...'

'Peidiwch â phoeni,' torrodd Rees ar draws. 'Rwy'n deall yn iawn. O'i gymharu ag achos o lofruddiaeth, dyw ceisio cadw dynes ifanc freintiedig allan o drafferthion ddim yn fater o bwys.'

'Dwi'n fwy na bodlon helpu mewn creisis o unrhyw fath, ond dwi ddim isie addo gormod. A rŵan, mae gen i adroddiad fforensig i'w ddarllen.'

Dogfen Word oedd yr adroddiad, ac yn hytrach nag aros am alwad Daf er mwyn rhoi pryd o dafod iddo, roedd y patholegydd, Dr Jarman, wedi penderfynu ei ddwrdio drwy gyfrwng y sylwadau ar ymyl y ddogfen.

'Ble mae gweddill y corff, Dafydd? Dwyt ti erioed yn disgwyl canlyniadau dibynadwy o'r manion hyn,' oedd y neges gyntaf.

Dau baragraff yn ddiweddarach, roedd Jarman yn dweud ei ddweud eto. 'Nid fy nghyfrifoldeb i yw manion sy'n ymddangos yng nghorffdy Henffordd, ond does ganddyn nhw ddim patholegydd ar gael, yn ôl y sôn...'

Er gwaetha'i ddicter, oedd yn edrych yn waeth ar ddu a gwyn, roedd Jarman wedi paratoi adroddiad cyflawn a defnyddiol. Heb weddill y corff doedd dim modd cadarnhau beth laddodd Puw, ond roedd anaf drwg ar ei ben, a marciau yn y cnawd ger y briw oedd yn awgrymu ei fod wedi cael ei daro â darn o fetel oedd â phatrwm arno. Nid oedd modd dweud o ba ongl ddaeth yr ergyd, ond roedd digon o nerth ynddi i dorri'r penglog. Dim ond un trawiad gafodd pen Puw ond roedd arwyddion o dipyn o ddifrod i'r cnawd, a darnau o wellt yn y briw, fel petai'r corff wedi cael ei lusgo dros borfa ar ôl iddo farw.

Anadlodd Daf yn ddwfn. Roedd manylion yr adroddiad patholegol wedi rhoi persbectif newydd iddo. Nid oedd Grug, er enghraifft, yn ddigon cryf i dynnu corff ei chyn-ŵr heb gymorth. Ond Nicci? Athletwraig oedd hi, ei hysgwyddau'n gyhyrog a'i gafael yn dynn. A fyddai dyn fel Eben ddim yn torri chwys, hyd yn oed, wrth dynnu rhywbeth mor drwm â chorff Puw.

Roedd yn rhaid i Daf edmygu gwaith manwl Jarman. Roedd pob un glaswelltyn oedd yn sownd yn y gwaed wedi ei olchi a'i enwi yn dilyn cyngor gan fotanegydd fforensig. Mathau digon cyffredin o wellt oedden nhw i gyd, ond yn eu mysg roedd darn o betal porffor efo llinellau o liw dyfnach arno. Roedd nodyn o dan y llun yn nodi mai petal meillionen gedenog oedd o, ond atododd Jarman nodyn â sawl marc cwestiwn arno, a'r gair 'cynefin' mewn llythrennau bras. Efallai y gallai Eifiona ymchwilio i hynny, meddyliodd Daf.

Roedd y ffaith nesaf yn yr adroddiad yn disgrifio anaf anarferol i lygaid Puw: roedd darnau o'i ddau retina wedi cael eu llosgi. Eto, roedd nodyn gan Jarman: 'scotoma? laserau?' wrth ymyl y llun oedd yn dangos cylchoedd tywyll ar gefn y llygaid. 'Digon posib fod y claf yn ddall pan gafodd ei ladd,' oedd ei gasgliad.

Methodd Daf â phasio'i arholiad TGAU Bioleg, ac roedd ei wendid yn y maes wedi cyfrannu at ei berthynas dymhestlog â Jarman – roedd y patholegydd wastad yn trin Daf fel plentyn oedd yn ei siomi. Byddai'n rhaid iddo ddysgu tipyn cyn gwybod pa gwestiynau i'w gofyn.

Roedd o ar dir cadarnach efo sylw nesaf Jarman. Pan fu Puw farw, roedd digon o gocên yn ei waed i gynhyrfu hanner dwsin o ddynion. Roedd tystiolaeth o ddefnydd hirdymor o'r cyffur yn ei ymennydd hefyd: roedd ei dderbynleoedd dopamine wedi gordyfu, a lefelau annisgwyl o rywbeth o'r enw *autophagy* i'w gweld. Cymharodd Jarman y lefelau o gocên yn y gwaed â rhai a welid ar ôl marwolaeth drwy drawma: hynny yw, nid y cocên a'i lladdodd, ond roedd y cyffur yn ffactor go bwysig yn yr ymddygiad a sbardunodd rhywun i'w ladd. Roedd cyfeiriad at erthygl mewn cylchgrawn gwyddonol i gefnogi'r ddamcaniaeth honno.

Rhoddodd Daf y ddogfen i lawr ar y bwrdd yn ofalus. Roedd o'n flin efo'i hun wrth ystyried cyn lleied roedd o'n ei wybod am gefndir ariannol Puw. Faint o'r arian a dalodd Pow iddo am Glanrhedyn oedd ar ôl, tybed, a faint oedd wedi diflannu i fyny ei drwyn? Yn ôl Jarman roedd ei septwm yn llidiog, a thystiolaeth o erydiad yn y cnawd oedd yn awgrymu defnydd trwm ond anghyson.

Roedd y darn olaf o wybodaeth yn yr adroddiad yn un pwysig. Defnyddiwyd torrwr bolltau trwm i dorri'r bysedd oddi ar law Puw, hen un oedd wedi cael cryn ddefnydd. Ymddangosodd gwên fach ar wyneb Daf – gwyddai'n iawn fod pob torrwr bolltau'n gadael ôl unigryw, mor unigryw ag olion bysedd. I ddatrys yr achos, felly, yr unig beth oedd angen ei wneud oedd dod o hyd i'r teclyn... ond ar Faes y Sioe roedd hynny fel chwilio am nodwydd mewn tas wair.

'Wel,' meddai Eifiona, ar ôl i Chuck Rees adael, 'dyna gyffro! Welaist ti erioed ddannedd mor wyn?'

Ond doedd Daf ddim yn gwrando. Bodiodd yr adroddiad fforensig yn ei law.

'Faint wyt ti'n wybod am fioleg, lodes?'

'Bioleg? Ro'n i'n hanner meddwl mynd i wneud nyrsio felly wnes i lefel A, ond ches i ddim gradd wych, rhaid i mi gyfaddef.'

'Wnei di geisio darganfod be ydi 'scotoma' os gweli di'n dda? A gwna gais am lun mwy o'r patrwm wnaethon nhw ei ddarganfod ger y briw ar ben Puw. Hefyd, dwi angen gwybod oedd gan Puw unrhyw gysylltiad â chyffuriau, yn enwedig cocên. Yn Sir Gâr yn rwle oedd o'n byw – gofyn i'r giang leol yn fanno. Gan bwy oedd o'n prynu? Mae'n werth gofyn yr un peth i fois Mach hefyd, gan ei fod wedi byw ar eu patshyn nhw am sbel.'

'Iawn, bòs. Ond cyn i mi ddechrau, drycha ar hwn.'

Cododd Eifiona ei gliniadur i ddangos llun du a gwyn i Daf: llun llonydd o ffilm CCTV oedd y tu ôl i gownter siop fwyd parod Indiaidd brysur. Roedd y camera wedi'i osod i ddangos y cwsmeriaid, y rhan fwyaf ohonyn nhw'n bobol ifanc feddw. Roedd Daf yn hanner disgwyl gweld wyneb Rhodri yn eu plith. Wrth y cownter roedd dau ddyn yn eu tridegau hwyr neu eu pedwardegau cynnar. Cawr o ddyn oedd yr un ar y chwith, efo gwallt byr coch ac wyneb llydan, gwastad. Wrth ei ochr, yn tynnu papur ugain o'i waled efo'i ddannedd, roedd Wil Walters. Cofiodd Daf yr olygfa y tu allan i'r dafarn yn Llanelwedd y prynhawn Sul blaenorol, pan oedd y dyn mawr yn cilio yn y cefndir yn ystod yr helynt efo Walters.

'Dwi wedi siarad efo'r SOCOs ac efo'r bwyty. Mi wnaeth y ddau yna archebu'r un math o gyrris â'r rhai gafodd eu darganfod yn yr hafod.'

'Roedden ni'n chwilio am ddyn mawr ac mae hwn dros chwe throedfedd chwe modfedd, yn sicr.'

'Dydi o ddim yn edrych fel... wel...' chwiliodd Eifiona am eiriau addas.

'Dydi o ddim yn edrych fel y math o ffrind y byset ti'n disgwyl i Wil Walters ei ddewis. Gofyn i Nel Bound ddod i mewn – falle y bydd hi'n ei nabod. Hefyd, 'den ni angen gweld Wil. Os oes smic o dystiolaeth i'w gysylltu efo'r hafod, dwi am ei arestio am fod â chyffuriau yn ei feddiant gyda bwriad o'u gwerthu.'

'Ga' i ddweud rwbath, bòs? Am Walters.'

'Be?'

'Roedd yn amlwg, yn ystod y sgwrs gawson ni efo fo, ei fod o'n meddwl amdano'i hun fel dipyn o foi efo'r merched, dipyn o dderyn.'

'Wnaeth o ddim codi embaras arnat ti, Eifiona?'

'Ha! Dwi wedi bod yn y gêm yma'n rhy hir i boeni am goc oen fel fo. Dwi'n ddigon cyfarwydd efo'i siort o, ac fel arfer, maen nhw'n dewis eu dillad yn ofalus, y labeli mawr. Roedd dillad Walters i gyd yn stwff o'r archfarchnad.'

'Wnes i ddim sylwi.'

'Fysat ti ddim. Rydan ni ferched yn tueddu i chwilio am ddynion efo statws, swydd dda, car neis, dillad crand. Dydan ni ddim yn edrych ddwywaith ar ddyn sy'n prynu ei ddillad yn yr un lle â'i dorth a'i lefrith. Felly, pam nad ydi rhywun fel Walters sy'n ymddwyn fel "dyn alffa" yn gwisgo i gyd-fynd efo'i agwedd, tybed?'

'Efallai na all o fforddio dillad ffansi.'

'Ond be am y cocên? Tydi delwyr cyffuriau llwyddiannus ddim fel arfer yn prynu eu jîns yn Tesco.'

'Efallai nad ydi o'n delio felly?'

'Neu ddim yn llwyddiannus.'

'Pwynt dilys.' Oedodd Daf am eiliad, cyn gofyn: 'Ydw i'n "ddyn alffa", lodes?'

Dechreuodd Eifiona chwerthin yn uchel. 'Ti? Ty'd 'laen, bòs.'

'Reit... wel, argraffa gopi o'r llun o'r lle cyrri, wnei di?' gofynnodd Daf, ac roedd yn reit falch pan ddaeth Roderick i mewn i'r swyddfa efo Nel Bound.

'Ro'n i'n digwydd bod ar fy ffordd i'r Maes beth bynnag,' datganodd yn swta, 'neu mi fysen i'n rhy brysur o lawer i ddawnsio tendans ar neb.'

'Prysur yn lle, Miss Bound?' gofynnodd Daf, 'y siop fferm lle gafodd dyn ei ddatgymalu, neu'r hafod lle mae rhywun yn cadw cocên, dwêd?'

Safodd y ferch yn stond, a gwelwodd ei hwyneb.

'Dwi'n dallt yn iawn dy fod ti'n arfer cael dy ffordd dy hun, Nel, ond does gen i ddim amser i'w wastraffu. Pa mor aml mae dy gyn-ŵr yn defnyddio'r hafod?'

'Wn i ddim. Dwi ddim yn gadael iddo fynd yno, ond ar y llaw arall does gen i ddim ffordd o'i rwystro.'

'Ydi o'n delio mewn cocên?'

'Does gen i ddim syniad.'

'Oedd o'n arfer ei ddefnyddio tra oeddech chi efo'ch gilydd?'

'Gawn ni sgwrsio yn rhywle mwy preifat na hyn?' gofynnodd Nel, a sylwodd Daf ei bod yn llygadu Roderick.

Agorodd y drws i'r balconi a thywys Nel allan. Roedd hi fel petai wedi colli peth o'i hyder ar ôl gadael ei thir ei hun.

'Waw, Daf,' ebychodd, 'am le gwych i weld y cobiau! Ga' i ddod yma i'w gweld nhw'n cael eu rhedeg?'

''Den ni chydig yn rhy brysur i hynny, a 'den ni angen dy gydweithrediad di gynta.'

Roedd hi'n dawel am eiliad, fel petai ganddi gywilydd o'i brwdfrydedd, wedyn dechreuodd siarad yn gyflym, gan faglu dros ei geiriau.

'Wnes i gamgymeriad wrth briodi Wil. Hymdingar o gamgymeriad. Ro'n i'n gwybod o'r dechrau na fyse fo'n setlo, ond roedd ochr gorfforol y berthynas mor dda, wnes i anwybyddu'r holl arwyddion.'

''Den ni i gyd yn gallu edrych yn ôl ar berthynas sydd wedi methu, a difaru.'

'Ond mi ddois i â gwenwyn i fy nghartref, gan feddwl y byse fo'n ildio, yn newid. Yn lle hynny roedd o fel... fel ceisio caethiwo anifail gwyllt yn y tŷ. Roedd o'n chwalu bob dim.'

'Sut hynny?'

'Ro'n i'n meddwl 'mod i'n ddigon caled a chryf, ond bob tro roedd o'n aros allan drwy'r nos, bob tro roedd o'n mynd am sbri... roedd pob celwydd yn torri i mewn i mi, fel cyllell yn fy nghnawd. Roedd Dad a finne'n ffraeo'n ddi-baid am fod Wil yn dwyn pres y fferm, ac wedyn daeth Kieran.'

'Pwy ydi Kieran?'

'Kieran Jones, rhyw siort o gefnder i Wil. Cawr o ddyn, ond ddim llawn llathen. Roedd Kieran wedi bod mewn dipyn go lew o helynt, a phenderfynodd Wil y byse'n syniad iddo fo ddod i fyw efo ni, yn un o'r bythynnod. Mi gytunais i ddechrau, ond...' Daeth llif ei geiriau i ben yn sydyn.

'Be oedd y broblem?'

'Dydi Wil a Kieran... wel, dydyn nhw ddim yn gwneud lles i'w gilydd. Mae Wil yn ecsbloetio Kieran ac yn llenwi'i ben o efo syniadau cas, yn enwedig ynglŷn â merched.' Ochneidiodd. 'Roedd merch ifanc yn gweithio efo ni bryd hynny, lodes glên bymtheg oed. Roedd Wil wastad yn ei disgrifio fel cariad i Kieran, a dweud wrtho ei bod hi'n fflyrtio efo fo. Ddwedes i nad oedd hynny'n beth doeth ond mynnodd Wil mai jôc oedd o. Jôc oedd y peth i ryw raddau, nes i Kieran geisio'i threisio hi. Lwcus bod Dad yn go agos, a'i ffon fugail yn ei law. Pan gyrhaeddais yn ôl o'r farchnad roedd y ferch yn ei dagrau, ei dillad wedi'u rhwygo, a Kieran yn gorwedd ar lawr y stabl wedi gwlychu'i hun ar ôl cael crasfa gan Dad. Roedd wyneb Dad wedi troi yn lliw annaturiol... gafodd o strôc chydig oriau wedyn. Es i â fo i Ysbyty Henffordd ar ôl aros sbel am ambiwlans, a phan ddes i â fo adre roedd Wil a Kieran yn eistedd ar y soffa yn gwylio Sky Sports fel petai dim wedi digwydd. Ro'n i yn y gegin yn gwneud brechdan i mi fy hun pan ddaeth Wil i mewn. Roedd o'n chwerthin, gan ddweud nad oedd rheswm i Kieran dderbyn "na" fel ateb gan mai gêm gan ferched oedd gwrthod rhyw. Roedd o'n dod yn nes ac yn nes ata i wrth watwar wyneb Dad, oedd wedi hanner disgyn ar ôl y strôc, ac yn pwyso ar ei ddwy law dros fwrdd y gegin. Dyna pryd dorrais ei ddwylo efo'r gyllell ro'n i'n ei defnyddio i dorri'r cig eidion. Dim ond un slaes oedd ei hangen i dorri tendonau'r ddwy law – roedd min go dda arni. Mi deimlais grafiad y llafn yn erbyn yr esgyrn, a gweld ei wyneb yn disgyn bron fel wyneb Dad. A dyna pryd wnes i ennill. O hynny allan, doedd o ddim yn gallu fy mrifo i. Ges i fy hun yn ôl.'

'A be ddigwyddodd wedyn?'

'Mi ffoniais ambiwlans am yr ail dro y diwrnod hwnnw. Roedd Wil bron yn methu siarad. Lapiais sawl lliain sychu llestri am ei ddwylo... a wyddost ti be? Ches i 'run ohonyn nhw'n ôl o'r ysbyty, ac roedd rhai ohonyn nhw bron yn lân.' Roedd ei chwerthiniad yn fwy o sgrech, a gwasgodd Daf ei llaw. 'Dwi ddim isie mynd i'r carchar, Daf,' meddai'n dawel, a gwelodd Daf y ferch tu ôl i'r mwgwd caled.

'Lodes, does gen i ddim amser i ailagor hen achosion. Be sy'n fy mhoeni fi ydi pwy oedd yn dy siop dros nos a pwy arhosodd yn yr hafod.'

'Dwi'n hanner amau fod gan Wil allwedd i'r siop. Ddwy flynedd yn ôl, arhosodd yno ar nos Fawrth y Sioe.'

'A wnest ti ganiatáu hynny?'

'Naddo. Wnes i ddim sylwi tan y bore wedyn. Roedd arogl baco yng nghefn y siop a rhywun wedi creu math o nyth o'r bagiau yn y stordy. Hefyd, roedd sawl pastai a photel o win wedi diflannu. O, ie, a chwe *meringue* pistasio, ei hoff flas.'

'Be wnest ti am y peth?'

'Dim llawer. Anfon tecst iddo, yn ei rybuddio i gadw draw, ond...'

'Ond be, Nel?'

'Dweud y gwir, wnes i ddim poeni rhyw lawer am y peth. Dwi'n teimlo'n euog, ti'n gweld, am be wnes i iddo fo. Ryden ni'n dau wedi brifo'n gilydd gymaint, ond dwi'n dal i gofio sut oedd o yn ei ogoniant, ei gorff fel peiriant gloyw, ei symudiadau mor bwrpasol, a finne'n teimlo rhyw genfigen tuag at y ddafad oedd yn dynn rhwng ei goesau. Ydi, mae o'n fastard, ond roedd o'n fastard talentog a deniadol tu hwnt. Doedd neb yn yr un cae â fo, a rŵan mae ei ddwylo'n chwifio fel dillad ar y lein.'

Roedd cymysgedd o euogrwydd a hiraeth yn ei llygaid, ac oedodd Daf am hanner munud cyn gofyn ei gwestiwn nesaf.

'Ddwedest ti "ar ôl iddo adael", Nel, ond pryd benderfynodd Wil adael, a be wnaeth o wedyn?'

'Ddaeth o ddim yn ôl o'r ysbyty. Mi baciais ei stwff a rhoi deng mil iddo, ac roedd hynny'n hael achos dim ond am dair blynedd roedden ni efo'n gilydd a wnaeth o erioed yr un cetyn o waith ar y buarth. Ac yn y dyddie hynny roedd o'n ennill arian mawr a wnaeth o ddim rhannu ceiniog ohono efo fi. Felly, ar chwys Kieran mae o'n byw ers hynny. Roedd hwnnw'n gweithio yn y lladd-dy yn Llanidloes am sbel ond cododd yr un drafferth yn fanno hefyd.'

'Dydi'r berthynas rhwng Wil a Kieran ddim yn swnio fel un iach o gwbl. Be mae'r awdurdodau'n wneud? Dwi'n casglu ei fod o'n berson bregus?'

'Symud o le i le maen nhw, yn cadw draw oddi wrth yr awdurdodau. Mae Wil wedi perswadio Kieran ei fod o'n byw bywyd gwych, llawn antur a hwyl, ond y gwir ydi ei fod o'n slafio drwy'r dydd i dalu am hwyl ei gefnder.'

'Slafio ydi'r gair. Mae'n swnio'n debyg i gaethwasiaeth fodern i mi.'

'Digon posib.'

'Be am gyffuriau?'

Trodd Nel ei dwylo i fyny mewn ystum o ddiffyg gwybodaeth.

'Rhai gwyllt ydi'r giang cneifio rhyngwladol, wastad yn chwilio am y wefr nesa. Roedd Wil yn cymryd llinell bob hyn a hyn, ond dim byd trwm.'

'O ble oedd o'n cael ei gocên?'

'Does gen i ddim syniad. Doedd o byth yn ei ddefnyddio adre. Rhwbeth ar gyfer noson parti oedd o, dwi'n tybio, rhywun yn cynnig a fynte'n barod i wario ugain.'

'Fyset ti'n synnu i glywed bod ganddo werth degau o filoedd o bunnau o gyffuriau wedi'u cuddio yn yr hafod?'

'Byswn, am sawl rheswm. I ddechrau, tydi'r Votty ddim yn lle hynod o saff. Mae pobol ifanc yn dal i fynd yno bob hyn a hyn felly mae 'na siawns go dda y byse rhywun arall yn ei ffeindio fo. Yr ail reswm ydi diffyg pen busnes Wil. Allai o fynd i'r farchnad efo llond corlan o'r defaid gorau a dod adre efo'r pris gwaethaf. Ond y trydydd rheswm ydi'r prif un. Petai Wil wedi cael gafael ar gymaint â hynny o eira, mi fyse'n rhaid iddo fod wedi talu amdano rywsut, a does ganddo fo ddim ceiniog goch i'w enw.'

Roedd hyn yn cadarnhau sylw Eifiona am ei ddillad.

'Oes siawns ei fod yn cadw'r stwff ar gyfer rhywun arall?'

'Petai gen ti lwyth o gocên i'w guddio, Mr Dafis, fyset ti'n fodlon rhoi dy ffydd yn Wil Walters?'

'Na fyswn, debyg.'

Ochneidiodd Nel. 'Er mai eiliad o wylltineb ges i pan frifais ei ddwylo, ro'n i'n gwybod hefyd beth fyddai'r canlyniad. Un toriad o'n i angen ei wneud er mwyn dinistrio'i fywyd o. Doeddwn i ddim yn bwriadu ei ladd o, dim ond rhoi stop ar ei fywyd.' Oedodd am eiliad, yn disgwyl ymateb gan Daf. 'Dydi o ddim yn llawer, gadael i rywun roeddet ti'n arfer ei garu gysgu yn dy sgubor bob hyn a hyn. Ro'n i'n gwybod ei fod o'n aros yn y Votty weithie, ond does gen i ddim gwybodaeth o gwbl am y cyffuriau.' Oedodd eto, a gwenu. 'Ti am fy arestio fi rŵan?' gofynnodd yn ysgafn.

'Ddim heddiw, lodes. Mae fel lladd nadroedd yma.'

'Ond.. dwi wedi cyfadde...'

'Ti 'di cyfadde i ti wneud camgymeriad. Pwy sy heb? A dwi ddim yn meddwl dy fod yn berygl i'r cyhoedd. Mae dy gyllell wedi mynd yn ôl i'r drôr, dwi'n cymryd?'

'Wel, dwi'n ei defnyddio i dorri shibwns i'w rhoi yn y colslo. Ydw i'n cael gwneud hynny?' Gwenodd yn wan.

'Na chei. Mae shibwns yn gwneud nonsens llwyr o golslo. Sticia di at afal a moron.'

Cododd Nel ar ei thraed, a sylwodd Daf fod golwg ifanc, bryderus arni wrth i Roderick ei thywys i lawr y grisiau.

'Wnei di ddod o hyd i Wil Walters i mi, os gweli di'n dda, còg?' gofynnodd i Daf i Toscano. 'Cer ag un o'r PSCOs efo ti, rhag ofn. Ac os oes 'na glamp o ddyn efo fo o'r enw Kieran Jones, fyddwn ni angen siarad efo fo hefyd. Ond mae o'n ddyn bregus, felly rhaid i ni gael Oedolyn Priodol yma i wneud hynny.'

'Y cawr oedd efo Walters yn y llun?' gofynnodd Eifiona.

'Ie. Mae'n werth chwilio drwy fas data'r PNC am y DNA gawson ni yn yr hafod, a chysylltu efo'r Gwasanaethau Cymdeithasol. A rŵan, DC Roderick, dwi angen dy wybodaeth leol. At bwy dwi angen mynd i gael cyffuriau yn ardal Llanfair-ym-Muallt?'

Â golwg ddryslyd ar ei wyneb, aeth Roderick ar ôl Daf allan ar y balconi, a chaeodd Daf y drws ar eu holau.

'Cyn i ni drafod y cyffuriau, gair i gall, Roderick. Mae Nel newydd gyfaddef iddi gyflawni trosedd ddifrifol. Wn i ddim be sy'n mynd i ddigwydd ynglŷn â'r peth achos does gen i ddim amser i baratoi'r gwaith papur ar gyfer Gwasanaeth Erlyn y Goron, ond mi fyse'n syniad da i ti gadw draw oddi wrthi am dipyn.'

Cochodd Roderick a syllu ar ei draed.

'Ffoniodd hi neithiwr. Biciais i draw am sgwrs. Aethon ni am dro.'

'Am be wnaethoch chi sgwrsio?'

'Sawl peth. Y Votty. Dyddie ysgol. Yr hen giang.'

'Yr achos?'

'Na... wel, dim llawer. Roedd hi'n poeni am yr holl helynt, efo'r SOCOs dros y lle.'

'A be ddwedest ti wrthi?'

'Bod 'na brosesau i'w dilyn, a bod yn rhaid i hynny ddigwydd.'

'Ocê. Jest cadwa draw o hyn allan.'

'Ond hen ffrind ydi Nel.'

'Ti'n heddwas. Mae hi'n dyst, ac mae'n bosib y bydd hi'n wynebu cyhuddiad o ryw fath. Paid rhoi dy hun mewn sefyllfa anodd. O hyn ymlaen, dwi am ofyn i ti ganolbwyntio ar feysydd penodol o'r ymchwiliad, y rhai sydd ddim yn gysylltiedig â'r teulu Bound.'

'Ocê.' Roedd y siom yn amlwg yn ei lais.

'Ydi Nel yn dy ffonio di'n aml?'

'Erioed, tan ddoe. Doeddwn i ddim yn gwybod bod fy rhif i ganddi.'

'Paid di ag ateb galwad ganddi eto, iawn?' Nodiodd Roderick ei ben. 'Fydd y storm yma'n chwythu'i phlwc yn go fuan, wedyn mi fyddi di'n rhydd i dreulio pob eiliad efo Nel.'

'Ond,' meddai Roderick mewn llais bach llawn gonestrwydd a gofid, 'fydd hi ddim angen fy nghymorth bryd hynny.'

'Rheol ydi rheol,' datganodd Daf yn swta. 'Rŵan, pwy sy'n gwerthu cocên yn lleol?'

'Yn ystod y Sioe, neu fel arfer?'

'Fel arfer.'

''Den ni wedi cael dipyn o lwyddiant yn trechu'r Llinellau Sirol yn ddiweddar, felly alla i ddim enwi neb yn benodol.'

'Ydi hynny'n golygu bod bwlch yn y farchnad?'

'O bosib.'

'Oes 'na rai sy'n defnyddio'n rheolaidd?'

'Mae 'na wastad rai, ond ers i ni gau'r Llinell lawr, yn Henffordd maen nhw'n tueddu i brynu.'

'Dweda hanes y Llinell Sirol wnaethoch chi ei chau.'

Chwarddodd Roderick. 'Doedd o ddim yn ymchwiliad heriol. Roedd y dynion mawr draw yn Wolverhampton yn danfon cogie ar y trên, a'r eiliad roedden nhw'n camu ar y platfform, roedden ni'n aros amdanyn nhw.'

'Sut oeddech chi'n gwybod pwy oedden nhw? Gwybodaeth dda?'

'Nage, nage. Roedd golwg ddinesig arnyn nhw, dillad gwahanol ac ati. Roedden nhw mor amlwg â llaid ar farch gwyn ar Reilffordd Calon Cymru. Mi ddaliais dri fy hun – lodes a dau o fechgyn.'

'Felly alli di ddim meddwl am neb yn lleol allai gydweithio

efo Wil Walters i ddelio'r côc 'na?'

'Sori, bòs, ond does dim Mr Big yn yr ardal, dim ond cwpwl o hen hipis sy'n gwerthu cynnyrch lleol.'

'Dydi hyn ddim yn gwneud synnwyr. Rhaid ei fod o'n dilyn gorchmynion rhywun.'

'A 'den ni'n sicr mai Walters oedd yn yr hafod?'

'Bron yn sicr. Wrth gwrs, roedd o'n nabod sawl un yn yr ardal, ar ôl byw yma tra oedd o'n briod â Nel.'

'Does neb yma'n gwneud dim byd efo fo,' atebodd Roderick yn gyflym, fel petai Daf wedi awgrymu rhywbeth atgas. ''Den ni ddim wedi anghofio sut un oedd o bryd hynny.'

'A sut un oedd o, yn union?'

'Uchel ei gloch. Bihafio fel rhyw seléb, jyst oherwydd ei fod yn gallu cneifio dafad yn gyflym.'

'Does ganddo fo ddim ffrindie lleol, felly?'

'Na. Roedd o'n teithio'n aml – draw i Seland Newydd, fyny i Norwy, bob man. Ac i fod yn onest, dydi'r Bounds ddim yn deulu hynod o boblogaidd. Mae rhai yn meddwl mai snobs ydyn nhw.'

'Felly, ti ddim yn gallu meddwl am neb fyddai'n fodlon gwneud bargen efo fo?'

'Na, sori.'

'Iawn. Cer di draw i gae Ysgiog i nôl dyn o'r enw John Kell, os gweli di'n dda.'

'Ar ben fy hun?'

'Gwersyll Teithwyr ydi Ysgiog, nid pencadlys y Maffia.'

'Dwi ddim mor siŵr o hynny, bòs. Mae 'na sawl un yno sy ddim yn ein hoffi ni o gwbl.'

'Jyst pobol sy 'di dod i'r Sioe ydyn nhw.' Tynnodd Daf ei ffôn o'i boced. Doedd hi ddim yn ddeg o'r gloch y bore eto. Cododd ar ei draed. 'Ocê, awn ni draw efo'n gilydd. Efallai y bydd yn haws siarad efo Mr Kell ar ei batsh ei hun, beth bynnag. Ond rhaid i ni fod yn ôl fan hyn mewn pryd i siarad efo Wil Walters cyn i'r cobiau gael eu rhedeg.'

Dim ond rhyw ugain o garafanau oedd yn sefyll ar y tir gwastad ger afon Gwy. O gwmpas cae Ysgiog roedd ffens bum metr o uchder, ac roedd y goleuadau diogelwch yn dal ymlaen, yn edrych yn welw yng ngolau dydd. Roedd car wedi'i barcio ger y giât a chadair wag wrth ei ymyl. Daeth dyn i'r golwg o'r sietin, yn cau sip ei gopis wrth gerdded, yn gwisgo crys polo cwmni diogelwch. Roedd yn amlwg i Daf ei fod wedi adnabod Roderick, gan iddo ddechrau llunio esgusodion am adael ei safle. Wrth iddyn nhw yrru heibio iddo i ganol y gwersyll, cafodd Daf y teimlad fod sawl pâr o lygaid wedi'u hoelio arnyn nhw er nad oedd neb i'w weld. Parciodd Roderick ger y tai bach, a safodd ger y car am eiliad, gan edrych o'i gwmpas yn lletchwith. Safodd Daf wrth ei ochr.

Daeth dynes i lawr grisiau'r tŷ bach â bachgen tua thair oed yn ei breichiau.

'Bore da, I'm looking for John Kell,' meddai Daf yn gwrtais.

'I'm not,' atebodd y ddynes dros ei hysgwydd cyn cerdded i ffwrdd. Syllodd y bachgen ar Daf, a phoeri.

'Am groeso cynnes,' mwmialodd Roderick.

Roedd y lle yn dawel iawn, o ystyried faint o blant oedd yno, a murmur yr afon a'r adar yn plethu efo sŵn y traffig o bell.

'Rhaid dechrau yn rhywle,' meddai Daf, gan gamu at y garafán agosaf. Cododd ei ddwrn i gnocio'r drws ond cyn iddo gael cyfle i wneud hynny, clywodd lais yn galw'n uchel.

'Who wants John Kell?'

Trodd Daf i weld dyn byr, solet yn sefyll yng nghanol y safle. Roedd o'n gwisgo siaced er gwaetha'r gwres ac roedd ei law dde yn ddwfn yn ei boced.

'Wyt ti'n meddwl bod ganddo gyllell?' sibrydodd Roderick.

'Debyg iawn, fel tri chwarter y ffermwyr ar Faes y Sioe. Dydi hynny ddim yn golygu bod neb yn mynd i gael ei drywanu.'

Camodd Daf tuag at y dyn yn araf, yn cofio bod ganddyn nhw gynulleidfa gudd. Pan oedd deg llath rhyngddyn nhw, galwodd yn ôl.

'Arolygydd Dafydd Dafis, Heddlu Dyfed Powys.'

Tu ôl i'r dyn, mewn carafán fawr oedd â phob ffenest ar agor, symudodd llen. Newidiodd yr olwg ar wyneb y dyn o sarrug i syfrdan.

'Dafydd Dafis Tinciwinci?' gofynnodd, fel petai o'n methu credu ei eiriau ei hun.

'Dyna fi.'

Brasgamodd y dyn bach draw at Daf, gafael yn ei law dde dde a'i phwmpio i fyny ac i lawr.

'Wel, da iawn ti, wir, Mr Dafis, da iawn. Alla i ddim gweld neb yn agos ati hi yn y Cuddy. Mae Jaxx wedi mopio'n lân ond dwi ddim sicr efo pa un, Tinciwinci neu ei feistres fach.'

Trodd ei ben a gweiddi dros ei ysgwydd, heb ollwng llaw Daf.

'Tegell JJ, tegell.'

Daeth JJ i'r golwg drwy ddrws cefn y fan wen a safai wrth y garafán a thynnu tair cadair bren hen ffasiwn ohoni, fel y rhai oedd gan nain Daf yn ei pharlwr, a'u gosod ar y glaswellt. Roedd y garafán ei hun yn fawr a drud, ond roedd hi wedi gweld dyddiau gwell.

'Lle mae Jaxx y bore 'ma?' gofynnodd Daf yn sgwrsiol, ond sylwodd ar unwaith fod y cwestiwn yn gamgymeriad.

'Dyna i ti gwestiwn *gavver*,' atebodd Kell, gan syllu ar y glaswellt. 'Gyda llaw, dwi'n fodlon malu awyr efo ti am dipyn oherwydd mai perchennog Tanyrallt Tinciwinci wyt ti, nid oherwydd y bathodyn 'na sy gen ti. Dydyn ni ddim yn hoffi *gavvers* a dydych chi ddim yn ein hoffi ni chwaith. Felly, dwi ddim am siarad efo'r terier bach sy'n brathu wrth dy sodlau.'

Eisteddodd i lawr yn drwm ar un o'r cadeiriau, ei goesau byr ar led a'i esgidiau wedi'u plannu'n galed ar y ddaear. Roedd y miri yn ei lygaid wedi diflannu, a chafodd Daf yr argraff mai perfformiad oedd hwn. Ond ar gyfer pa gynulleidfa?

'Mi alla i aros yn y car, bòs?' awgrymodd Roderick.

'Well i ti symud dy gar tu allan i'r ffens,' datganodd Kell. 'Ein lle ni ydi hwn.'

Nodiodd Roderick ei ben a brysio'n ôl at y car. Disgwyliodd Daf weld mymryn o ryddhad ar wyneb Kell, ond doedd dim.

'Mae Jaxx wedi bod yn help mawr i ni,' mentrodd, gan geisio symud y sgwrs yn ei blaen. 'Mae ganddo ddawn efo 'ffyle.'

'Falch iawn o glywed.'

'Mae'n cynllunie ni ar gyfer y Sioe wedi chwalu braidd, felly 'den ni'n gwerthfawrogi'n arw.'

'Oherwydd y bys yn y selsig?'

Nodiodd Daf ei ben. Efo unrhyw dyst arall byddai wedi bwrw mlaen yn syth, ond oedodd. Daeth JJ i'r golwg yn cario dwy baned. Roedd wedi'i wisgo'n ffurfiol ar gyfer y Cylch, mewn gwasgod frethyn, crys gwyn a thei.

'Paid â cholli diferyn o de dros y crys 'na,' rhybuddiodd ei dad. 'Does 'run arall i'w gael.'

'Dwi'n gwybod, Dad.'

'Be am i ti ofyn i Mr Dafis am lifft? Dwi ddim am fod ar gyfyl y nonsens 'na. Mi all y rhai sy'n treulio'u dyddiau y tu ôl i ddesg fforddio torri coes rŵan ac yn y man, ond mae'n rhaid i ni, sy'n ennill ein bara menyn drwy nerth bôn braich, gymryd chydig o ofal.'

Roedd yn amlwg mai cynnig JJ i redeg stalwyn Mel Puw oedd y nonsens roedd John Kell yn sôn amdano.

'Dim problem gen i,' meddai Daf.

'Ond pryd ydych chi'n bwriadu gadael, Mr Dafis?' gofynnodd JJ. 'Dwi ddim isie bod yn hwyr.'

'Wel, dwi wedi dod yma i geisio cael dipyn mwy o wybodaeth am Mel Puw, ac mi fydda i'n gadael cyn gynted ag y bydda i wedi cael hwnnw. Mae gen i lwyth o waith i'w wneud ar Faes y Sioe heddiw.'

'Wel, paid â dod ata i ynglŷn â Puw. 'Sgen i ddim byd i'w wneud efo fo,' rhinciodd Kell.

'Mi glywais dy fod di wedi defnyddio'i stalwyn o.'

'Gwpwl o weithiau. Dim byd cyson. Ar ôl i Miss Grug adael mi wnaeth eu stoc nhw golli'i sglein.'

'Dwi wedi clywed pethe tebyg gan sawl un,' cytunodd Daf.

'Wel, cer i siarad efo nhw ynglŷn â fo, felly. Does ganddon ni ddim byd i'w wneud efo Mel Puw.'

'Ond eto, mae dy fab yn rhedeg ei stalwyn.'

''Sgen i ddim syniad pam.'

Cochodd JJ. 'Achos mae o'n perthyn i ni, o bell, a fydd y *gawjie* briododd o byth yn rhoi coffadwriaeth iddo.'

'Mi wnaeth Grug ofyn i bawb redeg y stalwyn.'

'O, paid â chael dy dwyllo ganddi. Mae'r merched sy'n rhedeg ar ôl Teithwyr i gyd 'run fath – 'den nhw byth yn rhoi parch go iawn i ni.'

Synnodd Daf at y dicter yn llygaid y dyn ifanc.

'Felly wnest ti wirfoddoli i osgoi sarhad i dy etifeddiaeth?'

'Rhywbeth fel'na.'

'Mae o'n llawn lol fel hyn,' esboniodd Kell. 'Mae o awydd mynd i ryw goleg i astudio'r anghyfiawnder rydyn ni wedi'i wynebu dros y canrifoedd, ond 'se'n well gen i gael chydig o help llaw efo'r sgrap. Pa iws ydi llyfrau i bobol fel ni?'

'Yr unig lyfr sy gan Dad ydi *Stud Book* y WPCS, ac all o ddim hyd yn oed darllen hwnnw.'

'Dwi'n ddigon call i roi bwyd ar y bwrdd i ti, Mistar,' mwmialodd Kell. Roedd hon yn amlwg yn hen ddadl.

'Felly roeddech chi'n nabod Mel Puw yn weddol?' gofynnodd Daf.

'Na. Dydi Teithwyr ddim yn ffrindiau gorau dim ond am ein bod ni i gyd yn digwydd byw mewn carafanau.' Roedd llais John Kell yn galed, ond bwriodd Daf ymlaen.

'Mi glywais ryw hanes am gaseg gafodd efeilliaid, a...'

'Gan bwy gest ti'r lol yna?' gofynnodd Kell yn swta. 'Ti'n dechre siarad fel *gavver* eto.'

'Ro'n i'n deall fod y gaseg yn hesb wedyn.'

'Oedd, ond gawson ni gryn dipyn o lwyddiant efo hi.'

'Digon i wneud elw?'

'Dydi'r Kells byth yn gwneud colled.' Cododd John Kell ar ei draed yn sydyn, gan gnocio'i gadair i'r llawr.

'Does gen i ddim amser nac awydd i drafod sothach Bryn y Ceffyle. Dydi fy nhrefniadau busnes i ddim yn fater i'r heddlu. Ac os wyt ti am ofyn i mi yn blwmp ac yn blaen wnes i ladd Mel Puw, rhaid i ti aros yn hir am dy ateb.'

Martsiodd at ddrws y garafán a'i gau yn glep ar ei ôl.

'Ddylech chi ddim bod wedi trafod Dainty efo Dad,' meddai JJ yn dawel.

'Pam hynny?'

'Eboles Mam oedd hi.'

'Ac mae dy fam wedi...?'

'Wedi marw. Gollodd hi ferch fach rhwng Jaxx a finne. Geisiodd Dad godi'i chalon efo Dainty, ac mi weithiodd, ond mi fu Mam farw wrth eni bachgen bach rai blynyddoedd yn ôl. Pan gastiodd y gaseg yr efeilliaid, agorodd yr hen graith eto.'

'Ddrwg gen i glywed, còg. Oes siawns i ti berswadio dy dad i ddod allan eto i siarad efo ni?'

'Dim gobaith caneri. A gyda llaw, os ydych chi'n cynnig lifft i mi, dylen ni adael yn go fuan.'

'Ocê.'

Wrth iddyn nhw gerdded at y fynedfa sylwodd Daf ar newid yn JJ, fel petai o'n dechrau ymlacio i ffwrdd o bresenoldeb ei dad.

'Mae tras pobol wastad o bwys,' meddai'r llanc ymhen sbel, 'yn enwedig i bobol sy'n bridio ceffylau. Roedd pawb yn gwybod mai o garafán yn hytrach na ffermdy crand ddaeth teulu Mel. Y drafferth efo rhywun fel fo ydi hyn: os ydi o'n ennill clod, mae pawb yn anghofio mai Teithiwr oedd ei fam, ond pan oedd o'n twyllo pobol, llinach y Teithwyr oedd yn cael y bai.'

Allai Daf ddim anghytuno.

'Dydi Dad erioed wedi dwyn dim, mae o'n talu pob bil ac yn ceisio bod yn deg yn ei fusnes. Falle nad ydi o'n talu pob ceiniog o dreth, ond faint o ddynion busnes sy'n gwneud hynny? Ond mae o wastad yn cael ei drin fel troseddwr. Wyddoch chi be ydi'r cyhuddiad diweddaraf?'

'Wn i ddim.'

'Dwyn cŵn. Mae Dad yn hoff iawn o gŵn a bob tro mae o'n gweld un, mae o'n plygu i'w fwytho. Ond mae pobol wedi dechrau galw'u cŵn yn ôl, fel petai o ar fin eu lluchio nhw i ryw sach. Mae pethau fel hyn yn ffeithio ar rywun, yr holl ddrwgdybiaeth.'

'Wrth gwrs. Ond mae pobol wastad yn troi yn erbyn unrhyw un sy'n wahanol iddyn nhw – dyna natur ddynol.'

'Sy'n ddigon gwir, Mr Dafis, ond y dyddie yma mae pawb mor ofalus ynglŷn â'u geirfa, yn dawnsio o gwmpas pynciau sensitif, ond maen nhw'n gwneud eithriad i ni. Faint o bobol heddiw sy'n fodlon cyfadde'u bod nhw'n hiliol? Fawr neb. Ond os ydi rhywun fel fi'n digwydd gofyn i ferch ydi hi awydd mynd i weld ffilm, maen nhw wastad yn dweud na fydd eu tadáu'n caniatáu iddyn nhw ddod allan efo fi, achos pwy ydw i. Does gen i ddim llawer o ddewis ynglŷn â chwrs fy mywyd, Mr Dafis. Dwi ddim wedi cael hanner yr addysg dwi ei angen i fynd i goleg, felly mi fydda i'n gweithio ar y sgrap efo Dad, yn grabio merch yn Ffair Appleby, yn priodi 'mhen blwyddyn ac yn magu dwsin o blant. Ac ydych chi'n gwybod be sy'n brifo? Pan fydda i'r un oed â chi, mi fydda i ar fy ngwely angau, yn ffarwelio â'r wyrion sydd eisoes yn y ffycin sgrap er mwyn bwydo'r plant maen nhw wedi'u cenhedlu'n ddeunaw oed.'

Erbyn hyn, roedden nhw wedi cyrraedd y ffens. Gwthiodd JJ glicied y giât yn galed i'w hagor.

'Hei!' galwodd Roderick o'i sedd yn y car. 'Watsia di! Mae'r ffensys 'na'n bethe drud...'

Syllodd JJ yn syth i lygaid Daf cyn ateb. 'Mae'n ddrwg gen i, offisyr, ond dech chi wedi anghofio gorffen eich brawddeg?'

'Am be ti'n sôn?'

'Oeddech chi'n bwriadu dweud, "y tincar bach digywilydd"?'

Cochodd Roderick gan fod JJ yn llygad ei le.

Roedden y daith yn ôl i Faes y Sioe yn un dawel ac anghyffordus, ac wrth iddyn nhw wahanu, gofynnodd Daf i JJ ddod i'w weld yn ystafell yr ymchwiliad ar ôl rhedeg y stalwyn.

'Pob lwc i ti,' meddai Daf wrth ffarwelio.

'Diolch,' atebodd JJ, 'mi fydda i'n canolbwyntio ar beidio baglu.'

Roedd Daf yn disgwyl gweld Wil Walters yn aros amdano, ond cafodd ei siomi. Ni chododd Eifiona ei phen o'i sgrin wrth glywed y drws yn agor.

'Dim golwg o Walters na'r llall,' mwmialodd. 'Does neb wedi'u gweld nhw ers ddoe ond mae manylion eu fan nhw ganddon ni, felly rydan ni'n chwilio am honno ar hyn o bryd.'

'Ydi pawb yn gwybod bod cysylltiad rhwng Walters a'r côc yn yr hafod?'

'Ydyn – ers i ti fynd mae canlyniadau'r profion DNA wnaethon ni ar y bocsys têc-awe o'r hafod wedi mynd drwy'r system, ac rydan ni'n sicr mai nhw oedd yn aros yno.'

'Roedd manylion y boi mawr ar y system?'

'Mae 'na lawer mwy amdano fo nag am Walters. Mae o wedi cyflawni sawl ymosodiad rhywiol. Roedd yn rhaid iddo adael ei lety oherwydd ei agwedd at y merched yno; mi gafodd o'i gyhuddo o dreisio un ferch ond roedd o'n mynnu ei bod hi wedi cytuno. Roedd tystiolaeth yn broblem fawr gan fod y ddau ag anabledd deallusol dwys.'

'A pwy oedd i fod i ofalu amdanyn nhw, dwêd?'

'Dyna oedd fy nghwestiwn i. Beth bynnag, mae o wedi diflannu, a Walters efo fo. Mae'n amlwg, waeth beth oedd cymhelliad Walters, mai fo oedd yr unig berson i roi unrhyw sylw i Kieran.'

'Reit, rhaid i ni ddod yn ôl at hyn pan ddown ni o hyd iddyn nhw. Gest ti unrhyw lwc efo'r adroddiad patholegol?'

'Do, ond cyn i mi sôn am hynny, mae 'na rywun yn aros amdanat ti ar y balconi.'

Gaenor oedd yno, yn ymlacio ar un o'r cadeiriau gan syllu dros y Cylch. Cododd i'w gofleidio.

'W, ai pastwn sy'n dy boced di, Mistar Heddwas, neu wyt ti'n falch o 'ngweld i?'

'Ha ha. Mae hi mor braf dy weld di,' atebodd Daf.

'A tithe. Does dim cystadlu i ni heddiw, felly mae Mals yn cael chydig o seibiant – wnaiff o fyd o les iddi gael gorwedd yn ei gwely am awr ychwanegol heddiw.'

'Ydi hi'n iawn?'

'Perffaith iawn, er ei bod hi wedi gor-gyffroi braidd. A dwi ddim yn siŵr sut ddylanwad ydi ei ffrind newydd, Jaxx, arni chwaith.'

'Pam hynny? Ro'n i'n meddwl bod y Kells wedi bod yn help mawr i ni efo Tinc?'

'Maen nhw'n gogie clên tu hwnt, ac yn weithgar iawn. Ond dwi'n sicr bod Jaxx yn rhaffu celwydde i wneud argraff ar Mals.'

'Pa fath o gelwydde, dwêd?'

'Dwi wedi'i glywed o'n brolio am y ffaith ei fod o'n cael aros ar Fryn y Ceffyle ar ei ben ei hun.'

'Dwi ddim yn coelio hynny am eiliad. Mae ei dad yn ddyn gofalgar.'

'Sôn am dwyllo'i dad oedd o, yn dweud bod sawl un sydd â bocsys ceffyle crand a moethus yn dewis cysgu yn rhywle arall. Mae o'n torri i mewn a smalio mai fo sy biau'r tryc am y noson.'

'Mae hyn yn ddifyr tu hwnt. Doedd gen i ddim clem bod Jaxx yn cropian o gwmpas yn y nos.'

'Dwi ddim yn meddwl bod 'na gysylltiad rhwng hynny a dy ymchwiliad di. A phaid â'i ddychryn o, Daf, mae o'n gòg bech clên. Ac mae o a JJ wedi bod yn gystal cymorth i ni'r wythnos yma.'

'Wna i ddim, siŵr.'

'Mae o'n siarad fel dyn mawr, yn sôn am ddwyn hyn a benthyg y llall, ac yn aros fan hyn a fan draw, dim ond i greu argraff.'

'Alla i gredu.'

'Dwi erioed wedi cwrdd â neb tebyg. Mae o mor aeddfed o ran gwaith ac eto'n llawn lol.'

'Dwi'n amau ei fod o'n ceisio efelychu ei dad, ar ôl colli'i fam, druan.'

'Digon posib. A sôn am lancie sy'n debyg i'w tadau, mae 'na dipyn o sôn am Rhodri a rhyw barti yn y Pentre Ieuenctid.'

'O, paid â sôn! Ro'n i bron â marw o embaras. Ro'n i braidd yn siomedig, hefyd, rhaid i mi gyfadde – ro'n i'n disgwyl y byse Rhods yn trin merched efo dipyn mwy o barch.'

'O be glywes, hi oedd yn annog y peth. A Daf, paid â meddwl gormod am y busnes. Oedd, roedd y digwyddiad yn ddichwaeth ond roedd pawb yn y garafán yn sengl ac yn cytuno i'r antics.' Gwenodd Gaenor arno. 'Does dim rhaid i ti boeni am Rhods, ond os oes gen ti eiliad i boeni am rwbeth, mae fy mhys pêr yn peri dipyn o ofid i mi.'

'Pam hynny? Mi weles i nhw ddoe ac roedden nhw'n hyfryd. A'r rhosod hefyd.'

'Ond maen nhw wedi newid eu lliw dros nos.'

'Be?'

'Pa liw oedden nhw ddoe, Daf?'

'Rhai'n wyn a rhai'n goch.'

'Ie. Ond erbyn hyn, mae'r rhai gwyn wedi troi'n las a'r rhai coch wedi newid yn rhyw borffor budr.'

'Rhywun wedi eu ffeirio nhw, mwy na thebyg. Wyt ti wedi siarad efo'r stiwardiaid?'

'Dim eto. Gen i ofn iddyn nhw feddwl 'mod i off fy mhen.'

'Cer di i gael gair efo nhw, a gad i mi wybod be ddwedan nhw.'

'Dim achos ydi o, Daf, dim ond lol.'

'Lol sbeitlyd, sy'n swnio fel rheswm da i rywun gael ei gosbi. Dydi ymddygiad fel hyn byth yn dderbyniol.'

'O, Daf, dwi'n hynod o falch o dy gefnogaeth, ond duwcs, ti'n siarad fel coc oen weithie.'

Ar ôl iddi fynd, gofynnodd Daf i Eifiona oedd unrhyw newyddion am Walters.

'Na, ond rydan ni wedi olrhain y cocên. Cafodd peth o'r un llwyth ei feddiannu yn Walsall yr wythnos ddiwetha. Bois West Mids yn meddwl bod cysylltiad â giang oedd yn arfer rhedeg y County Lines ond ers i ni fod mor llwyddiannus yn eu stopio, maen nhw wedi newid eu MO.'

'Felly sut mae o'n cyrraedd yr ardal?'

'Dyna be sy'n drysu West Mids. Maen nhw'n cadw llygad barcud ar aelodau'r giang a phawb sy'n gysylltiedig efo nhw.

Dim ond dwywaith mae'r rhai sydd â chysylltiad â'r giang wedi gadael y ddinas, ac aethon nhw am dro ar linell reilffordd Calon Cymru.'

'Wel, dyna sut maen nhw'n symud y gêr, felly.'

'Theori wych, bòs, heblaw am y ffaith fod West Mids wedi gofyn i hogia Heddlu'r De eu dal nhw yn Abertawe. Roedden nhw'n hollol lân.'

'Hm. Y cwestiwn arall ydi, os oedd Walters wedi cuddio'r côc yn yr hafod, ar gyfer pwy? Rhaid i ni siarad efo fo.'

'Mae pawb yn chwilio amdanyn nhw fflat owt fel mae hi, bòs.'

'Falle. Anfona di neges arall, yn dweud ein bod ni'n ymchwilio i achos o gaethwasiaeth gyfoes – mae honno'n drosedd mae pob Comisiynydd yr Heddlu isie'i datrys.'

'Caethwasiaeth gyfoes, bòs? Sut...'

'Mae Wil Walters yn cymryd mantais ariannol ar y dyn mawr, Kieran. Mae'r patrwm i'w weld yn go aml efo pobol sydd ag anabledd deallusol, yn anffodus.'

'Iawn, bòs. Reit, yn ôl at adroddiad y patholegydd. Dwi wedi deall rhywbeth am lygaid Puw.'

'Da lodes.'

'Mae'n amlwg o'r archwiliad bod rhywun wedi taflu pelydr laser i'w wyneb am sawl eiliad. Mi fyddai'n anodd i hynny ddigwydd yn ddamweiniol.'

'Ty'd 'laen, lodes. Y Sioe Fawr ydi hon, nid *Star Wars*. Dydi pobol ddim yn brwydro efo lasers yn Llanelwedd.'

'Wel, wyt ti'n gallu meddwl am esboniad? Am gyfnod o tua hanner munud, yn ôl y dystiolaeth fforensig, roedd pelydrau'n sgleinio'n syth i lygaid Puw.'

'Ond pwy fyddai'n berchen ar laser yn y lle cyntaf?'

'Tydyn nhw ddim yn bethau anghyffredin. Mae sawl un yn eu defnyddio wrth wneud darlith neu gyflwyniad.'

'O, felly, rŵan 'den ni'n chwilio am Athro Prifysgol sy'n brwydro efo *lightsabers* yn ei amser rhydd?'

Ochneidiodd Eifiona, ac ar yr un eiliad agorodd y drws a

daeth Rhys Bowen i mewn i'r ystafell, ei wyneb coch yn chwys i gyd.

'Dafydd, alla i fenthyg dy falconi am dipyn?'

'Na chei. Dwi yng nghanol ymchwiliad pwysig.'

'Ond mae 'na broblem efo sedd Marionna Morris yn y Prif Eisteddle.'

'Be? Tydi'r lle ddim yn ddigon moethus iddi?'

'Na, dim byd fel'na. Mae Granville, boi diogelwch y Sioe, yn wallgo am y peth.'

'Pa beth?'

'Ddoe, roedd swyddogion Llywodraeth Cymru'n holi am gynllun seddi ar gyfer ei hymweliad heddiw, achos roedden nhw i gyd isie eistedd wrth ei hochr, er mwyn cymryd *selfies* ar gyfer Insta ac ati. Erbyn naw o'r gloch neithiwr roedd y cynllun seddi dros y we i gyd, sy'n handi iawn i unrhyw un sy'n bwriadu brifo neu herwgipio Miss Morris. Sôn am blydi shambls. Dim ond cigydd o Ddyffryn Tanat ydw i, ond fysen i byth yn gwneud y ffasiwn gamgymeriad. Felly mae ei thîm diogelwch yn gwrthod gadael iddi fynd i'r Prif Eisteddle, ac mae hithe'n mynnu mynd.'

'Ble mae hi ar hyn o bryd?'

'Yn cael andros o stranc yn lolfa'r Life Members. Mae hi'n dod drosodd fel lodes go ddymunol.'

'A be ydi dy rôl di yn hyn i gyd, dwêd?'

'Wel, 'sen i wrth fy modd yn ei thynnu hi o grafangau'r giang Llafur. A hefyd, mae gen i awydd mawr i gwrdd â'i gŵr hi ryw dro.'

Ochneidiodd Daf. Roedd o wastad yn syniad da i gytuno efo cynlluniau Bowen cyn gynted â phosib er mwyn ei rwystro rhag ailadrodd yr un dadleuon am oriau.

'Ocê, ocê, all Miss Morris ddod fan hyn, ond ar un amod.'

'Be?'

'Does 'run ohonoch chi wleidyddion yn dod yn agos i'r lle. Mi wna i drefnu i rywun sy'n arbenigwr yn y maes ddod i drafod y cobiau efo hi, ac mi fydd 'na le i gwpl o'i bois diogelwch hi hefyd, ond nid y syrcas gyfan.'

'Ond...'

'Ond dim byd. Dwi'n brysur iawn a dwi ddim am gael unrhyw lol. Yr unig reswm dwi'n caniatáu hyn ydi i leihau'r drafferth i mi a'r tîm. Ti'n ddyn dyfeisgar, Rhys, siŵr y galli di elwa o'r trefniant heb orfod eistedd wrth ei phenelin am gwpwl o oriau.' Tynnodd Daf ei ffôn o'i boced er mwyn galw Margaret Hamer. 'Margaret, wyt ti'n fodlon gwneud ffafr i mi? Mae 'na ddynes yn dod i wylio'r cobiau o'r balconi 'ma, ac mi fysen i'n hynod o ddiolchgar petaet ti'n gallu dod yma ati hi, i esbonio pethe iddi?'

'Does dim rhaid i ti ofyn ddwywaith, Deifi Siop. Dwi 'di bod yn llygadu dy falconi di ers dydd Llun.'

Roedd Rhys Bowen yn agor a chau ei geg fel petai'n ceisio ffurfio geiriau. Trodd Daf ato.

'Dyma fy unig gynnig, Rhys. Miss Morris heb Syrcas y Senedd wrth ei sodlau, neu dim byd.'

'Ond dwi ddim yn aelod o'r syrcas, Daf, dwi'n ffrind i ti.'

'All dyn fod yn ffrindie efo'r clown mwya yn y syrcas ond tydi hynny ddim yn ei wneud o'n llai o glown. Rŵan, cer i'w nôl hi cyn i mi newid fy meddwl.'

Pennod 17

Roedd y Prif Eisteddle bron yn llawn a sïo di-baid yn codi oddi yno, fel petai'n gwch gwenyn. Sylwodd Daf fod llai o dwristiaid a chanran uwch o'r crachach yn y gynulleidfa, a gwelodd sawl wyneb cyfarwydd: roedd trigolion Bryn y Ceffylau wedi dod i lawr i feddiannu Maes y Sioe. Yn groes i'r hyn ddywedodd wrth Daf, roedd John Kell yno, yn cerdded mor gyflym nes bod yn rhaid i bobol gamu o'i ffordd. Clywodd Daf bytiau o sgyrsiau o'r dorf – yn amlwg, roedd cynnig JJ Kell i redeg stalwyn Mel Puw yn destun siarad.

Ar ochr arall y Prif Gylch, roedd y Cylch Ymgynnull yn llenwi a phobol yn edrych dros ysgwyddau'i gilydd er mwyn cael cip ar gystadleuwyr y dosbarth mwyaf ei fri yn y Sioe gyfan. Tynnodd Daf ei sbienddrych o boced ei siaced, i wylio'r bobol yn hytrach na'r ceffylau, a chafodd ei atgoffa o ragbrofion Eisteddfod yr Urdd a thactegau rhai rhieni oedd wastad yn dal eu plant yn ôl tan y funud olaf er mwyn i'w perfformiad fod yn ffres yng nghof y beirniad. Synnodd pa mor egnïol oedd y stalwyni wrth i rai ohonynt godi ar eu coesau ôl, a sylweddolodd pa mor bwysig oedd dewis y person iawn i redeg yr anifeiliaid pwerus. Roedd yn rhaid meddu ar y cyfuniad cywir o gryfder a thechneg i'w cadw dan reolaeth.

Roedd o'n anfodlon tynnu ei sylw oddi ar y Cylch Ymgynnull, ond roedd yn rhaid iddo groesawu ei westai arbennig. Carlamodd Chuck Rees i fyny'r grisiau fel carw a chydio'n solet yn llaw Daf.

'Diolch o waelod fy nghalon, syr,' meddai. 'Fyddwn ni ddim yn creu unrhyw fath o ffwdan i chi.'

Daeth rhywun arall i'r golwg ar ôl Rees, a'r eiliad y gwelodd Marionna Morris, roedd Daf yn hollol bendant y byddai'n amhosib iddi dreulio awr yn unrhyw le dan haul heb achosi trafferth. Roedd hi'n drafferth ar ddau sawdl rhyfeddol o uchel.

'Miss Morris, Detective Inspector Dafis,' meddai Rees.

'I know exactly who you are, Inspector. I've googled you to death since you made this wonderful offer.'

Doedd ei llais ddim fel hufen – roedd yn gryfach na hynny; Baileys, o bosib. Roedd hi'n hardd, wrth gwrs, ac er bod Daf wedi'i gweld hi sawl tro ar y sgrin doedd hynny ddim wedi'i baratoi am ei gweld yn y cnawd. Roedd hi'n disgleirio, rywsut, fel petai rhywun wedi malu diemwntau a'u gwasgaru drosti. Roedd ei chroen a'i gwallt yn llyfn, a syllai i lygaid Daf fel petai wedi bod yn chwilio amdano drwy gydol ei hoes. Ond doedd hi ddim fel petai'n gwneud unrhyw ymdrech i swyno pawb o'i chwmpas – roedd hi'n denu sylw yn hollol naturiol.

'Ydi hi'n iawn i ni fynd allan yn syth, syr?' gofynnodd Rees.

'Wrth gwrs. Ond cofia, chawson ni ddim amser i baratoi ar eich cyfer chi.'

'That's so beautiful, it's literally the most beautiful language in the world,' parablodd Marionna, gan ddal dwylo Daf a Rees am eiliad, a sylwodd Daf nad oedd ei hacen Americanaidd mor gryf ag yr oedd yn ei ffilmiau. 'I can't ask Chuck to teach me because he's not fluent enough, but when I'm settled in Wales, Inspector, you're teaching me my grandparents' language. I'm 100% Welsh, you know: mother from Trimsaran, father from Dinas Cross.'

'Ah, the real Wild West,' atebodd Daf, yn ymwybodol fod ei fochau wedi cochi.

'Which makes me a wild woman, I'm sure. But I've got a lot to learn about Wales. Are you talking me through the story of these glorious cobs?'

'No, that's my job. Inspector Dafis has work to do.' Roedd llais Margaret Hamer wastad braidd yn grug, ond o'i gymharu â geiriau melys Marionna, swniai fel cigfran. Disgwyliodd Daf weld swyn yr actores yn pylu – un anodd ei phlesio oedd Margaret Hamer – ond cafodd ei siomi. Daliodd Marionna law arw Margaret rhwng ei bysedd main nes roedd ei modrwyau'n fflachio yn yr haul.

'Oh, Ms Hamer, I am *so* delighted to meet you. Your reputation travels wider than that old Atlantic Ocean, I can tell you. And I know this is such an important occasion for you and for Tanyrallt Stud, so I'm greatly appreciative of your spending time with me.'

'Croeso, lodes,' atebodd Margaret, ei gwên lydan yn dangos ei dannedd gosod.

'I know croeso is welcome, but "lodes"?' gofynnodd Marionna, gan ollwng llaw Margaret fel petai hi'n amharod i wneud hynny.

Esboniodd Daf ystyr y gair iddi hi wrth ei thywys allan ar y balconi.

'Diolch,' atebodd, gyda gwên gynnes. 'And how was my "Tanyrallt"? Be honest, Inspector, friends are always honest.'

Hyd yn hyn, roedd hi wedi bod yn Sioe swreal iawn i Daf, ond roedd y wers ynganu hon yn eisin ar y gacen. Roedd Marionna'n chwerthin yn uwch ar ôl pob ymgais aflwyddiannus nes iddi, yn y diwedd, ofyn am gael rhoi ei bysedd ar fochau Daf er mwyn teimlo sut roedd o'n creu'r sŵn 'll'. Roedd hi'n canolbwyntio heb fflyrtio o gwbl, ond teimlodd Daf ddaeargryn o chwant wrth iddi hi gyffwrdd ei wyneb. Roedd o'n falch o gael camu'n ôl i'r ystafell fewnol i wneud ei waith – roedd o wedi disgwyl y byddai hi'n niwsans, ond roedd ei phresenoldeb yn gynhyrfus.

'Alli di bicio allan bob hyn a hyn i gynnig paned iddyn nhw, os gweli di'n dda, Eifiona?' gofynnodd. 'Dwi am geisio darganfod dipyn bach mwy am y planhigyn 'na o'r adroddiad fforensig.'

'Ydi hi'n ormod i ti, bòs?' gofynnodd Eifiona. 'Dwi'm yn gweld unrhyw beth arbennig amdani, wir. Mae hi'n bendant wedi cael Brazilian Butt Lift. Lot o lol i hogan o Drimsaran, wir.'

Anwybyddodd Daf hi. 'Reit, ti ydi brêns gwyddonol y tîm, lodes, be 'den ni'n wybod am y planhigyn 'ma?'

'Os mai fi ydi'r brêns gwyddonol, rydan ni mewn dyfroedd dyfnion. Dim ond dau blanhigyn dwi'n eu nabod, sef dail canabis a choed Dolig.'

'Dwi ddim isie siarad â'r botanegwyr fforensig heb baratoi. Falle byse'n syniad i mi bicio lawr i'r babell Garddwriaeth.'

Cyn iddo gael cyfle i feddwl am ei dasg nesaf, cafodd Daf neges destun gan Rees.

'Mae dau o ddynion ifanc yn mynnu dod fyny i ystafell yr ymchwiliad. Does ganddyn nhw ddim cysylltiad â'r achos ond maen nhw'n dweud eu bod nhw'n perthyn i chi.'

Brysiodd Daf i lawr y grisiau i weld Rhodri a'i ffrind gorau, Rob Berllan, yn dadlau efo un o'r swyddogion diogelwch.

'Dad,' galwodd Rhodri, 'pwy ydi'r Ianc yma i ddweud wrtha i na cha' i ddod fyny i ddweud helô wrth fy nhad?'

'Be dech chi'n wneud fan hyn?'

'Isie gair sydyn efo ti. Efo fy nhad. Yn ein Sioe ni.'

'Ocê, ocê, ty'd fyny.'

Esboniodd Daf y sefyllfa i'r dyn diogelwch a gytunodd, yn anfodlon, i adael i Rhodri a Rob fynd efo Daf. Aeth Rob yn syth i'r tŷ bach gan adael Daf yn wynebu ei fab am y tro cyntaf ers y digwyddiad yn y Pentre Ieuenctid. Agorodd ddrws ar ochr y brif ystafell a chamodd allan ar yr ail falconi, un cul ac o dan gysgod yr adeilad, ond digon pell o'r balconi mawr i fod yn breifat.

'Wyt ti'n iawn còg? Awydd paned, neu ddiod oer?'

'Dwi'n iawn, diolch, Dad. Ro'n i jyst isie dweud sori am neithiwr.'

'Paid â phoeni. Doedd neb yn torri'r gyfraith.'

'Ond... doedd o ddim yn neis i ti weld dy fab yn gwneud rhwbeth...'

'Anghofia am y peth.'

'Achos... dwi ddim isie ffraeo efo ti am rwbeth mor ddibwys â be ddigwyddodd neithiwr.'

''Den ni'n ocê, còg. Wir.'

Nodiodd Rhodri ei ben wrth i Rob ymuno â nhw.

'Doeddet ti ddim yn ffansïo'r parti efo criw Bro Ddyfi neithiwr, Rob?' Roedd yn rhaid i Daf ofyn.

'Rhy... rhy gyhoeddus o lawer i mi, Mistar Dafis, y ffasiwn giamocs.'

'A fyse Netta'n dy ladd di, hefyd.'

''Den ni ar frêc ar hyn o bryd.'

'O, ddrwg gen i glywed. Ers pryd?'

'A finne. Ac ers iddi weld Gwyddel gwerth ei fachu yn y Parti Ewyn neithiwr. Ond paid poeni gormod, Mr Dafis, mi ga' inne fy hwyl. Fel mae Mam yn dweud, os ydw i'n canlyn merch gefnog, ddylen i ddisgwyl sawl stranc.'

'Wel, pob lwc i ti, Rob. Paned, cogie?'

'Dim i fi, Dad. Dim ond hanner awr sy gen i i ginio ar ôl i ti arestio Alison ddoe. A dwi'n tynnu'r gelyn am bump, felly rhaid i mi nôl y bŵts a'r gwregys.'

'Wel, mae 'ngheg i mor sych â nyth cathod, Mistar Dafis,' meddai Rob, 'fyse paned yn tsiampiwn.'

Erbyn i Daf ddychwelyd efo'r te roedd y bechgyn wedi symud draw i flaen y balconi, ger y gornel. Edrychodd Rees draw atynt yn ddrwgdybus.

'Dyma fy mab a'i ffrind. Fyddan nhw ddim yn achosi trafferth.'

Ond yr eiliad y daeth y geiriau o geg Daf, hoeliodd Marionna ei llygaid ar Rob.

'Come and sit down here with us, boys,' dywedodd mewn llais arafach a dyfnach nag o'r blaen, 'there's plenty of room.'

Gyda gwên, setlodd Rob wrth ochr Margaret Hamer, gan gyfarch y ddwy ddynes yn gwrtais a chyfartal. Daeth Rhodri'n ôl i ystafell yr ymchwiliad.

'Druan o Netta,' meddai wrth Daf, 'dwi'n meddwl bod Rob wedi dod o hyd i ffordd o dalu'r pwyth yn ôl iddi.'

'Paid â siarad lol. Mae Marionna Morris yn actores enwog sy'n wraig i'r dyn cyfoethocaf yn y byd.'

'Gawn ni weld, Dad. Gwna'n siŵr nad ydi'r bois diogelwch yn ei ladd, wnei di?'

Yr eiliad nesaf, ffrwydrodd cynulleidfa'r Prif Eisteddle yn storm o gymeradwyaeth.

'Dacw'r beirniad,' esboniodd Daf i Eifiona, yn pwyntio'i fys at ddynes fain mewn gwisg ffurfiol a het fawr felen yr un maint â Smartcar. 'Wn i ddim am y stalwyni ond mae'r het 'na'n ddigon i fy nychryn i, myn diawl!'

Cerddodd y beirniad i ganol y cylch â stiward wrth ei hochr mewn siwt ddu a het bowler. Tawelodd popeth am eiliad, ond bloeddiodd y dorf unwaith eto wrth i'r cystadleuwyr fynd i mewn i'r Cylch. Hyd yn oed drwy'r holl fonllefau gallai Daf glywed sŵn y carnau'n taranu ar y ddaear galed. Rhedodd ias oer o ofn i lawr ei gefn wrth iddo werthfawrogi hud y cobiau. Curai ei galon i rythm y carnau, ac roedd o'n gafael yn dynn yn rheilen y balconi wrth wylio'r myngau a'r cynffonnau'n llifo'n osgeiddig. Wrth i'r ceffylau arafu, gwelodd Eben, oedd yn symud yn robotaidd ond gyda nerth anhygoel, a JJ a'i symudiadau llyfn, twt wrth arwain y daeargryn o geffyl. I Daf, roedd y cyferbyniad rhwng stalwyn Grug a stalwyn ei chyn-ŵr yn syfrdanol. O dan ei groen melfedaidd lliw castan, roedd cyhyrau cob Grug yn symud mewn harmoni, fel bysedd pianydd o fri, ond roedd cob du Mel yn symud ei ben enfawr o un ochr i'r llall wrth geisio dianc o'i benffrwyn. Roedd yn rhaid i JJ ddal yn dynn iawn ynddo i'w reoli. Pan gyrhaeddodd JJ y gornel ger y Prif Eisteddle tawelodd y dorf, fel petai neb yn gwybod sut i ymateb i stalwyn dyn oedd wedi marw mewn amgylchiadau mor hynod. Ond wrth weld pa mor gelfydd roedd JJ yn trin y creadur pwerus, cododd sawl llais i'w gymeradwyo.

'Gan Grug mae'r enillydd,' datganodd Daf, 'drycha sut mae o'n symud.'

'Nid ti sy'n beirniadu, Deifi Siop,' atebodd Margaret Hamer yn swta, wrth droi at Marionna. 'Inspector Dafis is all in for the chestnut but I think we need to wait and see.'

'Everyone in America keeps talking about the crisis in masculinity: they ought to see this.'

Tynnodd Marionna ei ffôn o'i bag i ffilmio'r cobiau, ond wnaeth hi ddim ei roi yn ôl yn syth. Pwysodd sawl botwm, a rai eiliadau'n ddiweddarach daeth sŵn isel o boced jîns Rob. Edrychodd ar y neges a gwenodd, heb ddal llygaid Marionna. Efallai fod Rhodri'n iawn...

Doedd neb yn synnu pan ddewisodd y beirniad stalwyni Grug a Mel Puw ymhlith y chwech olaf, a nhw dderbyniodd yr ymateb mwyaf gan y gynulleidfa wrth redeg am yr eildro. Ffefryn y dorf oedd stalwyn Grug, ond yn y pen draw, ar ôl hanner awr annioddefol o hir, rhoddodd y beirniad y rosét goch i'r stalwyn du. Wrth i'r sŵn hwtio ledaenu fel ton drwy'r gynulleidfa, gwelodd Daf fod golwg o siom blinedig ar wyneb Grug, fel petai ei chyn-ŵr wedi dod o hyd i ffordd o'i brifo unwaith eto o'r bedd. Ceisiodd y sylwebydd dawelu'r dorf, gan hyd yn oed geisio ysgogi munud o dawelwch er cof am Mel. Mewn ymateb i hynny daeth sawl gwaedd o 'Ffwcio chdi, Mel Puw' gan y gynulleidfa fywiog. Rhoddodd Margaret Hamer dipyn o gefndir i Marionna, a oedd yn ymateb wrth ddweud 'oh, drama!' dro ar ôl tro. Pan adawodd y cobiau y Cylch daeth y goets fawr i mewn, a ffarweliodd Rob yn gwrtais â'r criw ar y balconi.

Yn eistedd ar dop y goets wrth ochr y gyrrwr roedd Sheila a Tom. Roedd golwg o embaras llwyr ar wyneb Tom, ond roedd Sheila yn amlwg wedi cymryd at ei statws newydd, gan godi'i llaw ar y dorf fel petai'n aelod o'r teulu brenhinol.

'Ai dy sarjant di ydi honna?' gofynnodd Eifiona.

'Ie, mae hi'n wraig i'r Llywydd,' esboniodd Daf.

'Mae hi'n edrych yn gyfforddus iawn. Braf ar rai.'

Drwy ffenest agored y goets gwelodd Daf sawl wyneb cyfarwydd, yn cynnwys ei ferch, Mali Haf. Yn amlwg, roedd y Llywydd a'i griw yn fwy poblogaidd o lawer nag enillydd pencampwriaeth y stalwyni, oherwydd daeth sawl hwrê o'r eisteddle a'r Cylch.

Dechreuodd Chuck Rees arwain Marionna oddi ar y balconi, a sylwodd Daf ar yr olwg o edmygedd llwyr ar wyneb Eifiona wth iddi wylio'r swyddog diogelwch wrth ei waith.

'Diolch yn fawr, Arolygydd Dafis,' dywedodd Marionna ar ei ffordd allan. 'Iawn, Margaret?'

Roedd yn amlwg bod Margaret wedi dysgu gair neu ddau iddi.

'Da iawn, lodes. Wela i di nes ymlaen ar Fryn y Ceffylau.'

'O, gwna baned bob un i ni,' meddai Daf wrth Eifiona ar ôl i'r tawelwch ddychwelyd i'r ystafell.

'Dwi yng nghanol yr wyddoniaeth fan hyn, ac mae'r SOCOs yn sôn am rwbath rhyfedd wnaethon nhw ei ddarganfod yn y lorri.'

'Be?'

'Pedwar tun o driog.'

'Triog? Y stwff mae pobol yn ei ddefnyddio i wneud taffi?'

'Yn union. O be ti'n ei wybod am Mel Puw, oedd o'n dy daro di fel y math o foi sy'n coginio?'

'Na, yn enwedig mewn lorri.'

'Oes rhywbeth arall all dyn ei wneud efo triog?'

'Does gen i ddim clem, ond plis, Eifiona, paid â gŵglo "be all dyn wneud efo triog?" ar gyfrifiadur yr heddlu.'

Chwarddodd y ddau wrth i'r tegell ferwi, a phenderfynodd Daf holi Margaret Hamer am y triog yn nes ymlaen.

'Mi bicia i draw i'r Babell Arddwriaeth i weld all rhywun yno ein helpu ni ynglŷn â'r planhigyn 'na,' meddai ar ôl gorffen ei baned, gan benderfynu y byddai hefyd yn manteisio ar y cyfle i fynd i weld pys pêr Gaenor.

Roedd y babell fawr yn llonydd, fel gardd ar ddiwrnod o haf, ond yr eiliad y dywedodd wrth y stiwardiaid mai heddwas oedd o, dechreuodd pob un drafod y fandaliaeth yng nghystadleuaeth y pys pêr.

'Rydyn ni i gyd yn gwybod pwy sydd ar fai,' meddai un o'r stiwardiaid, dynes ddiffwdan o'r Cymoedd. 'Y'ch chi'n mynd i gymryd olion bysedd oddi ar y fas, Arolygydd Dafis?'

''Se'n well gen i petai tîm diogelwch y Sioe yn delio efo hynny... oes rhywun yn digwydd bod yn gwybod unrhyw beth am flodau gwyllt?'

'Os wyt ti isie gweld blode gwyllt, gw'boi,' dywedodd y ddynes eto, 'dyma ni ym mlode'n dyddie, ac ry'n ni'n gandryll.'

'Peidiwch â chymryd gormod o sylw o Menna,' cysurodd un o'r stiwardiaid eraill ef, 'heblaw pan fydd hi'n trafod blodau gwyllt Cymru. Hi yw'r arbenigwr.'

''Sen i'n hynod o ddiolchgar petaech chi'n fodlon fy helpu fi. Dwi'n ymchwilio i achos difrifol, ac mae darn o blanhigyn wedi cael ei ddarganfod ar ddarn o'r corff.'

'Y bys yn y selsig? Wel, pam na ddwedoch chi hynny'n gynt?' gofynnodd yr hen ddynes, yn wên i gyd. 'Dyna'r unig achos pwysicach na'r difrod i'r pys pêr ar y Maes!'

'Ie,' cyfaddefodd Daf. 'Ydech chi'n gyfarwydd â meillion cedenog?'

'Y *Trifolium arvense*? Planhigyn bach isel, fel meillionen gyffredin, ond fel petai'n flewog.'

'Ydyn nhw'n tyfu yn yr ardal yma?'

'W, gadewch i mi feddwl. Mae gen i frith gof ei fod e'n brin yn y canolbarth, ond bydd yr wybodaeth i gyd yng Nghofrestr Planhigion Prin Sir Faesyfed.'

'Oes copi o'r Gofrestr ar gael?'

'Oes, ar y we.'

'Diolch yn fawr.'

'Dwi ddim moyn i chi ddiolch i mi, dwi moyn i chi ddatrys ein problem ni.'

Gafaelodd y ddynes ym mhenelin Daf a'i arwain at yr arddangosfa pys pêr. Ar ôl diwrnod arall yn y gwres llethol roedd nifer helaeth o'r blodau wedi colli chydig o'u ffresni, ond roedd golwg wael ar rai Gaenor. Cododd dicter ym mrest Daf – roedd hon yn weithred sbeitlyd.

'Ry'n ni wastad yn ceisio cefnogi cystadleuwyr newydd. Dynes ffein iawn, 'da merch fach dlos. Mae cystadlu am y tro cynta'n dipyn o beth, hyd yn oed i arddwr o fri.'

'Roedd hi wedi edrych ymlaen at gystadlu,' meddai Daf, 'mae hi'n... gariad i mi,' ategodd, gan deimlo nad oedd y gair 'partner' yn ddigon i ddisgrifio'i berthynas â Gaenor. Byddai'n haws o lawer petaen nhw wedi priodi, ystyriodd.

'Wel, wir! Yw hi'n sobor o flin?'

'Roedd o'n beth cas a thwp i rywun ei wneud.'

'Un gas a thwp yw Mary Jane Vaughan. Hi wnaeth... ond does 'da neb dystiolaeth.'

'Mi wna i basio'r achos ymlaen i rywun arall yn syth – cha' i ddim ymchwilio gan 'mod i'n gysylltiedig â'r achos.'

'Yn bersonol,' dywedodd yr hen ddynes dros ei hysgwydd wrth iddo adael, 'sai'n gweld pwrpas i ferch garu 'da heddwas os nad yw e'n gallu gwarchod ei phys pêr hi.'

Wrth droi cornel ger y stondin deganau, sylwodd Daf ar Chuck Rees yn sefyll yn anesmwyth y tu allan i stondin oedd yn gwerthu dillad cefn gwlad moethus. Y tu mewn, roedd Marionna yn trio pâr o fŵts hir brown. Ar ôl gwthio'i thraed i mewn iddynt, pranciodd o gwmpas y stondin fel oen Ebrill, ac roedd yn amlwg i Daf mai sioe ar gyfer dyn oedd hi. O grombil y stondin daeth llais roedd Daf yn ei adnabod yn dda.

'They'll do, lodes,' meddai Rob Berllan wrth y seren Hollywood.

Pennod 18

Roedd Daf yn ystyried swydd mor anodd oedd gan Chuck Rees, yn ceisio cadw Marionna Morris allan o drwbl, pan welodd John Neuadd yn cerdded yn gyflym ond yn anystwyth ger adeilad y Principality.

'Wyddost ti'r Ddeddf Gydraddoldeb?' gofynnodd John heb fath o gyfarchiad.

'Wrth gwrs, ond dwi'n hynod o brysur, a...'

'Mae'r ddeddf yno i warchod pobol yn erbyn rhagfarn, yn tydi?'

'Ydi.'

'Be os ydi rhywun wedi diodde o ragfarn oherwydd eu swydd, dwêd?'

'Am be wyt ti'n sôn, John?'

'Os na chafodd rhywun ei ystyried am ryw rôl, unrhyw rôl, oherwydd bod y bobol oedd yn gwneud y penderfyniad ddim yn hoffi ei fusnes, rhagfarn pur fyddai hynny, yntê?'

'Debyg iawn, ond mae'r rhinweddau sy'n cael eu cynnwys yn y Ddeddf yn rhai penodol – mae rhai yn dadlau bod angen i fwy o gategorïau gael eu cynnwys, fel dosbarthiadau cymdeithasol, neu *caste* Hindŵaidd.'

'Dwi ddim yn rhoi rhech am unrhyw... stwff tebyg, Dafydd. Dwi'n sôn am bobol sydd â rhagfarn yn erbyn ffermwyr godro.'

'A pwy sy wedi cyflawni'r ffasiwn bechod?' Cael a chael oedd hi i Daf atal ei chwerthiniad.

'Wel, pwyllgor y Sir Nawdd, wrth gwrs. Mi wnes i dipyn o ymchwil, ac mae'r sector laeth wedi cael ei thangynrychioli'n sobor ymhlith y bobol maen nhw wedi'u dewis yn Llywyddion ar hyd y blynyddoedd...'

Cuddiodd Daf chwerthiniad â pheswch ffug. 'Y llwch,' dywedodd wrth John. 'Mae'n llethol.'

'A wnei di ddim credu sut gafodd y llo Tal yne ei rôl. Gysgodd ei nain o efo hanner y pwyllgor a bygwth dweud wrth wragedd yr hanner arall ei bod hi wedi cysgu efo nhw hefyd!'

'John, John, John, mae gen i gymaint o bethe i'w gwneud.'

'Pethe pwysicach na phobol yn puteinio ym Mhwyllgor Sir Nawdd y Sioe Fawr?'

'Pwysicach o lawer.'

Trodd Daf ymaith gan adael John yn gegrwth, ond cyn iddo gyrraedd grisiau ystafell yr ymchwiliad, canodd ei ffôn. Atebodd y rhif anghyfarwydd.

'Ty'd, Mr Dafis, brysia. Dwi'n meddwl bod stalwyn Mel Puw wedi lladd JJ!' Roedd llais Gruff, oedd fel arfer yn ddwfn ac araf, yn llawn ofn. Rhedodd Daf fyny i Fryn y Ceffylau nerth ei draed.

'Be ddigwyddodd?' gofynnodd wrth ymuno â'r criw wrth y stablau.

'Mi gododd y creadur fyny ar ei goesau ôl, ac roedd yn rhaid i JJ neidio i osgoi ei garnau. Llithrodd, a dyma fo rŵan.'

Roedd JJ yn gorwedd ar y concrit a'i wyneb yn welw. Roedd pwll o waed tywyll yn hel tu ôl i'w ben. Penliniodd Daf wrth ei ochr a chodi ei arddwrn i deimlo'i bỳls.

'Oes rhywun wedi ffonio am ambiwlans?' gofynnodd.

'Fi, ryw ddeng munud yn ôl.' Roedd Daf yn falch o glywed llais penderfynol Margaret Hamer. 'Does neb wedi'i symud o.'

Agorodd drws y stabl a daeth Nicci drwyddo â phlanced dros ei braich.

'Mae angen ei gadw e'n gynnes,' meddai wrth daenu'r defnydd dros gorff anymwybodol JJ. Roedd y llanc yn edrych mor ifanc, mor ddiniwed. Pam oedd yn rhaid i Mel Puw ddod â'r ffasiwn geffyl i'r Sioe? O stabl stalwyn Puw, daeth sŵn trwm carnau yn erbyn y drws.

'Fydd e wedi dod drwodd cyn hir,' sylwodd Nicci. 'Mae e angen tawelydd gan y milfeddyg.'

Rhoddodd stalwyn Puw ei ben mawr dros yr hanner drws, a gallai Daf daeru bod golwg falch yn ei lygaid duon.

'Oes rhywun wedi mynd i nôl John Kell?' gofynnodd Daf.

'Bydd angen i'r còg fynd i'r ysbyty a rhaid i'w dad fynd efo fo.'

'Mae o ar Faes y Sioe yn rhywle, ond mae ei ffôn o i ffwrdd. Mae Gruff wedi mynd i chwilio amdano fo,' esboniodd Margaret.

'A be sy'n mynd i ddigwydd i Jaxx tra maen nhw yn yr ysbyty?'

Ar y gair, rhuthrodd Jaxx rownd cornel y bloc stablau. Pan welodd JJ ar y llawr, martsiodd at stalwyn Puw a dyrnu'r ceffyl ar ei drwyn.

Disgwyliodd Daf i'r stalwyn dorri drwy ddrws y stabl, er bod dwrn bach Jaxx yn wan o'i gymharu â chorff enfawr yr anifail. Ond tawelodd y creadur, gan stopio cicio'r drws. Cododd Jaxx ei fraich eto.

'Paid, còg,' rhybuddiodd Daf.

'Pam? Mae o wedi brifo JJ!'

Roedd ei wyneb bach main yn chwys i gyd a'i wallt byr yn sticio i fyny fel cnwd o wenith yn barod am y cynhaeaf. Roedd staen tywyll ar ei ddannedd a marc du ar gongl ei wefus isaf. Roedd canhwyllau ei lygaid yn fawr, a safai ar flaenau ei draed gan symud ei bwysau o un i'r llall fel paffiwr. Gafaelodd Daf yn ei ysgwydd yn dyner ond yn gadarn.

'Be ti 'di gymryd, còg?' gofynnodd.

'Gad lonydd i mi, *gavver*! Fydd Dad yn dy ladd di.'

'Gwranda, Jaxx, fydd raid i dy dad fynd i'r ysbyty efo JJ, ac mae ganddo fo ddigon ar ei blât heb boeni amdanat ti.'

'Dwi byth yn drafferth i Dad, byth.'

'Lle gest ti'r cocên, Jaxx?' gofynnodd Daf mewn llais isel, pwyllog.

'Cocên? Ti off dy ben, *gavver*. Dwi ddim yn cymryd drygs o unrhyw fath, byth.'

'Sut wyt ti'n teimlo?'

'Sut fyset ti'n teimlo tase dy frawd di'n gorwedd ar lawr fel'na?'

Roedd ei wefus isaf yn crynu a chofiodd Daf pa mor ifanc oedd o. Er ei ymddygiad heriol a'i fywyd gwyllt, plentyn oedd Jaxx Kell, ac roedd hynny'n amlwg yr eiliad y gwelodd ei dad.

Rhedodd Jaxx at John, ond gwthiodd y tad y bachgen i ffwrdd. Gwnaeth ystum efo'i fawd i gyfeiriad JJ a chwyrnu ar ei fab iau.

'Drycha be ti 'di'i wneud rŵan. Hapus?'

'Mi wna i'n siŵr bod Jaxx yn iawn, Mr Kell,' dechreuodd Daf, 'tra byddi di yn yr ysbyty efo JJ, mi all fy mhartner...'

'Dwi ddim yn gadael Jaxx efo ti na 'run *gorja*.' Penliniodd Kell wrth ochr ei fab a gafael yn ei law. Cododd ei ben i edrych o'i gwmpas. 'Margaret Hamer, wyt ti'n fodlon cadw llygad ar Jaxx?' gofynnodd. 'Fydda i ddim yn hir. Mae'n cymryd mwy na darn bach o goncrit i stopio un o'r Kells.'

Nodiodd Margaret ei phen.

'Dim nonsens gen ti, Jaxx,' dywedodd hi wrtho. Daeth y bachgen draw ati'n swil, a lapiodd Margaret ei llaw grychlyd am ei law fach. 'Oes gen ti frwsh dannedd?'

'Nagoes.'

'Rhaid i ni nôl un i ti. Ti 'di bod yn y triog, yn dwyt?'

Tynnodd hances fawr fudr o'i phoced, poeri arni a rhwbio'r staen du oddi ar ei wefus.

Ar ôl i'r ambiwlans fynd â JJ, gyrrwyd am Felicity, gwraig Gruff oedd yn filfeddyg, i dawelu'r stalwyn du. Trodd Daf ei sylw'n ôl at y bachgen bach.

'Margaret, ydi'r còg yn edrych yn iawn i ti?'

'Braidd yn boeth ydi o.'

'Jaxx,' meddai Daf yn dyner, gan benlinio o'i flaen, 'wyt ti wedi bwyta neu yfed rhwbeth gwahanol i'r arfer?'

'Dim byd. Heblaw'r triog.'

'Pa driog?'

'Mae 'na rai yn hoffi rhoi triog i'w 'ffyle,' esboniodd Margaret. 'Mae 'na dipyn ohono mewn rhai mathau o fwyd beth bynnag, achos mae'n helpu i gadw'r llwch i lawr a phethe tebyg, ond mae 'na rai sy'n hoffi ychwanegu mwy, yn enwedig cyn cystadlu. Ond rhaid bod yn ofalus. Ti isie ceffyl egnïol ond nid un poeth.'

'Diolch, Margaret. Ateba di'r cwestiwn, Jaxx. Pa driog?'

'Triog Mel. Roedd tun hanner gwag yn y stabl ar ôl i JJ fynd lawr i'r Cylch Ymgynnull.'

'Orffennest ti'r tun, Jaxx?'

''Mond dwy lwyaid, wir i ti.'

'A sut oeddet ti'n teimlo wedyn?'

'Tsiampion. Dwi'n hoff iawn o driog.'

'Oeddet ti'n teimlo... yn wahanol?'

'Methu setlo, ond fel hyn ydw i pan ydyn ni'n cystadlu. Nerfau.'

'Est ti lawr at y Prif Gylch?'

'Na. Arhosais wrth y stablau i orffen tacluso stabl Tinciwinci ac i chwilio am jobsys bach eraill, er nad oedd neb o gwmpas. Mi sortiais stabl stalwyn Puw hefyd... i helpu JJ, ddim i helpu Puw.'

'Gest ti fwy o'r triog wedyn?'

'Dim ond rhyw fymryn. All rhywun ddwyn gan rywun sy 'di marw? Nes i ddim bwriadu dwyn dim byd, a dwi'n fodlon talu am y triog.'

Plygodd i lawr a thynnu ei dreiner. Rhwng y tywydd poeth, beth bynnag oedd yn system Jaxx a'r ffaith nad oedd o'n gwisgo sanau, roedd ei draed yn drewi'n uffernol. Gwgodd Margaret.

'Hanner awr o dan y gawod neu awr o dan y beipen ddŵr i ti, Mr Kell,' dywedodd yn gadarn.

O waelod seimllyd ei dreiner tynnodd Jaxx bapur pumpunt a'i roi i Daf. Doedd Daf ddim yn awyddus i gyffwrdd yn yr arian.

'Ty'd 'laen, Mr Dafis. Paid dweud dy fod ti isie mwy na phumpunt am bedair llwyaid o driog.'

'Does dim rhaid i ti dalu am y triog,' esboniodd Daf. 'Ond ti'n siŵr na wnest ti gymryd rhwbeth arall?'

'Dim byd.'

'Mae'n debyg bod rhwbeth yn y triog,' awgrymodd Margaret.

'Mi allwn ni brofi cynnwys y tun, ond chawn ni 'mo'r canlyniadau tan fory. Ti'n fodlon gofalu amdano fo heb yr wybodaeth honno, Margaret?'

'Wrth gwrs 'mod i. Mae Jaxx yn iawn. Aeth o'n wyllt braidd

ar ôl colli'i fam, ond dydi o byth yn rhoi trafferth i mi. Iawn, còg?'

'Iawn, Margaret Hamer.'

'Wela i chi'n nes ymlaen, felly. Rhaid i mi nôl y triog, ocê?'

Roedd Gruff yn glanhau gwaed JJ oddi ar y concrit pan aeth Daf yn ôl i'r stablau.

'Ydi Jaxx yn iawn?' gofynnodd. 'Mae Fliss ar ei ffordd.'

'Mi fydd o, paid â phoeni.'

Roedd golwg anfodlon ar wyneb Felicity wrth iddi frasgamu tuag at y stablau.

'Ti'n gofyn i mi geisio trin y creadur casaf i gael ei ddangos yn y Royal Welsh, erioed, Mr Dafis! Tynna fo allan, Gruff, i mi gael ei weld o.'

'Well gen i beidio. Mae o mor boeth â llosgfynydd.'

'Does gen i ddim ofn,' datganodd Eben, oedd yn cerdded i fyny o gyfeiriad Maes y Sioe. Roedd Grug wrth ei ochr, yn ddigon agos iddyn nhw ddal dwylo, ond fel arfer, doedden nhw ddim yn cyffwrdd ei gilydd. 'Oes rhywun yn gwybod o'dd rywbeth ychwanegol yn ei fwyd e?'

'Wrth gwrs bod rhwbeth yn ei fwyd o,' atebodd Grug mewn llais blinedig, fel petai'n adrodd hen hanes. 'Roedd Mel wastad yn rhoi hyn a'r llall ym mwyd ei geffyle, er mwyn iddyn nhw fod "yn barod am y Cylch", fel roedd o'n dweud.'

'Rho'r penffrwyn i mi.'

Wrth i Eben roi pen mawr y stalwyn yn dynn yn y penffrwyn, tynnodd Grug ar lawes Daf.

'Roddodd JJ driog Mel i'r stalwyn?'

'Do, dwi'n meddwl. Mae hynny'n beth arferol i'w wneud, o be dwi'n ddallt.'

'Fel ddwedes i, roedd Mel wastad yn chwilio am rwbeth newydd, rhwbeth fyse'n rhoi mantais i'w geffyle... yn cynnwys pethe anghyfreithlon.'

'Pan ti'n dweud "anghyfreithlon", wyt ti'n sôn am bethe sy'n torri rheolau cystadlu, fel mewn chwaraeon?'

'Dwi'n sôn am gyffurie caled.'

'Be?'

Ochneidiodd Grug. 'Roedd Mel yn cymryd chydig o gôc weithie. Ddim yn aml. Doedd o ddim yn gaeth i'r stwff, ond roedd o wastad yn cadw dipyn yn y tŷ, wrth gefn. Wedyn, ddechreuodd o feddwl ei fod o'n gwybod mwy na neb arall. Mater o amser oedd hi cyn iddo fo ddechre arbrofi efo'r effaith ar y ceffyle.'

'Grug, gwranda, wyt ti'n dweud bod siawns bod y stalwyn wedi cymryd cocên?'

'Wn i ddim fel ffaith, ond o weld ei ymddygiad heddiw... wel, dyna'r math o giamocs roedd Mel wastad yn wneud i dynnu llygaid y beirniad. Ac mi weithiodd heddiw, yn do?'

'Fliss!' gwaeddodd Daf, 'mae 'na siawns bod...'

'Mi wn i,' galwodd y milfeddyg yn ôl. 'Roedd pawb yn trafod y ffaith fod Mel yn rhoi côc i'w geffyle. A heddiw, welodd pawb y canlyniad.'

Tywysodd Eben y stalwyn o dywyllwch y stabl. Roedd chwys ac ewyn ar gorff tywyll yr anifail. Ceisiodd godi sawl tro ond roedd Eben yn ei reoli â chymysgedd o dawelwch a nerth. Rhedodd Felicity ei llaw dros war y ceffyl.

'Blydi creulon,' datganodd. 'Gruff, tynna di lunie ohono fo.'

'Pam?'

'Ar ôl i mi ei dawelu mi gymera i sampl o'i waed. Os oes cocên ynddo, bydd canlyniad y gystadleuaeth yn annilys, felly rhaid cael tystiolaeth.'

'Roedd dy stalwyn di'n haeddu ennill beth bynnag,' dywedodd Gruff wrth Grug. 'Siŵr y byddan nhw'n penderfynu rhoi'r wobr i ti, wedyn fyddi di'n mynd syth mewn i'r Cuddy, neu beth bynnag maen nhw'n ei alw fo y dyddie yma. Yn erbyn Tinciwinci Mr Dafis, siŵr.'

Wrth i Felicity roi'r nodwydd yn ei ystlys, cododd y stalwyn yn uchel, gan dynnu Eben oddi ar ei draed. Neidiodd Grug i fyny i ddal y penffrwyn, ac am eiliad roedd anhrefn llwyr. Symudodd Gruff yn gyflym gan ymestyn i afael yn y penffrwyn yn agos i drwyn y stalwyn a dechrau ei dywys mewn cylch tyn. Sgrialodd Eben ar ei draed a chofleidio Grug yn reddfol, cyn camu'n ôl yn sydyn.

'Pam mae Gruff yn ei droi fel hyn?' gofynnodd Daf iddyn nhw.

'I gadw ei goesau ôl yn brysur,' esboniodd Grug. 'Os oes raid iddo feddwl am ei falans, all o ddim codi fyny eto.'

Dechreuodd y creadur dawelu, ond roedd Daf yn rhy ddibrofiad i wybod ai effaith y chwistrelliad ynteu gwaith Gruff oedd yn gyfrifol am hynny. Camodd Daf i mewn i'r stabl dywyll. Gwelodd y taclau arferol: bwced yn llawn offer trin ceffylau, sawl crib, cadach a brwsh. Hefyd, roedd tun triog a'i gaead heb ei gau yn iawn. Oedodd am eiliad yn nrws y stabl. Roedd y stabl yn lleoliad trosedd, ond petai'n rhoi tâp dros y drws i gadw pawb i ffwrdd, beth fyddai'n digwydd i'r stalwyn? Wrth wylio Felicity yn tynnu chydig o waed o ysgwydd y ceffyl, dechreuodd Daf gydymdeimlo â'r anifail mawr. Cafodd ei wylltio efo cemegau, wedyn ei dawelu yn yr un modd. Penderfynodd beidio galw'r Swyddogion Lleoliad Trosedd a rhoi dipyn o lonydd i'r cob mawr du.

'Duwcs, mae 'mhen i'n troi!' ebychodd Gruff.

'Wnest ti job dda,' meddai Grug wrtho. 'Dwi mor sori fod Mel yn dal i greu trafferth i bawb, hyd yn oed ar ôl iddo farw.'

'Paid ag ymddiheuro drosto fe byth eto!' ffrwydrodd Eben. 'Wnest ti gamgymeriad pan oeddet ti'n ifanc iawn – does dim rhaid i ti dalu amdano am weddill dy fywyd.'

Ochneidiodd Grug, ond wnaeth hi ddim ateb.

'Ti'n meddwl y bydd yn iawn ei adael o yn y stabl rŵan?' gofynnodd Daf i Felicity.

'Ydw. Ond rhaid i rywun wneud penderfyniad ynglŷn â fo cyn hir – mae pawb yn gadael fory, felly be sy'n mynd i ddigwydd iddo fo?'

'Efallai gwnaiff rhywun wirfoddoli i ofalu amdano yng nghyfarfod brys y Gymdeithas heno,' awgrymodd Gruff.

Chwiliodd Grug am ateb yn llygaid Eben, ond mwmialodd

hwnnw, 'Yr unig ffordd y gwna i gludo'r bastard yna fydd mewn lorri *fallen stock* ar daith un ffordd i fuarth y nacer.'

'Nid bai'r anifail ydi'r ffordd mae o wedi cael ei drin,' atebodd Felicity, gan rwbio cledr ei llaw dros drwyn meddal y stalwyn. 'Efo cartref newydd a dim mwy o stwff drwg yn ei fwyd, fydd o'n geffyl grêt.'

Cerddodd Daf i lawr y rhes o stablau, yn chwilio am wyneb cyfarwydd Tinciwinci.

'Dwi ddim wedi anghofio amdanat ti, cariad,' meddai wrth y ferlen wrth anwesu ei thrwyn, 'ond dwi'n go brysur ar hyn o bryd.'

Lledodd ffroenau siapus Tinc wrth iddi hi arogli'r triog roedd Daf yn ei gario.

'Na, na, na!' chwarddodd, 'stwff drwg 'di hwn!'

Roedd Daf wedi ymgolli yn ei sgwrs unochrog â Tinc, felly neidiodd pan deimlodd law yn tynnu ei lawes.

'Yr arwydd cyntaf o wallgofrwydd ydi siarad efo anifeiliaid,' meddai Gaenor yn ei glust. 'A'r ail arwydd ydi disgwyl am ateb.'

Trodd Daf i weld Gaenor a Mali Haf yn eu sgryffs, yn barod i weithio yn y stablau.

'Duwcs, dwi'n falch o'ch gweld chi, lodesi! Dwi wedi bod yn hiraethu amdanoch chi, ond dwi wedi bod mor...'

Tawelodd Gaenor ef gyda chusan.

'Ro'n i'n clywed dy fod di wedi bod yn brysur iawn efo Marionna Morris.'

'O, y lol yna. Nid fi wnaeth ei gwahodd...'

'Dwi'n gwybod, dwi wedi clywed y cwbwl gan RB. Mae Daisy druan ar ben ei thennyn, rhwng ei grysh ar Marionna a'i sesiynau cadw'n heini.'

'Fedra i ddim dychmygu Rhys Bowen yn gwneud unrhyw fath o ymarfer corff, heblaw yn y gwely.'

'Mae'r Tal 'na'n dipyn o deyrn, wyddost ti. Jôc gan Daisy oedd y peth yn y lle cynta, ond erbyn hyn, mae Tal yn meddwl bod siawns iddo gael ei benodi yn hyfforddwr ffitrwydd swyddogol i'r Senedd, i gadw pob un o'n Haelodau Seneddol ni'n siapus ac yn hapus!'

'Does dim llawer o siawns o hynny – mae RB yn cwyno'n ofnadwy am y peth.'

'Mi drefnodd Tal y sesiynau'n gynnar yn y bore am fod y ddau ohonyn nhw mor brysur, ac roedd RB yn hapus gan nad oes neb arall o gwmpas i'w weld yr adeg yna o'r bore. Ond gosododd Daisy ei larwm am bump heddiw bore, a thynnu'r llunie mwya doniol i mi eu gweld erioed. Mae hi am eu cadw nhw wrth gefn rhag ofn y bydd o'n anghytuno efo hi ryw dro yn y dyfodol.'

'Mae o wastad yn cytuno efo hi. A ddylet ti ddim cynllwynio i droseddu efo neb, a tithe'n... gariad i heddwas.'

Am yr ail dro mewn diwrnod roedd Daf yn ysu i alw Gaenor yn wraig iddo.

'Dad,' gofynnodd Mali Haf, 'ydi o'n wir bod JJ wedi marw?'

'Mae o wedi brifo'i ben, ac roedd angen iddo fynd i'r ysbyty.'

'Y stalwyn du wnaeth? Yr un enillodd yr Adran Ds?'

'Ie.'

'Ddwedodd Jaxx dy fod ti 'di cynnig ei redeg...' Roedd pryder ar ei hwyneb bach.

'Jôc wirion oedd hynny, lodes.'

'Ond, petaet ti 'di rhedeg y stalwyn...'

'Ond wnes i ddim. A dwi'n hollol iawn.'

'Ocê. Be sy'n bod ar Jaxx?'

'Roedd o'n bwyta triog ond roedd moddion ynddo fo, i'r ceffyle. Fydd o'n iawn fory.'

'Ydi o'n chwydu?'

'Na. Paid â phoeni, fydd o'n iawn, ond yn y cyfamser does ganddon ni neb i helpu efo Tinciwinci.'

'Mae Mam a finne yma i helpu! Wna i aros dros nos efo ti, os ti isie.'

'Alli di ddim.'

'Pam? Ydi hi'n beryglus yma?'

'Mae 'na beryg mawr bod Toscano'n chwyrnu fel llond twlc o foch, a wnei di ddim cysgu o gwbl drwy'r nos.'

Cafodd Mali ei bodloni â'r ateb, ac aeth i'r stabl i nôl y bwced ddŵr. Tra oedd hi'n ei llenwi, trodd Daf at Gaenor.

'Wyt ti'n cymdeithasu eto heno?'

'Ti'n cofio Nick Nocker, y chef ddaeth i'r Sioe ddydd Llun? Wel, mae o wedi bod i lawr yn Sir Benfro yn chwilio am gimychiaid ac mae o'n picio heibio heno, felly mae RB yn darparu gwledd o gig. Does dim pwynt rhostio mochyn ar gyfer llai na dwsin o bobol, medde fo.'

'Wel, cyn hynny mae gen ti stabl i'w charthu!'

Dychwelodd Daf i ystafell yr ymchwiliad, â'r tun triog wedi hanner ei lapio mewn hances yn ei law.

''Den ni angen cynnal profion ar y triog 'ma, Toscano. Mae'n debygol bod olion o gyffuriau Dosbarth A ynddo fo.'

Gwenodd Toscano. 'Iawn, bòs. O, mi welais i rwbeth rhyfedd yn yr adran Goginio heddiw. Biciais i draw yno efo Mam am ryw chwarter awr fach sydyn – wnes i addo mynd â hi o gwmpas y Sioe ond rhwng bob dim dwi ddim wedi cael cyfle.'

'O, ie?' Roedd yn rhaid iddo ofyn, gan ei fod yn gwybod y byddai Toscano'n mwydro'i ben beth bynnag.

'Roedd dynes yn gwneud rwbeth i gacen. Roedden nhw i gyd wedi sychu rywfaint, sy'n naturiol yn yr holl wres, ac er bod y barnu cyffredinol drosodd mae dyfarniad y bencampwriaeth yn dal i ddod. Mi dynnodd y ddynes botel fach o liw bwyd a brws paent bychan iawn o'i bag er mwyn peintio'i chacen yn y patshys lle roedd yr eisin wedi dechrau mynd yn wyn. Dwi ddim yn siŵr ydi pobol i fod i wneud pethe fel'na.'

Gadawodd Daf i eiriau Toscano lifo drosto heb wrando'n astud arnynt, ond yn sydyn, daeth syniad i'w ben.

'Pa liw oedd y gacen?'

'Glas. Cacen *Avatar* oedd hi, un dda hefyd, er nad ydw i'n ffan o'r ffilm, fel ti'n gwybod.'

'Sut ddynes oedd hi?' gofynnodd Daf.

'W, dim yn rhy dal, acen y de-orllewin, gwallt coch byr. Roedd ganddi fag mawr Radley, y rhai mae merched yn eu hoffi, a thlws bach efo'r llythrennau "M J V" arno yn hongian o'r bag. O, ie, ac roedd hi'n llaw chwith.'

'Wnei di ffafr i mi, còg?' gofynnodd Daf. 'Dwi wedi cael cwyn o'r babell Garddwriaeth fod rhywun wedi difrodi pys pêr. Dwi'n amau fod gan y ddynes â'r lliw bwyd glas rwbeth i'w wneud efo'r peth – wnei di bicio draw yno i gael sgwrs fach efo hi? Gei di'r wybodaeth i gyd gan y stiwardiaid. Falle nad ydi hi'n drosedd ddifrifol, ond mae'r ddynes yn sicr yn haeddu pryd o dafod.'

'Mae hynna'n beth gwarthus i'w wneud, bòs!' ebychodd yr heddwas ifanc. 'Paid â phoeni, mi ddelia i efo'r hen fandal,' meddai, gan godi ei botel ddŵr *Moana* at ei geg i yfed ohoni.

Roedd Padraig Wyn Toscano'n ddyn hynod iawn, ystyriodd Daf, ac roedd ei angerdd am gyfiawnder yn un o'r pethau roedd Daf yn ei hoffi fwyaf amdano.

'Wel, well i ni fwrw mlaen, lodes,' meddai Daf wrth Eifiona ar ôl i Toscano adael. 'Oes 'na newyddion?'

'Mae Walters a'i gefnder ar eu ffordd i'r ddalfa yn Aberhonddu. Yn ddifyr iawn, roedd dipyn o dŵls yng nghefn eu fan: llif, sawl morthwyl a thorrwr bolltau.'

'Aha!'

'Roedd gwaed ar y llif. Mae popeth wedi mynd i'r labordy. Roedd y boi mawr yn arfer gweithio mewn lladd-dy, ond...' Gorffennodd Eifiona ar nodyn gobeithiol.

'Da lodes.'

'Ac mae 'na ddynes yn aros amdanat ti ar y balconi. Mi ddwedais dy fod di'n brysur ond roedd hi'n mynnu aros.'

'Ga' i air efo hi rŵan. 'Den ni'n gwybod be oedd yn y tun triog bellach?'

'Dim eto.'

'Iawn. Ga' i air efo Walters ben bore fory.'

Ar y balconi, yn eistedd yn hamddenol ac yn syllu dros y Cylch fel petai hi'n berchen ar Faes y Sioe, roedd dynes benfelen. Wnaeth Daf ddim sylwi ei bod hi yn ei saithdegau nes iddi droi ei phen. Wnaeth hi ddim codi i'w gyfarch, dim ond gwenu.

'Janet Hilman,' meddai, gan estyn ei llaw fechan iddo – llaw oedd â gwerth arian o fodrwyau arni, yn cynnwys pedwar cylch aur plaen, fel modrwyau priodas, a phedair â gemau ynddyn nhw: dau ddiemwnt mawr, un emrallt ac un saffir mewn siâp hirgrwn mewn cylch o ddiemwntau.

'Arolygydd Daf Dafis,' atebodd Daf, gan eistedd i lawr. Dechreuodd deimlo'n anghyffordddus – roedd y bensiynwraig yn edrych arno fel petai hi'n ceisio dychmygu ei gorff yn noeth, ac roedd yn brofiad rhyfedd.

'O, dwi'n gwybod yn iawn pwy wyt ti, Arolygydd Dafis. Mae fy ŵyr wedi dweud wrtha i amdanat ti, ac fel sawl dynes dwi wastad yn gobeithio y caiff rhywun arall ei ladd yn ardal Llanfair Caereinion i ni gael dy weld di ar y teledu unwaith eto.'

Roedd ei llais yn ifanc, yn ysgafn ac yn hynod o ddeniadol. Gwisgai siwt liain las golau, oedd yn addas iawn ar gyfer diwrnod yn y Sioe, ond roedd edau lliw arian yn y defnydd oedd yn creu argraff dipyn bach yn wahanol. Roedd hi'n amlwg yn ddynes gyfoethog oedd yn hoffi tynnu sylw ati'i hun.

'A pwy ydi'ch ŵyr chi, Mrs Hilman?'

'Y Llysgennad, Tal, wrth gwrs. Welest ti o heddiw? Siwt orau'r wythnos, yn fy marn i.'

'Mae'n cyflawni ei rôl yn dda, mae'n amlwg.'

'Wrth gwrs ei fod o.' Ystyriodd Daf gyhuddiadau John Neuadd yn ei herbyn – wrth eistedd gyferbyn â Janet Hilman roedd yn ddigon hawdd credu pob gair.

'Er y byddai'n bleser pur sgwrsio efo ti drwy'r nos, Daf Dafis, dwi'n gwybod pa mor brysur wyt ti, felly mi a' i'n syth at y pwynt. Ti sy'n ymchwilio i farwolaeth Mel Puw?'

'Fi sy'n arwain yr ymchwiliad, ie. Oes ganddoch chi unrhyw wybodaeth?'

'O Arolygydd Dafis, mi fyswn i wrth fy modd yn dy helpu di, mewn unrhyw ffordd.' Dechreuodd Daf deimlo'n fwy anghyffordddus byth. 'Ac oes, mae gen i rywbeth i'w rannu efo ti. Ro'n i'n gobeithio y byddai'r helynt wedi marw efo Mel, ond ar ôl i mi glywed am yr ymosodiad arnat ti ddoe, ac ar ôl gweld y ceffyl 'na heddiw, yn llawn o wn i ddim be, benderfynais i ddod atat ti efo'r hanes, er nad ydi o'n hanes neis.'

'Mi fyddwn ni'n gwerthfawrogi unrhyw help...'

'Ni? Pa ni? I dy helpu *di* dwi wedi dod yma. A chyn i mi gychwyn, rhaid i mi ofyn: wyt ti'n un hawdd dy ddychryn?'

'Dwi wedi clywed bob dim yn y swydd yma, Mrs Hilman.'

'Janet.'

'Janet.'

'Dwi ddim yn meddwl dy fod di wedi clywed stori fel f'un i o'r blaen. Ond dyma ni.' Estynnodd ei llaw i mewn i'w bag a thynnu dau dun bach ohono. 'G&T bach sydyn. Braidd yn dwym, ond ddim yn rhy ffôl.'

'Hyfryd. Diolch yn fawr.' Fel arfer fyddai Daf byth yn yfed tra oedd o ar ddyletswydd ond doedd o ddim am ddadlau efo Mrs Hilman.

'Iechyd da, Arolygydd Dafis.' Curodd ei thun yn erbyn ei dun o.

'Dim modrwy briodas?' holodd.

'Na.'

'Ond dwyt ti ddim yn sengl, chwaith.'

'Sut dech chi'n gwybod hynny, Mrs Hilman?'

'Y cyferbyniad rhwng cyflwr dy ddillad, sy'n weddol smart, a dy wallt, sy braidd yn flêr. Petaet ti'n smwddio dy grysau dy hun, fyset ti'n defnyddio crib gwallt yn amlach.'

'Ddylech chi fod yn dditectif,' chwarddodd Daf.

'Fel mae rhai yn gwylio adar, dwi'n gwylio dynion,' eglurodd, gan godi'r tun at ei cheg yn araf er mwyn i'r haul ddisgleirio ar y gemau lliwgar ar ei bysedd. 'A'r rhain dwi wedi'u hennill wrth eu gwylio nhw.'

'Dech chi'n gwneud i chi'ch hun swnio fel rhyw deigres.'

'O, na, er na fyswn i'n meindio cael rhyw frathiad bach ohonat ti, Arolygydd Dafis. A stopia'r busnes "chi" 'ma os gweli di'n dda.'

'Iawn.'

'Lodes ifanc dawel oeddwn i, ac mi briodais y còg drws nesa a setlo cyn 'mod i'n ugain oed. Ro'n i'n magu tri o blant cyn 'mod i'n ddeg ar hugain. Doedd bywyd ddim yn hawdd nac yn foethus, yn magu teulu ar fferm fechan, ond roedd o'n fywyd da nes i Keith farw... cancr yn ei waed. Roedd y teulu Arthur yn landlordiaid digon ffeind, ond yn y pen draw roedd yn rhaid i mi dalu'r rhent a chael help efo'r gwaith ar y fferm. Daeth dyn i dorri silwair i mi, a dwedodd hanes ei dad wrtha i – roedd dementia arno ond doedd o ddim yn fodlon mynd i gartref gofal. Cynigiais ei helpu, a chyn hir roedd gen i hanner dwsin o gleientiaid ro'n i'n gofalu amdanyn nhw.'

Gwagiodd y tun jin a'i wasgu, a synnodd Daf pa mor gryf oedd ei bysedd main.

'Doedd y gwaith ddim yn talu'n dda ond roedd o'n help, ac ar y cyfan ro'n i'n mwynhau cwmni'r cleientiaid. Ond roedd rhai o'r dynion, hyd yn oed yn eu nawdegau, yn dal i feddwl amdanyn nhw'u hunain fel stalwyni. Cyn hir, ro'n i wedi dod i arfer efo ambell glatsien ar fy mhen ôl, neu law i lawr fy mlows wrth i mi blygu drosodd i roi bwyd iddyn nhw. Yn aml iawn roedd gan eu teuluoedd gywilydd o hyn, ac mi oedden nhw'n fodlon talu mwy i rywun fyddai ddim yn sgrechian bob tro roedden nhw'n cael eu cyffwrdd yn amhriodol. Roedd rhai yn gofyn i mi eistedd ar eu gliniau ac yn cynnig pres i mi am wneud, eraill yn gofyn am lawer mwy. Un tro, pan oedd gen i fil milfeddyg mawr i'w dalu, mi gytunais i gais hen ddyn mewn ffermdy mawr yn Nerwenlas. Roedd ganddo bentwr o bapurau ugain, ac er ei fod o'n dechre colli arni roedd o'n un da am daro bargen – mi ofynnais am lawer mwy na ges i, ond roedd o'n dal yn swm sylweddol. Y tro nesa es i yno roedd ei ferch yn aros amdana i. Ro'n i'n poeni ei bod am fy nghyhuddo o ddwyn y pres, ond ddwedodd hi pa mor dawel a hapus oedd ei thad wedi bod. Benderfynes i gymryd risg a bod yn onest efo hi. Roedd hi wedi synnu, ond wedyn, mi ofynnodd i mi roi gwasanaeth tebyg i'w thad yn gyson. Mi gytunais.'

Agorodd Daf ei lygaid yn fawr ond ddywedodd o ddim byd.

'Ro'n i'n esgus 'mod i'n mwynhau ei gyffwrdd o, a phan fu farw ryw flwyddyn wedyn, rhoddodd y teulu anrheg o fil o bunne i mi. Roedd yr ail hen ddyn yn sbesial. Er ei fod o'n gorfforol fregus roedd o'n dal yn iawn yn ei feddwl. Hen filwr oedd o, ar bensiwn sylweddol. Roedd o'n gofyn i mi bicio'n ôl ato fin nos i baratoi pryd o fwyd iddo fo, gan agor potel o win weithiau. Roedd o'n byw mewn clamp o dŷ efo golygfeydd anhygoel dros Ddyffryn Dyfi, a phan gynigiodd hen fodrwy ei wraig i mi, oedd wedi marw ugain mlynedd ynghynt, mi dderbyniais yn syth. Roedd digonedd o le yno i fy mhlant ac roedd Capten Powers yn ffeind iawn efo nhw. Gawson ni helynt efo'i ferch, ast o ddynes oedd wedi esgeuluso'i thad ond isie'r etifeddiaeth, ond ar ôl iddi hi anfon sawl llythyr cas, tawelodd pethe a gawson ni fyw yn ddedwydd am dair blynedd. Pan fu farw'n dawel adre, symudais yn ôl i'r fferm a dechrau ar y gwaith o droi tŷ Capten Powers yn gartref gofal.'

'Wel, diolch yn fawr am y stori, ond...'

Cododd Janet ar ei thraed.

'Ro'n i ar fin dweud wrthat ti am fy mherthynas efo Joe Puw, tad Mel, ond os nad oes gen ti ddiddordeb, digon teg.'

'Sori, sori, stedda i lawr, os gweli di'n dda, Janet. Mae'n wir ddrwg gen i am fod mor ddigywilydd.'

Rhoddodd Janet ei llaw, yn drwm â'r holl emwaith, ar law Daf.

'Paid â phoeni. Dwi wedi penderfynu dy ddefnyddio di fel therapydd – mae pawb yn dweud dy fod di'n un da am wrando, a dwi ddim wedi dweud y stori 'ma wrth neb o'r blaen. Ar ôl i mi wneud dipyn o bres, trodd y rhan fwyaf o'm ffrindie cenfigennus yn fy erbyn... os oedden nhw'n ffrindie go iawn. Mi briodais dair gwaith ar ôl Capten Powers, a threfniant busnes oedd pob un, nes i Joe Puw ddod i fyw efo ni.'

Ochneidiodd Janet, a mwytho'i gwallt taclus â golwg bell yn ei llygaid.

'Does dim ffŵl fel hen ffŵl, nagoes? Doedd Joe ddim wir yn addas i ddod i'r cartref gofal, ond ar ôl iddo dorri'i goes wrth redeg ar ôl rhyw gi, allai o ddim mynd yn ôl i'w gartref, sef rhyw gaban yn y goedwig heb drydan na gwres. Tra oedd o'n dal yn yr ysbyty roedd Mel wedi mynd yno efo JCB a chwalu'r lle. Boddodd gŵn Joe yn y ffynnon a sathru ei ffwlbart dan draed. Torrodd Joe ei galon pan gollodd o'r cŵn – roedd o wedi treulio'i fywyd cyfan efo terier wrth ei sodlau. Ta waeth, roedd gen i Cockapoo bach del bryd hynny, a chan 'mod i mor brysur roedd yn rhaid i mi ddod â hi i'r cartref efo fi, i mi gael mynd â hi am dro amser cinio. Cymerodd Joe ati, a chynnig mynd â hi o gwmpas y gerddi.' Ochneidiodd eto.

'Dwi wedi dysgu ers hynny mai dyn atgas oedd Joe, ond i mi a'r ci, doedd neb yn fwy caredig na fo. Mi syrthiais mewn cariad mewn llai nag wythnos, ac aeth Joe o fod yn un o breswylwyr fy nghartref gofal i fod yn enaid hoff cytûn i mi. Roedd o'n dal yn ddyn cryf oedd â fflach ddireidus yn ei lygaid mawr gwyrdd. Dwi wedi cael fy siâr o brofiadau rhywiol, ond ches i erioed fy ngharu fel y carodd Joe fi. Brynes i wely dwbl ar gyfer ei lofft a dechreuais dreulio bron bob nos efo fo, gan fynd adre ben bore am gawod a newid fy nillad. Doedd o ddim yn ddyn da ond mi ges i fy swyno ganddo. Roedd o wastad yn trafod ei fywyd a'i anturiaethau, ond bob tro roedd o'n clywed enw Mel roedd o'n dechre gwgu. Pan glywodd o fod Miss Grug wedi diflannu, dywedodd, "Gwynt teg ar ei hôl hi. Ddyle hi byth fod wedi dod yn agos at Mel." Wyddwn i ddim be oedd ystyr hynny, ond chydig ddyddie wedyn gyrhaeddes i ben fy nhennyn. O, dwi angen jinsen fach arall i fy helpu drwy hyn. Awydd un arall sydyn, Daf?'

'Dim i mi, diolch, Janet. A dwi wir yn gwerthfawrogi pa mor onest wyt ti.'

'Wel, dwi wedi aros yn hir am gyfle i ddweud hyn. Ar noson fy mhen blwydd, es i draw efo potel o Scotch, ac roedd o'n llyncu'r stwff fel dŵr. Ddwedodd o fod ganddo un stori arall i'w dweud wrtha i, a'i bod hi'n un syfrdanol. Sipsi go iawn oedd gwraig Joe, ac roedd hi wedi gwneud enw iddi'i hun am swyno pobol. Daeth gwraig dyn cyfoethog ati, medde Joe, yn gofyn am swyn i'w helpu hi i gael babi.'

Oedodd Janet i wagio'r ail dun o jin.

'Dwi ddim yn ofergoelus o gwbl, Daf, a dwi ddim yn cofio gwraig Joe yn dda, ond dwi'n cofio pobol yn dweud, yn y dre yn enwedig, bod yn well cymryd gofal efo hi.'

'Pam hynny?'

'Wel, roedd rhai'n dweud y gallai hi daflu melltith mor rhwydd ag afal, ond roedd eraill yn mynd ati am gymorth, fel y ddynes gyfoethog yn stori Joe.'

Tawelodd am eiliad, a phan ddechreuodd siarad eto roedd ei llais yn flinedig.

'Ddwedodd Joe wrtha i fod Leah, ei wraig, wir yn credu bod rhyw rym y tu ôl i'w harferion, a dyna pam roedd hi wastad yn gwneud ymdrech i ddod o hyd i'r cynhwysion cywir ar gyfer ei swynau. Un o'r cynhwysion hynny oedd had dynol. Roedd hi'n arfer cael hwnnw gan ei brawd, ond pan nad oedd o ar gael mi fydde hi'n gofyn i Joe.'

'Cais anghyffredin, wir!'

'Ie. Ond nid ffŵl ofergoelus oedd Leah. Petai hi'n rhoi cymysgedd oedd yn cynnwys had i ddynes anffrwythlon, roedd siawns y bydde'r ddynes yn cael babi wedyn. Roedd y cyfan fel AI wedi'i lapio mewn hud a lledrith. Ac roedd y rhai oedd wedi llwyddo i feichiogi yn ddiolchgar iawn – rhoddodd un ddynes bum mil o bunnau iddi, oedd yn ddigon i Leah adael Joe.'

'Ond i fynd yn ôl at y swyn...'

'Mrs Arthur oedd y ddynes a Miss Grug oedd y babi.'

'Ond os mai had Joe oedd yn y gymysgedd wnaeth beri i Mrs Arthur feichiogi efo Grug...'

'Brawd a chwaer oedd Mel a Grug. Ceisiodd Joe rybuddio Mel heb ddweud y gwir i gyd wrtho, ond erbyn hynny roedd Grug yn feichiog efo plentyn ei hanner brawd. Dwi bron yn sicr nad oes ganddi syniad am y peth hyd heddiw. Y noson cyn y briodas, dywedodd Joe y cyfan wrth Mel ond erbyn hynny roedd hi'n rhy hwyr i Grug gael erthyliad, ac roedd Mel ar dân isie cael ei fachau ar y fferm a'r ceffylau. Un gwan oedd y babi, a heb y gofal tyner gafodd o gan Grug, fyse Rhydian ddim wedi goroesi. Ond mae o wedi tyfu i fod yn ddyn... yn ddyn llawn gwendidau.'

'Mae hyn yn esbonio cymaint.'

'Dyna pam mae'r cryd cymalau mor wael – mae unrhyw gyflwr genetig yn ddwysach pan mae'r rhieni'n perthyn. A dyna pam, ryw flwyddyn ar ôl i mi glywed y stori, yr ymosododd Rhydian ar ei daid.'

'Newydd ddarganfod y gwir oedd o?'

'Ie. Aeth o am brofion, i geisio gwneud rhwbeth am ei ddwylo, ac mi ddaeth y cyfan i'r amlwg.'

Llyncodd Daf yn galed. Teimlodd ryw ryddhad ar ran Grug, oedd wedi ceisio dyfalu am ddegawdau pam y surodd pethau rhyngddi hi a Mel.

'Ofynnais i i'r heddlu beidio ag erlyn y còg am yr ymosodiad ar Joe, oherwydd natur y sgandal. Ond doedd Joe ddim yr un fath wedyn, rywsut. Roedd o'n dawel, yn boddi yn ei atgofion, a'i fflach wedi diffodd fel fflam cannwyll yn y gwynt. Bu farw ddwy flynedd yn ôl, Arolygydd Dafis, a dwi'n dal ar goll hebddo fo.'

Chafodd Daf ddim cyfle i gynnig ei gydymdeimlad cyn i Janet ddechrau siarad eto.

'Doedd neb arall yn hiraethu amdano, heblaw fi. Ac ar ôl iddo farw, dechreuais gasáu Mel. Fo oedd ar fai, yn mynd efo Grug yn y lle cynta, a bwrw 'mlaen efo'r briodas a bob dim arall ddigwyddodd. Am sbel, ro'n i'n gor-yfed, a ddwedes i bethe dwi'n eu difaru.'

'Tydi geiriau byth yn brifo neb.'

'Dwi ddim mor siŵr ar ôl derbyn hwn.'

Tynnodd fag plastig o boced ei siaced a'i osod ar y bwrdd. Syllodd i lygaid Daf, fel petai hi angen gwylio'i ymateb. Bys bach oedd yn y bag, efo modrwy dyn arno. Roedd arfbais ar y fodrwy, â phen baedd arni.

'Hen fodrwy Mistar Arthur oedd hi, ac roedd hi wastad braidd yn dynn ar fys Mel,' esboniodd Janet.

'Sut gest ti hwn?'

'Drwy'r blwch llythyrau yn y bwthyn dwi'n aros ynddo dros y Sioe, ar fferm dair milltir i ffwrdd o'r enw Blaengwy.'

'Ti'n aros ar Fferm Blaengwy? Wyt ti'n gwybod bod darnau eraill o gorff Mel Puw wedi eu darganfod yno?'

'Ydw, wrth gwrs. Mae'r siop fferm wedi cau oherwydd y peth. Braidd yn anghyfleus.'

'Pryd yn union ddaeth hwn drwy dy ddrws?'

'Alla i ddim bod yn sicr, ond toc ar ôl pedwar fore Llun ges i decst yn dweud bod y peth ro'n i isie wedi cael ei wneud, ac y byddai'n gyrru tystiolaeth i brofi hynny.'

'A beth oedd hynny'n ei olygu? Ga' i weld y neges?'

'Wnes i ei dileu hi'n syth.'

'Bydd ein tîm angen edrych ar dy ffôn – yn aml iawn maen nhw'n gallu darganfod pwy anfonodd neges, hyd yn oed ar ôl ei dileu.'

'Ond Arolygydd Dafis, dwi'n gwybod pwy anfonodd hi. Wil Walters.'

Pennod 19

'Wil Walters?'

Yn sydyn, teimlodd Daf yn flinedig iawn, fel petai ton fawr o ludded wedi golchi drosto. Roedd darnau o wybodaeth ynglŷn â'r ymchwiliad yn ymddangos heb unrhyw fath o batrwm.

'Wil Walters. Roedd o'n arfer dod i gneifio i ni flynyddoedd yn ôl, a drwyddo fo ddaethon ni i nabod Nel, sy'n gosod y bythynnod.'

'Pa mor dda ydech chi'n nabod Walters?'

'Dim yn dda iawn. Fferm fech sâl oedd Pantygwynt, ond efo'r arian 'den ni'n ei wneud yn y cartref gofal, a sawl etifeddiaeth, 'den ni wedi llwyddo i'w rhoi hi ar ei thraed eto. Roedd fy mab, Marc, yn hoffi dangos bob hyn a hyn fod ganddon ni fferm werth chweil felly roedd o'n arfer gwahodd Walters i ddod fyny i gneifio ac i roi gwersi cneifio i griw y Ffermwyr Ifanc. Roedd Walters ar dop ei gêm bryd hynny. Ond llynedd, yng nghefn y flwyddyn, clywais gnoc ar y drws. Ro'n i adre ar ben fy hun dros y penwythnos. Dwi ddim yn hoffi'r amser yna o'r flwyddyn ers colli Joe, felly ro'n i newydd agor ail botel o Hennessy pan gyrhaeddodd Walters, tua phump o'r gloch y nos. Gofyn am waith oedd o, ac os nad oedd gwaith ar gael, caniatâd i barcio'i fan yn y buarth dros nos. Tu ôl iddo, yn taflu andros o gysgod dros y cyntedd, roedd cawr o ddyn, dipyn yn iau na Walters. Doedd gen i ddim gwaith iddo fo, ond doeddwn i ddim yn gweld drwg mewn gadael iddyn nhw aros dros nos ar y buarth. Roedd golwg ofnadwy ar Walters, oedd yn arfer bod yn dipyn o baun, ei wallt yn seimllyd a'i ddillad yn drewi. Mi wahoddais y ddau i mewn i gael cawod – derbyniodd Walters, ond disgrifiodd y dyn mawr fel "boi buarth" felly ddaeth o ddim i'r tŷ. Er gwaetha'r brandi, llwyddais i wneud pryd o fwyd i ni, a rhoddais fenthyg rhai o ddillad Marc iddo, er mwyn i mi gael rhoi ei stwff yn y golch. Gawson ni noson go ryfedd, yn eistedd wrth fwrdd y gegin yn bwyta lobsgows o waelod y rhewgell, fi wedi meddwi'n rhacs ac yn ddagreuol a fynte fel rhyw fwgan brain mewn dillad oedd yn rhy fach iddo. Ar ôl iddo fynd â pheth o'r lobsgows allan i'w ffrind yn y fan, setlodd Wil i fy helpu i yfed yr Hennessy. Roedden ni'n dau'n cwyno ac yn rhannu ein dicter a'n casineb: fo at Nel Bound a finne at Mel Puw. Ddywedodd o wrtha i y byse fo, petai'n cael y cyfle, yn lladd Mel i mi. Mi gynigiais ddeng mil o bunne iddo am wneud y job.'

'Mae hyn yn swnio'n llawer tebycach i bennod o'r *Sopranos* na noson hydrefol yn Nyffryn Dyfi.'

'Ydi. Y bore wedyn, pan ddeffrais tua wyth efo pen mawr, roedd y fan wedi mynd... ac yn anffodus, ro'n i'n cofio pob gair o'r rwtsh ddwedes i y noson gynt. Roedd darn o bapur ar fwrdd y gegin a rhif ffôn arno. Mi roddais y rhif yng nghof fy ffôn ac anfonais neges i Wil yn dweud, yn hollol glir, nad oedd gwaith iddyn nhw ym Mhantygwynt ac na fyddai'r sefyllfa honno'n newid, byth.'

'Mae talu rhywun i ladd rhywun arall yn drosedd ddifrifol.'

'Dwi'n ymwybodol o hynny, ac ro'n i'n difaru'r sgwrs. Y peth cyntaf wnes i oedd tywallt yr holl frandi i lawr y sinc. Pedair potel.'

'Sori, dwi 'di cael diwrnod go hir. Felly wnest ti ofyn i Wil Walters ladd Mel Puw ai peidio?'

'Wel, pan o'n i'n llawn brandi mi ddwedais rwbeth ffôl. Dyna'r cyfan.'

'Ond wnest ti ddim dileu ei rif oddi ar dy ffôn?'

Ochneidiodd Janet a throi ei llygaid oddi wrth y bys yn y bag plastig.

'Ro'n i'n cydymdeimlo efo fo, dyna'r cwbwl. I feddwl sut oedd o yn ei ogoniant, ac wedyn ei weld o wedi colli bob dim, yn byw yn ei fan a'i ddwylo wedi malu... wel, er nad oedd o'n ddyn neis iawn, roedd hynny'n goblyn o gwymp. Efallai y ca' i gyfle i'w helpu ryw dro.'

'Pam na ddest ti ata i ynghynt? A be wnest ti efo'r bys yn y cyfamser? Ddaeth o drwy dy ddrws yn gynnar fore Llun – 'sen i'n disgwyl iddo fod wedi pydru erbyn hyn.'

'Rois i o yn y rhewgell. A phan glywais am yr holl helynt ro'n i'n teimlo'n euog. Mae hi'n wythnos fawr i Tal fel Llysgennad, a byddai cael ei nain ynghlwm â llofruddiaeth yn ystod y Sioe yn sbwylio pethe iddo, druan.'

'A pham dod yma rŵan, felly?'

'Ar ôl yr hyn ddigwyddodd i ti ddoe, roedd yn amlwg dy fod yn tyrchu i hanes teulu Mel, gan gynnwys ymosodiad Rhydian ar Joe, oedd yn dod â'r cyfan yn llawer rhy agos at fy nheulu i. Roedd rhaid i mi ddweud y gwir.'

'Mae gen i hawl i dy arestio di am guddio tystiolaeth.'

'Ond sut fydd hynny'n help i neb? Dwi wedi rhoi'r cefndir i gyd i ti, gwybodaeth nad oedd neb arall yn ymwybodol ohono. Sut fydd o'n helpu'r ymchwiliad petawn i'n talu dirwy? Achos wnân nhw byth roi hen leidi barchus fel fi yn y carchar.'

Ddywedodd Daf 'run gair. Cododd Janet ar ei thraed.

'Ro'n i'n bwriadu rhoi'r bys i ti cyn gadael, p'run bynnag. Fyse ddim yn deg i Nel ddod o hyd iddo wrth lanhau'r rhewgell.'

'Bydd rhaid i ti roi dy olion bysedd i ni.'

'Wrth gwrs, Arolygydd Dafis. Ti 'di'r bòs.'

Ar ôl iddi adael roedd ystafell yr ymchwiliad yn wag, ac oedodd Daf i edrych ar y lluniau ar y wal. Roedd o'n dal i syllu arnyn nhw pan frysiodd Eifiona i mewn.

'Oes modd anfon hwn i'r labordy mor hwyr yn y dydd?'

Tarodd Eifiona ei phen drwy ddrws y balconi. 'O, nid darn arall o Mel Puw?' gofynnodd mewn llais llawn diflastod.

'Bys arall.'

'Faint oedd ganddo fo? Oes rhywun yn cyfrif?'

'Mae 'na sawl un yn dal ar goll.'

'Mi sortia i o. Ond mae 'na drafferthion efo'r dyn sydd efo Walters.'

'Pa fath o drafferthion?'

'Mae'r Oedolyn Priodol yn honni nad ydi hi'n addas iddo

aros yn y celloedd dros nos cyn ei gyfweliad yn Aberhonddu ben bore,' eglurodd Eifiona.

'A Walters?'

'Maen nhw wedi llwyddo i roi hwnnw dan glo, o leia. Hefyd, mae cryn dipyn o waith fforensig i'w wneud ar eu fan nhw, yn cynnwys y bag o dŵls. Bydd mwy o wybodaeth ar gael cyn i ti siarad efo nhw, gobeithio.'

'Dim ond os ydi'r technegwyr yn gweithio drwy'r nos.'

'Mae'r pencadlys wedi gyrru e-bost yn cadarnhau y cawn ni ddefnyddio gwasanaeth labordy preifat ym Mryste. Maen nhw'n gweithio'n gyflym iawn, yn ôl y sôn.'

'Dros nos?'

'Am ffi ychwanegol.'

'Achos, yn ddelfrydol, 'den ni angen mynd i mewn i siarad efo Walters ben bore fory efo tystiolaeth gref.'

'Yn union. Sut lwyddiant gest ti efo pobol y blodau, bòs?'

'Dim llawer. Maen nhw wedi fy nghyfeirio at Restr Planhigion Prin Sir Maesyfed ar y we, ond dwi ddim wedi cael cyfle i edrych arni eto.'

'Ond gall hyn fod yn bwysig – os ydan ni'n trafod rhywbeth prin, bydd hynny'n help i ni olrhain taith corff Puw.' Symudodd Eifiona ei bysedd yn gyflym dros fysellfwrdd ei gliniadur. 'Daria!' ebychodd, gan chwifio'i llaw i gyfeiriad y sgrin. 'Does dim modd chwilio y tu mewn i'r ddogfen. Bydd rhaid i rywun bori'r drwy'r holl nonsens...' Trodd ei phen a syllu'n heriol ar Daf. 'Dwi 'di gwneud mwy na fy siâr heddiw. Gwaith ysgrifenyddol ydi hyn, nid gwaith ditectif.'

'Weithie mae'n rhaid i ni wneud y ddau, lodes.'

'Be am i ti nôl chydig o fwyd Thai a photel o win i ni'n dau, a gawn ni fynd drwyddo efo'n gilydd? Wedyn allwn ni fynd lawr i'r dre, falle?'

'Dwi'n mynd syth fyny i Fryn y Ceffyle, ddrwg gen i. Ac mi fydde'n hynod o ddefnyddiol petai manylion lleoliadau'r planhigyn prin ganddon ni ar gyfer y cyfweliad efo Walters. Wela i di ben bore, yn blygeiniol.'

Roedd golwg bwdlyd ar wyneb Eifiona. 'Ydw i wedi bod yn hwyr hyd yma?'

'Na, ond bydd angen i ni wirio fod popeth yn iawn fan hyn cyn teithio draw i Aberhonddu, felly...' Stopiodd Daf siarad pan sylweddolodd nad oedd hi'n gwrando.

'Ti'n siŵr am y bwyd Thai?'

'Mae barbeciw yn aros amdana i ar Fryn y Ceffyle, diolch.'

'Dy golled di. Jest meddwl y bysa dipyn o gwmni'n braf.'

Roedd arogl barbeciw yn llifo lawr heibio'r stondinau harnais ond allai Daf ddim meddwl am fwyd. Roedd o'n teimlo dipyn yn euog am adael Eifiona ei hun – roedd o'n teimlo hiraeth ar ôl bod heb gwmni ei deulu ers tridiau, felly Duw a ŵyr sut roedd Eifiona'n teimlo a hithau heb neb.

Doedd yr ardal tu allan i adeilad Cymdeithas y Merlod a'r Cobiau ddim yn brysur gan fod hysbysiad ar y drws yn nodi na fyddai'r bar yn agor tan naw o'r gloch y nos. Piciodd Daf heibio Tinciwinci a thynnu llun o'r ferlen er mwyn ei yrru i Gaenor efo neges: 'Tydi rhywun ddim yn poeni am y diwrnod mawr fory!' Derbyniodd lun yn ôl yn syth, yn dangos Mali Haf yn chwarae mewn pwll padlo mawr efo plant Bowen. Yn sydyn cafodd Daf ei atgoffa am Jaxx Kell, a ffoniodd Margaret Hamer.

'Sut mae'r còg?'

'Yn iawn, ond yn methu eistedd yn llonydd am ddau funud.'

'Unrhyw newyddion am ei frawd?'

'Sefydlog. Mae o wedi cael *X-Ray* a does dim byd mawr o'i le. Maen nhw'n disgwyl iddo fo ddihuno unrhyw funud.'

'Falch o glywed.'

'Mae Jaxx yn dal i feio'i hun am ddamwain JJ. Mae o fel ci ag asgwrn.'

'Ydi o'n un poenus fel arfer?'

'Ddim o gwbl. Wastad yn siriol, ddim yn rhoi rhech am unrhyw beth. Effaith beth bynnag oedd yn y triog ydi hyn, ti'n meddwl?'

'Go debyg. Diolch o galon am ofalu amdano fo. Bosib y bydd

o'n dal i fihafio'n od am dipyn.'

Chwarddodd Margaret, a hyd yn oed dros y ffôn gallai Daf glywed effaith y smygu ar ei llais. 'Petai gen i sofren am bob tro dwi wedi gorfod ymdopi â rhywun sy'n bihafio'n od, yn enwedig ar Fryn y Ceffyle, mi fysen i'n filiwnydd.'

'Digon teg. Ond dwi o gwmpas, felly os wyt ti angen unrhyw beth, rho ganiad.'

'Ddylet ti ganolbwyntio ar Tanyrallt Tinciwinci heno, Defi Siop.'

'Mae Gaenor a Mali wedi ei setlo hi. Mae hi'n hapus fel y gog.'

Pesychodd Margaret. ''Den ni'n disgwyl iddi hi ennill fory, Dafydd,' meddai mewn llais difrifol, ''den ni'n haeddu'r llwyddiant. Does neb yn rhoi rhech am pwy laddodd Mel Puw – dyn atgas oedd o, ac yn haeddu be ddigwyddodd iddo. Yr wythnos yma, perchennog Tanyrallt Tinciwinci wyt ti, cyn popeth arall.'

Ymatebodd Daf â chwerthiniad ysgafn, ond teimlodd bwysau dyletswydd fel iau ar ei ysgwyddau.

Roedd golwg bell ar Eben a Grug pan gyrhaeddodd Daf eu lorri. Edrychai Eben yn aml ar ei watsh rad – roedd ei figwrn yn rhy fawr i'r strap felly roedd o wedi defnyddio darn o weiren i'w chadw ar ei fraich – ac eisteddai Grug yn llonydd wrth y bwrdd bach, yn gafael yn ei ffôn bob hyn a hyn i wneud yn siŵr fod ganddi signal.

'Noswaith dda,' meddai Daf â gwên wan. Roedd geiriau Margaret Hamer yn chwarae ar ei feddwl.

'O... helô,' atebodd Grug, heb edrych i fyny.

'Gyda phob parch,' grymialodd Eben, 'does ganddon ni ddim amser i siarad.'

'Nid bod yn anghwrtais yden ni, ond 'den ni'n disgwyl clywed, unrhyw eiliad, be mae pwyllgor y Gymdeithas wedi'i benderfynu ynglŷn â'r Cuddy fory.'

'Mae'n amlwg na ddylai stalwyn Mel gystadlu, a fynte'n llawn o pwy a ŵyr be, heb sôn am be wnaeth o i'r còg Kell.'

'A fydd y Cuddy ddim yn Cuddy go iawn heb stalwyn Adran D yn cystadlu. Felly mae posib iddyn nhw adael i ni, ddaeth yn ail, fynd yn ei le.'

'Gwrandewch, ffrindie, does gan neb fwy o ddiddordeb yn y Cuddy na fi ond mae'n rhaid i mi siarad efo ti, Grug.'

'Pa mor bwysig ydi hyn rŵan, Daf?' gofynnodd, gan gyffwrdd cefn llaw fawr Eben i'w dawelu.

Roedd o'n gwestiwn da. I ryw raddau, ar ôl byw am dros ugain mlynedd heb yr wybodaeth, oedd rhaid i Grug gael y newyddion yn syth? Ond penderfynodd Daf fwrw mlaen, yn rhannol oherwydd na fyddai'n cael eiliad o gwsg a'r fath gyfrinach yn pwyso arno.

'Dwi wedi darganfod gwybodaeth, wrth weithio ar yr ymchwiliad, a dwi'n meddwl fod gen ti hawl i'w glywed yn syth.'

'Pa fath o wybodaeth?'

'Rhwbeth personol.'

Ochneidiodd Grug a rhoi ei ffôn ar gledr llaw Eben.

'Ateba di, os ydi o'n canu,' meddai wrtho'n swta. 'Ty'd, Daf, awn ni am dro.'

Uwchben y caeau gwersylla roedd llain gysgodol, goediog a wahanai Bryn y Ceffylau a'r ffordd rhwng Llanfair-ym-Muallt a Llandrindod. Roedd awel ffres yn symud dail y bedw arian ac roedd hi'n dawel yno, heblaw am sŵn plant yn chwarae ymysg y carafanau islaw. Plygodd Grug i godi dau flodyn gwyn o ganol y mwsog dan draed. Rhoddodd waelod y goes rhwng ei dannedd a gwgu, cyn cynnig y llall i Daf. Daeth blas sur o'r planhigyn.

'Suran y coed ddwywaith, pluen eira unwaith, dyna oedd Dadi'n ddweud. Ddim yn aml mae suran y coed yn blodeuo mor hwyr yn y flwyddyn.'

'Newid hinsawdd?' cynigiodd Daf.

'Oeddet ti'n arfer tynnu suran y coed pan oeddet ti'n blentyn, Daf?'

'Còg y dre oeddwn i. Tydi arferion cefn gwlad ddim yn gyfarwydd i mi.'

Roedd golwg ddiamynedd ar wyneb Grug. 'Wel, mae hi'n ddigon tawel yn y fan hyn. Be sy gen ti i'w ddweud?'

'Does 'na ddim ffordd hawdd o ddweud hyn, ac mi fydd yn sioc aruthrol i ti. Pan oedden ni'n trafod anffrwythlondeb dy rieni, soniest ti am swyn gafodd dy fam gan Leah Puw.'

'Do.'

'Wel, dwi wedi cael gwybod bod Leah wedi creu eli iddi fel darn o'r swyn, ac un o gynhwysion yr eli oedd had dynol.'

'Ych â fi!'

'Had dynol ei gŵr, Joe. Wedyn, rhoddodd Leah yr eli yn dy fam, fel math o AI.'

'Ro'n i'n gwybod am yr eli, ond pam mae o'n bwysig rŵan?'

'Achos cyfrinach llwyddiant y swyn oedd had gan ddyn ffrwythlon.'

Cydiodd Grug mewn cainc gyfagos i sadio'i hun. 'Ti'n dweud... nad ydw i'n ferch i Dadi?'

'Yn anffodus, dyna dwi'n ofni. Rhaid gwneud profion gwaed i fod yn sicr, ond...'

Syllodd Grug i lygaid Daf. 'Ond mae gwaed fy mam gen i... roedd hithau'n Arthur hefyd, o gangen arall o'r teulu. Felly bydd y babi'n dal i fod yn Arthur...'

'Nid y dyfodol mae angen ei ystyried, Grug, ond y gorffennol.'

Gwelodd Daf y newid yn ei hwyneb, o amheuaeth i ddryswch i arswyd pur. Sgrechiodd fel petai wedi cael ei thrywanu, a chododd ei llaw at ei cheg.

'Rhydian! Na, na, na... all hyn ddim bod yn wir.'

'Fel arfer, doedd dim canlyniadau drwg i swynau Leah – roedd pobol yn cael y babis roedden nhw'n ysu amdanyn nhw, ond yn yr achos yma roedd pethe'n wahanol. Falle fod hyn yn egluro pam wnaeth Leah adael, y straen o gadw'r gyfrinach, y straen o dy weld ti a Mel yn closio heb syniad eich bod chi'n frawd a chwaer.'

'Ond dwi wedi... wnaethon ni...' Roedd ffieidd-dod wedi cymryd lle'r arswyd yn ei llygaid.

'Doedd dim modd i chi wybod bod unrhyw gysylltiad gwaed rhyngddoch chi.'

'Ond mi ges i fabi efo 'mrawd! Mae hynny'n beth erchyll!' Roedd dagrau yn ei llygaid. 'Roedd o'n beth bach mor wan ac esgyrnog, fel cyw wedi disgyn o'r nyth yn rhy gynnar. Ddylai creadur tebyg ddim bod, dyna ddwedodd Dadi, a doedd Mel ddim yn fodlon ei gyffwrdd, na hyd yn oed edrych ar ei fab ei hun.'

'Dwi'n meddwl fod Mel yn gwybod erbyn hynny dy fod di'n hanner chwaer iddo fo.'

Disgynnodd Grug i lawr ar y glaswellt fel petai wedi colli pob nerth yn ei choesau.

'Oedd o'n gwybod cyn i ni briodi?'

'Oedd.'

'Mi briodais fy mrawd. Mae'r rheina'n eirie anodd i'w llyncu.'

'Mi ddei di i dderbyn y peth; 'den ni i gyd yn gryfach na 'den ni'n feddwl.'

'Ddylen ni ddim bod wedi... wnaethon ni genhedlu plentyn sy ddim i fod i fodoli.'

'Ond mae Rhydian yn bodoli, ac mae'n amlwg faint ti'n ei garu. Dyna sy'n bwysig rŵan.'

Eisteddodd Daf i lawr wrth ei hochr, a gafaelodd Grug yn ei law yn dynn nes bod ei hewinedd yn brifo'i gnawd.

'Roedd pobol yn meddwl 'mod i wedi cael fy sbwylio gan Dadi a Mami, a dwi'n gwybod 'mod i'n freintiedig mewn sawl ffordd, ond roedd rhwbeth ar goll, ac allwn i ddim deall be. Roedd popeth yn llithro o 'mysedd i. O'r diwedd, mae 'na ryw synnwyr i'r cyfan. O, sut alla i ddweud hyn wrth Rhydian?'

'Mae o'n gwybod yn barod. Dyna pam aeth o i'r cartref henoed i ymosod ar ei daid. Pan gafodd o brofion ynglŷn â llid y cymalau, mi wnaethon nhw brawf genetig oedd yn dangos diffyg amrywiaeth yn ei DNA. Mae hynny'n gallu digwydd os ydi mam a thad rhywun yn perthyn yn agos.'

'O, pam na ddwedodd o wrtha i? Baich arall iddo ei ysgwyddo ar ei ben ei hun...'

'Falle'i fod o wedi trafod y sefyllfa efo Pow.'

'Digon posib. Mae hynny'n esbonio pam eu bod nhw mor bendant mai Pow fyddai tad y babi, nid Rhydian.'

Yn sydyn, dechreuodd Grug chwerthin.

'Ti'n gwybod be 'den ni'n ddweud wrth fridio ceffylau, Daf? Agos, ond dim yn rhy agos. 'Den ni'n ceisio cadw holl rinweddau arbennig Glanrhedyn drwy fridio rhwng dau gob sy'n perthyn, a dyna ydi'r gwahaniaeth rhwng bridiwr medrus a bridiwr llai llwyddiannus – tydi rhai ddim yn gwybod be sy'n rhy agos. Brawd a chwaer, byth. Yn tydi hi'n rhyfedd ei bod ni, y teulu Arthur, wedi cymryd y ffasiwn ofal wrth fridio ceffylau dros y cenedlaethau ond wedi gwneud y ffasiwn lanast efo'n DNA ein hunain? Miss Grug, wir! Plentyn siawns y potsiwr ydw i.'

'Mae dy etifeddiaeth yn fwy na gwaed, a ti sy'n dewis cwrs dy fywyd.'

'Dewis? Pa ddewis? Mynd efo'r llif dwi wedi'i wneud drwy fy mywyd, heb wneud llawer heblaw ceisio peidio boddi.'

'Lol botes! Wnest ti fagu plentyn bron ar dy ben dy hun, mewn sefyllfa anodd tu hwnt. Mae Rhydian yn hapus efo Pow, ac mae hynny o ganlyniad i'r fagwraeth roist ti iddo.'

'Ond mae bywyd Rhydian yn llawn poen a chyfyngiadau....' Trodd Grug at Daf yn sydyn. 'Pryd ddysgodd Mel ein bod ni'n frawd a chwaer?' gofynnodd, â golwg benderfynol yn ei llygaid.

'Yn ôl yr hyn ddysgais i heddiw, jest cyn eich priodas.'

'Felly, dyna pam roedd o'n gwrthod hyd yn oed fy nghyffwrdd i?'

'Go debyg.'

'Felly, doedd y broblem yn ddim i'w wneud efo fi yn bersonol, dim ond y berthynas rhyngddon ni? Mae hyn yn newid popeth!'

Sgrialodd ar ei thraed a rhedeg i lawr drwy'r coed i gyfeiriad y gwersyll. Dilynodd Daf hi. Ar ôl cyrraedd y lorri aeth yn syth at Eben a'i gusanu ar ei wefusau. Roedd Daf yn ddigon agos i weld y syndod yn llygaid Eben, ond camodd yn ôl – eiliad iddyn nhw a neb arall oedd hon.

Pennod 20

Sbardunodd yr olygfa rhwng Grug ac Eben lif o atgofion serchus i Daf, felly ffoniodd Gaenor.

'Ti'n ocê, Daf?' Roedd yn amlwg ei bod hi wedi cael gwydraid neu ddau, ac roedd cymysgedd o hwyl a phryder yn ei llais.

'Tsiampion, diolch. Dim ond ffonio i ddweud 'mod i'n dy garu di.'

'Ti ddim hyd yn oed yn hanner call. Ro'n i'n meddwl dy fod ti'n brysur. Sut mae Tinc?'

'Tinc yn grêt.'

'Ydi'r pwyllgor wedi gwahardd y bastard stalwyn 'na eto?'

'Dwi ddim wedi clywed – rhy brysur efo'r achos.'

'Wfft i'r achos! Ti ar Fryn y Ceffyle er mwyn cael yr holl glecs i mi.'

Ar ôl i'r alwad orffen sylweddolodd Daf ei fod yn gwenu fel giât. Gan ufuddhau i orchymyn Gaenor, ffoniodd Margaret i holi am y Cuddy.

'Cyn i ti ofyn, Deifi Siop, does dim gair gan y pwyllgor eto.'

'A Jaxx?'

'Nerfus, gwelw. Rhaid i mi ofalu amdano fo dros nos, mae'n debyg – tydi John ddim yn ôl o'r 'sbyty.'

''Den ni wedi gyrru'r triog i'r labordy i gael ei brofi. Fyse'n help mawr petai ganddon ni sampl o waed Jaxx i'w yrru iddyn nhw hefyd.'

'Iawn. A pwy sy'n mynd i gymryd y gwaed, dwêd?'

'A' i â fo fyny i'r Pentre Ieuenctid – mae 'na sawl meddyg yno.'

'Ty'd i'w nôl o felly. Oes gen ti gar?'

'Na, allwn ni gerdded fyny mewn deng munud.'

Ond erbyn i Daf gyrraedd lorri Margaret Hamer roedd darn bach o Elastoplast ar fraich Jaxx ac roedd tiwb bach yn ei llaw.

'All milfeddyg gymryd sampl yn ddigon rhwydd,' datganodd Margaret.

Nid oedd Daf yn hapus, ond ar y llaw arall, byddai'n well i Jaxx fynd i'w wely yn hytrach nag am dro i fyny i'r Pentre Ieuenctid. A thystiolaeth i helpu Jaxx yn hytrach nag ar gyfer achos llys oedd y gwaed.

'Hmm... cysyllta di â John Kell, Margaret, i sicrhau caniatâd – ond heb ddweud bod y sampl wedi'i gymryd yn barod.'

Ar ôl gadael y ddau, cerddodd Daf lawr i ystafell yr ymchwiliad. Rhoddodd y sampl mewn bag tystiolaeth a'i roi yn nrws yr oergell fach cyn cychwyn yn ôl i Fryn y Ceffylau.

Wrth gribo mwng Tinciwinci, dechreuodd siarad â hi'n dawel.

'Wel, dwi wedi dysgu rhywfaint am yr achos, cariad, ond mae 'na lwyth o gwestiynau heb eu hateb o hyd. Gobeithio ga' i dipyn o'r atebion gan Wil Walters yn y bore. 'Sen i'n synnu petai o wedi gallu torri Mel Puw yn ddarne, ond be am y cocên? Roedd Janet Hilman wedi addo deng mil o bunne iddo am wneud y job – oedd o am dalu am y cyffurie efo hwnnw? Ond mi fyse'n rhaid iddo gael yr arian ymlaen llaw, debyg, a tydi Janet ddim wedi talu iddo. O, Tinc bach, mi fyse'n dda tase Wil yn cyffesu mewn pryd i mi allu dod i weld dy fuddugoliaeth fory. Achos ti fydd yn cipio'r wobr, yn sicr, achos ti ydi'r ferlen ddelaf a smartiaf yn y byd mawr crwn, a does 'run stalwyn dan haul all dy guro...'

'Bòs?' Rhoddodd Toscano ei ben yn betrusgar drwy hanner agored drws y stabl. 'Wyt ti'n iawn? Wyt ti'n siarad efo'r ceffyl?'

'Be os ydw i? Mae ganddi hi fwy o sens yn ei phen na ti. Llenwa'r bwced 'ma, y catffwl. Sori, còg,' mwmialodd, wrth weld yr olwg drist ar wyneb y plismon ifanc. 'Sut hwyl gest ti efo'r pys pêr?'

'Wel, dwi wedi darganfod pwy ydi'r ddynes: Mary Jane Vaughan. Mae hi wedi gadael y Maes am y diwrnod ond mi fydd hi'n ôl fory i gasglu ei phethau: mae hi wedi cystadlu efo'r blodau a'r coginio.'

'Da iawn. Dim ond gair efo hi sydd angen, i'w pherswadio i beidio gwneud rhwbeth mor dwp eto.'

'Iawn, bòs. Sut mae'r achos?'

'Dwi wedi dysgu cymaint o gefndir, ond dwi'n dal i fethu ateb y cwestiynau sylfaenol. Dwi'n bendant bod cysylltiad rhwng Walters a marwolaeth Puw, ond does gen i ddim ffeithiau i brofi hynny eto.'

Wrth gerdded yn ôl at y gwersyll, oedodd Daf i olchi'i ddwylo. Cerddodd Toscano yn ei flaen, felly roedd yn rhaid iddo fo ymateb ar ei ben ei hun i'r sefyllfa wrth focs ceffylau Nicci. Roedd dyn yn cydio yn ei braich, a chymysgedd o chwant a dicter yn ei lygaid.

'Nawr sy'n siwtio fi, y bitsh fach,' poerodd.

Ceisiodd Nicci gamu'n ôl ond roedd ei afael arni'n rhy dynn.

'Fi ddim moyn gwneud hyn ddim mwy, sori,' atebodd mewn llais isel ond penderfynol.

'Dim be *ti* moyn sy'n bwysig,' mynnodd y dyn gan dynnu ar flaen ei ffrog efo'i fysedd cryf.

'Stopia di!' gwaeddodd Toscano, gan redeg draw atyn nhw. 'Heddlu Dyfed Powys.'

Wrth glywed hyn, rhedodd Daf yno gan sychu ei ddwylo yn ei grys wrth fynd.

'Cadw dy drwyn allan,' meddai'r dyn wrth Toscano. 'Trefniant busnes yw hyn.'

'Fel ddwedes i,' meddai Nicci, 'mae'r trefniant wedi dod i ben.'

'Pam hynny? Wyt ti 'di dod o hyd i ddyn digon ffôl i dalu am be mae pawb arall yn ei rentio? A tithe, grwt,' ategodd, wrth droi at Toscano, 'wn i ddim o ble ti'n dod, ond yng Nghymru, dyw e ddim yn erbyn y gyfraith i ddyn dalu am sbort. Mae'r arian parod gen i, ond mae Miss yma wedi dechrau ymddwyn fel Llysgenhades yn hytrach na tharten rad.'

'Os wyt ti'n gofyn o ble dwi'n dod,' atebodd Toscano yn urddasol, gan orliwio'i acen Sir Drefaldwyn wrth dynnu ei gerdyn gwarant o'i boced, 'y Drenewydd ydi'r ateb. Ond waeth lle ges i fy magu, mae'r cerdyn hwn yn rhoi'r hawl i mi dy arestio di am ymosod.'

Gollyngodd y dyn fraich Nicci a mwythodd hithau ei chnawd cleisiog. Wrth weld Daf yn agosáu, trodd y dyn ato.

'Wnei di egluro i'r *dago* 'ma 'mod i ddim yn droseddwr?' mynnodd.

'I ddechrau, paid â meiddio defnyddio'r ffasiwn iaith hiliol. Ac o be dwi'n weld, mae Nicci wedi dy wrthod, a ti ddim wedi derbyn ei phenderfyniad.'

'Penderfyniad? Hy! Fydd hi'n cropian yn ôl ar ei phedwar yn gofyn am arian cyn hir, mae'n siŵr.'

'Na!' datganodd Nicci yn nerthol. 'Byth eto. Mae'r drws yma wedi'i gau.'

'Am faint? Ddei di'n ôl fel rhyw ast at ei chwd y tro nesa ti angen llwyth o wair.'

'Na. Byth eto.'

Chwarddodd y dyn a sylwodd Daf fod ei fysedd wedi gadael sawl staen tywyll ar ffrog ysgafn Nicci.

'A be wyt ti'n mynd i wneud, e? Ar dy gefn, ti'n werth rhywfaint; ar dy draed, ti'n werth dim.'

'Dwi 'di clywed hen ddigon!' taranodd Toscano. 'Ty'd efo fi – dwi'n mynd â ti i orsaf heddlu'r dre i gael dy gyhuddo. Mae gen i efynnau llaw, os oes raid.'

Wrth weld y gefynnau, newidiodd agwedd y dyn yn gyfan gwbl.

'O, dim ond jôc rhwng Nics a finne oedd e, ry'n ni'n hen ffrindiau. A jôc oedd be ddwedes i amdanat ti hefyd.'

'I ti gael gwybod, dwi'n ymfalchïo yn fy etifeddiaeth Eidalaidd. Ty'd.'

'Ti isie i mi ddod efo ti?' gofynnodd Daf, wedi drysu braidd efo'r Toscano newydd.

'Dwi'n meddwl y byse'n well i ti aros efo'r foneddiges ifanc yma, bòs: mae hi wedi cael braw.'

'Ti ddim o ddifri? Chewch chi ddim fy arestio fi. Dwi'n ddyn... mae gen i ffrindie...'

Estynnodd y dyn chwyslyd ei law i gyfeiriad Daf, ei fysedd yn symud yn rhyfedd. Roedd yn rhaid i Daf chwerthin.

'Paid â thrafferthu, ffrind,' dywedodd. 'Tydi dy lol Seiri Rhyddion di'n dda i ddim efo ni.'

'Ond os ga' i fy arestio, bydd y teulu'n cael gwybod, a...'

'Ddylet ti fod wedi meddwl am hynny cyn ymosod ar Nicci a'i bygwth. Cer efo DS Toscano rŵan, a pwy a ŵyr, falle fydd un o dy ffrindie pwysig yn talu dy fechnïaeth di.'

Roedd Nicci'n dawel wrth iddyn nhw adael, yn dal i rwbio'r clais ar ei braich.

'Ro'dd e'n un o'r gwaethaf,' dywedodd ar ôl iddyn nhw ddiflannu i gyfeiriad y fynedfa. 'Yn hoffi brifo, a byth yn torri'i ewinedd.'

'Dwi'n falch dy fod ti 'di gwneud y dewis yma, lodes.'

'Ges i sgwrs hir 'da rhywun sy wedi diodde cymaint o gamdriniaeth yn ei fywyd – ro'dd e'n dweud mai llwyddiant yw'r ffordd ore o ddial, yr unig beth all wir frifo'r rhai sy wedi dy danbrisio di.'

'A ble mae Cai rŵan, dwêd?'

'Cai?'

'Does dim angen i ti guddio'r gwir rhagdda i, lodes. Roedd o'n amlwg pan welsoch chi'ch gilydd gynta ar y balconi bod cysylltiad rhyngoch chi. Bachgen clên iawn ydi Cai, er bod ganddo dipyn o fagej, fel mae'r Sais yn dweud.'

'Glywes i hanes y carchar, y cyffuriau, y gamdriniaeth...'

'Wel, dwi'n falch eich bod yn dechre canlyn.'

'Newydd gwrdd â fe ydw i, ac ry'n ni'n gyrru mlaen yn dda, dim byd mwy.'

'Hm. Sut mae dy fraich?'

'Fi 'di derbyn gwaeth ganddo. Chydig o arnica a fydda i'n iawn.' Edrychodd dros ysgwydd Daf fel petai'n osgoi edrych i'w lygaid. 'Fi'n gwybod 'mod i'n gymydog go heriol, ond diolch am bopeth.'

'Dyna fy swydd i, lodes.'

'Ti wedi gwneud mwy na dy swydd. Ti wedi fy herio i feddwl

am fy mywyd, meddwl am fywyd gwell. Ti wedi aredig y tir, fel petai.'

'A Cai sy'n plannu'r hadau?'

Cododd Nicci glwt gwlyb o bwced gerllaw a'i daflu i gyfeiriad Daf gan wenu.

Roedd y babell yn boeth ofnadwy. Doedd Daf ddim wedi bwriadu mynd i gysgu'n syth, ond ar ôl iddo dynnu ei grys chwyslyd a gorwedd ar y fatres aer, sylwodd pa mor braf oedd hi yno. Ymlaciodd yn sŵn yr adar bach, gweryru ysgafn o'r stablau a churiad bas y Pentref Ieuenctid. Pan agorodd Toscano fflap y babell ddwyawr yn ddiweddarach roedd o'n cysgu'n sownd. Roedd hi'n dywyll, ond yng ngolau'r dortsh gwelodd Daf fod clais ar foch chwith Toscano.

'Ti'n iawn, còg? Wnes i ddim meddwl y byse'r slebog 'na'n cwffio'n ôl.'

'Dim fo wnaeth, bòs. Mae'n go wyllt yn y dre, ac roedd Roderick yn ceisio rhoi dipyn o drefn ar ffrae wrth y peiriant arian parod. Mae o angen pob help posib, felly dwi'n gofyn am ganiatâd i ymuno efo fo am gwpl o oriau.'

Ochneidiodd Daf yn flinedig ac estyn am ei grys.

'Mae Roderick wedi gofyn i mi fynd ato am hanner shifft rŵan, wedyn gei di fynd yno yn fy lle i, tua tri? Efo Eifiona, os yn bosib?'

'Ocê,' cytunodd Daf, gan edrych ar ei ffôn. Un ar ddeg y nos oedd hi. 'Ond cofia, mae ganddon ni lwyth o waith i'w wneud fory.'

Camodd Toscano yn ôl, ond cyn iddo gau'r sip, roedd yn rhaid i Daf ofyn;

'Os oedd Roderick angen dy gymorth, pam na wnest ti ffonio?'

'Mi wnes i. Pan ti'n cysgu, ti wir yn cysgu.'

Ar ffôn Daf roedd chwe galwad heb eu hateb, pob un gan Toscano.

'Sori,' mwmialodd. 'Gad y fflap ar agor – mae'n fwll fan hyn.'

Er gwaetha'r gwres aeth Daf yn ôl i gysgu'n syth, ond ar ôl rhyw ddwyawr, deffrodd o freuddwyd ryfedd. Yn y freuddwyd, oedd mor fyw â bywyd go iawn, clywodd lais Jaxx, yn glir ond yn dawel, yn ailadrodd yr un geiriau drosodd a throsodd: 'Fi wnaeth. Fi laddodd Mel Puw. Fi wnaeth. Fi laddodd Mel Puw.'

Roedd y freuddwyd yn ddigon i sbarduno Daf i adael ei babell ac edrych o'i chwmpas. Roedd popeth yn dawel, heblaw am sŵn cerddoriaeth o bell. Llanwodd Daf ei ysgyfaint ag awyr iach a chrwydro i lawr i'r tai bach. Gwenodd wrth feddwl sut groeso roedd o wedi'i gael ar Fryn y Ceffylau, a gwnaeth hynny iddo benderfynu picio draw i'r stablau i daro golwg ar Tinciwinci. Roedd popeth yn dawel yno hefyd, heblaw ambell symudiad aflonydd gan stalwyn Mel Puw. Ystyriodd ddyfodol y stalwyn: byddai'r safle'n cael ei glirio'r diwrnod wedyn, a byddai'n rhaid i rywun gludo'r anifail oddi yno. Yn sydyn, clywodd sŵn pedolau ar y concrit a thincial chwerthin ysgafn o'r rhes arall o stablau. Nid oedd rheswm i neb dynnu ceffyl o'i stabl yng nghanol y nos, felly aeth Daf draw i weld beth oedd yn digwydd.

Nicci oedd yno, yn rhoi cyfrwy ar un o'i cheffylau tra oedd Cai yn newid careiau gwartholion cyfrwy'r llall.

'Dyw dy goese di ddim mor hir â hynny, boi,' heriodd hi. Yn hytrach nag ateb, rhoddodd Cai ei droed yn un o'r gwartholion a chodi'i hun yn llyfn i'r cyfrwy. Gwnaeth Nicci'r un fath.

'Hei, Daf,' gofynnodd Cai, fel petai'n ganol dydd, 'pasia'r bag 'na i mi, wnei di?' Pwyntiodd ei fys at y sach gefn oedd yn gorwedd ar y concrit wrth ddrws agored y stabl. Cododd Daf y strap a chlywodd sŵn poteli'n curo'n erbyn ei gilydd.

'Ry'n ni'n mynd am bicnic,' esboniodd Nicci, yn gwenu'n braf.

'Ond i ble? Mae'r safle wedi cau.'

'Mae'r crwt 'ma'n gweud y gall e neidio... gawn ni weld!'

'Dwi'n gallu neidio'n iawn, lodes,' protestiodd Cai, 'ond wn i ddim am yr hen leidi 'ma,' meddai wrth anwesu'r ceffyl oddi tano. 'Dwi'm yn siŵr faint o fynd sydd ynddi.'

'Hen ddigon o fynd i ti, gw'boi.'

Wrth i'r ddau adael clos y stablau, gobeithiodd Daf y gallai'r ddau, oedd wedi profi cymaint o anawsterau, ddarganfod lôn glir o'u blaenau.

Roedd o'n cerdded yn hamddenol yn ôl at ei babell pan glywodd rywun yn galw'i enw: Margaret Hamer. Roedd hi'n brysio ar ei ôl felly trodd i gwrdd â hi. Roedd hi mor fyr ei gwynt, roedd ei geiriau'n aneglur.

'Ti wedi gweld Jaxx?' meddai o'r diwedd.

'Na. Pam?'

'Mae o wedi diflannu. Dwi mor sori.'

'Pryd oedd hyn?'

'Dyden ni ddim yn sicr. Hanner awr, bosib, neu lai.'

'Reit,' datganodd Daf, a thynnu ei ffôn o'i boced. Cyfarthodd y manylion wrth swyddog yng ngorsaf Aberhonddu, gan ofyn am gymorth brys, ond disgynnodd ei wyneb wrth orffen yr alwad.

'Mae'r ceir i gyd yn brysur. Mi fyddwn ni'n lwcus os welwn ni unrhyw un yma o fewn yr awr.'

'Ond.. dydi hynny ddim yn iawn, Dafydd.'

'Dwi'n gwybod hynny. O leia mae'r safle 'ma wedi'i gau yn dynn.'

'Does dim byd yn dynn i'r teulu Kell. Os ydi o isie gwneud hynny, all Jaxx ddianc drwy dwll clo, heb sôn am ffens. Ac mae 'na lidiart wrth y coed bedw.'

Deialodd Daf rif Toscano: dim ateb.

'Dwi'n poeni am y ffordd fawr,' meddai Margaret, ac am y tro cyntaf ers iddo ddod i'w nabod hi, clywodd Daf nodyn o ansicrwydd yn ei llais. 'Yn ei ddillad tywyll, fydd neb yn ei weld. Hefyd...' Doedd dim rhaid iddi egluro mwy.

'Rhaid i ni fynd ar ei ôl o, ond heb gar na syniad ffordd aeth o, wn i ddim lle i ddechrau.'

'Dim ond y lorri sy ganddon ninnau, ac mae pawb arall yn yr un sefyllfa. Ac mi fyse'n rhaid i'r tîm diogelwch agor y llidiart mawr, a gymrith hynny hanner awr.'

Gadawodd Daf neges i Toscano.

'Oes bois diogelwch o gwmpas heno?' gofynnodd i Margaret.

'Na. Roedd dipyn o helynt fyny yn y YPV, a...' Cymerodd Margaret anadl ddofn a gweiddi, 'Nicci! Cai! Dewch yma rŵan!'

Yn amlwg, doedd y ddau ddim wedi mynd yn bell, ac mewn chwinciad roedden nhw'n trotian at Margaret.

'Mae Jaxx ar goll,' esboniodd Margaret. 'Mi wnawn ni chwilio'r safle ond dwi bron yn sicr ei fod o wedi gadael y Maes. Mae Dafydd wedi galw'r heddlu ond pwy a ŵyr pryd ddaw rhywun i helpu.'

'Awn ni,' cynigiodd Nicci. 'Allwn ni fynd allan heb drafferth o gwbl.

'Ddylwn i ddod efo chi,' mynnodd Daf. 'Mae Jaxx yn dyst yn yr achos, cofia.'

'Neidia di lawr, còg,' meddai Margaret wrth Cai. 'All Nicci fynd â Dafydd.'

'Ond dwi ddim yn... alla i ddim marchogaeth!' protestiodd Daf.

Erbyn hyn, roedd Cai wedi neidio oddi ar ei geffyl.

'Does dim rhaid i ti wneud dim byd ond eistedd ar Modlen,' ceisiodd Nicci ei gysuro. 'Mae hi fel soffa.'

Ceisiodd Daf godi'i droed i'w rhoi yn y gwarthol, ond methodd. Plethodd Cai ei ddwylo ynghyd a'u dal yn isel i Daf gamu iddyn nhw. Rywsut, llwyddodd i eistedd yn y cyfrwy. Rhoddodd Margaret a Cai ei draed yn y gwartholion.

'Tsiampion!' datganodd Margaret. 'Mi wnawn ni joci ohonat ti ymhen dim. Rŵan 'te, cofia, sodlau a dwylo i lawr, pen a chalon i fyny, a dyna ti, *good to go*.'

'Dwi ddim yn meddwl bod hyn yn syniad da o gwbl,' meddai Daf gan edrych i lawr yn betrusgar.

'Mi a' i i nôl fy nghar,' cynigiodd Cai, 'ond mae o i fyny ym Maes Parcio C, felly bydd rhaid i mi gael lifft yno. Wedyn, ddo' i atoch chi.'

'Os dwi'n dal yn fyw erbyn hynny,' mwmialodd Daf.

'Cofia, nid handls ydi llinynnau'r ffrwyn, ond olwyn lywio,' galwodd Margaret.

'Sut dwi'n aros i fyny 'ma 'te?'

'Defnyddia dy goesau. Gwasga hi.'

'Paid â phoeni, Mr Dafis, dyw Modlen ddim yn geffyl blaen,' cysurodd Nicci ef. 'Fe wnaiff hi fy nilyn i. Ffwrdd â ni!'

O gornel ei lygad gwelodd Daf fod Cai wedi dechrau rhedeg nerth ei draed i lawr i gyfeiriad y Prif Safle, a Margaret wedi diflannu i gyfeiriad ei lorri rhag ofn i Jaxx ddychwelyd yno. Rŵan, roedd yn rhaid iddo ganolbwyntio ar y dasg bwysig o beidio â disgyn. Doedd o ddim wedi sylweddoli o'r blaen pa mor uchel oedd ceffylau mawr, a gyda phob un o gamau Modlen roedd yn rhaid iddo wneud ymdrech i gadw'i falans.

'Symuda 'da hi,' galwodd Nicci arno dros ei hysgwydd.

'Haws dweud na gwneud,' galwodd yn ôl.

O gefn y ceffyl roedd ganddo olygfa dda dros y safle ac roedd y cyflymder hefyd yn fantais. Dechreuodd deimlo'n fwy hyderus eu bod am ddod o hyd i Jaxx... nes iddo weld y llidiart solet o'u blaenau oedd wedi'i gau â chadwyn fawr a chlo clap. Tu ôl i'r giât roedd goleuadau diogelwch y ffordd fawr, felly gallai Daf weld y rhwystr yn glir.

'Sut goblyn 'den ni'n mynd drwy hwn?' gofynnodd. Erbyn hyn, roedd Nicci wedi stopio ac roedd Daf wrth ei hochr.

'Dy'n ni ddim yn mynd drwyddo, ni'n mynd drosto fe. Gwylia be fi'n wneud. A chymera dipyn o *run-up*, gafaela ym mlaen y cyfrwy'n dynn a cheisia blygu mlaen tra mae hi'n neidio. Fel hyn.'

Cyn i Daf gael cyfle i brotestio yn erbyn y syniad erchyll, roedd Nicci wedi tynnu ar un llinyn ffrwyn i droi pen ei cheffyl a throtio'n ôl i lawr y llwybr. Wedi iddi fynd yn ddigon pell, trodd eto. A'i cheffyl yn cyflymu gyda phob cam, gwibiodd heibio i Daf. Wrth i'w cheffyl neidio, plygodd Nicci ymlaen nes roedd ei thrwyn ger clustiau'r anifail, a hedfanodd y ddau dros y llidiart a glanio'n daclus yn y glaswellt hir ar yr ochr arall.

'C'mon, Mr Dafis,' galwodd, y golau melyn yn adlewyrchu'r sglein oedd yn ei llygaid.

'Alla i ddim.'

'Does dim rhaid i ti wneud dim. Modlen sy'n gwneud y gwaith caled – dim ond eistedd ar ei chefn hi wyt ti. Allwn ni ddim dod o hyd i Jaxx yn llonydd fan hyn.'

Sylwodd Daf ei fod o'n chwysu, a lledr y llinyn ffrwyn yn llithrig yn ei fysedd gwlyb.

'Be am i mi neidio i lawr ac i ti ddringo drosodd a neidio efo Modlen, a...'

'Paid bod yn sofft!'

Tynnodd Daf linyn ffrwyn Modlen a throdd honno ei phen yn dawel. Eiliadau yn ddiweddarach roedden nhw'n ddigon pell o'r llidiart uchel, ac yn barod i gychwyn.

'Gwasga'n dynn, ergyd bach 'da dy sodlau, a ffwrdd â ti. C'mon, Modlen!'

Gafaelodd Daf ym mlaen y cyfrwy mor dynn â phosib. Curodd ochrau Modlen efo'i sodlau a dechreuodd y ferlen gyflymu. Roedd y llidiart yn dod yn nes ac yn nes, ac yn sydyn, cododd Modlen ei choesau blaen. Collodd Daf un o'r gwartholion a chwifiodd ei goes yn yr awyr. Plygodd ymlaen a chau ei lygaid yn dynn. Teimlodd ryw nerth rhyfedd drwy ei ben-ôl a'i gluniau, a'r eiliad nesaf roedd o'n crynu gan sioc y glanio. Teimlai fel petai ei berfedd yn rhydd yn ei gorff.

'Ddim y naid berta i mi ei gweld erioed,' barnodd Nicci, 'ond ti drosodd. Sortia dy warthol – ry'n ni ar frys.'

Dilynodd Daf hi i'r dde, a sylwodd ar grŵp o bobol ifanc ar eu ffordd i'r Pentre Ieuenctid, oedd wedi oedi i'w gwylio nhw'n neidio.

'Braidd yn hwyr i fynd am dro,' sylwodd un.

'Fyse dim ots gen i fynd am dro efo hithe liw nos,' meddai llanc yn ei arddegau hwyr. 'Welest ti erioed y ffasiwn din?'

Chwarddodd ei ffrindiau i gytuno, ond rhewodd y dyn ifanc.

'Dad!' ebychodd mewn llais llawn embaras.

'Methu aros, còg, dwi ar ddyletswydd,' galwodd Daf yn ôl, gan ddilyn Nicci i lawr y rhiw. Gallai pethe fod yn waeth, ystyriodd Daf: o leia wnaeth o ddim disgyn o flaen Rhodri a'i ffrindiau.

Erbyn hyn roedd Nicci yn sefyll ac yn eistedd bob yn ail yn y cyfrwy, gan ddilyn rhythm gosgeiddig ei cheffyl. Roedd Modlen wedi cyflymu i ddal i fyny, ac roedd pen-ôl Daf bellach yn teimlo fel un clais mawr. Oedodd Nicci wrth y troad o'r brif ffordd.

'Siŵr 'i fod e wedi troi fan hyn,' meddai. Doedd hi ddim yn fyr yn ei gwynt o gwbl ond roedd ysgyfaint Daf yn gwichian fel petai wedi rhedeg milltir.

'Pam hynny?'

'Pan weles i e tua saith o'r gloch, roedd e'n sôn am fynd i'r ysbyty i weld JJ. Petai wedi cerdded drwy'r dre, bydde rhywun yn siŵr o'i weld a holi pam fod crwt mor ifanc ar ei ben ei hun mor hwyr. Hefyd, 'se'n rhaid iddo basio safle'r Teithwyr, lle mae pawb yn ei nabod. Mae'n dawelach o lawer yr ochr hon i'r afon, ac yn ddigon hawdd iddo groesi'r bont ger Erwyd.'

'Hefyd, mae'r ceir heddlu dwi wedi'u galw yn debygol o ddechrau chwilio ar y priffyrdd, felly ymlaen â ni!'

Erbyn hyn, a hwythau wedi gadael y goleuadau y tu ôl iddyn nhw, roedd hi'n dywyll ac eithrio golau ambell ffermdy.

'Bydd raid i ni drotian os y'n ni am ddal fyny 'da fe, ac os wyt ti'n eistedd ar Modlen druan fel sach o datws, fydd dy din di'n brifo yn y bore.'

'Mae hi bron yn fore, ac mae 'nhin i'n brifo'n barod.'

Ymhen rhyw hanner milltir dechreuodd llygaid Daf arfer â'r tywyllwch. Roedd golau'r sêr yn ddigon iddo weld y sietin bob ochr iddo, a siapiau'r bryniau uwchben. Roedd arogl blodau gwyllt yn gymysg â chwys dyn a cheffyl, a chlywodd sŵn tylluan yn hela. Daeth sŵn chwyrlïo ar yr awel ysgafn, sŵn nad oedd o wedi'i glywed ers blynyddoedd maith.

'Gwennol y nos!' ebychodd.

'Stopia fwynhau dy hun a chanolbwyntia.'

Synnodd Daf pa mor bell roedden nhw wedi teithio – doedden nhw ddim yn bell o wtra Nel Bound. O'u blaenau, roedd sŵn brefu.

'Be sy wedi styrbio'r defaid, dwêd?' gofynnodd Daf. 'Os mai

Jaxx ydi o, mi fydd yn siŵr o droi ar ei sawdl wrth ein gweld ni. Felly, cer di yn dy flaen, Nicci, heibio iddo. Bydd o'n siŵr o droi, wedyn mi alla i ei ddal o.'

Nodiodd Nicci ei phen a throtian yn ei blaen. Oedodd Daf am eiliad, gan deimlo cyfrifoldeb dwys am Modlen heb gefnogaeth Nicci. Gwasgodd ei hochrau efo'i gluniau a dechreuodd y ferlen gerdded yn hamddenol i lawr yr wtra, fel petai'n asyn ar draeth Bermo.

Yn sydyn, daeth llais Nicci drwy'r llonyddwch fel cyllell boeth drwy fenyn.

'Dyma fe!'

Gwelodd Daf fflach o siwmper las Jaxx yn y gwyll, a thynnodd y llinynnau ffrwyn i arafu Modlen rhag codi ofn ar Jaxx. Roedd y bachgen yn rhedeg nerth ei draed, fel llwynog yn cael ei hela.

'Jaxx, arhosa! Daf Dafis sy 'ma. 'Den ni isie dy gadw di'n saff, dyna'r cwbwl.'

'Ffwcio ti!' galwodd y llais gwan, a gwelodd Daf fflach o wallt coch uwchben wyneb gwelw. Ond yr un mor sydyn, diflannodd Jaxx o flaen ei lygaid. Dyfalodd Daf eu bod nhw bron â chyrraedd pen wtra Blaengwy, a cheisiodd berswadio Modlen i droi i'r dde i gyfeiriad yr afon, ond bwriodd hi ymlaen yn syth. Clywodd garnau ceffyl Nicci.

'Ble mae e?' gofynnodd hi.

'Wedi troi lawr yr wtra 'na ond tydi Modlen ddim yn fodlon ei ddilyn.'

'Dilyna fi.'

Dan arweinyddiaeth sicr Nicci, cyrhaeddodd Daf a Modlen fuarth Blaengwy ymhen dim.

Daeth goleuadau'r buarth ymlaen yn awtomatig, a gwelodd Daf fod Nel Bound yn sefyll ar dop y stepiau rhwng yr ardd a'r buarth, yn aros amdanyn nhw. Roedd hi'n gwisgo pyjamas sidan byr oedd yn arddangos ei choesau brown, cryf. Roedd ei gwallt blêr yn dyst i'r ffaith ei bod newydd godi o'i gwely, ond rhwng ei llofft a'r buarth roedd hi wedi oedi i estyn gwn twelf bôr:

roedd un llaw yn dal carn y gwn wrth ei chlun a'r llall yn dal y faril. Roedd golwg arni fel petai'n hen law efo'r arf, a chafodd Daf ei gysuro gan y ffaith na fyddai byth yn ystyried ei anelu at geffyl.

'Be ffwc wyt ti'n wneud, Daf?' gwaeddodd. 'Mae hi bron yn ddau o'r gloch y bore a ti'n prancio drwy fy muarth i ar ryw hac fach ramantus.'

''Den ni'n chwilio am fachgen sydd ar goll.'

'Ar gefn ceffyl? A sytha dy gefn, yn enw rheswm. Ti fel sach o datws ar gefn y creadur druan.'

'Doedd ganddon ni ddim car, ac roedden ni ar frys,' esboniodd Nicci. 'Daeth y crwt lawr yma funed neu ddwy yn ôl.'

'Lle mae o nawr 'te?' gofynnodd Nel, gan siglo pen y gwn mewn cylchoedd fel petai chwilolau ar ei flaen.

''Den ni ddim yn gwybod. A gyda phob parch, 'den ni'n gwastraffu amser yn malu awyr fan hyn.' Difarodd Daf ei eiriau'n syth. 'Sori. Heb fod yn amharchus, Nel, 'den ni'n chwilio am fachgen bach bregus saith oed, sy'n crwydro ar ei ben ei hun yn y tywyllwch, a...'

'Saith oed? Reit, rhaid i ni ddod o hyd iddo'n reit sydyn, hei?'

Gosododd y gwn wrth bostyn giât yr ardd a chamu i lawr y grisiau.

'Ty'd,' gorchmynnodd, gan redeg i gyfeiriad yr adeiladau allanol. Gyferbyn â'r sgubor fawr roedd rhesi o gytiau bach wedi'u gwneud o flociau concrit: daeth sŵn cyfarth o un ohonyn nhw. Tu ôl i'r paneli rhwyll wifrog gwelodd Daf wynebau du a gwyn cŵn defaid. Yn y cwt olaf, roedd cŵn gwahanol, rhai hirflew brown golau. Agorodd Nel y drysau a daeth y cŵn allan i'w chyfarch.

'Dyna lodes dda, Mischief, a tithe Mercy, a Mabel.'

Cŵn hela ifanc oedden nhw, eu pawennau'n edrych yn rhy fawr i'w coesau. Plygodd Nel i lawr i'w mwytho a thynnodd lond dwrn o fwyd o boced ei phyjamas i'w roi iddyn nhw. Ar ôl iddyn nhw orffen bwyta, safodd y tair gast yn stond am dipyn, gan daflu eu pennau o un ochr i'r llall. Wedyn, cododd un ei ben ac udo. Clywodd Daf bobol yn sôn am gŵn yn codi'u clustiau sawl tro, ond doedd o ddim wedi gweld y peth yn digwydd o'r blaen. Camodd y ci oedd wedi udo ar draws y buarth at ddrws y sgubor fawr. Cododd bawen i grafu'r drws bychan.

Neidiodd Nicci oddi ar ei cheffyl a gafaelodd yn ffrwyn Modlen er mwyn i Daf wneud yr un fath. Dechreuodd Daf godi'i goes ond galwodd Nel draw ato.

'Traed o'r gwartholion, y twmffat!'

Er ei hanghwrteisi roedd Daf yn ddiolchgar am y cyngor a chyrhaeddodd y llawr yn ddiogel, yn falch o deimlo'r concrit solet o dan ei draed.

Erbyn hyn roedd y cŵn hela i gyd yn snwffian ac yn crafu wrth ddrws y sgubor. Agorodd Nel y drws iddyn nhw ac estyn i mewn am y swits golau. Ffit-ffatiodd y cŵn draw at bentwr o fêls gwair; safodd un yn stond, syllu i fyny ac ailddechrau udo.

'Jaxx!' galwodd Daf yn addfwyn. 'Paid â phoeni, 'den ni yma i helpu.'

O rywle fyny yng nghanol y gwair, daeth sŵn llefain.

'Jaxx!'

Tawelodd Nel y ci. Dringodd Daf i fyny, gan gofio cuddio mewn tasau gwair tebyg pan oedd o'n canlyn Falmai ers talwm. Pethau hen-ffasiwn oedd bêls sgwâr erbyn hyn, a phawb, bron, wedi troi at silwair, ond roedden nhw'n hawdd i'w dringo.

Reit ar dop y das uchel, fel sgwarnog fach yn ei gwâl, roedd Jaxx yn gorwedd yn belen.

'Hei, còg, be ti'n wneud fan hyn?' gofynnodd Daf gan benlinio wrth ei ochr. 'A phaid â phoeni, dwyt ti ddim mewn unrhyw fath o drafferth.'

'Ond ddylwn i fod mewn trafferth, Mr Dafis,' sibrydodd Jaxx, gan godi'i ben a chuddio'i wyneb â'i ddwylo. 'Dwi'n haeddu bod mewn trafferth, achos fi laddodd Mel Puw.'

Pennod 21

Yr un geiriau, yr un llais... sylweddolodd Daf nad breuddwyd gafodd o wedi'r cwbl.

'Biciest ti draw i siarad efo fi gynne, còg?' gofynnodd.

'Do. Mi ddwedais i wrthat ti a wnest ti ddim byd.'

'Ro'n i'n cysgu.'

'Nag oeddet. Roeddet ti'n chwyrnu fel twrch, wedyn stopiest ti. Wnest ti ddeffro.'

'Ro'n i'n meddwl 'mod i'n breuddwydio.'

Dechreuodd y bachgen lefain eto, wnaeth atgoffa Daf unwaith yn rhagor pa mor ifanc oedd o. Camodd i lawr ato i'r nyth bach yn y gwair. Pan roddodd Daf ei fraich am ysgwyddau main y bachgen, gwingodd y bychan.

'Mae'n iawn, Jaxx. Dwi ddim yn mynd i dy frifo di.'

'Dwi'n haeddu cael fy mrifo. Dwi'n fastard bach, dyna mae pobol yn fy ngalw i.'

'Weithiau, os wyt ti'n treulio amser o gwmpas pobol brysur, mi wnei di glywed geiriau anaddas. Dyna'r cyfan.'

'Dyna oedd geiriau olaf Mel Puw. Agorodd y drws a dweud "y bastard bach", ddim yn uchel, ond yn ofnadwy o glir.'

'A lle oeddet ti pan ddywedodd o hynny?'

'Wel, yn ei lorri, wrth gwrs.'

'Pryd oedd hynny, dwêd?'

'Reit hwyr.'

'Pa noson?'

'Y noson farwodd o. Fi sydd ar fai, Dadi Mali.'

Gafaelodd Jaxx yn llaw Daf a'i gwasgu.

'Be am i ti ddweud y stori i gyd wrtha i, hei?'

'Fi oedd ar fai. Wnes i fwydro Mami a Dada'n ddi-stop i gael brawd bach, er mwyn i mi gael bod yn frawd mawr fel JJ. Ond pan ddaeth y brawd bach roedd o'n las a llwyd, ac yn ddim llawer mwy na dwrn Dada. Wedyn ddaeth y gwaed, a throdd Mami yn las a llwyd hefyd a ddwedodd hi ddim byd, heblaw gofyn i mi roi'r babi yn ei breichiau ac estyn y gleiniau paderau. Wnes i geisio glanhau'r gwaed, ond roedd cymaint ohono fo, drwy'r gwely a dros y llawr i gyd. Ro'n i'n gwybod y byddai Dada'n flin o weld y ffasiwn lanast ond do'n i ddim yn gallu codi Mami i newid y cynfasau, felly mi wnes i'r llawr ond doedd y mop ddim yn medru llyncu'r gwaed i gyd, a...'

'Oeddet ti ar dy ben dy hun pan fu farw dy fam, Jaxx bach?'

Yn sydyn, daeth ysbryd y bachgen yn ôl.

'Tydi hi ddim wedi marw, no wê. Wedi mynd at Iesu mae hi, dyna mae JJ yn ddweud. Mae hi'n paratoi pethe i ni yno, fel roedd hi wastad yn wneud. Erbyn hyn, fydd y babi'n ddigon mawr i allu cicio pêl, bendant. Os oes pêl yn lle mae Iesu. Ti meddwl bod ganddo fo bêl?'

'Bendant,' meddai Daf, ei lygaid yn cosi. Er ei fod yn anffyddiwr gallai werthfawrogi gallu ei grefydd i gysuro Jaxx.

'Taswn i wedi helpu, falle y byddai hi'n dal efo ni,' mwmialodd y bachgen, gan geisio sychu'i ddagrau â llaw fudr. 'Ond doeddwn i ddim yn gwybod be i wneud. Petawn i'n fwy, fyswn i wedi gallu helpu Mami.'

'Mewn argyfwng fel'na, does dim llawer all neb ei wneud.'

'Wnes i alw am ambiwlans, ond fel mae JJ yn dweud, does neb yn rhuthro at Deithwyr heblaw i'n harestio ni. Ond erbyn hyn dwi'n fwy, ac wedi dysgu lot o bethe mae oedolion yn wybod. Dwi'n dysgu lot o gyfrinache.'

'Goelia i.'

'Dwi ddim yn mynd i'w dweud nhw wrthat ti achos ti'n *gavver*, ond mae lot o bethau od yn digwydd.'

'Pa fath o bethe?'

'Bob math. Mab Miss Grug yn rhoi sws i'w ffrind fel dau gariad.'

'Cariadon ydyn nhw.'

'Ond maen nhw'n ddynion! Y ddau ohonyn nhw!'

'Cariad ydi cariad, còg.'

'Wedyn, mae Gruff Tanyrallt wastad yn ddweud yr un peth wrth y merched: "ti'n ddel, lodes ond mae Fliss yn ddelach o lawer". Roedd Mel Puw yn hoffi rhoi powdr gwyn fyny ei drwyn. Wnes i ofyn i JJ be oedd o, a ddwedodd o mai côc oedd o. Ond mae o'n siarad lol achos diod brown ydi côc.'

'Cocên ydi enw'r powdr gwyn. Gwahanol iawn i Coca-Cola.'

'Roedd Mel wastad yn flin iawn wedyn. Dyn blin oedd o beth bynnag, ond ar ôl rhoi y stwff 'na fyny ei drwyn roedd o wastad yn ffyrnig. Yn chwilio am esgus i ddyrnu rhywun, neu'n mynd ar ôl Nicci os nad oedd merch arall o gwmpas.'

'Oedd ganddo ferch o gwmpas yr wythnos yma?'

'Na. Ers talwm roedd Gina, ond gawson nhw ffrae fawr llynedd pan ddaeth hi'n ôl i ofyn am bres ganddo fo. Roedd hi'n mynd i ddweud ryw hanes wrth Miss Grug... glywais i'r cwbwl.'

'Mi all hynny fod yn bwysig i'r ymchwiliad – ti'n cofio be oedd yr hanes?'

Ochneidiodd Jaxx, a rhoddodd Daf hances iddo i sychu'r dagrau a'r llysnafedd oddi ar ei wyneb.

'Does 'na ddim ymchwiliad ddim mwy, Dadi Mali. Fi wnaeth.'

'Rhaid i mi glywed y stori gyfan, Jaxx bach. Reit, dechreua efo beth ddigwyddodd nos Sul, 'te.'

'Mi welais i o'n cymryd y powdr. Rhoddodd chydig o bowdr o'r pecyn bach plastig ar y drych bach – fel arfer mae'r drych yn hongian uwchben y basn molchi, ond roddodd Mel o ar y bwrdd ger y soffa.'

'A sut welest ti hyn i gyd?'

'Achos ro'n i yn y lle uwchben y cab.'

'Pam hynny?'

'Dyna lle o'n i'n cysgu ar Fryn y Ceffyle.'

'Wyddwn i ddim bod Mel yn gystal ffrind i ti.'

'Doedd Mel ddim yn ffrind i neb. Bendant ddim i mi, er bod ei fam yn ryw fath o gyfnither i Taid, neu rywbeth. Ond doedd o byth yn mynd i'r lle uwchben y cab, ac ro'n i'n gallu dringo fyny ac agor y ffenest unrhyw dro.'

'Ti'n dweud dy fod ti'n aros yn lorri Mel heb yn wybod iddo?'

'Oeddwn. Lle clyd oedd o.'

'Be am dy deulu? Roedd dy dad yn poeni amdanat ti, siŵr?'

Cododd Jaxx ei ysgwyddau. 'Jamie-Lee mae o'n golli, y babi bach llwyd, dim fi. Mae Dada mor swnllyd yn y nos, crio am orie, ac mae'n anodd cysgu achos y sŵn, felly benderfynes i ffeindio llefydd eraill i gysgu. Efo'r ceffylau'n aml iawn – mae hi wastad yn gynnes efo nhw.'

Gwasgodd Daf law denau Jaxx a chofiodd eiriau chwerw JJ am agweddau'r awdurdodau at Deithwyr. Dylai'r bachgen fod yn cael cefnogaeth y Gwasanaethau Cymdeithasol, ond doedd cefnogi teulu fel y Kells ddim yn flaenoriaeth nac yn hawdd, wrth iddyn nhw symud o gwmpas y wlad. Roedd Jaxx druan wedi disgyn rhwng y craciau.

'Lorri swanc sy gan Mel, a digonedd o fwyd yn y ffrij...'

'Doedd o ddim yn sylwi os oeddet ti'n helpu dy hun?'

'Roedd wastad dipyn o fynd a dod yn ei lorri... merched, pobol yn dod i drafod busnes. Allai unrhyw un fod wedi dwyn tun o binafal ganddo. Ac un blêr oedd o, yn prynu dau bryd o fwyd un diwrnod a dim byd am dri diwrnod wedyn. Weithiau, yn enwedig ar ôl cymryd y stwff gwyn 'na, roedd o'n gallu bod yn reit ddryslyd.' Brathodd Jaxx ei wefus isaf nes iddo dynnu diferyn bach o waed. 'Hefyd, Dadi Mali, sylwodd Puw 'mod i angen bwyd. Roedd o'n fodlon rhoi bwyd i mi os o'n i'n fodlon gweithio iddo fo. Do'n i ddim yn meindio gwaith stabl ond roedd yn rhaid i mi lanhau'r lorri hefyd, ac roedd o'n fy ngalw i'n forwyn fach. O'n i yn ddim yn hoffi hynny.'

'Wnaeth o dy frifo di, Jaxx?'

'Fy nghuro fi? Dim llawer. Roedd o'n taflu stwff o gwmpas weithiau, ac unwaith, ges i dun Hydrophane yn fy llygad. Mae 'na dal graith yna.'

'Pam na wnest ti gadw draw os oedd Mel Puw mor atgas?'

'Wel... er mai bastard oedd o roedd o'n gyfleus i mi. Chydig o bres poced, os oedd o mewn hwyliau da, a rhywle i aros a gwrando ar hanesion pobol.'

'A be oedd JJ yn ddweud am hyn i gyd?'

'Doedd o ddim yn hoffi 'mod i'n gweithio i Puw ond doedd gen i ddim llawer o ddewis.' Oedodd am eiliad. 'Ydi JJ yn mynd i aros amdana i yn y lle efo Jamie-Lee a Mami?'

'O be glywes i, mae o'n debygol o ddod ato'i hun yn fuan iawn.'

'Dwi isie bod efo fo. I'r ysbyty o'n i'n mynd.'

'Pam na wnest ti ofyn i Margaret Hamer fynd â ti? Fyse hynny wedi arbed cryn dipyn o helynt i bawb. Roedd yn rhaid i mi ddod ar dy ôl di ar gefn ceffyl, a neidio dros lidiart.'

'Pa lidiart?'

'Yr un rhwng cornel top Bryn y Ceffylau a'r ffordd.'

Hisiodd Jaxx rhwng ei ddannedd. 'Dipyn o gamp. Mae Margaret Hamer yn dweud bod gen ti ddawn naturiol efo 'ffyle.'

Teimlodd Daf ymchwydd o falchder. Roedd barn Margaret yn cyfrif dipyn ym myd y ceffylau.

'Tydi pawb ddim yn cytuno, ond os wnest ti lwyddo i neidio dros y llidiart, chwarae teg i ti, wir.' Gwenodd Jaxx am eiliad, fel petai o wedi cofio pa mor fregus oedd ei sefyllfa. 'Dyna wnaethon ni efo Mel, JJ a finne,' meddai mewn llais isel, 'ei luchio fo dros y llidiart, wedyn ei roi o yn y glaswellt hir, yng nghanol y blodau porffor.'

'Ond sut gafodd o'i ladd?'

'Fel ddwedais i, fi laddodd o.'

'Ond sut?'

'Wnes i lwyddo i'w ddychryn. Un ofergoelus oedd o, ac ar ôl clywed hanes cannwyll corff teulu Miss Grug, mi benderfynais i...'

'Sori, Jaxx, ond be yn union glywest ti?'

'Bod dad Miss Grug wedi gweld cannwyll lliw gwyrdd cyn iddo farw. A bod Mel Puw yn ddigon twp i goelio. Ges i declyn laser bach a dechrau ei ddilyn o, er mwyn iddo fo gael gweld golau bach gwyrdd. Cyn hir, mi glywais i Mel yn trafod y peth, ac yn gofyn i bobol oedden nhw'n coelio bod ganddo fo gannwyll corff, a finnau'n chwerthin yn dawel.'

'Oedd hynny'n beth call i'w wneud i ddyn mor atgas?'

'Hen fwli oedd o. Ges i dipyn o sbort yn chwerthin ar ei ben.'

'Ddylet ti osgoi unrhyw wrthdaro efo'r ffasiwn ddyn.'

'Ddyle fo fod wedi osgoi 'ngalw fi'n dincer bach ac yn forwyn. Ond fydd o ddim yn sarhau neb eto.'

'Be ddigwyddodd ar noson ei farwolaeth?'

'Ro'n i efo Mali Haf a gweddill y giang ac mi welais y ffrae rhwng Mel ac Eben. Wedyn, es i lawr i'r stondin i brynu penffrwyn newydd i Shetland Gruff Tanyrallt achos bod un o'r plant wedi gafael yn yr hen un efo bysedd budr. Pan es i'n ôl roedd pawb yn trafod y ffrae rhwng Nicci a Mel, a'r ffaith ei fod o wedi malu ei theclyn clyw. Un ocê ydi Nicci. Dwi'n gwybod ei bod hi ar werth ond tydi hi ddim wedi cael ei magu'n iawn.'

Roedd yn rhaid i Daf wneud dipyn o ymdrech i beidio ymateb.

'Mi benderfynais ddangos y gannwyll corff i Mel er mwyn ei gosbi. Mi es i i nôl byrgyr i ti, wedyn mynd i weld ein caseg ni. Wnes i ddilyn Mel lawr i Faes y Sioe efo'r golau gwyrdd, yr holl ffordd i'r sied gneifio. Welodd o ddyn yno oedd â rhywbeth yn rong efo'i ddwylo. Roedden nhw'n siarad yn dawel ond yn dadlau. Wedyn daeth dyn mawr, mawr o gefn y sied gneifio efo brwsh mawr yn ei law. Yn sydyn, tynnodd Mel sawl papur ugain o'i boced a'u rhoi nhw i gyd i'r dyn... dim yr un efo'r brwsh, y llall. Ti'n gwybod be oedd yn od? Rhoddodd Mel y pres ym mhoced jîns y dyn arall. Wedyn rhoddodd boi y brwsh becyn bach i Mel.'

'Pa mor fawr oedd y pecyn?'

'Yr un faint â phecyn o ffags. A rhoddodd Mel y peth fyny ei lawes. Roedd o a'r dyn efo'r dwylo llac yn siarad wedyn, ond doedden nhw ddim yn ffrindiau.'

'Be nesa?'

'Aeth o lawr i'r Charolais i yfed am gwpl o oriau. Daeth menyw allan am sigarét a dilynodd Mel hi. Roedd dipyn o sgwrs rhyngddyn nhw a chynigiodd Mel dipyn o beth bynnag oedd yn y pecyn iddi. Gwrthododd y ferch.'

'A be oeddet ti'n wneud tra oedd o'n yfed ym mar y Charolais?'

'Aros amdano fo. Roedd yn rhaid i mi – nid peth hawdd ydi perswadio rhywun i feddwl bod ysbryd yn ei ddilyn.'

Nodiodd Daf ei ben, gan ddyfalu sut fachgen fyddai Jaxx, petai o'n troi ei rinweddau i gyfeiriad mwy positif.

'Aeth o i'r WPCS wedyn, a chael ffrae arall efo Eben, o be glywais i. Aeth o fyny at lorri Miss Grug wedyn, ond roedd Eben yn ei ddilyn felly piciodd i'w lorri ei hun i nôl rhywbeth cyn mynd yn ôl at Nicci. Ond cyn iddo gyrraedd, glywodd o ti a Gruff. Doeddwn i ddim yn hoffi ei fod o'n mynd yn ôl at Nicci felly mi ddangosais y golau gwyrdd iddo fo. Welest ti'r golau?'

'Wn i ddim. Ro'n i wedi meddwi braidd.'

'Braidd? Roedd Gruff yn stryglo i dy gadw di ar dy draed. Beth bynnag, aeth Mel i'r lorri i nôl potel o fodca a mynd at giang Helfa Dyffryn Nedd oedd yn yfed tu allan i'w lorris nhw. Roedd dynes yno, a chyn hir, aethon nhw i mewn i'w charafán hi ac mi es inne'n ôl i'r lorri.'

'Lorri Puw?'

'Ie. O'n i'n clemio felly mi helpais fy hun i rywbeth o'r frij.'

'Be?'

'Pecyn bach o ham a sawl iogwrt. Dau efo'r corneli, un heb.'

Rhwbiodd Daf ei lygaid i geisio chwalu'r blinder.

'Wedyn, welais i becyn o Lamberts a leitar ar y bwrdd, ac mi ges i smôc fach cyn mynd i'r gwely.'

'Smôc? Ers faint wyt ti'n smygu?'

'Dwi'm yn cofio. Paid â mwydro.'

'Ti braidd yn ifanc...'

'Dwi'n rhy ifanc i lot o bethe dwi'n wneud. Ond beth bynnag, ges i hanner ffag, achos doeddwn i ddim yn disgwyl Mel yn ôl am o leia awr, ond agorodd y drws. Yn amlwg, roedd o'n flin cyn agor y drws. Roedd ei wyneb yn goch, goch, fel golau traffig.'

Roedd y bachgen wedi dechrau crynu, a'i anadl yn gyflym. Gwasgodd Daf ei law eto.

'Paid â phoeni, còg,' meddai. 'All Mel byth dy frifo di eto.'

'Dwi'n gwybod hynny, mi welais o'n farw. Pan welodd o'r

sigarét, dechreuodd fy ngalw i'n fastard. Roedd o 'di meddwi. Gwaeth na ti, hyd yn oed.' Am eiliad, daeth yr hen olwg ddireidus yn ôl i'w wyneb gwelw.

'Fy noson gyntaf ar Fryn y Ceffylau oedd hi, cofia,' cyfaddefodd Daf, gan wenu.

'Chwarae teg i ti felly,' atebodd Jaxx yn nawddoglyd. 'Pwy fyse'n meddwl y byddet ti'n *showjumper* cyn diwedd y Sioe, hei?'

'Dim ond dilyn ordors Nicci o'n i.' Wrth ddweud ei henw, oedodd Daf. 'Hei, roedd hi'n gallu clywed yn iawn heno, efo'i theclyn clyw newydd.'

'Oedd. Aeth hi draw i Hereford ben bore i'w nôl o efo'r boi sy'n ryw fath o frawd i Gruff Tanyrallt. Maen nhw wedi bod yn siarad efo'i gilydd yn ddi-stop ers dyddie rŵan. Ac fel arfer mae Nicci yn osgoi pobol dydi hi ddim yn eu nabod, yn enwedig dynion.'

Un sylwgar oedd Jaxx, ystyriodd Daf, yn hel gwybodaeth nad oedd o'n ddigon hen i allu ei brosesu.

'Agorodd Mel y drws, a be wedyn?'

'Dringodd i fyny'r grisiau, yn dweud "bastard, bastard, bastard" dan ei wynt. Dwi ddim yn cael ofn yn aml, ond roedd rhywbeth yn ei lais, felly mi sgleiniais y golau gwyrdd yn syth i mewn i'w lygaid, i'w ddallu o. Ac mi lwyddes i. Wnaeth o ddim gweiddi, dim ond gwneud rhyw sŵn "wwwfff", fel aer yn gadael balŵn, wedyn baglodd a tharo'i ben ar gornel y drws. Cwympodd fel sach tatws a gorwedd yn llonydd. Roedd fy ffag dal ar y go felly mi orffennais i hi.'

'Oedd o'n anadlu?'

'Dwi'm yn gwybod. Es i ddim yn agos ato fo. Ges i iogwrt arall, wedyn mynd i nôl JJ.'

'A ble oedd o?'

'Roedd o'n gweithio i fridfa o Ddyffryn Teifi efo Adran Bs, ac wedi codi pabell wrth eu lorri nhw.'

'Ond, sut est ti allan, os oedd Puw yn gorwedd yn y drws?'

'Drwy'r ffenest. Mi rois i blanced drosto fo.'

'A wnaeth o ddim symud o gwbl?'

'Na.'

'A sut oeddet ti'n teimlo?'

'Wel, ddim yn drist, bendant. Ond ar ôl i mi ddeffro JJ wnes i ddechrau deall faint o drafferth wnes i achosi. Roedd JJ yn ffyrnig – dim o achos Puw, ond achos sut fyddai pobol yn barnu Dada, yn gadael i mi redeg o gwmpas ar ben fy hun. Roedd JJ yn dweud bod siawns iddyn nhw fy rhoi fi mewn cartref plant a chloi'r drws. Wnes i ddim poeni gormod achos fyse Dada'n mynd â fi draw i Iwerddon os oedd trafferth mawr, ond roedd JJ yn poeni. Ddwedodd o fod rhaid i ni newid y stori achos os fyse'r *gavvers* yn dysgu 'mod i'n smygu yn lorri'r dyn atgas am un o'r gloch y bore, fyse 'na helynt mawr. O'n i'n poeni wedyn am yr iogwrts i gyd ond doedd JJ ddim yn meddwl eu bod nhw o bwys, er bod pedwar ohonyn nhw, y rhai drud efo'r corneli.'

Synnodd Daf at flaenoriaethau Jaxx, yn poeni mwy am ddwyn iogwrt na dallu dyn a gwympodd yn farw wedyn. Beth bynnag arall fyddai'n digwydd nesa yn yr ymchwiliad, byddai'n rhaid i Daf gael sgwrs ddi-flewyn ar dafod efo John Kell.

'Penderfynodd JJ symud y corff achos erbyn hynny, roedd o wedi cachu'i hun ac roedd o'n llwyd... 'run fath â wyneb Mami. Es i lawr i'r stablau i nôl berfa, achos roedd o'n rhy drwm i ni, er bod JJ yn andros o gryf. Ar ôl ei roi yn y ferfa tynnodd JJ rỳg o stordy'r lorri i roi drosto, clamp o rỳg fawr. Roedden ni'n gorfod brysio – mae pobol yn codi'n gynnar ar Fryn y Ceffylau, ac roedd angen i ni ei symud cyn y wawr.'

'Faint o'r gloch oedd hyn?'

'Sgen i ddim syniad, ond roedd miwsig y YPV wedi stopio.'

'Lle aethoch chi â'r corff?'

'At y llidiart wnest ti neidio drosto. Roedd o'n andros o job ei godi dros y top – roedd o'n sownd ar ben y llidiart am dipyn, yn hongian fel bwgan brain. Wedyn, lwyddon ni i godi ei goesau a gwthio ar yr un pryd, a llithrodd Mel lawr yr ochr arall. Wnaethon ni ddringo drosodd wedyn a'i lusgo i'r gwair ar ochr y ffordd: roedd JJ yn gobeithio y byddai rhywun yn ei ffeindio yn y bore ac yn meddwl mai damwain fel *hit and run* gafodd o, achos roedd digon o bobol wedi'i weld o wedi meddwi. Aethon ni'n ôl lawr i'r stablau wedyn i olchi'r ferfa a'n dwylo. Ro'n i mor flinedig erbyn hynny, mi gysgais yn sownd yn y gwellt yn stabl ein caseg ni, er bod gen i boen yn fy mol ar ôl yr holl iogwrt.'

'Est ti'n ôl i lorri Mel Puw o gwbl?'

'Roedd JJ yn meddwl ei bod yn well cadw draw.'

'A'r diwrnod wedyn?'

'Dyna pryd aeth pethe'n hollol od. Roedd Puw ar goll ac roedd pawb yn siarad. Roedd dynes o Ddyffryn Nedd yn dweud ei fod o wedi mynd draw i'w lorri hi, ac roedd hi'n cwyno amdano.'

'Ym mha ffordd, Jaxx? Oedd o'n dreisgar efo hi? A pwy oedd hi?'

'Rhyw Lindsey, efo'r Warmbloods. Wnaeth o ddim ei churo hi, na. Roedd hi'n chwerthin ar ei ben o, ac roedd cwpl o ferched eraill yn chwerthin hefyd ac yn beio'r powdr gwyn oedd yn chwalu'r perfformiad.'

'Tydi bachgen mor ifanc â tithe, Jaxx, ddim i fod i glywed pethe fel hyn.'

'Dim ond hwyl oedd o. Fel hyn mae pobol y 'ffyle'n siarad o hyd.'

'Hmm. Cer nôl at y dydd Llun.'

'Wel, roedd rhai yn meddwl fod Puw wedi mynd adre, rhai yn meddwl ei fod o'n cysgu mewn gwrych yn rhywle. Pan ddaeth y stori am be oedd yn y bocs selsig doedd neb yn meddwl am Puw. Roedd JJ yn methu deall be oedd wedi digwydd, felly aethon ni'n ôl fyny at y lidiart. Doedd o ddim yno. Roedd JJ yn dweud falle bod Mel wedi dihuno ac wedi crwydro i rywle, neu bod rhywun wedi'i godi o a mynd â fo i'r ysbyty, neu ei fod o wedi colli'i gof. Ond wnaeth JJ ddim gweld Mami cyn i fy antis roi powdr pinc ar ei bochau. Dwi'n gwybod sut mae rhywun yn edrych os ydyn nhw wedi marw, ac roedd Puw wedi marw, bendant.'

'Be wyt ti'n feddwl ddigwyddodd iddo fo?'

'Doedd dim digon o amser i lwynogod a moch daear ei

fwyta. A fysen nhw wedi gadael pethe fel ei fŵts a'i wregys.'
Crynodd Jaxx fel petai'r ddelwedd wedi ei ddychryn. Wnaeth Daf ddim dweud gair. 'Am be wyt ti'n aros?' gofynnodd Jaxx yn sydyn.

'Am weddill dy hanes, còg. 'Den ni'n mynd i orffen ein sgwrs, wedyn dwi'n mynd â ti'n ôl at Margaret Hamer i gysgu, ac yn y bore gei di fynd draw i Henffordd i weld dy frawd.'

'Does dim llawer mwy i'w ddweud. Ro'n i ar bigau'r drain o hyd, yn gwrando ar bobol yn cofio Mel Puw a pwy oedd wedi ffraeo efo fo. Roedd rhai yn cofio hanes Gina, y ferch oedd yn byw yn Glanrhedyn cyn i Miss Grug adael. Roedd Puw a hithe'n caru, a wnaethon nhw gynllwyn i gael gwared ar Miss Grug. Roedd Gina wedi gofyn am bres ac roedd rhai yn dweud bod Mel wedi diflannu achos nad oedd ganddo fo fwy o bres i'w roi iddi hi, rhag ofn iddi ddweud beth bynnag oedd y gyfrinach wrth bawb. Roedd hyn i gyd yn brifo JJ, achos doedd o ddim yn gallu anghofio'r busnes am bum munud. Dim ond Nicci oedd yn fwy tawel nag arfer, ond roedd Puw wedi chwalu ei theclyn clyw, felly ro'n i'n deall pam nad oedd hi'n siarad lot. Roedd JJ yn poeni. Mae o'n wahanol i fi, mae o isie mynd i goleg i wneud bywyd yn well. Dwi jest isie cael hwyl, a gofalu amdano fo.'

'Ddylet ti a JJ fod wedi dweud wrtha i be ddigwyddodd, Jaxx.'

'Doeddwn i ddim yn dy nabod di ddydd Llun. Yr unig beth o'n i'n wybod oedd dy fod ti'n *gavver* sy biau Section A gorau'r Sioe.' Oedodd am eiliad. 'Fydda i'n ôl o'r ysbyty mewn pryd i weld y Cuddy?'

'Wn i ddim.'

'Maen nhw wedi gwahardd stalwyn Mel Puw. Roedd JJ yn teimlo dyletswydd i'w redeg o achos be ddigwyddodd. Taswn i wedi cadw'n glir o lorri Puw, fyddai JJ ddim wedi mynd yn agos at y bwystfil 'na.'

'Dwi'n gwybod.'

'Roedd rhywbeth yn y triog meddai Margaret Hamer wrth Gruff. Dwi'n hoff iawn o driog. Gymerais i bedair llwyaid.'

'A sut wyt ti'n teimlo erbyn hyn?'

'Od. Ro'n i'n methu cysgu, er 'mod i wedi blino. A rŵan dwi isie llefain. Dwi ddim fel fi fy hun o gwbwl.'

'Gwranda, còg, ti 'di cael profiad erchyll sydd wedi dy atgoffa di o farwolaeth dy fam, ac mae'r triog wedi gwneud i ti deimlo'n rhyfedd. Ddylet ti ddim bod wedi cadw'r gyfrinach, na beio dy hun am be ddigwyddodd i JJ. Damwain oedd hi.'

Nodiodd Jaxx ei ben. 'Ga' i fynd i'r gwely rŵan?'

'Wrth gwrs. Does gen ti ddim byd arall i'w ddweud wrtha i?'

'Dim byd. Wyt ti'n fy nghoelio fi mai dim ond ei ddychryn o o'n i isie, dim ei ladd o?'

'Dwi'n dy goelio di. Ond dwi isie'r laser 'na gen ti, iawn?'

Chwiliodd Jaxx ym mhoced ei hwdi a rhoi rhywbeth tebyg i feiro drwchus i Daf. Helpodd Daf y bachgen i godi, a safodd Jaxx ar ochr y das wair, yn crynu a'i wyneb main yn llawn ofn.

'Mae'n rhy bell, dwi'n methu mynd i lawr. Rhaid i mi aros fyny fan hyn.'

Wrth i Daf ei godi ag un fraich, synnodd pa mor ysgafn oedd Jaxx.

'Dalia'n dynn, còg.'

Doedd Daf erioed wedi dringo i lawr tas wair â phlentyn yn ei freichiau ond roedd o'n ddigon profiadol i roi ei draed yn y llefydd cywir. Ond lai na hanner ffordd i lawr, syrthiodd Jaxx i gysgu a gollwng ei afael ar grys Daf. Llithrodd y bachgen i lawr ei glun, a sythodd Daf ei goes i geisio cael ei falans. Rhoddodd ei droed ar felen lac, a cael a chael oedd hi iddo allu gwthio Jaxx i fyny ar silff fwy solet cyn iddo lithro i lawr wyneb y das, yn rhy gyflym i allu arafu ei hun. Penderfynodd beidio edrych i lawr ar y concrit oddi tano, ond cyn iddo daro'r llawr caled daeth arogl drwg i'w ffroenau: baw defaid. Ceisiodd ymlacio pob cyhyr yn ei gorff i leihau effaith y gwymp, ond glaniodd ar rywbeth annisgwyl o feddal... a drewllyd.

'Ti'n iawn, bòs?'

Agorodd ei lygaid i weld Toscano ac Eifiona uwch ei ben yn dal corneli sach mawr gwyn.

'Lwcus nad oedd y gwlân wedi cael ei gasglu,' meddai Daf ar ôl cael ei wynt ato.

'Na... nid gwlân sydd yn y sach,' eglurodd Toscano, 'wel, dim cnu go iawn, beth bynnag, dim ond y stwff cachlyd a'r caglau.'

'Wel, ro'n i awydd cawod beth bynnag,' meddai Daf, gan godi ar ei draed. 'Ers faint dech chi wedi bod yma?'

'Dim ond rhyw ddeng munud. Doedden ni ddim yn gallu dy weld di nes i ti ddechre dod i lawr.'

'Peth gwirion i'w wneud, ceisio dringo lawr efo'r hogyn yn dy freichiau,' meddai Eifiona'n sur. 'Gormod o *heroics* o lawer. Sir Faesyfed ydi hon, nid Hollywood.'

Cododd Daf ei ben i chwilio am Jaxx. Yn y cysgodion, dim ond ei wyneb gwelw oedd i'w weld.

'Ddo' i fyny i dy nôl di, Jaxx,' galwodd Daf. 'Yn y cyfamser, cadwa draw o'r ochr.'

'Pwy 'di'r bobol 'na?' gwaeddodd Jaxx, ei lais cryg yn atseinio oddi ar do dur y sgubor.

'Cyd-weithwyr i mi. Maen nhw 'di dod i helpu.'

'Helpu? Dydi *gavvers* byth yn helpu pobol fel fi.'

Sgrialodd Jaxx ar ei draed. Syllodd i lawr am eiliad a chamu'n ara deg i'r chwith, oddi wrth y sach gwlân budr. Roedd Daf yn meddwl mai ceisio chwilio am lwybr diogel i lawr oedd o, ond yn hytrach na throi i ddechrau dringo i lawr y das, neidiodd Jaxx yn syth yn ei flaen, gan weiddi;

'Mami!'

Llusgodd Toscano y sach tuag ato a chamodd Daf draw i'w ddal, ond roedd adwaith Eifiona'n gyflymach. Cododd ei breichiau i'w dderbyn ond roedd hi wedi camfarnu'r ongl – yn hytrach na glanio'n saff yn ei breichiau, tarodd traed Jaxx hi yn ei hwyneb. Roedd Daf wrth ei hochr a chydiodd yn Jaxx wrth iddo droi, ryw chwe modfedd o'r llawr concrit. Clywodd Daf lais Toscano o bell, fel petai dan ddŵr, yn galw am ambiwlans.

Dim ond un o dreiners Jaxx oedd wedi taro wyneb Eifiona, ond gwnaeth dipyn o lanast. Roedd ei thrwyn wedi ei falu a chlais enfawr yn tyfu dros un o'i llygaid. Roedd y gwaed o'i thrwyn yn llifo dros ei gwefus.

'Do'n i ddim yn bictiwr cynt,' meddai'n aneglur cyn llewygu dros y sach gwlân.

'Fydd yr ambiwlans yma mewn pum munud,' datganodd Toscano. 'Dim ond ar y Gro oedd hi.' Tynnodd ei hwdi a'i lapio am Eifiona. 'Ac mae Roderick wedi mynd i nôl Mr Kell.'

Doedd Daf ddim wedi gollwng Jaxx, rhag ofn iddo geisio dianc eto, ac yn sydyn teimlodd flinder mawr yn llifo drosto.

'Ti'n ocê, còg,' sibrydodd dro ar ôl tro yng nghlust y bachgen, a'i siglo fel petai'n fabi. Wnaeth Jaxx ddim gwrthwynebu.

'Ddylet ti orwedd ar dy ochr,' meddai Toscano wrth Eifiona, gan geisio gwthio'i ddwylo o dan ei chefn. 'Ddylet ti fod yn yr ystum adferol, wyddost ti.'

'Ti fydd angen adferiad os wnei di droi fy wyneb i mewn i sach llawn cachu. Falle nad oes gen i lawer o drwyn ar ôl, ond dwi'n dal i allu arogli.'

Llwyddodd Eifiona i roi gwên o ryw fath, a daliodd Toscano ei llaw. Am ennyd roedd popeth yn dawel. Dechreuodd Daf hymian yn ysgafn yng nghlust Jaxx, a chyn hir, ymlaciodd y bachgen. Daeth fflach fach o wyn o gefn y sgubor wrth i dylluan fawr wibio o dan y to dur i hela. Arafodd anadl Jaxx, a chyn hir roedd o'n cysgu.

'Hir yw pob aros,' mwmialodd Eifiona. 'Gas gen i gyfnodau tawel fel hyn. Ges i ormod ohonyn nhw yn yr ysbyty. Dyweda rywbeth, Toscano.'

'Be wyt ti isie i mi ddweud?'

'Unrhyw beth. Unrhyw beth difyr.'

'Wyt ti'n gwybod be oedd y *soundtrack* ffilm gyntaf i gael ei ryddhau ar wahân i'r ffilm?'

'Dim syniad.'

'*Snow White*.'

'Waw,' mwmialodd Eifiona.

'A wyddost ti'r cigfrain yn y *Jungle Book*? Roedd Disney wedi gwahodd y Beatles i chwarae'r rhannau, ond gwrthododd John Lennon.'

'Difyr ddwedes...'

'A'r logo eiconig, y castell gwyn ar gefndir glas? Wel, gafodd hwnnw ei ddefnyddio am y tro cynta ar ffilm wedi'i seilio ar y Mabinogion, *Y Pair Du*.'

'Bòs,' galwodd Eifiona, 'ydi hi'n bosib i'r hogyn fy nghicio fi eto? Yn ddigon caled i 'nghnocio fi allan y tro yma?'

Roedd yn rhaid i Daf edmygu Eifiona, yn dal i dynnu coes Toscano er gwaetha'r boen.

Gafaelodd Toscano yn ei llaw yn dynn eto. 'Sori, dwi wastad yn anghofio nad ydi pawb yn rhannu fy obsesiwn efo Disney. Pa bwnc wyt ti isie'i drafod?'

'Trafod, y ffŵl? Does gen i ddim wyneb ar ôl, felly mae sgwrsio'n anodd. Jyst llenwa'r distawrwydd rywsut, plis.'

Felly pan agorodd Roderick ddrws bach y sgubor, gwelodd olygfa ryfedd iawn: dynes yn gorwedd ar sach yn waed i gyd, dyn yn eistedd ar bentwr o wair yn magu bachgen saith oed yn ei freichiau a dyn arall yn neidio o un droed i'r llall, bron yn dawnsio, yn canu cân Eidaleg.

'...*Nel blu dipinto di blu...*'

Tawelodd Toscano ar unwaith pan gerddodd John Kell i mewn ar ôl Roderick.

'Lle mae o?' gofynnodd.

Llwyddodd Daf i sgrialu ar ei draed heb ddeffro Jaxx.

'Fan hyn. Ac mae'n hen bryd i ti ddechre holi'r cwestiwn yn amlach. Mae dy esgeulustod wedi achosi cymaint o helynt, Mr Kell, yn cynnwys cyflwr fy nghyd-weithiwr fan acw.'

'Paid ti â phregethu arna i,' atebodd Kell, gan godi Jaxx o freichiau Daf. Deffrodd y bachgen a siglo'i ben fel ci.

'Mae'n hen bryd i ti gymryd dy gyfrifoldebau fel tad o ddifri. Mae Jaxx wedi cael ei hun mewn sawl sefyllfa beryglus yr wythnos yma.'

'Roedd JJ efo fo.'

'A ble mae JJ rŵan? Sori, Mr Kell, ond ti a neb arall sydd i fod i ofalu am Jaxx.'

'Paid ti â meiddio rhoi dy drwyn ym musnes fy nheulu. Mae pawb yn gwybod dy hanes di. Be am i ti gyflawni dy ddyletswyddau dy hun fel tad a mynd yn ôl at dy wraig?'

'Petai fy mhlentyn i'n rhedeg yn wyllt…'

'O, cau hi! Faint o ofal mae dy ferch fach wedi'i gael gan dy *girlfriend* ers iddi ddod i'r Sioe, a hithe'n meddwi'n rhacs efo'r crachach bob dydd?'

'Tydi trefniadau fy nheulu i ddim yn berthnasol, Mr Kell.'

'Pam hynny? Achos bod y cigydd 'na sy'n ffansïo dy ddynes wedi talu i ryw ferch o bell i ofalu amdani?'

'Nid Mali Haf sy wedi creu'r holl helynt. Bydd yn rhaid i mi drafod sefyllfa Jaxx efo'r Gwasanaethau Plant.'

'Na!' Torrodd Jaxx yn rhydd a neidio o afael ei dad. Rhedodd nerth ei draed at y drws ond camodd Roderick yno i'w atal.

'Cer â fo i'r gwely, Mr Kell. Neu allwn ni drefnu lle iddo fo aros dros nos efo teulu maeth.'

Safodd Kell yn sgwâr gyferbyn â Daf, ei ddwylo'n ddyrnau caled. Er ei fod o'n fyrrach na Daf, roedd o'n gryf ac yn symud fel un oedd yn arfer paffio.

'Plis, Dada,' crefodd Jaxx mewn llais bach gwan, 'dwi jest isie mynd i'r gwely, ac i weld JJ ben bore.'

'Be sy'n bod arno fo?' gofynnodd Kell, fel petai wedi sylwi ar gyflwr ei fab am y tro cyntaf.

'Dwi'n meddwl ei fod o wedi cymryd dipyn o cocên, yn ddamweiniol.'

'Sut hynny? Dydi fy mechgyn i erioed wedi chwarae efo cyffuriau.'

'Ges i sawl llwyaid o driog, Dada,' cyfaddefodd Jaxx, gan ddal un o ddyrnau ei dad yn ei ddwylo bach. 'Roedd rhywbeth ynddo fo.'

'Triog Mel Puw?'

Nodiodd Jaxx ei ben.

'Biti bod y *gavver* 'ma ddim yn gwybod ei fusnes yn well,' chwyrnodd Kell, gan godi Jaxx eto.

'Gyrra nhw'n ôl, DC Roderick,' meddai Daf, 'wedyn trefna i

rywun gadw llygad arnyn nhw. Mae Jaxx yn dyst pwysig felly 'den ni ddim isie'i weld o'n diflannu dros nos.'

'Does dim rhaid i ti anfon dy 'sbiwyr aton ni, Dafis,' sgyrnygodd Kell.

'Meindia dy fusnes plis, Mr Kell.'

Camodd Kell tuag at y drws ond cyn camu allan, oedodd.

'Does gen ti ddim syniad amdanon ni, a be sy 'di digwydd i ni. Rhywun fel ti, sy'n ffeirio merched yn amlach na dwi'n newid fy nghar, does gen ti ddim syniad am yr ergyd sy wedi taro ein teulu ni. Petawn i fel ti, byddai Jaxx ar ei bedwaredd lysfam erbyn hyn. Gei di a dy ffycin Gwasanaethau Plant fynd i'r diawl – dwi'n gwneud be alla i efo'r briwsion o deulu sy gen i ar ôl.'

Roedd tawelwch yn y sgubor ar ôl ymadawiad Kell, Roderick a Jaxx. Wedyn, daeth sŵn chwerthin gwlyb.

'Dwi'n falch o weld bod 'na rai pobol sy'n ddiogel rhag dy swyn di, bòs. Dwi ddim yn meddwl bod Mr Kell yn ffan!'

'A ti'n gwybod pam, Eifs?' gofynnodd Toscano. 'Achos eu caseg.'

'Pa gaseg?' gofynnodd Daf yn swta. 'Does gan y Kells ddim byd yn Adran A.'

'Ond mi gawson nhw lwyddiant efo'u caseg liw, mewn llaw... fydd yn erbyn Tinciwinci yn y bencampwriaeth fawr fory.'

'Heddiw,' cywirodd Eifiona. 'Heddiw mae'r bencampwriaeth.'

Penliniodd Daf wrth ei hochr, a llwyddodd Eifiona i wenu.

'Dwi wir yn gobeithio y bydda i'n ôl o'r ysbyty mewn pryd i weld dy lwyddiant di, bòs,' meddai'n ddiffuant.

'O, lodes, rhaid i ti feddwl amdanat ti dy hun gynta.' Mwythodd Daf ei boch, yr unig ddarn o'i hwyneb oedd heb ei anafu. 'Ti'n ddigon cyfforddus yn fanna? Ble mae'r blydi ambiwlans, dwêd?'

'Cyfforddus? Ydw, dwi'n grêt, diolch, yn gorwedd ar sach llawn cach a 'ngwyneb wedi'i falu a dim byd i dynnu fy sylw oddi wrth y boen heblaw am blydi Joe Dolce yn fanna.'

'Mae gan Toscano lais neis, chwarae teg iddo fo.'

'Ei ddewis o ganeuon ydi'r broblem, nid safon y canu.'

'A tydi'r acwstics ddim yn ffafriol i fy llais i,' torrodd Toscano ar draws. 'A dwi newydd glywed bod yr ambiwlans wedi troi gyferbyn â'r ysgol gynradd.'

'Diolch byth,' meddai Daf.

'Paid â phoeni gormod amdana i. Siawns y bydda i'n ôl yn y gwaith cyn amser cinio.'

'Twt lol. Ti angen gorffwys am wythnos, o leia.'

'Ond be am yr ymchwiliad? Ti angen help, a dim ond fi sy'n gwybod cyfrinach y planhigyn prin 'na. Y meillion... er eu bod nhw'n brin, mae 'na docyn ohonyn nhw ger Penmaenau.'

'Sy'n digwydd bod yn llai na hanner milltir o lle adawodd y bechgyn Kell gorff Mel. Da lodes, ti'n sbot on. Cam mawr ymlaen. 'Den ni bellach yn gwybod sut y bu Mel Puw farw, a damwain oedd hi.'

'Ond does neb yn torri bysedd a biji-bo neb i ffwrdd yn ddamweiniol, na'u rhoi nhw mewn bocs o selsig chwaith.'

'Cam ymlaen ddwedes i, nid datrysiad.'

Ymbalfalodd Eifiona am law Daf. 'Cadwa fi yn y lŵp, wnei di, Daf?'

'Wrth gwrs.'

'Dwi ddim ofn poen, ond dwi ofn ysbytai. Alla i ddim aros yno'n hir. Ty'd i f'achub i, os oes rhaid.'

'Mi wna i.'

Yn sydyn, llanwyd y lle â sŵn seiren. Pan agorodd Daf ddrws y sgubor roedd y buarth i gyd wedi'i oleuo'n las, a Nel yn sefyll ar stepen uchaf y grisiau o'r buarth i'r ffermdy. Roedd golwg unig arni.

Pennod 22

Bore Iau

Wrth i Daf a Toscano wylio'r ambiwlans yn diflannu i lawr yr wtra roedd awel fwyn o'r afon yn rhwygo llenni'r niwl, a'r awyr yn araf oleuo.

'Mae hi'n gwawrio, bòs,' sylwodd Toscano.

'Ydi. Mi fydd yn rhaid i mi fynd â'r ceffyl yn ôl cyn y galla i fynd i gysgu.'

Yn y golau gwan, teimlodd Daf bellter mawr rhwng bywyd go iawn a digwyddiadau'r nos, fel petai ei daith ar gefn y ceffyl efo Nicci yn freuddwyd, a stori a chwymp Jaxx yn hunllef. Daeth arogl annisgwyl a derbyniol iawn i'w ffroenau: coffi. Daeth Nel i'r golwg yn cario hambwrdd ac arno gwpanau a slabiau trwchus o fara brith.

'Dwi ddim isie'ch gwahodd chi i'r tŷ. Roedd Dad wedi styrbio'n llwyr a dwi newydd lwyddo i'w gael o i fynd yn ôl i'w wely. Mae o'n drysu weithiau, ac roedd o'n sicr bod yr ambiwlans wedi dod i'w nôl o.'

'Na, aelod o'n tîm ni oedd...' dechreuodd Daf, ond torrodd Nel ar ei draws.

'Dwi'n gwybod be sy wedi digwydd – ddwedodd Rodders. Dwi ddim isie bod yn gas, ond dwi am i chi adael gynted â phosib. Mae'r wythnos yma wedi bod yn llanast llwyr.'

'Rhaid i mi fynd â'r ceffyl yn ôl i'r...'

'Ddaeth rhyw foi draw gwpl o oriau'n ôl. Aeth o efo'r ferch a'r ceffylau yn ôl i Fryn y 'Ffyle. Rhaid dweud, Daf, roedd o'n gwneud argraff well yn y cyfrwy na ti, wir.'

'Doeddwn i erioed wedi eistedd ar gefn ceffyl cyn neithiwr.'

Chwarddodd Nel. 'Wel, os felly, doeddet ti ddim yn rhy siabi. Dy wers gynta yn y tywyllwch? Chwarae teg i ti.'

Roedd gwres y coffi yn atgyfnerthu Daf yn gorfforol ond roedd ei ben yn dal yn niwlog.

'Mae'r boi, pwy bynnag oedd o, wedi gadael goriad ei gar i ti. Ddywedodd o fod y siwrans yn iawn.'

'Sori, car pwy?'

'Sut wn i?' gofynnodd Nel yn swta. 'Ti ydi'r plismon. Dyn main, yn gwisgo chinos. Cariad i'r ferch ddaeth efo ti, dwi'n cymryd.'

Llyncodd Daf y diferyn olaf o'i goffi.

'Ti ddim angen benthyg car neb, bòs,' dywedodd Toscano. 'Gei di lifft 'nôl i Fryn y Ceffyle efo fi.'

'Dwi ddim yn mynd yn ôl i Fryn y 'Ffyle, còg – dim rŵan, beth bynnag.'

Roedd gan Daf reswm ymarferol i fynd i weld Gaenor. Roedd digwyddiadau'r nos wedi ei adael yn ddrewllyd fel ffwlbart, ac roedd o angen socian am hir mewn bath dwfn – fyddai pum munud o dan gawod gyhoeddus y Sioe ddim yn ddigon. Hefyd, roedd yn rhaid iddo olchi ei grys.

Gyrrodd Daf drwy strydoedd Llanfair-ym-Muallt, heibio i'r timau o weithwyr y Cyngor oedd yn ceisio glanhau'r lle, nes iddo gyrraedd giatiau mawr haearn yr hen ficerdy roedd Bowen wedi'i rentu. Roedden nhw ar glo, ond roedd drws bach pren yn y wal. Anadlodd Daf yn ddwfn a sylwi ei fod o'n drewi'n waeth nag yr oedd wedi'i feddwl. Chwiliodd drwy'r car gan obeithio bod Cai, fel sawl dyn ifanc, yn cadw Lynx neu rywbeth tebyg yno: dim lwc. Sylwodd fod cerdyn siâp coeden Nadolig yn hongian oddi ar y drych a bod arogl pinwydd yn dal i ddod ohono, felly stwffiodd hwnnw i boced brest ei grys budr yn y gobaith y byddai'n cuddio peth o'r arogl baw defaid.

Rhoddodd ei law yn betrusgar ar ddwrn y drws pren a chamu i ardd rosod odidog. Allai o ddim meddwl am le gwell i Gaenor aros. Roedd yn rhy gynnar o lawer iddo guro ar ddrws y tŷ, a doedd ganddo ddim syniad pa un oedd llofft Gaenor. Eisteddodd ar fainc o dan fwa mawr o flodau i ystyried ei gam nesaf. Caeodd ei lygaid am eiliad ond rhuthrodd delweddau drwy ei ben: Jaxx yn disgyn, wyneb Eifiona'n waed i gyd, llygaid gwag Pow yng nghefn y fan ar ei ffordd i'r carchar. Yn sydyn, chwalwyd y tawelwch persawrus gan sŵn dyn yn rhochian wrth wneud rhyw ymdrech gorfforol a llais arall, un ysgafnach, yn ei annog: 'ie, ie, yn union fel 'na, 'na ti!'

Cododd ar ei draed a brasgamu rownd cornel y tŷ i weld yr Aelod o Senedd Cymru, Rhys Bowen, yn gorwedd ar ei fol ar lawnt fach rhwng dau sietin uchel, yn ceisio codi ei bwysau sylweddol i fyny ar ei freichiau. Roedd o'n noeth heblaw am drôns oedd yn atgoffa Daf o gân Gwibdaith Hen Frân, a'i groen yn glaer wyn heblaw am dri chwarter isaf ei freichiau oedd yn binc, a'i wyneb piws. Yn cyrcydu wrth ei ochr, yn ei annog yn gariadus, roedd Tal Siapus a Hapus; yn gwisgo crys T ag enw'i gwmni arno a band tebyg iawn i'r rhai a ddefnyddiai Mali Haf i gadw'i wallt oddi ar ei dalcen.

'Jyst fel'na! Ty'd 'laen, 'den ni bron yna! Caletach! Caletach!'

Roedd hi'n eiliad i'w thrysori, ond chafodd Daf ddim amser i'w mwynhau gan iddo deimlo rhywbeth oer a chaled yn ei gefn. Doedd dim rhaid iddo droi i weld mai gwn oedd o.

'You! Raise your hands,' meddai llais dwfn yn acen un o wledydd Dwyrain Ewrop. 'Mistar Bowen, Mistar Bowen, is stranger here!'

Torrodd yr alwad annisgwyl ar rythm anwastad ymdrechion Rhys Bowen, a disgynnodd i'r llawr fel bricsen. Rhegodd, a phan drodd ei ben i gyfeiriad Daf, roedd yr olwg yn ei lygaid yn debyg i ddyn oedd wedi cael ei arteithio.

'It's OK, Pavel, he's a friend,' llwyddodd i ddweud rhwng pwffiadau.

Tynnwyd baril y gwn oddi ar gefn Daf, ond pan drodd, gwelodd ddyn mawr â golwg ddrwgdybus ar ei wyneb.

'Why you here? It is five in the morning.'

Esboniodd Daf ei fod o wedi dod i weld ei gariad, a chamodd y dyn mawr ymaith.

'Mae'r drws cefn ar agor, Daf,' galwodd Bowen arno. 'Trydydd drws ar y chwith ar dop y grisiau. A phaid â deffro'r plant – roedden nhw i fyny'n hwyr neithiwr yn chwarae cuddio.'

Ond cyn i Daf symud, agorodd llenni un o'r ffenestri uwch ei ben, ac wedyn y ffenest. Roedd Daf yn syllu i fyny at Gaenor, oedd wedi lapio'i hun yn un o'r cyrtens blodeuog ac yn chwerthin. Yr eiliad honno, cododd yr haul uwchben y bryniau nes roedd ei belydrau coch yn tanio'i gwallt. Disgynnodd Daf ar un ben-glin.

'Gaenor Morris, dwi mor sori ei bod hi cyn pump o'r gloch y bore, a 'mod i'n drewi fel ffwlbart. Does gen i ddim blodau na photel o siampên na modrwy, hyd yn oed, ond 'sen i'n hynod o falch petaet ti'n ystyried fy mhriodi.'

Daeth sgrech uchel o un o'r ffenestri eraill a gwthiodd Daisy Bowen ei hun rhwng y llenni i weld beth oedd yn digwydd. I Daf, roedd y byd i gyd wedi dod i stop. Roedd Gaenor yn edrych i lawr arno, ond oherwydd ongl yr haul allai o ddim gweld yr olwg ar ei hwyneb.

'O, ty'd 'laen Gae, rho ateb i'r creadur, wnei di?' bloeddiodd Bowen.

Beth os oedd hi'n aros i ryw ddyn allu gadael ei llofft? Beth oes oedd hi'n meddwl am y ffordd orau o'i wrthod? Dechreuodd Daf chwysu – doedd o erioed wedi teimlo mor fregus.

'O, coda, y twmffat!' galwodd Gaenor. 'Ond paid â symud modfedd.'

Gan deimlo'n fwy o dwmffat byth yn sefyll yno â marc tywyll, gwlyb ar goes ei drowsus, syllodd Daf ar gornel y tŷ wrth ddisgwyl i Gaenor ddod allan drwy'r drws ffrynt. Yn hytrach na hynny, byrstiodd drwy'r drysau patio gwydr, ei thraed noeth yn llithro ar y glaswellt gwlyb, a rhedeg yn syth i'w freichiau.

'Be ydi'r ateb?' gofynnodd Daf yn dawel yn ei chlust.

'Be ti'n feddwl ydi'r ateb, y penbwl? Dwi ddim yn debygol o redeg allan o stafell gyffordus heb ddim am fy nhraed i dy wrthod di, yn enw rheswm!'

Daeth sŵn curo dwylo o sawl cyfeiriad gan gynnwys Pavel, oedd wedi stwffio'i twelf bôr o dan ei gesail, Bowen, oedd wedi llwyddo i rowlio drosodd ar ei gefn, a Daisy o'r ffenest uwchben. Ond safai Tal a'i ddwylo ar ei gluniau.

'Dyna hen ddigon o'r lol yma,' meddai'n llym, 'mae gen ti hanner awr o waith eto. *Sit-ups* rŵan.'

Felly, gan riddfan fel petai ar fin marw, plygodd Bowen ei ddwylo mawr tu ôl i'w ben.

Deffrodd Daf am hanner awr wedi wyth. Roedd o'n gorwedd ar wely mawr, ar dop y dŵfe, wedi hanner ei lapio mewn tyweli. Roedd digwyddiadau'r noson gynt a'r bore bach fel breuddwyd, a doedd ganddo ddim syniad beth oedd wedi digwydd go iawn. Deuai arogl rhosod drwy'r ffenest agored, ond gallai hefyd arogli hylif golchi dillad lafant – cododd ei ben i weld bod ei drowsus yn hongian ar ddrws y wardrob ar ôl cael ei olchi a'i smwddio, a chrys mawr dieithr wrth ei ymyl.

'Do'n i ddim yn disgwyl i ti ddeffro mor gynnar â hyn,' meddai Gaenor wrth agor y drws. Gosododd gwpan ar y bwrdd ger y gwely. 'Roeddet ti bron â chwympo i gysgu yn y bàth.'

'Wyt ti angen mynd at Tinc?'

'Mae hi'n cystadlu'n nes ymlaen, yn y Bencampwriaeth Mewn Llaw, wedyn y Brif Bencampwriaeth, ac mae Margaret Hamer yn gofalu amdani nes i mi gyrraedd. Ac roedd ganddi newyddion da i ti – mae JJ Kell wedi deffro ac mae'n debyg y bydd o'n cael gadael yr ysbyty amser cinio.'

'Falch o glywed.'

'Ddywedodd hi hefyd bod stalwyn Mel Puw wedi cael ei wahardd o'r Cuddy. Maen nhw'n dal i aros am ganlyniadau'r profion gwaed, ond yn y cyfamser maen nhw'n meddwl ei fod o'n berygl i gystadleuwyr eraill.'

Roedd Daf yn ceisio gwthio defnydd y crys anghyfarwydd i mewn i'w drowsus.

'Crys morfil ydi hwn,' cwynodd. 'Os dwi'n stwffio'r cwbwl i mewn, alla i ddim cau fy nghopis!'

'Paid â bod yn anniolchgar. Mae o'n grys lyfli o Jermyn Street yn Llundain, a ti'n lwcus i gael ei fenthyg o gan Rhys.'

'Ond ble mae fy nghrys i?'

'Roedd rhyw fath o gerdyn gwyrdd yn y boced ac mi wnaeth o andros o lanast yn y peiriant golchi.'

'O, *air freshener* o gar Cai oedd o.'

'Pam, yn enw rheswm? Na, paid â thrafferthu esbonio. Roedd dy ymddygiad heddiw bore yn fwy boncyrs nag arfer, ac mae hynny'n dweud dipyn.'

'Ro'n i wir angen báth, ac yn ysu i dy weld di. Wedyn, mi welais i ti yn y ffenest, a...'

'O Daf Dafis, ti'n anobeithiol. Paid byth â challio.' Llwyddodd Gaenor i'w helpu i gau ei drowsus. 'Mi fydd yn rhaid i ti brynu crys newydd yr eiliad ti'n cyrraedd Maes y Sioe,' meddai gan wenu.

'Ond rhaid i mi gyfweld y carcharorion draw yn Aberhonddu cyn gwneud unrhyw beth arall.'

'Oes M&S yn Aberhonddu?'

'Na. Does 'na neb arall yn y tŷ all roi benthyg crys i mi?'

'Paid â bod yn anniolchgar. Yr unig ddewis arall ydi blows gen i neu Daisy.'

'Be am y dyn efo'r gwn? Dwi'n sicr y byse ganddo fo rwbeth addas...'

'Mae o bron yr un maint ag RB, a dim ond crysau T mae o'n wisgo. Paid â swnian.'

Roedd Daf yn edrych ymlaen at gael brecwast hamddenol efo Gaenor, gan fod pawb arall eisoes wedi mynd i'r Sioe, ond cyn iddo eistedd wrth y bwrdd cafodd neges gan Roderick.

'Well i ti fynd yn syth i Aberhonddu, bòs. Maen nhw wedi gwneud llanast llwyr o bethau.'

Rhoddodd Gaenor dri *pain au chocolat* mewn napcyn papur iddo.

'Jest cyn i ti fynd, ga' i holi pam wnest ti benderfynu gofyn i mi dy briodi di heddiw bore?'

'Alla i ddim egluro'n iawn... roeddet ti'n edrych mor hardd, a ti'n golygu cymaint i mi...'

'Ti'n siarad shit weithie, Daf Dafis. Rŵan cer i Aberhonddu.'

'Wyt ti angen y car?'

'Os alli di roi lifft i mi i Faes y Sioe, na – mae fy ngwisg ar gyfer y Cylch ynddo'n barod.'

Wrth i Daf adael neges i Cai i wneud trefniadau iddo gael ei gar yn ôl, clywodd sŵn rhuo peiriant pwerus. Eiliad yn ddiweddarach daeth Jaguar mawr coch drwy'r giât gan wasgaru cerrig mân o dan ei deiars llydan. Wnaeth o ddim adnabod y gyrrwr y tu ôl i'w sbectol haul, a doedd y car ddim yn gyfarwydd chwaith, ond daeth llais cyfeillgar drwy'r ffenest agored.

'Ty'd 'laen, bòs, rhaid i ni gyrraedd Aberhonddu cyn iddyn nhw wneud mwy o gawl.'

'Cawlach, Sheila, nid cawl. Ond mae gen ti bethau i'w gwneud heddiw, fel gwraig i'r Llywydd.'

'O be glywes i gan Toscano, 'dech chi'n seriws o brin yn y tîm heddiw. Mae Tom yn iawn, ac mi fydd ei fam o'n fwy na hapus i fod wrth ei ochr.'

Rhoddodd Daf allwedd ei gar yn ôl i Gaenor.

'Fi ydi ei *chauffeur* o heddiw, Gae,' galwodd Sheila arni. 'Go debyg nad ydi o'n ffit i yrru beth bynnag, ar ôl holl helyntion neithiwr.'

Roedd Sheila yn llygad ei lle fel arfer. Roedd yn lawer gwell i Daf gael cyfle i ymlacio ar y sedd ledr gyffordus tra oedd Sheila'n gyrru fel cath i gythraul.

'Be sy wedi digwydd yn Aberhonddu, dwêd?' gofynnodd iddi. 'Dim ond neges sydyn gan Roderick ges i.'

'Wn i ddim, ond dwi'n amau fod problemau efo Kieran Jones, y boi sydd ag anableddau deallusol. Does neb isie cymryd cyfrifoldeb amdano.'

'Ie, mae o'n ddyn bregus sy'n dyst o leia, efallai'n fwy na hynny, mewn achos difrifol.'

'Wyt ti wedi gwneud cysylltiad cadarn rhyngddo fo a marwolaeth Puw, felly?'

'Dim y farwolaeth, na. Ond mae o a Wil Walters yng nghanol y busnes cocên, ac mae'n gyd-ddigwyddiad hynod bod Puw wedi cael ei ddatgymalu ar dir cyn-wraig Walters.'

'Digon teg. Gyda llaw, mae Eifiona wedi cael llawdriniaeth frys, ac mae'n edrych yn debyg eu bod nhw wedi gallu arbed ei llygad.'

'Duwcs, wnes i ddim sylweddoli pa mor ddrwg oedd ei hanaf. Dipyn o lanast, dyna feddylies i, ond dim byd difrifol.'

'Pethe rhyfedd yden ni, bòs, mor gryf mewn sawl ffordd ond hefyd mor fregus.'

Yr eiliad y gwelon nhw wyneb y dyn y tu ôl i'r ddesg yng ngorsaf heddlu Aberhonddu, roedd yn amlwg fod rhywbeth mawr o'i le.

'Inspector Davies? We've set a room aside for you...'

'What's happened?'

Daeth dyn bach prysur i'r golwg.

'Sarjant Havard ydw i. Rydyn ni mor sori, Arolygydd Dafis,' dywedodd, gan ysgwyd llaw Daf. 'Ar yr Oedolyn Priodol mae'r bai. Doedd hi ddim yn fodlon iddo aros yn y celloedd dros nos...'

'Paid â gwneud esgusodion, myn uffern i,' atebodd Daf yn swta. 'Be sy wedi digwydd?'

'Wel, mae Wil Walters dal ganddon ni, felly...'

'Ond ble mae ei gefnder, Kieran, dwêd?'

'Wel, neithiwr, roedd yr Oedolyn Priodol wedi penderfynu mynd â fo adre efo hi, achos mae ganddi dipyn o brofiad yn y maes. Mae sawl person ifanc ag anghenion arbennig wedi bod yn byw efo'i theulu hi drwy'r cynllun Shared Lives. Felly pan ddywedodd hi...'

'Wyt ti'n dweud wrtha i fod y ddynes 'ma wedi ei helpu o i ddianc o gell a wnaethoch chi ddim byd am y peth?'

'Dy'ch chi ddim yn nabod y ddynes 'ma, Arolygydd Dafis. Mae hi'n benderfynol iawn. Hefyd, mae hi'n ffrindiau mawr efo'r ynadon lleol, felly...'

'Ble mae o rŵan?'

Doedd Daf ddim yn meddwl y byddai'n bosib i'r dyn bach edrych yn fwy anesmwyth, ond roedd o'n anghywir.

'Wel, dydyn ni ddim yn gwybod yn union...'

Gafaelodd Daf yng nghrys Havard a'i ysgwyd fel ci'n ysgwyd cwningen.

''Den ni isie siarad efo fo am ddatgymalu corff, delio cyffuriau Dosbarth A a sawl ymosodiad rhyw difrifol, a wnest ti adael iddo fynd o'ma i aros dros nos efo rhyw blydi *do-gooder*, a rŵan mae o ar goll?'

'Doedd o ddim yn dod drosodd fel boi peryglus, wir. Roedd o'n reit dawel, felly doeddwn i ddim yn gweld y broblem...'

'Gafodd o gyfle i siarad efo Walters cyn mynd?'

'Roedd o'n mynnu gwneud.'

Gollyngodd Daf y crys cyn iddo'i rwygo.

'Ac oedd 'na rywun yma'n digwydd bod yn ddigon call i wrando ar y sgwrs fu rhyngddyn nhw?'

'Wel, oedd a nagoedd.'

Trodd Daf at Sheila wrth ei ochr. 'Sarjant Francis, rhaid i ti fod yn dyst ar fy rhan i os dwi'n lladd y coc oen 'ma – mae o'n fy mhryfocio i rŵan!'

Rhoddodd Sheila'i llaw ar fraich Daf.

''Den ni angen eglurhad, Sarjant Havard,' meddai mewn llais rhesymol ond cadarn. 'Oes rhywun yn gwybod beth ddywedodd Kieran a Wil Walters wrth ei gilydd?'

'Wel, roedd Jenny efo nhw, a'r Oedolyn Priodol, wrth gwrs, ond...'

'Ond be?' taranodd Daf.

'Ond does 'run ohonyn nhw'n medru'r Gymraeg, felly...'

Anadlodd Daf yn ddwfn, ei ffroenau'n lledu fel rhai tarw.

'A pam nad ydech chi'n gwybod yn union lle mae Kieran rŵan?'

'Wel, mae o wedi diflannu, yng nghar teulu'r Oedolyn Priodol.'

Ochneidiodd Daf. 'Iawn, felly mae'n rhaid i ni symud ymlaen. Gawn ni ddechrau drwy yrru neges at bob heddwas yn yr ardal – rhaid i ni ddod o hyd i Kieran Jones. Mae'n fygythiad iddo fo'i hun ac i bobol eraill. Ydi manylion y car gen ti?'

'Ydyn.'

'Wel, mae hynny'n un peth. Oedd ei ffôn a'i waled gan Kieran?'

'Na. Roedd yr Oedolyn Priodol wedi dweud wrtho am adael y rheiny yma.'

'Cysyllta efo bois Merthyr a giang Abertawe: 'den ni angen pob un wan jac i helpu. Ble mae'r Oedolyn Priodol yn byw?'

'Hay on Wye.'

'Gelli blydi Gandryll? Ti 'di siarad efo West Mercia? Mi fyddwn ni angen eu hofrenydd nhw. Rho'r cyfeiriad i Sarjant Francis.' Agorodd Daf y drws a throi'n ôl at Havard. 'Ac yn enw rheswm, ceisia gadw Walters dan glo, wnei di?'

Martsiodd Daf allan i'r awyr iach i aros am Sheila, ac i geisio meddwl. Roedd o wedi cael gwybod gan sawl tyst bod Kieran yn beryglus – i ferched yn enwedig – er ei fod yn ddyn bregus. Roedd Nel Bound wedi cadarnhau na allai reoli ei hun, a'i fod yn dilyn yng nghysgod ei gefnder yn ufudd. Sut oedd o'n ymdopi ar ei ben ei hun, tybed?

Daeth Sheila allan ar ei ôl yn gafael mewn bocs bach cardfwrdd.

'Rhaid i mi wneud hyn yn ofalus,' esboniodd, wrth agor y bocs a thynnu uned golau glas ohono. 'Os bydd y crafiad lleia ar y paent, bydd Tom yn sobor o flin.'

Hyd yn oed efo'r golau glas yn fflachio ar ben y Jaguar, cymerodd bron i hanner awr iddyn nhw gyrraedd y Gelli. Rhyw filltir y tu allan i'r dref daethant at glwstwr o hen adeiladau fferm oedd wedi cael eu troi yn dai mawr drud. Roedd lle i wefru car trydan y tu allan i bob un, a llechen wrth bob drws: Kingfisher Cottage, Stonechat Barn a Swallow's Meadow.

'Mae'r enwau Saesneg 'ma gwneud mi'n deimlo'n sâl,' mwmialodd Daf.

'I fod yn deg, bòs, ardal ddi-gymraeg ydi hon.'

'Ond mae'r rhain yn dai newydd. Swallow's blydi Meadow! Be sy'n bod ar Ddôl y Wennol, dwêd?'

Agorodd drws Swallow's Meadow a daeth dynes yn ei chwedegau allan drwyddo. Roedd hi syllu ar gar Sheila, ac estynnodd ei ffôn o boced ei ffrog a thynnu llun ohono.

'I intend to Tweet this immediately,' datganodd mewn llais sych oedd â'r mymryn lleiaf o acen Birmingham o dan ei llediaith dosbarth canol. 'There is absolutely no excuse for using such a planet-destroying vehicle and I will tell the Police and Crime Commissioner exactly what I think about the matter.'

'This is Sergeant Francis' private vehicle which she is using on duty as this is an emergency,' esboniodd Daf, gan ddechrau cydymdeimlo efo Havard. Un anodd ei thrin oedd Gillian Myers, yn amlwg.

'Then you personally are a disgrace, Sergeant Francis. Please remove that monstrosity from my property at once.'

'We are police officers investigating a serious crime,' ffrwydrodd Daf. 'You're obliged to co-operate with us on pain of being charged with obstruction.'

A dyna sut aeth y sgwrs. Nid oedd Ms Myers yn fodlon gadael i Daf a Sheila fynd i mewn i'r tŷ. Roedd hi, yr Oedolyn Priodol, yn beio'r heddlu am bopeth ac yn gwneud esgus ar ôl esgus am ymddygiad Kieran. Pan ofynnodd Daf a oedd unrhyw beth ar goll o'r tŷ, heblaw eu car, atebodd Ms Myers yn negyddol. Ond daeth merch fain i'r drws, ei hwyneb yn welw o dan ei gwallt gwyrdd a glas.

'Na,' meddai mewn llais isel, 'tydi hynny ddim yn wir. Cymerodd ugain punt gen i, y cyflog ges i am shifft yn y Swan.' Roedd ei Chymraeg yn gywir ond yn fflat.

'Why didn't you say so before, Plath?' gofynnodd ei mam.

'Because you didn't ask me,' daeth yr ateb swta.

Rhannodd Daf a Sheila giledrychiad: roedd eu meddyliau ar yr un trywydd.

'We'll need to speak to your daughter alone,' mynnodd Sheila, ac ar ôl sawl protest aeth Ms Myers yn ôl i'r tŷ gan adael ei merch y tu allan.

'Os wyt ti isie siarad yn rhywle preifat, neidia i mewn i'r car,' awgrymodd Daf.

Cytunodd y ferch yn eiddgar.

'Gawn ni fynd rownd y bloc i rywle?' gofynnodd. 'Dwi ddim yn gallu siarad yn iawn efo hi'n sbecian drwy'r llenni fel rhyw wrach.'

'Faint ydi di oed di, lodes?' gofynnodd Daf.

'Dwy ar bymtheg,' atebodd â gwên fach. 'Roedd fy hen athro Celf wastad yn fy ngalw i'n lodes. Dwi'n hoffi'r gair.'

'Ti awydd paned bach sydyn? Mae 'na ddigon o gaffis yn y dre.'

Edrychodd Sheila ar Daf yn anghymeradwyol. ''Den ni ar andros o frys, bòs,' meddai.

'Rhaid torri syched, Sheila.'

Yn y drych, gwelodd Daf wên fach arall ar wyneb Plath.

Ar ôl parcio, arweiniodd y ferch nhw i fyny grisiau'r caffi gyferbyn â'r gofeb – doedd neb arall yno. Ar ôl i Sheila fynd i archebu'r diodydd, ceisiodd Daf asesu'r ferch. Roedd hi'n ddigon main i roi'r argraff ei bod yn defnyddio cyffuriau ond doedd ei chroen ddim yn dweud yr un stori.

'Dwi ddim isie bod yn rhy fusneslyd, lodes, ond ydi dy dad yn byw efo chi?'

Siglodd ei phen. 'Mae Mum yn gwrthwynebu llawer o bethau, yn cynnwys tadau.' Ceisiodd roi'r argraff mai jôc oedd hynny, ond wnaeth hi ddim llwyddo.

'Dwi'n gweld. Reit, i droi at neithiwr. Faint o'r gloch ddaeth dy fam adre?'

'Wn i ddim. Ro'n i'n gweithio yn y Swan tan ar ôl deg.'

'Oedd Kieran efo dy fam pan ddest ti adre?'

'Oedd, lan staer. Mae ganddon ni lofft arbennig i'r bobol sy'n dod i aros efo ni.'

'Pa fath o bobol ydyn nhw?'

'Roedden ni'n maethu am gyfnod ond doedd Mum ddim yn ddigon amyneddgar. Felly bob hyn a hyn mae pobol efo anableddau deallusol yn aros efo ni. Fel arfer, mae pethau'n iawn, ond weithiau ddim. Roedd Mum yn ei gogoniant neithiwr, ar ôl achub y dyn o orsaf yr heddlu.'

'Kieran?'

'Kieran. Ddaeth o i mewn i fy llofft i yn y nos.'

'Wnaeth o dy frifo di?'

'Na, dim rîli.'

'Be ti'n feddwl?'

'Wel, roedd o'n codi ofn arna i, a wnes i benderfynu y byddai'n well i mi fod yn neis efo fo...' Trodd ei phen i edrych allan drwy'r ffenest. 'Mae o'n ddyn mawr,' dywedodd, mewn llais bach. 'Ddaeth o i eistedd ar fy ngwely. Doedd o ddim yn hoff iawn o Mum, ond roedd o'n falch o gael osgoi noson yn y celloedd. Doedd ei Saesneg o ddim yn dda, ac roedd o'n methu deall pan oedd Mum yn siarad yn gyflym.'

Gosododd Sheila hambwrdd o'u blaenau a bachodd y ferch sleisen fawr o gacen sbwnj.

'Mae 'na fflapjac figan fan hyn, os wyt ti awydd,' cynigiodd Sheila, a gwenodd Daf. Roedd o'n rhyfeddu'n aml at ddawn Sheila i ddarllen pobol.

'Dim diolch,' atebodd y ferch, â'i cheg yn llawn.

'Wel, dwinne ddim isie'r peth chwaith,' meddai Daf, gan droi'r fflapjac drosodd yn ddrwgdybus efo'i fforc.

'Gei di'r myffin siocled 'te, bòs. Mi lapia i'r fflapjac i ti – efallai y byddi di ei hangen yn nes ymlaen.'

'Dwi ddim yn nabod y dyn, wrth gwrs,' meddai'r ferch ar ôl gorffen ei chacen, 'ond roedd yn amlwg ei fod o'n un hawdd i ddylanwadu arno.'

'Mae ganddo fo hanes drwg efo merched,' mentrodd Daf. 'Sut oedd o efo ti, lodes?'

'Roedd o'n ceisio dod yn rhy agos ata i ond mi wrthodais. Mi sylweddolais ei fod o'n unig felly wnes i drafod hynny efo fo am dipyn. Wnaeth o gynnig bod yn gariad i mi, a wnes i osgoi ateb... yn ei ffordd ei hun, roedd o'n foi reit neis.'

'Wnest ti'n dda i droi'r pwnc.'

'Dwi wedi arfer siarad efo pobol ag anableddau deallusol. Wnaeth o gynnig mynd â fi am dro yn ei fan ond roedd y fan gan yr heddlu yn Aberhonddu, felly benderfynodd o "fenthyg" car Mum. Gan ei bod hi wedi mynd i'w gwely erbyn hynny, mi ddangosais iddo sut i roi trydan ynddo fo. Esboniodd fod yn rhaid iddo wneud rhyw job i'w gefnder, Wil, ac addawodd ddod yn ôl heddiw, i ni gael mynd am dro.'

'Felly wnest ti adael iddo ddwyn car dy fam?'

'Benthyg, dyna'r cyfan. Efallai y bydd hyn yn wers iddi, i beidio ymyrryd ym mywydau pobol eraill o hyd. Alla i ddychmygu sut oedd hi yng ngorsaf yr heddlu, yn uchel ei chloch ac yn rhoi pryd o dafod i bawb.'

Gwenodd Sheila ac ail-lenwodd gwpan y ferch.

'Oeddet ti'n falch o weld Kieran yn mynd yng nghar dy fam?' gofynnodd hi.

'Oeddwn. A dwi ddim yn difaru chwaith. Car hyll ydi o, ac yn hytrach na chadw'r arian gawson ni ar ôl Taid i fy helpu fi drwy'r coleg, mi wnaeth hi wario bron i ugain mil ar y *crock of shit* yna sy'n gwneud i bawb chwerthin ar ein pennau ni. Gobeithio gwnaiff Kieran ei falu'n rhacs.'

'Be oedd y job roedd Kieran wedi cytuno i'w gwneud i'w gefnder?'

'Dwi ddim yn gwybod. Ond ges i'r argraff ei fod yn rhywbeth o bwys.'

'Rhaid i ni ddod o hyd iddo fo. Wnaeth o sôn o gwbwl lle oedd o'n mynd?'

'Roedd o'n trafod mynd i Sir Benfro ar ôl y Sioe i chwilio am waith mewn lladd-dy yno.'

'Ar ôl y Sioe?'

'Dyna ddwedodd o.' Ochneidiodd y ferch yn ddwfn. 'Dwi ddim yn ei nabod o, ocê? Ddaeth o i mewn i fy llofft yng nghanol y nos, a gan nad o'n i isie iddo fy nhreisio i, mi siaradais efo fo. Mae Mum wastad yn gwneud nonsens fel hyn – gwahodd rhywun i aros efo ni er nad ydi hi'n gwybod dim amdano fo.'

Casglodd y briwsion oddi ar ei phlât â'i bysedd main a'u gwasgu'n belen cyn eu bwyta. Roedd golwg flinedig arni.

'Felly does gen ti ddim syniad ble mae o heddiw?'

'Wel, fydd o'n siŵr o geisio mynd i nôl ei fan, ond heblaw hynny does gen i ddim syniad.'

'Reit, diolch i ti, lodes. Bydd yn rhaid i ti wneud datganiad, mae gen i ofn.'

'O flaen Mum?' gofynnodd, â chymysgedd o bryder a

diflastod ar ei hwyneb. Wedyn gwenodd. 'O, mae gen i hawl i gael fy nghyfweld yn y Gymraeg, yn does? A does ganddi hi 'run gair, bron iawn, er ei bod hi wedi byw yng Nghymru am ddegawdau.'

'Oes, ond pan fyddwn ni'n dychwelyd i dy gartref bydd plismones yno, yn cyfweld dy fam. Dwi ddim yn meddwl ei bod hi'n medru'r iaith, felly mi gei di wneud dy ddatganiad iddi hi neu aros am swyddog sy'n Gymraes. Ond bydd gen ti hawl i breifatrwydd beth bynnag.'

'Ocê.' Cododd ar ei thraed. 'Hefyd, mi roddais rywbeth i Kieran, a dwi isie'i gael o'n ôl, os gwelwch yn dda.'

'Wrth gwrs... ar ôl i ni ei ddal o.'

Pwysodd y ferch ar y bwrdd, fel petai angen cymorth i sefyll.

'Dwi'n gwybod y bydd hyn yn swnio'n ddrwg ond roedd yn rhaid i mi ei berswadio fo i fynd heb fy mrifo i. Roedd o isie dod i mewn i'r gwely efo fi, ond mi ddwedais na, dim eto. Ond wnes i roi anrheg iddo fel math o addewid – y band braich o Ŵyl y Green Man llynedd – i'w gadw fo'n hapus. Dwi'n gwybod mai peth bach ydi o, ond mae'n golygu dipyn i mi.'

Roedd y ferch yn dawel yn ystod y daith yn ôl i'r tŷ, nes iddynt agosáu at ei chartref.

'Tydi Kieran ddim yn deall y byd yn iawn, ond ddylai o ddim bod yn ein tŷ ni. Bai Mum oedd y cyfan, yn ceisio dangos i bawb ei bod hi'n well na phawb.' Wrth giledrych yn y drych, gwelodd Daf wyneb y ferch yn caledu. 'Dwi ddim eisiau i Mum gael gwybod fy mod i wedi helpu Kieran.'

'Wnest ti ddim o'i le. Gest ti dy fygwth ganddo ac roedd yn rhaid i ti ddangos iddo sut i roi trydan yn y car.'

'Dwi'n gymaint o siom iddi, achos dwi ddim yn ryw Greta ffycin Thunberg. Dwi jyst eisiau byw bywyd normal, mynd i'r coleg a chael swydd, nid ymgyrchu i newid y byd.'

Neidiodd o'r car a chau drws y Jaguar yn glep ar ei hôl. Cododd Sheila ei haeliau.

'Beth oedd ei henw hi, dwêd?'

'Plath. Ar ôl y bardd Sylvia Plath, dwi'n tybio.'

'Wyt ti'n coelio ei stori hi?'
'Pa ddewis sy ganddon ni?'

Agorodd drws ffrynt Swallow's Meadow a daeth dynes draw atyn nhw.

'I'm DC Jenny Carpenter. Sergeant Havard sent me over to take the witness statements.'

'Were you with the suspect when he spoke to Wil Walters yesterday?'

'Yes, but I'm afraid I didn't understand what they were saying.'

'Didn't you understand a word?'

'Not really, not enough to give evidence.'

'Please, lodes, can't you remember anything?'

'Well... "talu" is "pay", isn't it? It was in a song we sang in the Primary.' Crychodd ei thalcen wrth geisio cofio. Wedyn, gwenodd. 'Walters was asking him to pay for a dog, I think.'

'Did you hear the word "ci" then?'

'No, but "Nell" is a dog's name, isn't it?'

Aeth ias oer i lawr cefn Daf.

'Did you hear something like: "talu'r pwyth yn ôl i Nel"? The word "pwyth" is important.'

'Could be. Yes, I think so.'

Taniodd Sheila injan y car.

'Spread the word, all available teams to Blaengwy Farm. And we're still looking for the vehicle: silver Hyundai. Immediate threat.'

Tra oedd Sheila'n gyrru'n ôl i gyfeiriad Talgarth roedd Daf yn brysur ar y ffôn, yn rhoi rhybuddion i'r pencadlys, yn gofyn am hofrenydd ac yn siarad â Toscano. Nid oedd Roderick yn ateb ei ffôn. Rhwng pob galwad, ffoniodd Nel ar ei ffôn symudol a ffôn y tŷ, ond doedd dim ateb ganddi hithau chwaith.

'Digon posib ei bod hi'n cysgu, ar ôl y noson gafodd hi,' cynigiodd Sheila.

'Ffermwraig ydi hi – mi wyddost ti cystal â finne ei bod hi'n annhebygol iawn ei bod hi'n cael hoe am ddeg o'r gloch y bore. Os oedd Kieran wedi gadael yr ardal yma cyn i bobol godi, mae'n siŵr o fod wedi cyrraedd Llanfair-ym-Muallt erbyn hyn.'

'Be am i ti ofyn i'r hofrenydd dy godi di yn rhywle? Wrth y Caffi Mêl, bosib?'

Edrychodd Daf ar ei ffôn. 'Mae Heddlu'r De yn anfon eu huned nhw fyny o Sain Tathan.'

'Gyrra fanylion y lleoliad iddyn nhw a wnawn ni aros yno amdanyn nhw.'

Dylai glanio hofrenydd fod yn dasg hawdd, ond na. Roedd y cae ger y caffi'n llawn defaid a doedd y maes parcio ddim yn ddigon mawr. Wrth gwrs, roedd y teulu oedd yn berchen ar y defaid yn y Sioe, ond llwyddodd Sheila i fenthyg ci defaid gan eu cymdogion a symud y praidd i gae cyfagos. Erbyn hyn roedd Daf wedi drysu'n lân gan nad oedd Nel byth wedi ateb ei ffôn. Ceisiodd adael neges.

'Nel, Daf Dafis sy 'ma. Mae ganddon ni reswm i feddwl fod Kieran ar ei ffordd i dy weld di, yn gyrru Hyundai lliw arian. Pan gei di'r neges hon, cer yn syth i'r tŷ, a chloi pob drws a ffenest, ac aros tan dwi'n cyrraedd. Fydda i ddim yn hir, ond yn y cyfamser, aros yn y tŷ o'r golwg.'

Gyda chymorth perchnogion y caffi roedd Sheila wedi creu arwydd "X" enfawr gyda phlastig lapio silwair.

'Oedd raid i ti ddefnyddio plastig pinc?' cwynodd Daf. 'Dydi o ddim yn rhoi'r neges gywir: mae o'n edrych fel petai'r cyfan yn jôc.'

Ond doedd lliw yr "X" fawr yn ddim byd o'i gymharu â'r broblem nesaf i wynebu Daf: cafodd alwad ffôn gan y Dirprwy Brif Gwnstabl, Florence Harris.

'Be ti feddwl ti'n wneud, Dafis?' gwaeddodd. 'Dwi 'di clywed dy fod ti wedi gofyn am ddigon o hofrenyddion i ail-greu *Apocalypse Now*, a'r cwbwl er mwyn dal dyn ag anabledd deallusol!'

'Mae o'n ddyn peryglus, ac mae gen i reswm i gredu ei fod o'n bwriadu brifo dynes...'

'Dwi wedi clywed y cyfan, Dafis, ac o be dwi'n weld, ti wedi seilio dy amheuon ar eiriau gafodd eu clywed gan swyddog di-gymraeg oedd ddim yn eu deall! Hefyd, mae'n rhaid i ti feddwl am ôl troed carbon yr ymchwiliad 'ma.'

'Es i ar ôl tyst neithiwr ar gefn geffyl, ma'am. Ydi hynny'n ddigon gwyrdd i chi?'

'Paid di â cheisio bod yn glyfar efo fi, Dafis. Mae dy hofrenyddion di wedi cael eu canslo. Cer yn ôl i'r Sioe – fyddi di lot mwy o iws yn helpu efo'r problemau traffig yn Llanfair-ym-Muallt.'

'Mae Kieran Jones yn ddyn peryglus...'

'Cer i'w arestio felly, ond ti ddim yn cael gwastraffu adnoddau Heddlu Dyfed Powys. Does gen i ddim amser i ddadlau.'

Syllodd Daf am dipyn ar ei ffôn, yn methu credu'r hyn a glywodd. Roedd y newyddion am broblemau traffig ardal y Sioe yn gwaethygu'r sefyllfa. Sut allai o gyrraedd Blaengwy mewn pryd mewn car, yn enwedig drwy dagfeydd traffig? Meddyliodd pa mor hurt oedd y sefyllfa – doedd o ddim yn cael hofrenydd i achub bywyd Nel Bound ond roedd Rhys Bowen wedi anfon un i nôl selsig dridiau ynghynt.

Yn sydyn, gwelodd Daf ateb i'w broblem.

Pennod 23

Lai nag ugain munud yn ddiweddarach roedd Daf yn codi uwchben y tirlun gwyrdd, yn eistedd wrth ymyl dyn siriol mewn crys gwyn llewys byr a chlustffonau oedd yn gorwedd yn gam ar ei wallt cyrliog.

'Mae o wastad ar frys, Mr Bowen,' meddai'r peilot â gwên.

'Mae hwn yn fater brys go iawn y tro yma,' atebodd Daf. 'Rhaid i ni gyrraedd y fferm 'na cyn gynted â phosib.' Ffoniodd Toscano. 'Ble wyt ti erbyn hyn?'

'Sownd yn y traffig, bòs. Wrth y garej Suzuki.'

'Defnyddia dy blydi golau glas!'

'Mae o'n fflachio ffwl-pelt ond mae 'na ddamwain jyst gyferbyn â mynedfa'r Stockmans. Mae 'na ŵyn tew ym mhobman.'

'Dwi angen rhywun i glirio cae i ni ym Mlaengwy achos does dim digon o le i lanio hofrenydd yn y buarth.'

'Dwi'n gwneud fy ngorau glas.'

'A ble mae Roderick, yn enw'r tad?'

'Wedi mynd adre i gysgu, dwi'n amau – roedd o ar ei draed drwy'r nos, bòs. Tra oeddet ti'n cael dy hoe fach yn gynnar neithiwr roedd Roderick a finne wrthi efo meddwon Llanfair-ym-Muallt.'

'Wel gad y blydi car a rheda!'

Erbyn hyn roedd Daf yn gallu gweld y dagfa: roedd rhesi o draffig yn ymestyn i bob cyfeiriad. Roedd y ceir yn sownd mor bell â phont Erwyd a'r sefyllfa ar yr ochr ddwyreiniol yn waeth oherwydd bod un car wedi parcio'n flêr, nes ei fod bron â blocio'r lôn. Roedd yr heulwen yn adlewyrchu ar ei do lliw arian.

'Wnei di fynd lawr i ni gael golwg ar y car 'na?'

'Wrth gwrs. Dwi'n hoffi gwaith dipyn mwy mentrus na

chario pobol gyfoethog o un parti i'r llall... er, mae'n job braf os wyt ti'n hoffi selébs. Ro'n i wrthi ddydd a nos tra oedd *I'm a Celeb* fyny yn y gogs.'

'Goelia i,' atebodd Daf, gan geisio canolbwyntio ar y car islaw. 'Fedri di fynd ar ongl, i mi gael gweld y rhif cofrestru?'

'Mae 'na sbienddrych yn y boced wrth dy ochr, ond alla i ddim mynd yn llawer is na hyn gan fod cymaint o goed o gwmpas.'

'Digon teg. Dydi'r fferm ddim yn bell.'

Allai Daf ddim gweld rhif y car hyd yn oed drwy'r sbienddrych, ond cafodd gipolwg ar y bathodyn ar y blaen.

'H am Hyundai,' mwmialodd o dan ei wynt.

Cyn hir gwelodd lan yr afon, lle bu ar ei geffyl y noson gynt. Eiliad yn ddiweddarach, roedd y ffermdy ei hun i'w weld.

'Un cylch o gwmpas, plis, wedyn glania mor agos â phosib.'

'Mae gormod o ddefaid yn fanna i lanio, gen i ofn.'

'Sori. Does gen i neb ar y llawr i glirio'r lle.'

Roedd y fferm yn berffaith dawel, yn rhy dawel, o bosib. Am eiliad, teimlodd yn obeithiol – efallai fod Nel wedi penderfynu mynd i'r Sioe am y diwrnod. Wedyn cofiodd am ei thad, oedd angen ei gofal parhaus.

'Dwi ddim yn hoffi glanio ar fuarth fel arfer, ond mi ro' i dro arni.'

Nid chwarae plant oedd glanio'r hofrenydd mewn lle mor gul, ond yn amlwg, roedd y peilot yn gwybod yn union beth oedd o'n ei wneud. Diffoddodd yr injan a neidio i lawr o'r caban.

'Well i ti beidio dod efo fi,' awgrymodd Daf. 'Mae'r dyn dwi'n disgwyl ei weld yma yn gallu bod yn dreisgar iawn.'

Chwarddodd y peilot. Heb y clustffonau i wasgu ei wallt, gwelodd Daf sawl blewyn gwyn – roedd o dipyn yn hŷn nag yr oedd Daf wedi tybio, bron yr un oed â fo. Pwyntiodd y peilot at ei draed.

'Os ddweda i wrthat ti 'mod i wedi prynu'r rhain mewn siop sgidie yn Henffordd, wyt ti'n deall be dwi'n ei olygu?'

Agorodd Daf ei geg i'w ateb ond ddaeth dim byd allan.

Nodiodd ei ben wrth ddeall ystyr y geiriau cryptig. 'Bŵts yr anialwch' roedd y peilot yn eu gwisgo, ac roedd y ffaith ei fod o'n cyfeirio at Henffordd yn golygu ei fod yn gyn-aelod o'r SAS.

'Wna i gnocio ar y drws ffrynt, felly, os alli di fynd rownd y cefn,' meddai Daf. 'Er na fydd yr elfen o syrpréis ganddon ni ar ôl yr holl sŵn 'na.'

'Cyflym ond swnllyd, dyna i ti hofrenydd. Seimon ydw i, gyda llaw.'

'Neis i gwrdd â ti, Seimon, er gwaetha'r amgylchiadau hynod. Gobeithio y bydd aelodau eraill y tîm yn cyrraedd cyn hir.'

'Mae'n well cael dau fedrus na chriw di-glem o 'mhrofiad i,' atebodd Seimon, gan gamu rownd cornel wal yr ardd. Gwyrodd i lawr yn reddfol wrth fynd heibio'r ffenestri.

Gwichiodd y colyn wrth i Daf agor y giât, a sylwodd ar rywbeth: neithiwr, roedd y cŵn wedi dechrau cyfarth cyn iddo gyrraedd y buarth, ond heddiw roedd pobman yn dawel. Brasgamodd at y cwt – roedd y cŵn i gyd yn gorwedd yn gelain ar y gwellt. Roedd darn bach o blastig coch a RODEX wedi'i sgwennu arno gerllaw: y gwenwyn cryfaf bosib i ladd llygod mawr. Rhedodd yn ôl at y grisiau rhwng y buarth a'r ffermdy, ond doedd o ddim wedi cyrraedd hanner ffordd pan agorodd y drws ffrynt.

Safai Nel yn ffrâm y drws â golwg o bryder a straen ar ei hwyneb.

'Helô, Daf. Does gen i ddim amser i siarad efo ti heddiw.' Baglodd ymlaen ryw hanner cam, fel petai rhywbeth, neu rywun, yn ei phrocio yn ei chefn o dywyllwch y tŷ. 'Dwi'n brysur.'

'Wyt ti ar dy ben dy hun, Nel?'

'Ydw. Cer, plis – mae gen i waith i'w wneud.'

'A finne. Sy'n golygu bod yn rhaid i mi siarad efo ti, rŵan.'

'Alla i ddim.' Roedd nodyn o ofn yn ei llais bellach.

'Dwi'n dod i fyny rŵan.'

'Paid!' bloeddiodd Nel. 'Mae ganddo fo wn!'

Roedd symudiad bychan yn y cysgod.

'Kieran? Helô, Kieran. Ti'n fy nghofio fi? Mi welais i ti efo Wil yng ngardd y Llanelwedd Arms bnawn dydd Sul, ti'n cofio?'

Clywodd Daf sŵn aneglur o'r cysgodion. Ymestynnodd llaw fawr o'r tywyllwch i afael ym mraich Nel. Roedd hi'n llaw gref, a hyd yn oed o bell sylwodd Daf pa mor hir a budr oedd ei ewinedd.

'Rhaid i ti fynd, Daf. Mae ganddo wn yn fy nghefn.'

'Wnaiff Kieran ddim brifo neb,' meddai Daf. 'Tydi Kieran ddim yn un sy'n brifo pobol.'

Baglodd Nel yn ei blaen eto ac roedd yn amlwg iddi gael ei gwthio. Daeth wyneb gwelw Kieran i'r golwg. Roedd ei law chwith yn gwasgu cnawd Nel a'i law dde yn dal y twelf bôr.

'Mi saetha i'r bitsh!' gwaeddodd, ei eiriau'n aneglur.

'Plis Daf, Arolygydd Dafis, jyst cer.'

'Ocê, ocê. Gawn ni gadw popeth yn stedi, hei?'

Camodd Daf wysg ei gefn yn ôl i lawr y grisiau gan gadw ei lygaid ar y drws. Tynnodd ei ffôn o'i boced.

'Na! Dim ffôn. Mi saetha i hi, mae 'na gartrij yna'n barod.'

'Iawn. Ro'n i jest isie dweud wrth y trŵps lle ydw i.'

'Trŵps? Be 'di trŵps?' gofynnodd Kieran.

'Mae Mr Dafis yn gweithio efo tîm o bobol,' esboniodd Nel. 'Bydd raid iddo ddweud lle mae o, rhag ofn iddyn nhw ddod i chwilio amdano fo.'

'Dwi ddim isie i neb ddod.' Yn amlwg, roedd Kieran yn cael trafferth cynnal sgwrs.

'Mae Nel yn iawn,' cytunodd Daf. 'Ti'n gwybod sut mae gweithio mewn tîm, yn dwyt, Kieran? Roeddet ti'n gweithio mewn tîm yn y lladd-dy, yn doeddet ti?'

'Paid â siarad efo fi. Dwi ddim isie siarad,' poerodd Kieran. 'Saetha i ti 'fyd.'

'Be am i mi ffonio i mewn a dweud nad oes unrhyw reswm i rywun ddod i jecio, hei?'

'Ond fydden nhw'n dod i fy nôl i. Dwi ddim isie mynd yn ôl yno.'

''Nôl i'r carchar?'

'Ie. Dwi ddim isie.'

Roedd o wedi cau ei lygaid yn gul yn erbyn yr haul cryf ac allai Daf ddim darllen ei wyneb. Er bod ei fysedd cryf yn amlwg yn brifo braich Nel, roedd gan Daf gydymdeimlad â'r dyn mawr oedd â chyn lleied o ddealltwriaeth o'r byd o'i gwmpas.

'Dim ots gen i,' datganodd Nel, gan geisio siarad yn hamddenol, er gwaetha'r gwn yn ei chefn, 'ond dwi'm yn meddwl y byset ti'n hapus petai'r lle 'ma'n sneifio efo plismyn, Kieran.'

'Dwi'm yn hoffi plismyn.' Bu tawelwch am eiliad. 'Ti byth yn rhoi rhech am be dwi'n hoffi, Nel Bound. Ti ddim yn hoffi fi. Ddwedest ti fod rhaid i mi fynd, a doeddet ti ddim yn rhoi rhech i ble.'

'Amser maith yn ôl oedd hynny, Kieran,' atebodd Nel.

'Dyna pam dwi'n cysgu yn y fan. Heblaw weithie pan mae Wil yn y fan a dwi'n cysgu o dan y fan. Dwi ddim yn hoffi cysgu o dan y fan. Mae pethe'n cerdded dros fy wyneb yn y nos.'

'Does dim rhaid i ti gysgu o dan y fan byth eto, còg,' dywedodd Daf wrtho. 'Pa fath o waith ti'n hoffi?'

'Dim ots.'

'Be am waith coed? Dwi'n nabod pobol sy'n chwilio am rywun i'w helpu nhw yn y goedwig. Fyse hynny'n dy siwtio di?'

Nid atebodd Kieran. Roedd Daf yn ysu i wybod lle roedd Toscano, neu Sheila, neu hyd yn oed Seimon y peilot. Roedd o'n gymharol gyfarwydd â sefyllfaoedd gwystl ond heddiw roedd o ar ei ben ei hun yn erbyn Kieran a'i wn.

'Reit, dwi angen atal y tîm rhag dod yma, Kieran, felly bydd yn rhaid i mi wneud galwad ffôn. Ar ôl hynny mi wna i adael fy ffôn ar bostyn y llidiart acw, iawn?'

'Dweda di wrthyn nhw am beidio dod achos ti'n ei ffwcio hi. Dweud hynny wrthyn nhw.'

'Wel, dwi ddim yn sicr y gwnân nhw fy nghredu i.'

'Ie, ie, fydd o'n iawn. Mae pawb yn gwybod gymaint o hwren ydi hi, yn ffwcio pawb.'

'Jyst gwna'r alwad, plis!' galwodd Nel, ei llais yn codi i sgrech. Hyd yn oed o bell gallai Daf weld y dagrau'n llenwi ei llygaid.

'A paid â gwneud ffŵl ohona i, fel yr hen bitsh neithiwr, yn meddwl 'mod i'n simpl. Wel, dwi'm yn ffycin simpl, iawn?'

'Wrth gwrs.'

Gan siarad yn uchel er mwyn sicrhau bod Kieran yn gallu clywed pob gair, siaradodd Daf â Toscano.

'Heia, Padraig Wyn, bore da.'

'Bore da... bòs?' Roedd Toscano'n fyr ei wynt ac roedd ei lais yn llawn pryder.

'Gwranda, does dim rhaid i ti ruthro draw i Flaengwy.'

'Ti 'di ffeindio'r dyn sy 'di dianc o Aberhonddu?'

'Ie, ie, mae pob dim yn iawn. Da iawn, dweud y gwir. Dwi jest wedi penderfynu treulio chydig o amser efo Ms Bound, dyna'r cyfan.'

'Beth am Sheila?' Roedd Toscano wedi drysu'n lân.

'Dwi ddim isie treulio chydig o amser efo Sheila. Mae Nel Bound yn fy siwtio fi'n iawn, am gwpl o oriau, beth bynnag.'

'Bòs, wyt ti'n dweud dy fod ti'n... ti'n...'

Gwasgodd Kieran ben y gwn i gefn Nel gan wneud iddi weiddi.

'Ai ei llais hi ydi hwnna?' gofynnodd Toscano.

'Ie, llais Nel... a 'den ni ddim isie cynulleidfa ar gyfer be 'den ni'n wneud, ti'n dallt?'

'Ond heddiw bore, yn ôl y sôn, wnest ti ofyn i Gaenor dy briodi di?'

'Cau hi! Meindia dy fusnes a chadw draw.'

Diffoddodd Daf yr alwad ac, yn union fel y gwnaeth o addo, rhoddodd y ffôn ar ben y postyn concrit wrth y grisiau. Wedyn, yn hollol hamddenol, eisteddodd i lawr ar y stepen isaf.

'Hei, na, paid!' bloeddiodd Kieran. 'Cer di'n ôl i'r buarth.'

'Ocê, ocê.'

Cododd Daf ar ei draed a bagiodd yn ôl drwy'r lliadiart. Drwy ochr ei lygad gwelodd symudiad bychan: roedd Seimon wedi dychwelyd at gongl y wal. Chwifiodd Daf ei law fel arwydd iddo fynd yn ôl i gefn y tŷ.

'Ti'n wafio?' bloeddiodd Kieran. 'Pwy sy 'na?'

Chwifiodd Daf ei law eto.

'Blydi pry. Maen nhw wastad yn fy mhlagio i am ryw reswm.'

Gwenodd Kieran am y tro cyntaf gan ddangos rhes o ddannedd brown. Crafodd Daf ei fraich efo'i law chwith.

'Dwi'n cosi fel mwnci,' dywedodd, cyn dechrau hwtian fel tsimpansî.

Chwarddodd Kieran am eiliad ond tawelodd y sŵn yn sydyn a chlywodd Daf sŵn rhwygo defnydd – roedd o wedi rhwygo crys Nel nes bod tri o'r botymau wedi disgyn ar lawr wrth ei thraed.

'Dwi ddim yn fabi,' sgyrnygodd. 'Ti ddim yn cael chwarae efo fi. Dwi 'di dod yma achos y job, a dwi wastad yn gwneud y job.'

'Pa job?' gofynnodd Daf. Roedd oerni newydd yn llais Kieran.

'Ti 'di gweld be wnaeth y bitsh i Wil? Ei griplo fo. Dwi 'di dod i'w chosbi hi.'

'Wel, 'den ni'n gwneud yr un job, felly, achos dwi 'di dod yma i'w harestio hi. Does neb yn cael anafu pobol heb ganlyniadau.'

Torrodd y syndod ar wyneb Nel drwy ei hofn.

'Ond ddwedest ti...' protestiodd.

'Nid fy mhenderfyniad i ydi o, sori. Mi wnes i adroddiad i'r CPS ac maen nhw wedi fy ngyrru fi draw yma.'

Tynnodd ei gyffion o waelod poced ei siaced a'u dal nhw i fyny.

'Beth bynnag ti'n bwriadu ei wneud iddi hi, Kieran, fydd dim yn ei chosbi cystal â'i chau hi mewn cell. All hi wneud deng mlynedd yn y carchar am ymosodiad mor ddifrifol.'

Chwarddodd Kieran eto ond roedd o'n swnio'n ffug.

'Mae gen i raff a chyllell a nippers, felly ffwcia di adre i mi gael dechre.'

'Na!' gwaeddodd Nel, gan droi yn sydyn a brathu cefn ei law.

Ar yr un pryd, daeth llais arall o'r tu mewn i'r tŷ. Rhedodd Daf i fyny'r grisiau a chyrraedd y drws mewn pryd i weld Kieran yn cael ei daro y tu ôl i'w bengliniau yn ddigon caled i lacio'i afael ar Nel. Cadair olwyn a'i tarodd, ar ôl cael ei gwthio'n nerthol ar draws y cyntedd. Wrth i Kieran golli'i falans trodd Nel a rhoi ergyd greulon iddo ar ei foch. Taniodd y gwn wrth iddi wneud hynny, a dros ei hysgwydd gwelodd Daf fod Mr Bound yn gafael yn dynn yn ffrâm y drws i ddal ei hun i fyny. Roedd ei ddwylo'n dal i gydio yn y pren hyd yn oed ar ôl iddo golli'i ben.

Roedd eiliad o lonyddwch annaturiol ar ôl i sŵn yr ergyd dawelu. Wedyn, digwyddodd sawl peth ar unwaith. O gefn y tŷ daeth sŵn gwydr yn torri, a chododd Nel ei phen i udo fel blaidd. Gafaelodd Daf yn y gwn a'i gipio o law Kieran, a disgynnodd yr arf ar y llawr llechen â chlec. Rhoddodd Kieran ei ben i lawr a cheisio rhuthro at Daf fel tarw, ond camodd Daf i'r ochr a tharodd Kieran y wal gyferbyn, gan dorri fframiau'r lluniau o geffylau oedd yn hongian yno. Cododd Nel y gadair olwyn i geisio taro Kieran yn ei wyneb â hi, ond cododd y dyn mawr ei fraich i osgoi'r ergyd. Sylwodd Daf fod Seimon yn sefyll yn y drws i'r gegin, y tu ôl i gorff Mr Bound: dechreuodd Seimon redeg tuag atyn nhw a neidio dros y corff, ond glaniodd ar y gwaed, a llithro. Cyn iddo adennill ei falans cafodd ergyd galed yn ei wyneb gan Kieran. Wrth i Seimon ddisgyn, hyrddiodd Daf ei hun yn erbyn ysgwydd Kieran ond bownsiodd oddi ar ei gorff solet. Roedd Seimon ar y llawr cheisiodd Kieran ei gicio, ond gafaelodd Daf yn ei wregys i'w dynnu'n ôl. Malodd y lledr ger y bwcl a baglodd Daf dri cham yn ôl. Ail-sadiodd a rhoi ei fraich am wddf Kieran. Ar yr un pryd, gafaelodd Seimon yn un o draed Kieran a throi yn galed: clywodd Daf sŵn asgwrn yn torri a disgynnodd Kieran i'r llawr gan gario Daf efo fo. Y glec nesaf oedd sŵn penglog Daf yn taro'r llawr, ac am eiliad roedd popeth yn ddu. Wrth ddod ato'i hun teimlodd rywbeth mawr, trwm ar ei frest, ond yn sydyn, cododd y pwysau. Rowliodd ar ei ochr i geisio dal ei wynt, a gweld bod Kieran yn gorwedd wrth ei ochr ar ei fol, a'i freichiau y tu ôl i'w gefn.

'Cyffion?' gofynnodd Seimon yn hamddenol.

Yn wyrthiol roedden nhw'n dal ym mhoced Daf, felly cododd i'w cau o gwmpas arddyrnau trwchus Kieran, oedd yn dal i strancio.

'Taw, Kieran,' dywedodd Daf, 'mae bob dim drosodd rŵan.' Trodd at Seimon. 'Wyt ti'n iawn i ddelio efo fo? Rhaid i mi alw am gefnogaeth mor gyflym â phosib.' Nodiodd Seimon i gytuno, ac edrychodd Daf o gwmpas y llanast. Ni allai unrhyw ambiwlans achub Mr Bound ond roedd yn rhaid galw am un. Roedd Nel yn swatio yng nghornel y cyntedd, ei phen yn ei dwylo a theilchion lluniau ei cheffylau o'i chwmpas. 'Dwi jest yn mynd i nôl fy ffôn, ocê, lodes?'

Camodd allan i'r heulwen a baglu i lawr y stepiau, yn falch o gael awyr iach yn hytrach nag arogl gwaed yn ei ffroenau. Bachodd ei ffôn, ond cyn iddo gael cyfle i ddeialu clywodd sŵn annisgwyl: olwynion beic. Yn seiclo i lawr yr wtra roedd Toscano, yn chwys i gyd.

'Fydd Sheila efo ni toc,' chwythodd. 'Mae'r ffyrdd yn solet – mae hi'n dod ar draws gwlad.'

'A tithe?'

'O'n i'n sownd, felly mi ofynnais i'r teulu o 'mlaen i yn y rhes draffig am gael benthyg beic ganddyn nhw.'

'Ond ddwedes i wrthat ti am beidio dod draw...'

'Yr eiliad y gwnest ti fy ngalw i'n "Padraig Wyn" ro'n i'n gwybod bod rhywbeth o'i le. Hefyd, ddwedest ti dy fod di'n treulio amser efo Nel Bound. Dwi'n dy nabod di'n well na hynna.' Edrychodd Toscano'n amheus ar Daf. 'Wyt ti wedi rhoi pwysau mlaen ers ddoe?'

'Na, dwi'n gwisgo crys sy lot rhy fawr i mi. Reit, rhaid i mi fynd yn ôl i helpu boi'r hofrenydd efo'r troseddwr.' Oedodd Daf am eiliad hanner ffordd i fyny'r grisiau. 'Dŵed wrth bawb 'mod i isie rhoi adroddiad personol i'r Dirprwy Brif Gwnstabl o'r hyn ddigwyddodd yma heddiw. Llofruddiaeth – dynladdiad o leia – ac roedd hi'n mynnu mai achos o ddiogelu yn unig oedd o.'

Pan aeth Daf yn ôl i dywyllwch y tŷ roedd Nel yn dal i eistedd yn y gornel yn crynu.

'Dad!' ebychodd, a cheisiodd Daf sefyll rhyngddi a chorff ei thad.

'Rhaid i ti gael chydig o awyr iach, lodes. Seimon, fydda i'n ôl toc.'

'Dim problem. Fel ddwedais i, mae'n newid braf cael gwneud rhywbeth pwysicach na chario selébs.'

Ar ôl rhoi ei fraich o dan ei chesail i'w chodi, aeth Daf â Nel allan. Roedd ei hwyneb yn fwgwd o boen ac olion ei dagrau yn llwybrau drwy'r gwaed oedd wedi tasgu dros ei chroen.

'Does dim rhaid i ti ddweud dim byd rŵan, lodes, ond pan ti'n barod, dwi angen gwybod yn union be ddigwyddodd.'

Cuddiodd Nel ei hwyneb yn ei dwylo.

'Fi sydd ar fai,' mwmialodd. 'Fi sy 'di creu'r holl shit yma.'

'Twt lol.'

Ysgydwodd ei phen, ond cyn iddi gael cyfle i ymhelaethu daeth fflach o goch i lawr yr wtra: Sheila. Ac yn ei dilyn i lawr i'r buarth roedd ambiwlans a cherbyd glas. Stopiodd y car glas wrth y llidiart a neidiodd Roderick ohono gan adael y drws yn agored led y pen. Carlamodd at Nel a'i chofleidio.

'Fydd bob dim yn iawn, Nels,' meddai.

Roedd Daf wastad yn cael cysur o weld staff yr ambiwlans: roedden nhw'n cynrychioli diweddglo sefyllfaoedd anodd, fel petai llen yn disgyn i ddangos bod drama wedi dod i ben. Doedden nhw ddim yn gallu helpu'r dyn oedd yn gorwedd yn nrws y gegin ond mi fydden nhw'n trin ei gorff â pharch. Byddai'n rhaid symud y troseddwr a thynnu lluniau o'r safle er mwyn iddyn nhw gael gwneud eu gwaith, ystyriodd Daf, gan ochneidio.

'Rŵan 'te, Kieran, gawn ni dy sortio di, hei?'

Awr yn ddiweddarach roedd golygfa dra gwahanol yn y buarth. Roedd fan SOCOs wedi ei pharcio yng nghysgod y siop, Nel yn cael cawod ym mwthyn Janet Hilman, a Sheila, Seimon a

Toscano'n torri eu syched efo lolis rhew lliwgar. Cyn ymuno â nhw, cafodd Daf gyfle i wneud yr alwad ffôn roedd o wedi bod yn ysu amdani, i'r Dirprwy Brif Gwnstabl. Gwenodd wrth gyfrif faint o alwadau ganddi roedd o wedi methu eu hateb.

'Mor sori na allwn i siarad efo chi tan rŵan, ma'am,' dywedodd, gan geisio cadw'r dirmyg o'i lais. 'Ond wyddoch chi'r achos diogelu dibwys? Wel, mae o'n llofruddiaeth erbyn hyn. A jyst tra 'dech chi ar y ffôn, o'n i jest isie'ch rhybuddio chi – roedd yn rhaid i mi drefnu hofrenydd preifat oherwydd y traffig, felly bydd dipyn o fil i'w dalu.'

Wnaeth Daf ddim gwrando ar yr holl gybolfa o gelwyddau ac esgusodion gan fod wyneb Nel yn dal yn rhy glir yn ei gof. Roedd sawl un, yn cynnwys fo'i hun, wedi gwneud camgymeriadau, ac o ganlyniad roedd Nel wedi colli'i thad yn y ffordd fwyaf trychinebus bosib. Yn hytrach na buddugoliaeth, teimlai donnau o dristwch ac euogrwydd. Beth petai o wedi mynd i lawr i Aberhonddu'r noson gynt? Â llais y Dirprwy Brif Gwnstabl yn parablu o'i ffôn, cerddodd Daf lawr i gwrdd â'r tîm.

'Y newyddion da 'ta'r newyddion drwg ti isie, bòs?' gofynnodd Sheila.

'Y newyddion da, os gweli di'n dda. Dwi wedi cael hen ddigon o'r llall am un diwrnod.'

'Mae'r adroddiad fforensig ar fan Walters yn ôl. Addawol iawn. Mae rhywun wedi ceisio glanhau'r cefn ond heb wneud job dda ohoni: roedd celloedd croen yn y cefn sy'n cyd-fynd â rhai Mel Puw. Hefyd, roedd torrwr bolltau ynddi.'

'Y patrwm yn iawn?'

'Y patrwm yn berffaith, bòs.'

'Be mae hynny'n ei olygu?' gofynnodd Seimon.

'Mae patrwm unigryw ar lafnau pob torrwr bolltau, ac ryden ni wedi cadarnhau fod y patrwm ar yr un oedd yn fan Wil Walters yn cyd-fynd yn union efo'r marciau ar gorff y dyn gafodd ei ddatgymalu.'

'Diddorol iawn. Wel, rhaid i mi fynd â'r deryn yn ôl i'r maes awyr, rhag ofn y bydd rhywun awydd mynd am sbin fach.' Roedd ei wyneb yn bictiwr o ddiflastod.

'Ddylet ti ymuno â ni. Efo'r sgiliau a'r profiad sydd gen ti, mi fysen ni'n dy groesawu di'n gynnes.'

'Na, mae fy nyddiau anturus ar ben. Ond mae hi wedi bod yn fraint cael eich helpu chi, a phob lwc efo gweddill y gwaith.'

'Mae 'na dipyn i'w wneud o hyd,' meddai Toscano. 'Cyfweld â Wil Walters ydi'r flaenoriaeth, yn y gobaith y gwnaiff o ddweud wrthon ni lle mae gweddill y corff.'

Edrychodd Daf ar ei watsh.

'Ty'd, Sheila. Os awn ni rŵan, mi alla i gyrraedd y Sioe mewn pryd i weld Tinciwinci'n cystadlu. All rhywun drefnu crys arall i mi yn Aberhonddu? Dwi'n chwysu fel mochyn yn hwn ac mae o'n waed drosto. Alla i ddim cyfweld unrhyw un fel hyn.'

Roedd y traffig ar y ffordd gefn wedi clirio, a chyrhaeddodd y Jaguar y briffordd ymhen dim.

'Ydi o'n ddoeth gadael i Roderick aros efo Nel?' gofynnodd Sheila, 'o ystyried yr hanes rhyngddyn nhw?'

'Does dim hanes rhyngddyn nhw, dyna'r pwynt. Hen ffrind ydi o, ac mae hi wedi gofyn iddo aros efo hi.'

'Hmm.'

Canodd ffôn Daf: Roderick oedd yn galw, fel petai'n gwybod eu bod yn siarad amdano.

'Dwi'n poeni am Nel,' meddai. 'Mae'r meddyg wedi cynnig rhywbeth iddi at ei nerfau ond gwrthododd ei gymryd. Mae hi'n beio'i hun, ac ar dân isie gwneud datganiad, ond dwi ddim yn meddwl ei bod mewn cyflwr i siarad efo neb.'

'Be am i ni yrru WPC allan atoch chi?'

'Iawn. Mae hi wedi dweud y cyfan wrtha i, beth bynnag. Ddaeth Kieran i mewn i'r tŷ drwy'r hen seler lo. Roedd allwedd y cwpwrdd gynnau yn ei le arferol, ar fachyn yn y pantri, felly roedd hi'n ddigon rhwydd iddo nôl y gwn a'i lwytho. Roedd Nel wedi bod yn setlo'i thad yn y stafell gefn, a phan aeth hi'n ôl i'r gegin roedd o'n aros amdani. Ti'n gwybod gweddill yr hanes.'

'Weles i ddim be ddigwyddodd yn y tŷ cyn i Kieran saethu Mr Bound – ddwedodd hi be ddigwyddodd bryd hynny?'

'Do, a dyna sy'n ei phoeni hi. Daeth ei thad at y drws a gweld be oedd yn digwydd. Roedd o'n rhy wan o lawer i ymosod ar Kieran ond llwyddodd i godi'i hun o'i gadair olwyn a'i gwthio at goesau Kieran. Trodd Kieran wedyn, y gwn yn ei law, a thynnu'r glicied.'

'Ac mi welodd Nel y cyfan?'

'Yn anffodus, do.'

'Falle fod yn well iddo fynd fel y gwnaeth o na diodde am flynyddoedd yn ei henaint. Ac mae Nel yn rhydd bellach. Yn aml iawn, pan mae rhywun yn colli aelod o'r teulu maen nhw'n gofalu amdanyn nhw ddydd a nos, mae 'na elfen fach o ryddhad, sy'n sbarduno euogrwydd. Mi ddaw drwyddi.'

'Debyg iawn, bòs. 'Den ni'n bwriadu claddu'r cŵn yn nes ymlaen. Pob lwc efo Walters.'

'Diolch. A gofala amdanat dy hun.'

'Mi wna i.'

Pasiodd Sheila ddarn o gwm cnoi i Daf.

'Y rhan fwya o'r amser dwi o'r farn fod Gaenor yn diodde o ryw salwch meddyliol hynod, i allu cyd-fyw â pherson mor ecsentrig ac annibynadwy â tithe. Wedyn, ti'n bihafio fel gwnest ti heddiw a dwi'n newid fy meddwl yn llwyr. Heddiw, fuest ti'n sensitif, yn ddewr, yn benderfynol a llawer mwy, a hynny i gyd wrth wisgo crys mor fawr â phabell syrcas.'

'O, cau hi, Sheila.'

Roedd crys yn aros am Daf: un pinc â phwythau lliw hufen arno.

'Be 'di hwn?' gofynnodd yn anniolchgar.

'Yr unig grys maint coler un deg chwech oedd ar gael yn Aberhonddu ar fyr rybudd,' atebodd Havard.

'Wel, os dwi'n colli fy swydd, mi fedra i fynd i helpu Toscano yn y parlwr hufen iâ,' meddai Daf â gwên, wrth fachu'r crys pinc yn eiddgar.

Roedd yr ystafell gyfweld yn un braf, gyda ffenest fawr a golygfa dros y gamlas i'r Bannau. Roedd Wil Walters yn eistedd yno'n llonydd pan gyrhaeddodd Daf.

'Ble mae Kieran?' gofynnodd.

'Ar ei ffordd i Wrecsam, i'r ddalfa.'

'Dydi o ddim yn iawn, ti'n gwybod hynny.'

'Ydw, ond mae o wedi cyflawni trosedd ddifrifol.'

Gwenodd Walters yn sur. 'Yr ast,' sibrydodd.

'Mae Nel yn iawn. Ei thad sy wedi marw.'

'Roedd o ar ei wely angau beth bynnag.'

'Cymer di ofal, Wil, achos mi alla i awgrymu bod Gwasanaeth Erlyn y Goron yn dy gyhuddo di o'i lofruddiaeth hefyd.'

'Fi? Mae gen i alibi perffaith... ro'n i'n glyd yn fy nghell.'

'Dwi erioed wedi gweld achos cliriach o fenter ar y cyd. Kieran oedd yr arf yn dy law, a hyd yn oed os oeddet ti filltiroedd i ffwrdd, ti oedd ar berwyl drwg.'

'Perwyl drwg? Does gen i ddim llawer o ddiddordeb yn be ti'n feddwl.'

'Well i mi fod yn blwmp ac yn blaen 'te. Dwi am baratoi rhestr go swmpus o gyhuddiadau yn dy erbyn di, ac mae'r dystiolaeth yn gadarn erbyn hyn. Mae gen i hen ddigon i dy roi di mewn cell am chwarter canrif fel mae hi, ond mae rhai cwestiynau sydd angen eu hateb o hyd. Os wyt ti'n bihafio'n gall, falle y galla i dy helpu di. Ti'n deall?'

Cododd Walters ei ysgwyddau.

'Dwi'n gwybod mai ti sydd wedi bod yn cadw cocên yn hafod Blaengwy, ond sut gyrhaeddodd y cyffuriau yr ardal?'

'Ro'n i'n meddwl mai ti oedd y boi clyfar.'

'Gawson ni hyd i dipyn go lew o gyffuriau caled, Wil. Gwerth deng mlynedd, heb os nac oni bai. Fyddi di'n pydru mewn carchar, a rhyw Brymi yn gyrru o gwmpas yn ei Merc yn trafod yr achos efo'i ffrindie, yn brolio sut cafodd o get-awê efo hi, tra mae'r pencampwr cneifio yn y clinc.'

'Dydyn nhw ddim yn gwybod 'mod i'n arfer cneifio. Pobol y dre ydyn nhw.'

'A phobol efo ffrindie tu mewn yn ogystal â tu allan. Sut all dyn anabl ei amddiffyn ei hun rhag pobol debyg?'

'A dyna'n union pam dwi ddim am ddweud gair wrthat ti.'

'Ti'n gwybod be, Wil? Does neb ond ti a finne a Sarjant Havard yn gwybod be sy'n mynd ymlaen rhwng y pedair wal 'ma. Os wyt ti'n digwydd bod yn cerdded y strydoedd yn ddyn rhydd mewn hanner awr, bydd hynny'n edrych yn ddrwg iawn i ti, yn enwedig os dwi'n ffonio cwpl o'm ffrindie i frolio faint o gymorth fuest ti i ni.'

'Dwi ddim am dy helpu di o gwbl.'

'Ond sut alli di eu perswadio nhw na wnest ti? Bydd y cŵn ar y strydoedd yn gwybod dy fod ti 'di cael dy ddal – os gei di dy ryddhau, bydd pawb yn gofyn pam.'

'Wnei di ddim fy rhyddhau i. Be am Mel Puw?'

'Nid ti laddodd Mel Puw, dwi'n gwybod hynny. Ac mae ganddon ni dystiolaeth i awgrymu mai Kieran wnaeth y datgymalu. Dwi ddim yn dweud bod dy ymddygiad ar Faes y Sioe wedi gwneud dy deulu'n falch, ond...'

Neidiodd Walters ar ei draed.

'Be wyt ti'n wybod am fy nheulu i?'

'Dim llawer ar hyn o bryd, ond falle y bydda i'n eu nabod nhw'n well ar ôl yr angladd.'

'Pa angladd?'

'Stedda di lawr. Dwi'n sôn am dy angladd di, Wil, achos tydi'r bobol sy'n gwerthu cocên fesul cilo ddim yn chwarae plant.'

Gollyngodd Walters ei hun yn ôl i'w gadair.

'Dwi'm yn delio, fel arfer. Dwi'n defnyddio dipyn, wastad wedi, ers yr ysgol.'

'Arferiad drud i fachgen ysgol?'

'Dim llawer mwy na'r cwrw. A rŵan, dwi'n... wel, dwi'n dweud wrthyn nhw 'mod i'n defnyddio mwy nag ydw i, er mwyn cael dipyn bach i'w werthu. Dim ond i gwpl o bobol... ac roedd Mel Puw yn un ohonyn nhw.'

Chwifiodd Havard ei fraich i dynnu sylw Daf.

'Well i ni alw'r cyfreithiwr i mewn?'

'Os nad oes gen ti rwbeth gwell i'w gynnig i mi na'r jyrbil

welais i neithiwr, paid â boddran. Dwi'n iawn,' grymialodd Walters.

'Ti'n cytuno i gael sgwrs efo ni felly?'

'Sgen i ddim llawer o ffwcin dewis, nagoes?'

'Felly, os nad oeddet ti'n delio, be oeddet ti'n wneud efo'r cocên?'

'Ti'n gwybod be ddwedest ti am y boi yn y Merc? Maen nhw'n meddwl ein bod ni i gyd ffor' hyn wedi dod yn syth o din y fuwch. Ond wnaethoch chi, Heddlu Dyfed Powys, roi dipyn o wers iddyn nhw. Mae'r County Lines i gyd wedi'u chwalu.'

''Den ni'n gwybod hynny.'

'Dech chi'n rhy graff iddyn nhw, ac yn rhy barod i jecio bob un car dierth nes i chi eu dal nhw. Ond be 'dech chi ddim wedi llwyddo i'w wneud ydi tawelu'r galw. Mae côc yn rhemp yn y canolbarth, felly'r her i fois mawr y ddinas oedd sut i gael y stwff i mewn.'

Roedd yr olwg hunanfodlon ar wyneb Havard yn dechrau gwylltio Daf – petai o wedi deall ei ddyletswydd yn well, efallai y byddai Nel yn gwneud paned i'w thad yr eiliad honno.

'A dyna lle o'n i'n dod i mewn,' esboniodd Walters. 'Fi oedd yn derbyn y stwff a'i ddosbarthu i'r rhai oedd wedi ei ordro fo. Doeddwn i ddim yn gweld ceiniog o'r pres – mae popeth yn cael ei wneud drwy BACS y dyddie yma – ond ro'n i'n cael cadw chydig o'r stwff i mi fy hun. Ac fel ddwedes i, gwerthu dipyn i rai pobol.'

'Ond sut oeddet ti'n derbyn y llwyth?'

'Trên,' atebodd Walters â gwên fawr.

'Bolycs!' ebychodd Havard. ''Den ni'n tsiecio pob wyneb dierth sy'n dod i bob un o'n gorsafoedd ni.'

'A be ti'n wneud pan maen nhw'n cyrraedd, *plod*?' gofynnodd Walters yn goeglyd.

'Wel, chwilio am y cyffuriau, wrth gwrs.'

Fel y swyddog hŷn, dylai Daf roi cerydd i Havard am ei agwedd, ond gan ei fod yn cytuno efo fo, penderfynodd beidio.

'Ateba di'r cwestiwn, plis, Mr Walters.'

'Roedd y stwff ar y trên, ym mag un o'r mulod. Wrth i'r trên arafu wrth y groesfan dair milltir o Builth Roads, roedd y mul yn taflu'r pecyn drwy'r ffenest. Digwydd bod, dwi'n gyfarwydd iawn â'r gornel honno o'r byd, achos y teulu Bound sy biau'r tir. Mae'n lle bach tawel, anghysbell, felly petai pecyn yn glanio ar y borfa, fyddai neb yn ei weld…'

'Felly roeddet ti'n mynd yno i'w nôl o.'

'Mor hawdd â hel madarch… haws, a dweud y gwir.'

'A dyna pam oeddet ti'n cadw'r cocên yn yr hafod?'

'Yn aml iawn, roeddech chi'n dal y mulod, eu chwilio nhw a darganfod ffyc ôl. Ond roedd pawb yn tueddu i fod yn nerfus am gwpwl o ddyddie wedyn, felly'r drefn oedd casglu'r stwff a chuddio'r cyfan yn y Votty am ddiwrnod neu ddau cyn ei ddosbarthu. Ond y tro yma, wnaethoch chi ei ddarganfod. Braidd yn anffodus.'

'Be os ydyn nhw'n meddwl dy fod di wedi dwyn y stwff? Be wyt ti wedi'i ddweud wrthyn nhw?'

'Dim byd. Ceisio dianc o'n i, pan wnaethoch chi fy nal i.'

'Roeddet ti wedi agor y pecyn.'

'Dyna oedd y drefn.'

'Be wnest ti efo'r stwff?'

'Gwerthu'r rhan fwya i Mel Puw. Dwywaith cymaint â'i ordor arferol.'

'Pryd welest ti Puw?'

'Nos Sul. Doedd o ddim mewn hwyliau da.'

'Be wnest ti wedyn?'

'Wnes i ystyried gwario ugain ar Nicci ond roedd Mel yn mynd i fyny i'r cyfeiriad hwnnw. Ro'n i'n chwilio am rywun o'n i'n nabod yn y Pony and Cobs ond doedd neb yno. Dechreuais sgwrsio efo rhai ifanc a oedd yn fy nghofio fi'n cneifio, ac es i fyny efo nhw i'r Pentre Ieuenctid efo potel o fodca.'

'Lle gysgest ti?'

'Ro'n i wedi bwriadu mynd yn ôl i'r Votty ond roedd o'n rhy bell i mi gerdded felly mi ffoniais Kieran i ddod i fy nôl i.

Cerddais lawr y ffordd, a dyna lle wnes i faglu dros Puw, mor farw â charreg.'

'Wnest ti ddim meddwl am ffonio'r heddlu?'

'Efo tri chan punt a phedwar bag bach o bowdwr gwyn yn fy mhoced?'

'Pwynt dilys. Be am ambiwlans?'

'Wnes i ystyried hynny, ond wedyn mi gofiais am yr hen ddynes wallgo o'r fferm.'

'Janet Hilman?'

'Ie, hithe. Roedd hi'n beio Puw am rwbeth ynglŷn â'i dad. Dwi ddim yn cofio'n iawn... ro'n i wedi yfed lot fawr o frandi pan ddwedodd hi'r stori. Cyd-ddigwyddiad oedd i mi ei gweld hi bnawn Sul ar fuarth Blaengwy.'

'Be oeddet ti'n wneud yn fanno, dwêd?'

Cododd Walters ei ysgwyddau eto.

'Ti 'di gweld Nel. Mae hi'n... mae hi'n fy nenu fi, rywsut, er gwaetha popeth. Mi ofynnais oedd un o'r bythynnod ar gael.'

'Dwi ddim yn deall hyn yn iawn. Roeddech chi'n ŵr a gwraig, aeth pethe'n sur rhyngddoch chi, wnaeth hi ymosod arnat ti a dy anafu mor ddrwg nes i ti golli'r defnydd o dy ddwylo. Ond eto ti'n cnocio ar ei drws yn gofyn am lety?'

'Er ei bod hi'n hunanfodlon ac yn styfnig a bob dim arall, mae hi wastad yn cymryd cyfrifoldeb am ei gweithredoedd. Fi brynodd y gyllell ffansi iddi pan o'n i'n cneifio mewn digwyddiad yn Rapid City, South Dakota. Roedd hi'n bwriadu malu fy nwylo i ond gan ei bod hi'n methu osgoi'r euogrwydd, roedd hi wastad yn werth gofyn am ffafr. Roddodd hi bres i mi gwpwl o weithie, ond allwn i ddim dibynnu arni. A dydd Sul dwetha roedd hi mor brysur yn setlo'r gwesteion yn y bythynnod, doedd ganddi ddim amser i hyd yn oed siarad efo fi a Kieran.'

'Le gysgoch chi'r noson gynt?'

'Ble ti'n feddwl? Yn y Votty. Mae'n lle iawn a 'den ni wedi cysgu mewn llefydd gwaeth ond roedd yn werth gofyn i Nel... mae pobol yn canslo ar y funud ola weithie, wyddost ti.'

'Wyt ti'n dal i feddwl am Flaengwy fel dy gartref?'

'Dim cartref, na, ond mae o'n *home base* i ni hefyd, er gwaetha bob dim.' Oedodd i edrych drwy'r ffenest ar res o ddefaid yn ymlwybro i lawr y bryn. 'Dyna oedd fy mwriad... creu cartref i ni'n dau. Ro'n i'n dechre byw'r bywyd delfrydol, yn hedfan dros y byd i gneifio a dod adre i ffermio efo lodes secsi fel Nel. Ond doedd hi ddim isie gofalu am Kieran tra o'n i ffwrdd. Wnaeth hi erioed gymryd ato fo, ac roedd yr hen fastard wastad yn cario clecs a cheisio sbwylio pethe rhyngddon ni, er mwyn iddo'i chael hi iddo'i hun eto. Dwi'n falch bod Kieran 'di saethu'r hen fastard.'

'Cymer ofal be ti'n ddweud, Wil. 'Den ni 'di crwydro o'r hanes. Cer 'nôl i nos Sul.'

'Mi arhosais wrth gorff Mel a ddaeth Kieran ata i.'

'Oes ganddo fo leisans?'

'Be ti'n feddwl?'

'Trwydded yrru.'

'Na, does ganddo fo ddim leisans achos doedd o ddim yn gallu ymdopi efo'r prawf, iawn? Ac mae hynny'n golygu nad oes ganddon ni siwrans chwaith. Mae'n anodd cadw ar ben y gwaith papur pan ti'n byw mewn fan. 'Den ni ar ei hôl hi efo'r dreth hefyd.'

'Paid â bod yn goeglyd. Dwi jest angen y darlun cyfan.'

'Y darlun cyfan ydi dau ddyn anabl heb swyddi na chartref yn teithio o gwmpas Cymru'n chwilio am jobsys bach i wneud bywyd cachu damaid yn well am gyfnod.'

'Yn ôl at nos Sul.'

'Ocê, dwi'n cyfadde, doedd hwnna ddim y penderfyniad gorau i mi ei wneud erioed. Ro'n i wedi yfed cryn dipyn, fodca a Duw a ŵyr be arall, a chael cwpwl o leins hefyd. Roedd gweld yr hen ddynes, Janet, y pnawn hwnnw wedi fy atgoffa o'r deng mil wnaeth hi ei addo i mi petawn i'n lladd Puw, felly roeson ni gorff Puw yng nghefn y fan a mynd lawr i siop Nel. Mae Kieran wedi gweithio mewn sawl lladd-dy felly job ddeng munud oedd torri bys neu ddau i ffwrdd. Roedd yn bleser ei wylio wrthi.

Roedd digonedd o fagiau plastig yno, ac mi ddewisais y bys efo'r fodrwy arfbais arno i'w roi i Janet fel prawf fod Puw yn farw.'

Oedodd Daf am eiliad wrth geisio amgyffred beth oedd cymhelliad Walters pan orfododd Kieran i wneud rhywbeth mor eithafol.

'Sut oeddet ti'n teimlo wrth i Kieran dorri bysedd Mel Puw i ffwrdd?'

'Ti wedi cymryd cocên erioed?'

'Naddo.'

'Felly does dim pwrpas ceisio esbonio sut brofiad oedd gweld Puw yn troi yn bentwr o gig ac esgyrn. Roedden ni'n chwerthin lot.'

'Kieran hefyd? Oedd o wedi cymryd cocên?'

'Wnes i roi peth iddo unwaith ond roedd yn wastraff. Dwi'n rhoi chydig o wîd iddo bob hyn a hyn, i'w gadw'n dawel os ydi o'n cynhyrfu gormod, ac unwaith, pan oedd angen i ni orffen job fawr ar frys, rois i dipyn o sbîd iddo fo. Doedd o ddim yn ffit i ddim am ddyddie wedyn.'

'Fo sy'n gweithio a tithe'n byw ar be mae o'n ennill, ie?'

'Heblaw amdana i, fyse fo ddim yn medru byw. All o ddim ffeindio gwaith ei hun, a dydi o ddim yn gallu cyfri felly does ganddo fo ddim syniad os ydi rhywun yn trio'i ecsbloetio fo.'

'Ecsbloetio? Un da wyt ti i siarad, Wil Walters. 'Den ni'n paratoi papurau ar gyfer cyhuddiad o gaethwasiaeth gyfoes yn dy erbyn di.'

'Ffyc off. Fi ydi'r unig berson sy'n rhoi rhech amdano fo. Fo a fi, yn teithio o gwmpas yn rhydd; ni yn erbyn y byd.'

'Dim fel'na mae pethe'n edrych. Ddylai Kieran gael bywyd sefydlog a gofal...'

'Ti'n jocian. Dyna wnaethon nhw ar ôl i Anti Iris farw – ei luchio fo o'r neilltu fel hen soffa'n mynd i'r dymp. Doedd neb ond fi'n fodlon cymryd cyfrifoldeb amdano fo. Roedd ei chwaer o, sy'n ast, yn dweud ei fod o'n dychryn ei phlant hi. Ond wnaeth o erioed setlo ym Mlaengwy, ac ro'n i dramor gymaint. Doedd yr hen fastard ddim yn help, ond petai'r Musus wedi gwneud chydig mwy o ymdrech efo fo...' Meddalodd wyneb Walters â rhyw dynerwch anghyffredin, a chuddiodd ei wyneb yn ei lawes am eiliad. 'Rhaid iddyn nhw ei drin o'n iawn. Os glywa i fod unrhyw un wedi ei frifo neu ei fychanu, mi ladda i nhw.'

'Yn anffodus mae Kieran yn y system gyfiawnder erbyn hyn, ond dwi'n sicr y bydd pawb yn....'

'Ddyle fo ddim bod mewn system nad ydi o'n gallu ei ddallt.'

'Ddylet ti fod wedi meddwl am hynny cyn gofyn iddo fynd draw i Flaengwy i gosbi Nel.'

'Dwi ddim awydd gwrando ar fwy o dy ffycin bregethu di.' Cymerodd anadl ddofn. 'Wn i ddim faint o hyn alla i ddiodde, dweud y gwir. Ie, fi wnaeth y cyfan. Oes rhywle i mi arwyddo er mwyn cyffesu bob dim? Ac os ti ffansi ychwanegu unrhyw beth arall at dy restr o gyhuddiadau, croeso i ti wneud.'

'Dwi angen gofyn cwpl o bethau eraill i ti. Pam roist ti'r bysedd a'r... peth arall yn y bocs selsig?'

Cilwenodd Walters ac ymestyn ei freichiau fel cath ar wal yn yr heulwen.

'Gas gen i Bowen. Roedd o'n arfer siarad efo Nel fel petai'n hen ffrind a syllu i lawr ei blows hi wrth wneud. Pan ofynnais i Nel oedd ganddi lety i ni roedd hi'n rhy brysur, ond pan gafodd hi alwad ffôn gan ffycin Bowen roedd hi'n wên i gyd efo'i "mi dria i fy ngorau i ti, RB" a'i "o, ti byth yn ddigywilydd, RB" ac ati. Ddwedodd hi wrtha i bod raid iddi sortio rhyw selsig arbennig iddo fo, felly tra oedd Kieran yn torri Puw, ges i syniad hilariws... wel, roedd o'n hilariws ar ôl y cocên a thri chwarter potel o fodca... sef cuddio darnau o gorff Puw yn y selsig, i greu helynt.'

'Helynt i bwy?'

'I Bowen, i Nel, i'r byd a'i wraig. Wn i ddim. Ond roedd o'n ddigri ar y pryd, hynod o ddigri.'

'A'i ben o?'

'Wnes i roi hwnnw yn storfa harneisiau ei lorri, am jôc. Roedd o'n dipyn o hwyl cerdded ar hyd Maes y Sioe efo'i ben mewn bag Tesco fore Llun. *Bag for Life* go iawn.'

'Un cwestiwn arall. Mae sawl darn o'r corff ganddon ni, a dwi'n gwybod dy fod di wedi ceisio llosgi darnau eraill, ond be am y gweddill?'

Cododd Walters ar ei draed yn sydyn, gan daro'r gadair drosodd. Dechreuodd chwerthin yn ffals ac yn uchel.

'Dwi wedi gwneud pethe'n ddigon hawdd i ti fel mae hi, Mr Heddwas. Crys crap, gyda llaw.'

Cododd Havard ar ei draed hefyd a dyrnu'r ddesg.

'Stedda di lawr ar unwaith, Walters. Nid chwarae plant ydi hyn ond ymchwiliad difrifol.'

'O, plis paid, ti'n codi ofn arna i,' piffiodd Walters, gan chwifio'i ddwylo o'i flaen.

'Dwi ddim yn meddwl y byddwn ni'n dysgu llawer mwy gan Mr Walters eto, Sarjant Havard. A dwi'n meddwl bod angen profion gwaed ac asesiad seiciatrig.'

'Cofia fi at Nel, wnei di?' meddai Walters gan wenu. 'Ydw i'n gallu gyrru torch o flodau i'r angladd o'r carchar?'

Roedd y demtasiwn i ddyrnu Walters yn gryf, a rhyddhad i Daf oedd cael gadael yr ystafell gyfweld. Roedd Sheila yn aros amdano yn y cyntedd.

'Be am alw cyfreithiwr a mynd yn ôl wedi i ni gael paned?' awgrymodd Havard, yn amlwg yn ceisio gwneud iawn am ryddhau Kieran.

'Does dim diben, lanc. Cer di i sgwennu adroddiad llawn o'r sgwrs 'na, wedyn dwi isie i ti geisio darganfod ble yn union mae'r ddau wedi gweithio dros y ddwy flynedd ddiwetha – mae sawl un wedi cyflogi Kieran a dwi isie rhoi digon o fraw iddyn nhw i sicrhau na fyddan nhw byth yn manteisio ar bobol ag anableddau deallusol eto.'

'Iawn. A dwi'n sori am neithiwr.'

'Ti'n sori? Na, ddweda i wrthat ti pwy sy'n sori: Nel Bound, welodd ben ei thad yn cael ei saethu i ffwrdd. Hi sy'n sori. Y tro nesa mae rhyw ffŵl yn dweud wrthat ti sut i drin carcharor yn dy ofal, ceisia gofio mai dy brif ddyletswydd ydi amddiffyn y cyhoedd, nid osgoi trafferth i ti dy hun.'

Llwyddodd Sheila i gadw ei chwerthin dan reolaeth nes iddyn nhw gyrraedd y car.

'O, ti'n golled i'r capel, bòs. Dydd Sul nesaf, bydd y Parchedig Dafydd Dafis, BA, yn y pulpud yn...'

'Wyddost ti be? Dwi'n difaru dysgu Cymraeg i ti, a tithe'n fy mychanu mor aml.'

Setlodd Daf yn sedd gyfforddus y Jaguar a throi ei feddwl at bethau pwysig: sut fodrwy ddyweddïo fyddai'n siwtio Gaenor. Allai o ddim prynu carreg hanner maint yr un adawodd hi wrth wely John Neuadd, ond petaen nhw'n mynd i ardal gemwaith Birmingham mi allen nhw ddewis rhywbeth unigryw, ac aros dros nos efallai...

'Bòs! Deffra!' Roedd Sheila yn ysgwyd ei fraich. 'Dwi 'di llwyddo i gyrraedd Maes y Sioe mewn pryd i ti gael gweld y cystadlu, a ti'n rhochian a glafoerio i lawr ffenestri newydd Tom.'

'Dwi... wnes i ddim...' atebodd Daf yn gysglyd gan geisio sychu ei geg a'r ffenest heb dynnu gormod o sylw ato'i hun.

'Mae'n hanner awr wedi tri. Ro'n i wedi bwriadu dy yrru di'r holl ffordd at ddrws ystafell yr ymchwiliad ond mae 'na ryw drafferth efo'r draeniau wrth y fynedfa honno, felly rhaid i ti gerdded o fan hyn.'

'Mae gen i dros ugain munud – falle y galla i eu gweld nhw yn y Cylch Ymgynnull.' Neidiodd o'r car, ond cyn brysio i ffwrdd trodd at Sheila. 'Diolch i ti, lodes, a dwi mor sori fod yr achos 'ma wedi sbwylio dy Sioe di, a tithe a Tom wedi edrych ymlaen gymaint ati.'

'Twt lol. Ro'n i wedi dechrau diflasu erbyn bore dydd Mawrth, a dweud y gwir. Well gen i ddelio efo cnawd a thorrwr bolltau na thwll yn fy nheits!'

Wrth y fynedfa, cododd Daf ei gerdyn gwarant.

'Arolygydd Daf Dafis, Heddlu Dyfed Powys, ar ddyletswydd.'

'Ar ddyletswydd? Yn y crys yna?'

'Roedd gormod o waed ar y llall,' atebodd Daf yn swta gan gamu heibio. Hyrddiodd drwy'r torfeydd oedd yn chwilio am fargeinion munud olaf yn y stondinau oedd yn prysur glirio. Wrth gyrraedd cornel y Prif Gylch gwelodd faint o bobol oedd yn aros am y Cuddy: roedd y stand yn orlawn a llwyth o bobol yn gwasgu at y ffens. Gyferbyn â stondin fawr yr NFU gwelodd Daf ddyn ifanc yn sefyll yn hamddenol yn siarad â merch tua'r un oed â fo. Edmygodd Daf y ffaith fod Rhodri'n llwyddo i fflyrtio er ei fod yn cario carcas mochyn ar ei ysgwydd.

'Damia,' dywedodd y ferch, 'mae fy ffôn wedi marw felly alla i ddim cymryd dy rif di.'

'Dim bwys,' atebodd y llanc yn syth. 'Dad! Dal y mochyn 'ma i mi am eiliad.'

Mewn un symudiad llyfn, tynnodd Rhodri'r mochyn oddi ar ei ysgwydd a'i roi ym mreichiau Daf.

'Dwi ar frys, Rhods, mae'r Bencampwriaeth Mewn Llaw yn dechrau toc.'

'Ydach chi'n bobol ceffylau?' gofynnodd y ferch, gan ddangos dipyn bach mwy o ddiddordeb.

''Den ni'n bobol fawr yn yr Adran As,' atebodd Rhodri, nad oedd wedi dangos unrhyw ddiddordeb yn Tinc cyn hynny. 'Ffefryn am y Cuddy a *highly fancied* i'r Supreme.'

Tra oedd o'n siarad roedd Rhodri wedi tynnu pin ffelt mawr o boced frest ei gôt wen, a chyllell o boced ei jîns. Fel petai wedi hen arfer, sgwennodd ei rif ffôn ar glust y mochyn a'i thorri i ffwrdd. Rhoddodd y glust i'r ferch, gan foesymgrymu.

'A sôn am *highly fancied*, Cadi fech, rho ganiad i mi. Rŵan, Dad, ga' i'r mochyn yn ôl, plis?'

Gwthiodd Daf drwy'r dorf ger cornel y Cylch Ymgynnull pan welodd dop het felfaréd Gaenor. Roedd Margaret a Gruff Tanyrallt yno eisoes.

'Sbia arnyn nhw, Dafydd,' meddai Margaret gan droi ato a chodi bys melyn i gyfeiriad Gaenor a Tinciwinci. 'Gae!' galwodd, 'sbia pwy sy 'di cyrraedd mewn pryd!'

Er ei bod yn gwisgo'i dillad ffurfiol, trwchus, roedd Gaenor yn dal i edrych mor ffres â gwlith y bore, ac roedd rhyw gyffro newydd yn llygaid Tinc.

'A, dyma fo, y dyweddi newydd!' ebychodd Gaenor wrth gerdded draw at y ffens am gusan. 'Dwi mor falch dy fod ti yma,' sibrydodd yn ei glust, 'hyd yn oed yn y crys yna.'

Camodd Gaenor yn ôl i ganol y Cylch a rhyfeddodd Daf pa mor gyfforddus oedd penffrwyn Tinc yn edrych yng nghledr ei llaw. Syllodd Daf o'i gwmpas a sylwi ar gymaint o wynebau cyfarwydd, llawn cyffro. Teimlodd law fach yn dal ei fawd.

'Helô, Dadi,' meddai Mali Haf. 'Ti'n edrych fel petaet ti'n perthyn i Peppa Pinc yn dy grys newydd.'

Bum munud yn ddiweddarach roedd Daf yn ceisio trefnu paned i'r llu oedd wedi dod i fyny efo fo i wylio'r cystadlu. Roedd Toscano, oedd fel arfer yn mynnu nad oedd ystafell yr ymchwiliad yn lle addas i aelodau o'r cyhoedd, yn cadw cwmni i Mali Haf ar y balconi.

'Ty'd i wylio'r cystadlu efo fi, Cwnstabl Toscano,' mynnodd, 'ac mi wna i esbonio bob dim i ti.'

Doedd Daf erioed wedi bod yn ddyn cystadleuol ond yn yr achos yma, roedd o ar binnau. Gan fod pob cadair yn llawn safodd ar gornel y balconi, a phan estynnodd ei fraich allan i dderbyn paned, sylwodd fod ei law yn crynu.

Y cyntaf i gamu i'r Prif Gylch oedd Palomino â choesau hir.

'Doeddwn i ddim yn gwybod bod dosbarth i jiráffs!' galwodd Gruff, a oedd yn pwyso'n ddiog ar y bwrdd, ei goesau hir wedi'u hymestyn dros y lle.

Wedyn daeth y ceffylau chwaraeon a'r gaseg wedd. Roedd Daf yn canolbwyntio cymaint roedd yn rhaid iddo atgoffa'i hun i anadlu, ac roedd yn rhaid iddo gyfaddef fod y sylwebaeth roedd Mali Haf yn ei rhannu â Toscano'n fuddiol iddo yntau hefyd.

'Na, Adran C ydi hwnna. Ceffyle lliw 'den ni'n galw rhai fel'na, rhai smotiog. Ceffyl Hela sy nesa...'

John Kell oedd yn tywys caseg liw y teulu, a synnodd Daf ei

fod yn medru canolbwyntio o gofio helyntion ei feibion. Pan ddechreuodd y cystadleuwyr gerdded i'r Prif Gylch daeth taran o sŵn o'r Prif Eisteddle. Cododd pawb ar eu traed i groesawu'r stalwyn Adran D, ac Eben, oedd yn rhedeg wrth ei ochr. Roedd yr anifail yn cynrychioli rhywbeth arbennig i'r gynulleidfa: bod bywyd wedi mynd yn ôl i'w batrwm arferol. Roedd hi'n ddydd Iau y Sioe ac roedd Miss Grug Glanrhedyn ar fin ennill y Cuddy. Tawelodd y gynulleidfa am ennyd wrth i Eben gyrraedd y Prif Gylch, ond pan ddaeth Tinciwinci i'r golwg ffrwydrodd y dorf drachefn, a dros y holl sŵn, clywodd Daf lais y sylwebydd swyddogol:

'....rhywbeth sbesial, sbesial iawn... mae Tanyrallt Tinciwinci wedi ennill calonnau pawb.'

Ugain munud yn ddiweddarach roedd popeth drosodd, a gwên Gaenor yn gymysgedd rhyfeddol o ryddhad a llawenydd pur. Dringodd Mali Haf i gôl Margaret Hamer, oedd yn llefain.

'Calliwch, bawb,' bloeddiodd Gruff, 'mae'r Supreme i ddod eto.'

'Petai'r beirniad yn meiddio dewis unrhyw geffyl heblaw Tinc, byddai gwrthryfel,' sylwodd Toscano, gan hymian y gân 'I Predict a Riot' o dan ei wynt.

'Druan o Tinc. Mae ganddi hi gymaint o rubanau, mae hi'n edrych fel mymi o'r Aifft,' chwarddodd Mali Haf. 'Y Tom and Sprightly, y Cuddy, a...'

'Hisht!' dwrdiodd Margaret, gan geisio sychu ei dagrau â'i llawes. 'Mae'n anlwcus trafod pethe fel hyn.'

'Glywest ti be ddigwyddodd yn y Pentre Ieuenctid neithiwr?' gofynnodd Toscano i Daf. 'Aeth Marionna Morris yno efo ffrind Rhodri – y boi tal, gwallt cyrliog – ac roedd Rees, y dyn diogelwch, yn ceisio'i pherswadio hi i adael drwy'r nos ond roedd hi'n mynnu aros tan y ddawns olaf. Wn i ddim be oedd y canlyniad ond mae Tiktok ac Insta'n llawn o lunie ohoni hi'n cael hwyl.'

'Gobeithio mai dim ond dawnsio oedden nhw. Dwi ddim yn meddwl y bydd dyn cyfoethoca'r byd yn hapus i rannu ei wraig efo rhyw gòg o Lanfair Caereinion,' atebodd Daf, yn rhag-weld mwy o drafferth.

Gwelodd Daf sawl wyneb cyfarwydd yn y Prif Eisteddle: Nicci'n esbonio rhywbeth i Cai, a synnodd Daf o weld Jaxx yn eistedd rhyngddyn nhw. Yn y seddau cadw roedd Tom Francis yn dal llaw Sheila'n dynn. Rhwng cyffro'r Cuddy a gwres y prynhawn roedd Rhys Bowen yn chwys i gyd ac roedd Daisy wedi tynnu ei het Panama ac yn ceisio sychu ei ben efo hances nad oedd hanner digon mawr i wneud y job. Ac er bod popeth yn edrych mor siriol, roedd Daf yn falch fod y Sioe ar fin dod i ben.

Ar draws popeth, canodd ei ffôn.

'Arolygydd Dafis? Ffion Meredith sy 'ma, o'r Pentre Chwaraeon. Mae lefel y dŵr yn ein pwll wedi disgyn yn sydyn ar ôl y drafferth efo'r draeniau, ac mae rhywbeth erchyll wedi dod i'r golwg.'

Ochneidiodd Daf. 'Fydda i draw toc. Cadwa pawb yn ddigon pell.'

'Does neb isie mynd yn agos – mae'n edrych fel darnau o gorff.'

'Fydda i efo ti rŵan.' Galwodd draw ar Toscano, 'Oes gen ti dâp melyn ar ôl? Dwi'n meddwl bod gweddill corff Puw wedi dod i'r golwg.'

'Alli di ddim mynd rŵan, bòs, mae'r Supreme ar fin dechrau! Alli di ddim gadael y balconi 'ma heb wybod os dech chi'n mynd i Sioe Ceffyl y Flwyddyn yn Birmingham ai peidio. Mi a' i yn dy le di.'

'Alli di ddim mynd ar dy ben dy hun.'

'All Sheila ddod efo fi, a gei di ddod ar ein holau ni ar ôl i bopeth orffen.'

Roedd Daf ar fin agor ei geg i brotestio pan welodd Sheila, ei ffôn wrth ei chlust, yn codi a dringo dros goesau pobol i gyrraedd yr allanfa. Plygodd i godi Mali Haf yn ei freichiau, ac i lawr yn y Prif Gylch, cododd Gaenor ei llaw i'w cyfarch.

'Ocê, lanc, dechreua hebdda i. Ti'n gwybod y drefn.'

Nodiodd Toscano ei ben a chydio mewn rholyn mawr o dâp digwyddiad.

'O, gyda llaw, bòs,' meddai wrth adael, 'mi welais i ddynes y pys pêr bore 'ma. Rois i bryd o dafod go iawn iddi, ond dwi'n gobeithio nad ydw i wedi mynd yn rhy bell o ran ei chosb.'

'Be wyt ti wedi'i wneud, còg?' atebodd Daf yn bryderus.

'Ei gadael hi yn nwylo stiwardiaid y babell flodau. Roedd golwg flin iawn arnyn nhw.'

'Dyna yn union mae hi'n ei haeddu, am chwarae'n fudr.'

Roedd Mali wedi gorffwys ei phen ar ysgwydd ei thad, a phawb arall ar y balconi yn trafod Sioe Ceffyl y Flwyddyn mewn lleisiau isel. Hoeliodd Daf ei lygaid ar Gaenor a'r ferlen ryfeddol, Tanyrallt Tinciwinci. Dros yr uchelseinydd, roedd y cyflwynydd yn gwneud ei sylwadau cyffredinol cyn dechrau'r dosbarth;

'Wel, mae'r tywydd wedi helpu, wrth gwrs, ond mae'n rhaid i mi eich llongyfarch chi, bobol Maldwyn. Rydych chi wedi gwneud job wych, ac rydyn ni wedi cael coblyn o Sioe.'

Do, meddyliodd Daf, wrth syllu dros y Maes, coblyn o Sioe.

gan yr un awdur:

Steddfod ym Meifod, anffawd Morwyn y Fro, trafferthion teuluol a digon o waith i'r Arolygydd Daf Dafis a Heddlu Dyfed Powys ...

"Dyma chwip o nofel garlamus, fyrlymus, gan un sydd â dawn dweud stori ddifyr ac sy'n nabod yr ardal a'i chymeriadau yn iawn."
– Geraint Løvgreen

"Hiwmor deifiol, clyfar a dychymyg cwbl rhemp!"
– Bethan Gwanas

Gwasg Carreg Gwalch, £8

Mae corff Heulwen Breeze-Evans, ymgeisydd yn Etholiadau'r Cynulliad, yn cael ei ddarganfod yn ei swyddfa yn y Trallwng. Un o bileri'r gymdeithas, efallai, ond mae'r Arolygydd Daf Dafis yn ei chael hi'n anodd canfod rhywun heb gymhelliad i'w lladd ...

"Mae hiwmor Myfanwy Alexander yn allweddol i'r mwynhad a geir wrth ddarllen."
– Cerian Arianrhod, Gwales.com

Gwasg Carreg Gwalch, £9

Mae academydd blaenllaw yn cael ei lofruddio mewn gwasanaeth Plygain, ac mae'r achos yn gyrru'r Arolygydd Daf Dafis i ddyfroedd dyfnion iawn!

"Dyma chwip o nofel ysgafn, ddifyr i'w darllen os ydych am ymlacio ar noson aeafol o flaen y tân."
– *Mared Llywelyn, Gwales.com*

Gwasg Carreg Gwalch, £9

Ydi ISIS wedi cyrraedd cefn gwlad Cymru? A fydd Daf yn gallu treulio diwrnod yng nghwmni PC Toscano, aelod newydd, ifanc ei dîm, heb golli'i dymer?

"Mae popeth yn y nofel hon – hiwmor, dirgelwch, gwrthdaro, cymeriadau gwallgof bost, a throeon trwstan annisgwyl."
– *Mared Llywelyn, Gwales.com*

Gwasg Carreg Gwalch, £9